IL POSITIVISMO GIURIDICO
CONTEMPORANEO

Una antologia

Aldo Schiavello - Vito Velluzzi

IL POSITIVISMO GIURIDICO CONTEMPORANEO

Una antologia

G. Giappichelli Editore – Torino

VIA PO, 21 - TEL. 011-81.53.111 - FAX 011-81.25.100
http://www.giappichelli.it

ISBN 88-348-5615-5

Ristampa emendata

Stampa: Stampatre s.r.l. - Torino

INDICE

PREFAZIONE

Un'antologia su un argomento così ampio è inevitabilmente il risultato di esclusioni dolorose: a mio parere tuttavia i curatori di questa antologia sulla discussione contemporanea sul positivismo giuridico sono riusciti assai bene nel loro difficile compito di offrire un quadro dello stato attuale della discussione in un numero ridotto di pagine. Gli essenziali aspetti della storia del positivismo giuridico contemporaneo e delle sue teorie sono ben rappresentati dagli articoli riprodotti, o quando questo non è stato possibile sono spiegati negli ottimi saggi dei curatori. I quali pertanto non mi lasciano nulla di utile da aggiungere in questa *Prefazione*; ne approfitto così per fare qualche considerazione probabilmente faziosa e certamente apodittica sullo stato recente della discussione.

Come risulta dalla lettura dei saggi riportati nell'antologia, e ancor più chiaramente dalle introduzioni dei curatori, uno degli argomenti più ricorrenti nelle discussioni sul positivismo giuridico è la questione di che cosa sia il positivismo giuridico: i curatori ci ricordano che non c'è concordia neppure su questo punto, e che molti degli stessi sostenitori del giuspositivismo ritengono che con questa espressione si intendano cose distinte e anche incompatibili.

Se non c'è un significato unico c'è però certamente un centro della discussione: la tesi della separazione del diritto com'è e come dovrebbe essere, la distinzione programmatica tra descrizione e politica del diritto, tra giurisprudenza espositiva e giurisprudenza censoria (per riprendere la classica e originaria formulazione di Bentham). Questa tesi è centrale sia per chi crede che tale separazione sia possibile e buona, sia per chi non crede una o entrambe di queste cose. Per chi la crede impossibile, comunque, le scelte ulteriori si dovrebbero semplificare, perché diviene allora inutile domandarsi se la separazione giuspositivistica sia buona o cattiva. Il primo punto curioso sul quale vorrei richiamare l'attenzione dei lettori dell'antologia è che, dopo secoli di discussione, sia talora sorprendentemente difficile capire quale di queste quattro varianti della tesi della separazione sia sostenuta da alcuni dei partecipanti odierni alla discussione sul giuspositivismo.

La tesi benthamiana che ho appena menzionato, talora viene formulata e discussa diversamente, come teoria della separazione tra il diritto e la morale. Chi pone il problema in termini di separazione tra diritto e morale non sempre però tratta esattamente delle stesse cose e problemi di chi discute della separazione tra giurisprudenza espositiva e censoria. Anche a questo proposito si incontrano equivoci che paiono sorprendentemente persistenti; soprattutto c'è chi spende tesori di intelligenza ad argomentare che il diritto non è o non dovrebbe essere o al contrario è o dovrebbe essere "puro" dalla presenza di norme o principi etici. L'argomento così concepito rischia di essere del tutto inutile (e questa è la seconda chiave di lettura critica che vorrei proporre ai lettori di questa antologia), per il semplice motivo che il diritto è ovviamente sempre determinato *anche* da principi e norme etiche, e quindi sempre li incorpora e li contiene nelle proprie disposizioni. Il problema potrebbe essere semmai quando e quanto sia opportuno sul piano della politica del diritto che il diritto o un diritto *rinvii* a principi morali esterni *recependoli* pari pari nelle norme giuridiche e rendendoli così parte del diritto positivo. Il diretto rinvio (statico o dinamico che sia) a principi morali esterni non adattati alle esigenze specifiche del diritto facilmente produrrà norme giuridiche vaghe e incerte, e in molti casi anche difficili da applicare al di fuori dal foro delle coscienze: dopotutto una delle ragioni per cui il diritto esiste è proprio per sovvenire alla "insufficienza" della morale nella applicazione coattiva ai casi concreti, perché spesso in morale non c'è concordia, o la unanimità viene raggiunta al costo della indeterminatezza dei suoi contenuti. Tale eventuale insufficienza sarà comunque anch'essa giudicata dalla morale (politica o pubblica); il principio della separazione tra diritto e morale, o meglio dei modi in cui la morale può essere riversata nel diritto, non può essere altro che un principio che appartiene alla morale e alla politica del diritto.

Il terzo punto su cui la discussione attuale rivela insufficiente chiarezza e rischia quindi preoccupanti ripetitività su cui mi permetto di richiamare la attenzione del lettore di questa antologia è quello del metodo giuridico. Il principio giuspositivistico della distinzione tra diritto come è e come deve essere dovrebbe infatti estendere la sua attenzione non solo alle modalità dell'inserimento di prescrizioni morali nel diritto ma anche al piano del metodo e delle concettualizzazioni operate dai giuristi. Attraverso prescrizioni di metodo e costruzioni concettuali apparentemente distaccate, neutre o descrittive si possono ottenere risultati normativi non meno generali e penetranti della diretta prescrizione di contenuti etici. Un concetto di diritto, una nozione di esistenza delle norme giuridiche, una teoria della struttura dell'ordinamento giuridico, una concezione delle fonti o della validità, una concezione della interpretazione possono essere, sono e sono stati strumenti per influenzare normativamente il contenuto del diritto positivo. Un teorico del diritto o un giurista positivo possono dunque essere non meno normativi di un giusnaturalista, sostenendo una versione metodologicamente ingenua della tesi della separazione e collocando i propri presupposti o pregiudizi normativi in prese di posizione metodologiche piuttosto che nelle norme di un diritto naturale.

Questi tre semplici, ma importanti, punti teorici sono peraltro ben noti. Si trovano discussi in molti dei classici e in alcuni dei più significativi saggi riportati nella antologia. Ad esempio l'analisi della grande distinzione tra essere e dover essere applicata all'aspetto metodologico e al concetto di diritto è la parte più originale del contributo italiano alla discussione del positivismo giuridico, soprattutto da parte di Norberto Bobbio e di Uberto Scarpelli, e lo è pure dello splendido saggio di Hart inserito nella parte III (*La jurisprudence americana attraverso gli occhi di un inglese: l'incubo ed il nobile sogno*). Il problema è che troppi dei partecipanti alla discussione, soprattutto negli Stati Uniti, non solo (inevitabilmente) non conoscono il contributo italiano, ma sembrano ignorare troppo spesso gli argomenti dei classici, condannandosi così a riprendere e ripetere la discussione da uno stadio pre-hartiano, anzi (come è stato osservato) pre-benthamita.

Mi si potrà obbiettare che questi "difetti" della discussione odierna sul positivismo giuridico sono tali solo dal punto di vista della filosofia analitica, ma non per chi ritiene che le strettoie analitiche debbano essere ignorate. Siccome nessuna tesi è neutrale e nessuna tesi è scontata, anche la distinzione generale tra giudizi di essere e giudizi di dover essere, uno dei cardini della filosofia analitica e del giuspositivismo, può essere legittimamente rifiutata o ignorata da altri approcci o filosofie.

Per quanto la tesi di fondo del positivismo giuridico effettivamente si sposi perfettamente con alcuni dei presupposti di fondo della filosofia analitica, e in particolare con la grande divisione tra essere e dover essere, mi sembra che le difficoltà del giuspositivismo e i corsi e ricorsi della relativa discussione possano e debbano essere spiegati prima di tutto con fatti più giuridici e meno filosofici. Il fatto chiave a mio avviso è che la discussione sul positivismo giuridico è sempre assai scomoda per i giuristi e per la giurisprudenza. Il positivismo e la separazione tra diritto e morale non sono mai stati il tentativo di isolare il diritto da considerazioni morali, ma piuttosto di rendere pubbliche ed esplicite le fonti e giustificazioni delle normazioni giuridiche. Lo stesso principio che il diritto deriva dall'autorità e non dalla ragione, dal colpo di spada di Alessandro che taglia il nodo gordiano delle incertezze, delle vaghezze e delle controversie delle morali: tutto ciò suggerisce non una impossibile pretesa di neutralità etica del diritto, ma la richiesta che le sue scelte normative siano operate in modo pubblico ed esplicito.

La pubblicità delle fonti normative evidentemente corrisponde al classico modello del diritto legislativo, che non è certo moralmente neutro, ma semplicemente prodotto con una modalità esplicita e pubblica; con questo tuttavia il positivismo giuridico non è necessariamente limitato al solo al diritto legislativo e contrario al diritto giurisprudenziale; come ci insegnano la sua storia e la sua teoria, esso è contrario al diritto giurisprudenziale e a qualunque fonte del diritto solo nella misura in cui questa non si presenti esplicitamente e pubblicamente evidenziata come una fonte, originaria o delegata che sia. Ci sono nel diritto moderno forze importanti che temono di veder ridotta la propria influenza ogniqualvolta la catena della autorità normativa venga resa più chiara. In primo luogo le giurisprudenze, giudiziaria e dottrinale, favoriscono spesso quelle teorie che permettono loro di sottrarsi all'obbligo intellettuale giuridico e politico di precisare minuziosamente e rendere pubblicamente apprezzabili le fonti delle loro operazioni interpretative, di costruzione concettuale e di metodo, manifestano sfavore e disinteresse verso ogni filosofia che rafforzi il loro obbligo di distinguere tra gli elementi decisionali esterni ed interni, quelli che provengono da altre fonti (per esempio dalla legislazione) e quelli che risultano invece giustificabili solo come elementi discrezionali nell'esercizio del proprio potere.

Per questo la discussione sui temi del positivismo giuridico è perennemente scomoda e per questo le lezioni dei classici vengono così di frequente e con tanto successo ignorate da teorie che riscoprono ancora una volta che il diritto viene meglio rappresentato in una conveniente indeterminatezza.

Mario Jori

RINGRAZIAMENTI

Sono molte le persone che ci hanno sostenuto nella realizzazione dell'antologia e fornito suggerimenti preziosi, specie per la selezione dei testi. Non è stato possibile assecondare tutte le osservazioni fatte e gli appunti mossi alle nostre scelte; in ogni caso quel che di buono il lettore troverà in questa raccolta è frutto, oltre che del nostro impegno, dell'ausilio di molti amici e colleghi.

Un ringraziamento sincero va, quindi, ai Proff. Bruno Celano, Giorgio Pino, Vittorio Villa e al dott. Giorgio Maniaci dell'Università di Palermo; ai Proff. Pierluigi Chiassoni e Paolo Comanducci dell'Università di Genova; al Prof. Enrico Diciotti dell'Università di Siena. Altrettanta gratitudine rivolgiamo al Prof. Mario Jori dell'Università di Milano per aver scritto la *Prefazione*.

Quando l'idea di un'antologia sul positivismo giuridico iniziò a prendere corpo, sottoponemmo il nostro progetto anche alla Prof.ssa Letizia Gianformaggio, purtroppo precocemente scomparsa. A lei va il nostro affettuoso ricordo.

Aldo Schiavello e *Vito Velluzzi*

AVVERTENZE DEI CURATORI

Segnaliamo al lettore alcuni criteri seguiti nelle traduzioni e, più in generale, nella cura del volume.

Per quanto riguarda le note contenute nei vari saggi abbiamo scelto di rispettare i criteri adottati nelle edizioni originarie; soltanto per gli articoli di H.L.A. Hart, *Il positivismo e la separazione tra diritto e morale* e di L.L. Fuller, *Il positivismo e la fedeltà al diritto*, abbiamo operato qualche modesta modifica rivolta a rendere meno difficoltosa la lettura.

Le parole ed i sintagmi anglosassoni entrati nell'uso comune della lingua italiana sono stati riportati al singolare, in conformità, appunto, all'uso comune (un esempio: *standard*). Lo stesso è a dirsi per i termini che si è deciso di non tradurre (un esempio: *policy*, su cui si vedano le considerazioni nel prosieguo delle avvertenze).

Ove ci è sembrato fossero necessari chiarimenti e precisazioni si sono inserite delle note del traduttore (riportate con il simbolo * associato a piè di pagina alla sigla N.d.t.).

Ove la traduzione adottata è parsa la migliore, ma ad ogni modo problematica, è stata riportata tra parentesi la parola o la locuzione in lingua originale.

In alcuni casi si è preferito non operare traduzioni: farlo avrebbe significato proporre al lettore traduzioni parziali o inadeguate o meno comprensibili di quanto l'espressione originale non lasci comprendere. Ci riferiamo, in particolare, al termine *Jurisprudence* che richiama una tradizione di studi vicina, ma non perfettamente corrispondente, alla *Teoria generale del diritto*. Oppure si pensi al sintagma *Due Process*, anch'esso assimilabile, ma non sovrapponibile, alla nozione di *Giusto processo*. Altrettanto può dirsi per la formula *Rule of Law* (sinonimo imperfetto di *Stato di diritto*). Poco opportuna ci è apparsa la traduzione del termine *policy* con *politica*, che è un termine più ambiguo del corrispettivo inglese.

Aldo Schiavello e *Vito Velluzzi*

PARTE I

PROFILI DEL GIUSPOSITIVISMO DEL NOVECENTO

INTRODUZIONE

PERCORSI DEL POSITIVISMO GIURIDICO

di Vito Velluzzi

1. *Varietà di "positivismi giuridici"*

I testi riportati in questa prima parte rappresentano alcune delle pagine più significative del "positivismo giuridico" del Novecento [1]. Rappresentano, cioè, diverse raffigurazioni del positivismo giuridico (o giuspositivismo), vari modi di intendere, per usare le parole di Norberto Bobbio, "la dottrina del diritto positivo" [2], di quel diritto che, provvisoriamente ed in via generalissima, può essere definito come un prodotto umano contingente. Cerchiamo di comprendere i punti essenziali del pensiero di ognuno degli autori utilizzando

---

[1] V. le sintesi fornite da P. COMANDUCCI, *Il positivismo giuridico: un tentativo di bilancio*, in M. BIANCHINI, G. VIARENGO (a cura di), *Studi in onore di Franca Marini Avonzo*, Giappichelli, Torino, 1999, pp. 125-134; A. SCHIAVELLO, *Il positivismo giuridico dopo Herbert L.A. Hart: un'introduzione critica*, Giappichelli, Torino, 2004, specie capp. I e II. Sulle ragioni della scelta dei testi presenti nelle tre parti in cui è divisa l'antologia v. *infra* A. SCHIAVELLO, *Giuspositivismo o giuspositivismi? Un bilancio sul positivismo giuridico degli ultimi venti anni*, p. 207.

[2] È l'espressione usata da N. BOBBIO, *Il positivismo giuridico. Lezioni di filosofia del diritto*, Giappichelli, Torino, (ed. or. 1961) rist. 1996, p. 3; il titolo di questo paragrafo riproduce quello usato da Mario Jori, in ID., *Legal Positivism*, in "Diritto e cultura", 1991, pp. 111-142, p. 116; da più parti è stata segnalata la difficoltà di una definizione unitaria di positivismo giuridico, scrive in proposito M. JORI, *Legal Positivism*, in E. CRAIG (General Editor), *Routledge Enciclopedia of Philosophy*, Routledge, London & New York, 1998, vol. 5, p. 514: "The traditional discussion for and against legal positivism clearly shows that some previous conceptual clarification is sorely needed: all too often positivism appears to be something different to its supporters and to its enemies, so that the discussion becomes the slinging of abuse to non-existent villains. Of course everything depends on the definition of legal positivism that we use". Per un tentativo di individuare il nucleo concettuale del positivismo giuridico cfr. V. VILLA, *Il positivismo giuridico: metodi, teorie e giudizi di valore*, Giappichelli, Torino, 2004, pp. 26 ss.

come criterio guida principale per l'analisi la ricostruzione del rapporto tra diritto (positivo) e morale. La preoccupazione che percorre tutti i saggi è, infatti, quella di tenere distinte la questione dell'identificazione di ciò che è diritto, dalla valutazione su ciò che dovrebbe o non dovrebbe essere diritto alla luce di qualche criterio (di ordine morale ed indicato, sovente, con l'espressione "diritto naturale")[3]. Tuttavia, le soluzioni fornite per dissolvere la sopra menzionata preoccupazione non sono omogenee: tutti gli autori in questione si dichiarano giuspositivisti, ma lo sono in diversa foggia, spesso con differenze anche molto profonde.

Ad onor del vero, i bersagli critici ricorrenti nei saggi sono due: uno, vi si è già fatto cenno, per così dire "esterno" al positivismo giuridico (il giusnaturalismo), l'altro "interno" alla tradizione giuspositivista (l'imperativismo). In estrema sintesi il giusnaturalismo si sostanzia nella "... credenza che esistano alcuni principi universalmente validi che governano la vita dell'uomo nella società, principi che sono stati non creati ma scoperti dall'uomo, *veri* principi che obbligano tutti, anche coloro che non vogliono o non possono riconoscerne l'esistenza"[4]; mentre l'imperativismo è quella versione del positivismo giuridico, dominante soprattutto nell'Ottocento, per la quale "... il diritto è il comando dei comandanti di una società: la creazione della volontà giuridicamente non limitata del sovrano che è per definizione al di fuori del dirit-

---

[3] Cfr. M. BARBERIS, *L'eterogeneità del bene. Giuspositivismo, giusnaturalismo e pluralismo etico*, in P. COMANDUCCI, R. GUASTINI (a cura di), *Analisi e diritto, 2002-2003. Ricerche di giurisprudenza analitica*, Giappichelli, Torino, 2004, pp. 1-20, specie pp. 6-13.

[4] A. ROSS, *Il concetto di validità e il conflitto tra positivismo giuridico e giusnaturalismo*, *infra*, p. 84, e v. anche M. BARBERIS, *Breve storia della filosofia del diritto*, Il Mulino, Bologna, 2004, p. 17: "... sarebbe giusnaturalistica, cioè, ogni dottrina della *connessione necessaria fra diritto e morale*, per cui il diritto moralmente ingiusto non sarebbe neppure diritto", al testo di Barberis si rinvia anche per un conciso, ma pregnante, esame delle varie espressioni storiche del giusnaturalismo. È opinione accreditata che il giusnaturalismo sia una dottrina "dualista", mentre il giuspositivismo sarebbe una dottrina "monista". Ciò significa che il giusnaturalismo "... ammette la distinzione tra diritto naturale e diritto positivo e sostiene la supremazia del primo sul secondo", il positivismo giuridico, al contrario, "... non ammette la distinzione tra diritto naturale e diritto positivo e afferma che non esiste altro diritto che il diritto positivo"; ne consegue che "Mentre il giusnaturalismo afferma la superiorità del diritto naturale sul diritto positivo, il positivismo giuridico non afferma la superiorità del diritto positivo sul diritto naturale, ma l'esclusività del diritto positivo" (così N. BOBBIO, *Giusnaturalismo e positivismo giuridico*, in ID., *Giusnaturalismo e positivismo giuridico*, Edizioni di Comunità, Milano, 1965, seconda ed. 1972 (alla quale si fa riferimento), pp. 127-142, la citazione è tratta da p. 127); tuttavia, vale la pena sottolinearlo, anche il positivismo giuridico può essere dualista, o meglio del tutto indifferente all'esistenza o meno di un diritto naturale, ad esempio se lo si intende come accostamento allo studio del diritto, come si chiarirà tra poco.

to" [5]. Il giusnaturalismo viene rifiutato per il modo in cui configura i rapporti tra diritto (positivo) e morale, l'imperativismo viene criticato in quanto forma inadeguata di giuspositivismo, specie per le sue teorie della norma e dell'ordinamento giuridico [6].

Su questa linea si può scorgere nell'ordine dei saggi una sorta di percorso omogeneo e progressivo: Hans Kelsen rifiuta il giusnaturalismo e rivede molte delle posizioni imperativiste [7]; Herbert Hart recupera gran parte delle ragioni degli imperativisti riguardo alla distinzione tra diritto e morale, ma ne critica la teoria della norma e dell'ordinamento giuridico, proponendo su quest'ultimo terreno soluzioni che si pongono in antitesi anche con quanto sostenuto da Kelsen [8]; Alf Ross [9] propone, muovendo da basi empiristiche, una lettura peculiare del conflitto tra giuspositivismo e giusnaturalismo, criticando in particolare Kelsen (ma senza risparmiare Austin) e ponendosi per certi profili su una linea di dialogo con Hart; Uberto Scarpelli, infine, costruisce una complessa teoria "politica" del giuspositivismo, volta ad emendare, per ciò che concerne il fondamento dell'ordinamento giuridico, sia le tesi imperativiste, sia quelle di Kelsen, Hart e Ross [10].

---

[5] Così lo definisce H.L.A. HART, *Il positivismo e la separazione tra diritto e morale*, *infra*, p. 56. L'esponente di maggior rilievo ed influenza dell'imperativismo ottocentesco è John Austin, v. J. AUSTIN, *The Province of Jurisprudence Determined*, (1832), Weidenfeld and Nicolson, London, 1954, trad. it. di G. Gjylapian, a cura di M. BARBERIS, *Delimitazione del campo della giurisprudenza*, Il Mulino, Bologna, 1995; sulla teoria del diritto di Austin e su altre versioni dell'imperativismo v. P. CHIASSONI, *L'utopia della ragione analitica*, Giappichelli, Torino, 2005, pp. 136-321.

[6] V. in particolare H.L.A. HART, *Il positivismo e la separazione tra diritto e morale*, *infra*, p. 55.

[7] Sui rapporti tra la dottrina pura e l'imperativismo di Austin v. in particolare H. KELSEN, *Pure Theorie of Law and Analytical Jurisprudence*, in "Harvard Law Review", 1941, pp. 44-70, trad. it. di R. Treves, *La dottrina pura del diritto e la giurisprudenza analitica*, in *Appendice* ai *Lineamenti di dottrina pura del diritto*, Einaudi, Torino, 1952, pp. 173-206, specie pp. 186-193.

[8] Cfr. H.L.A. HART, *Il positivismo e la separazione tra diritto e morale*, *infra*, pp. 58-59. e più diffusamente ID., *The Concept of Law*, Clarendon Press, Oxford, 1961, trad. it. di M. Cattaneo, *Il concetto di diritto*, Einaudi, Torino, 1965, cap. I-VI; il testo inglese è stato ristampato con l'aggiunta di un *Postscript* nel 1994, il *Postscript* è stato tradotto nel 2002 sempre presso Einaudi.

[9] A. ROSS, *Il concetto di validità e il conflitto tra positivismo giuridico e giusnaturalismo*, *infra*, pp. 80-95.

[10] Il contributo più significativo di Scarpelli in tal senso è *Cos'è il positivismo giuridico*, Edizioni Comunità, Milano, 1965, rist. a cura di A. CATANIA, M. JORI, Esi, Napoli, 1997 (edizione alla quale si farà riferimento nel prosieguo). I due saggi riportati in questa raccolta antologica costituiscono riflessioni critiche svolte da Scarpelli, sulle proprie tesi, a distanza di alcuni lustri.

POSITIVISMO GIURIDICO

Per approfondire quanto si è sinteticamente espresso in poche e lapidarie battute è opportuno prendere le mosse dall'esame del sintagma "positivismo giuridico" (o della parola "giuspositivismo", dal medesimo significato), utilizzando il ben noto studio di Bobbio sugli *Aspetti del positivismo giuridico*[11]. In quelle pagine il filosofo del diritto torinese ha distinto tre modi d'intendere il positivismo giuridico: 1) come un modo di avvicinarsi allo studio del diritto (positivismo giuridico come *approach* al diritto); 2) come una determinata teoria o concezione del diritto (positivismo giuridico come teoria); 3) come una determinata ideologia della giustizia (positivismo giuridico come ideologia)[12].

1

Il positivismo giuridico come modo di avvicinarsi allo studio del diritto "... è caratterizzato dalla netta distinzione tra diritto reale e diritto ideale, o, con altre espressioni equivalenti, fra diritto come fatto e diritto come valore, tra il diritto qual è e il diritto quale deve essere; e dalla convinzione che il diritto di cui deve occuparsi il giurista sia il primo e non il secondo"[13]. In questa prima accezione di positivismo giuridico, è positivista colui "... che assume di fronte al diritto un atteggiamento avalutativo ... o eticamente neutrale, cioè che assume a criterio per distinguere una regola giuridica da una non giuridica la derivazione da fatti accertabili, come l'essere stata emanata da certi organi con certe procedure, o l'essere stata effettivamente seguita per un certo periodo di tempo da un certo gruppo di persone, e non la corrispondenza o meno a un certo sistema di valori"[14]. Questo modo di intendere il positivismo giuridico, si basa, secondo Bobbio, su un giudizio di convenienza o di opportunità riguardante il ruolo e le finalità della scienza giuridica. Infatti, se si assegna a quest'ultima il compito principale di "... fornire schemi di decisione

---

[11] N. BOBBIO, *Aspetti del positivismo giuridico*, in ID., *Giusnaturalismo e positivismo giuridico*, cit., pp. 101-126. Il saggio in questione ha costituito un essenziale punto di riferimento per coloro che, specie in Italia e nei paesi di lingua spagnola, si siano accostati allo studio del positivismo giuridico a partire dagli anni Sessanta del secolo scorso, v. M. JORI, *Il giuspositivismo analitico italiano prima e dopo la crisi*, Giuffrè, Milano, 1987, cap. II. La tripartizione bobbiana ci servirà per ascrivere, ove possibile, le tesi degli autori studiati in questa prima parte all'uno o all'altro modo di intendere il positivismo giuridico.

[12] N. BOBBIO, *Aspetti del positivismo giuridico*, cit., p. 104.

[13] *Ibidem*, p. 105.

[14] *Ibidem*, p. 106, e v. anche p. 107: "... si può definire 'positivismo giuridico' ogni teoria del diritto la quale parta dal presupposto che oggetto della scienza giuridica sia il diritto positivo: ciò è altra cosa dell'affermare che 'non esiste altro diritto che il diritto positivo'. Il giurista, che si professa positivista, non nega in genere che esista un diritto ideale, naturale o razionale: nega semplicemente che sia diritto alla stregua del diritto positivo ...", cfr. in proposito quanto scritto *retro* nota 4 sul positivismo giuridico come accostamento al diritto quale teoria dualista.

alla giurisprudenza e di elaborare un sistema del diritto vigente"[15], allora il positivismo giuridico inteso come accostamento allo studio del diritto (positivo) è adeguato (o più adeguato di altre concezioni) allo scopo.

Il positivismo giuridico inteso come teoria si riallaccia alla visione statualistica del diritto, visione andata formandosi con la nascita e lo sviluppo dello stato moderno[16]. Alla concezione statualistica del diritto si associano alcuni corollari: a) la teoria della coattività "... secondo cui s'intende per diritto un sistema di norme che vengono fatte valere con la forza, oppure il cui contenuto è la regolamentazione dell'uso della forza"[17]; b) la teoria imperativistica della norma giuridica, secondo cui le norme giuridiche sono comandi; c) la supremazia della legge rispetto alle altre fonti del diritto; d) e "... riguardo all'ordinamento giuridico nel suo complesso, la considerazione dell'insieme delle norme come sistema cui si attribuiscono il carattere della completezza ... e della coerenza"[18]; e) per quanto riguarda il metodo della scienza giuridica e dell'interpretazione "... la considerazione dell'attività del giurista e del giudice come attività essenzialmente logica"[19]. Tale concezione del positivismo giuridico può essere riassunta nella formula: "è fattualmente vero che il diritto vigente è un insieme di regole di condotta che direttamente o indirettamente sono formulate e fatte valere dallo stato"[20].

Il positivismo giuridico come ideologia, infine, "... rappresenta la credenza in certi valori, e in base a questa credenza conferisce al diritto qual è per il solo fatto di esistere un valore positivo, indipendentemente da ogni considerazione circa la sua corrispondenza ad un diritto ideale"[21]. L'attribuzione di un valore positivo al diritto esistente avviene sulla base di due argomenti. Per mezzo del primo si sostiene che il diritto positivo, per il solo fatto di essere tale è giusto; ciò significa che i giudizi di giustizia o ingiustizia del diritto coin-

[15] *Ibidem*, p. 112.

[16] Sul punto cfr. *infra* A. SCHIAVELLO, *La crisi del positivismo giuridico: l'"antigiuspositivismo" di Ronald Dworkin e Lon Fuller*, *infra*, pp. 117-126.

[17] N. BOBBIO, *Aspetti del positivismo giuridico*, cit., p. 108. Riguardo al possibile nesso tra positivismo giuridico inteso come accostamento al diritto e inteso come teoria, Bobbio afferma (sempre a p. 108) che tale nesso c'è, ed è di natura storica ma non logica, essi sono sorti nel medesimo periodo, ma lo studio del diritto come fatto non conduce necessariamente alla concezione statualistica del diritto.

[18] *Ibidem*, p. 109.

[19] *Ibidem*.

[20] *Ibidem*, p. 113.

[21] *Ibidem*, p. 110.

cidono con i giudizi di validità ed invalidità. Con il secondo argomento si sostiene che il diritto, in quanto insieme di regole imposte da chi detiene il monopolio della forza, consente, indipendentemente dal suo valore morale, di raggiungere fini desiderabili (la pace, l'ordine, etc.). L'ideologia del positivismo giuridico è riassumibile, sempre secondo Bobbio, nella seguente formula: "il diritto, per il modo con cui è posto e fatto valere, o per il fine cui serve, qualunque sia il suo contenuto, ha di per se stesso un valore positivo, e si deve prestare obbedienza incondizionata alle sue prescrizioni"[22].

Seguiamo la via tracciata da Bobbio per esaminare i molti volti che il positivismo giuridico assume nei testi raccolti in questa prima parte dell'antologia.

2. *La dottrina pura del diritto di Hans Kelsen*

Il testo di Hans Kelsen riprodotto costituisce una stesura provvisoria della celeberrima *Reine Rechtslehre* (*Dottrina pura del diritto*) che vedrà la luce nel 1934[23]. Chi abbia una pur minima dimestichezza con l'opera del 1934 potrà notare alcune differenze e molte somiglianze tra quella versione e questa che qui si ripropone. Non indugerò sulle differenze (per il vero poco significative) e mi concentrerò, invece, sulle somiglianze, cioè sui profili basilari del giuspositivismo kelseniano degli anni Trenta del secolo scorso.

Per raggiungere lo scopo è necessaria una breve premessa. Kelsen ha svolto la sua opera di filosofo del diritto e giurista (costituzionalista ed internazionalista) coprendo con le sue opere un arco temporale amplissimo[24]. A tal proposito, gli studiosi del Kelsen filosofo del diritto sono soliti distinguere vari periodi della sua produzione teorica, assegnando alle opere che ne sono espressione diversa connotazione riguardo a svariati temi (la norma giuridica e la scienza giuridica su tutti)[25]. Detto in breve: la teoria del diritto di Kelsen avrebbe subito, nel corso degli anni, cambiamenti di un certo rilievo. Si distingue,

---

[22] *Ibidem*, p. 113.

[23] H. KELSEN, *La dottrina pura del diritto. Metodo e concetti fondamentali*, in "Archivio Giuridico", quarta serie, XXVI, 1933, pp. 121-171, e come volume autonomo *La dottrina pura del diritto. Metodo e concetti fondamentali*, Società tipografica modenese, Modena, 1933. M.G. LOSANO, *Il testo fondamentale della dottrina pura del diritto*, in N. BERSIER LADAVAC (a cura di), *Con esattezza kelseniana*, Giuffrè, Milano, 2003, pp. 5-9, chiarisce che l'articolo del 1933 costituisce una vera e propria prima stesura del testo pubblicato l'anno successivo.

[24] Cfr. *infra* il breve profilo biografico di Kelsen.

[25] Cfr. almeno M.G. LOSANO, *Forma e realtà in Kelsen*, Edizioni di Comunità, Milano, 1981.

di conseguenza, un primo periodo che va dal 1911 (anno della pubblicazione dei *Problemi fondamentali della dottrina del diritto pubblico*)[26] sino al 1934, data già rammentata in precedenza di edizione della *Dottrina pura del diritto*; un secondo periodo compreso tra il 1934 e il 1960, anno della pubblicazione della seconda edizione della *Dottrina pura del diritto*[27], periodo nel quale il filosofo del diritto e giurista praghese scrive anche un altro contributo particolarmente importante, vale a dire la *Teoria generale del diritto e dello stato*[28]; infine un terzo periodo successivo al 1960, caratterizzato dalla pubblicazione (seppur postuma) della *Teoria generale delle norme*[29]. Ad ogni periodo corrisponderebbe, per così dire, un Kelsen diverso, in parte se non completamente, in aspetti pregnanti della sua teoria[30].

In questa sede non è possibile, e nemmeno utile, soffermarsi sul significato e sui contenuti della periodizzazione del pensiero kelseniano, ci interessa, invece, collocare in maniera adeguata la stesura della *Dottrina pura del diritto* che si propone al lettore.

La traduzione dal tedesco è di Renato Treves, il quale ha tradotto anche la stesura del 1934 pubblicata presso Einaudi nel 1952[31]. Il testo contiene già tutti, o quasi, i contenuti del positivismo giuridico kelseniano che segnano la conclusione del primo ed aprono le porte al secondo periodo[32]. Vediamone in sintesi gli aspetti principali.

---

[26] H. KELSEN, *Hauptprobleme der Staatsrechtslehre*, J.C.B. Mohr, Tübingen, 1911, trad. it. di A. Carrino, *Problemi fondamentali del diritto pubblico*, Esi, Napoli, 1997.

[27] H. KELSEN, *Reine Rechtslehre*, Franz Deuticke Verlag, Wien, 1960, trad. it. di M.G. Losano, *La dottrina pura del diritto*, Einaudi, Torino, 1966.

[28] H. KELSEN, *General Theory of Law and State*, Harvard University Press, Cambridge (Mass.), 1945, trad. it. di S. Cotta, G. Treves, *Teoria generale del diritto e dello stato*, Edizioni di Comunità, Milano, 1952, 6ª ed., Etas Kompass, Milano, 1994.

[29] H. KELSEN, *Allgemeine Teorie der Normen*, Manzsche Verlags-und Universitätsbuchhandlung, Wien, 1979, trad. it. di M. Torre, a cura di M.G. LOSANO, *Teoria generale delle norme*, Einaudi, Torino, 1985.

[30] Una sintesi dei vari periodi del pensiero kelseniano e dei contenuti teorici caratteristici di ognuno si trova in M. BARBERIS, *Breve storia della filosofia del diritto*, cit., pp. 111-117. Un'articolata introduzione critica a Kelsen, basata soprattutto sulla *Teoria generale del diritto e dello stato*, è quella di B. CELANO, *La teoria del diritto di Hans Kelsen. Un'introduzione critica*, Il Mulino, Bologna, 1999.

[31] H. KELSEN, *Reine Rechtslehre*, Franz Deuticke Verlag, Wien, 1934, trad. it. di Renato Treves, *Lineamenti di dottrina pura del diritto*, Einaudi, Torino, 1952.

[32] La ripubblicazione che si propone nell'antologia è parziale e riguarda le pp. 121-154 del testo originario, sono state esclusi i capitoli VI (L'interpretazione), VII (I metodi della produzione del diritto) e VIII (Diritto e Stato).

Innanzi tutto bisogna comprendere in che senso la dottrina del diritto possa dirsi "pura". A tal proposito Kelsen chiarisce che la sua dottrina del diritto può dirsi pura in quanto rivolta alla conoscenza esclusiva del diritto "… e vorrebbe eliminare da tale conoscenza tutto ciò che non appartiene … al suo oggetto"[33]. In particolare, la dottrina pura in quanto teoria del diritto positivo va distinta nettamente sia dalla filosofia della giustizia, sia dalla sociologia o conoscenza della realtà sociale[34].

Nella prima direzione (dottrina pura e filosofia della giustizia) è indispensabile distinguere una teoria del diritto positivo, cioè una teoria in grado di determinare la struttura e le forme tipiche del diritto in maniera indipendente dai variabili contenuti dei singoli ordinamenti giuridici e dalla legittimazione del diritto come giusto: si tratta, quindi, di tenere distinto il diritto dalla morale[35]. Legare in maniera necessaria il diritto alla morale significa, per Kelsen, legare il diritto all'ideale della giustizia che però è un ideale irrazionale, inaccessibile alla conoscenza umana[36]. Per tale ragione la dottrina del diritto naturale è fallace, essa non è rivolta a conoscere il diritto, ma a produrre una giustificazione del medesimo (dottrina classica o conservatrice del diritto naturale), oppure a porre in dubbio "… il valore del diritto positivo, sostenendo che esso è in contrasto con un ordine assoluto presupposto in un modo qualsiasi" (dottrina giusnaturalistica rivoluzionaria)[37]. Ma la dottrina pura è scienza del diritto e non politica del diritto, afferma ripetutamente Kelsen, e considerazioni di tal fatta le sono completamente estranee.

Nella seconda direzione (dottrina pura e sociologia) Kelsen si preoccupa di distinguere il diritto e la conoscenza del medesimo, in quanto fenomeno normativo, dalla conoscenza della realtà. Il diritto è norma, è attraverso le norme che un atto o un fatto naturale acquista significato giuridico. Ne segue che

---

[33] H. KELSEN, *La dottrina pura. Metodo e concetti fondamentali*, *infra*, p. 24.

[34] Cfr. anche H. KELSEN, *La dottrina pura del diritto e la giurisprudenza analitica*, cit., pp. 173-174.

[35] V. H. KELSEN, *La dottrina pura. Metodo e concetti fondamentali*, *infra*, p. 27 "… si tratta anzitutto di sciogliere il diritto da quel legame per cui è sempre stato unito alla morale … ciò che si respinge è … la concezione del diritto come una certa qual parte della morale – la concezione per cui ogni diritto, come tale – sarebbe quindi, in un certo qual senso o in un certo qual grado, morale".

[36] *Ibidem*, p. 28: "Sulla via della conoscenza razionale non si può ora certo stabilire se l'uno o l'altro ordine abbia un valore assoluto e sia cioè 'giusto'. La giustizia è un ideale irrazionale. Per quanto essa possa essere indispensabile per la volontà e l'azione dell'uomo, essa non è però accessibile alla nostra conoscenza".

[37] *Ibidem*.

"La conoscenza giuridica è ora rivolta a queste norme che danno o non danno a certi stati di fatto il carattere di atti giuridici ... Ma norma è una categoria che non trova applicazione nel campo della natura"[38]. Il diritto, quindi, in quanto "norma" può essere distinto da qualsiasi fenomeno spiegabile secondo la legge di causalità[39]. Più in particolare nella sfera delle norme giuridiche non si verificano rapporti di causa-effetto, bensì imputazioni di conseguenze giuridiche: al realizzarsi di determinate condizioni *devono essere* imputate delle conseguenze giuridiche[40].

TEORIA DELLA NORMA

Giunti a questo punto è bene introdurre la teoria della norma giuridica sostenuta da Kelsen nel testo in esame. Il diritto è norma, ma soprattutto è un fenomeno coattivo, e la natura coattiva del diritto emerge anche dalla struttura della norma giuridica. La norma giuridica è per Kelsen un giudizio ipotetico del tipo: "Se si realizzano certe condizioni allora *deve essere* imputata la sanzione". La norma giuridica non è quindi un imperativo, ma un giudizio ipotetico nel quale svolge un ruolo fondamentale la sanzione. Rispetto alla singola norma giuridica l'illecito o torto[41] commesso non costituisce una violazione del comando alla quale si reagisce con una sanzione, ma l'illecito o torto è la principale condizione in presenza della quale deve essere imputata la sanzione[42]. Per mezzo dell'illecito non si realizza un comportamento contrario alla norma giuridica, ma si consente al diritto medesimo di assolvere la sua essenziale funzione coattiva.

Ne consegue che la norma giuridica (e con essa l'intero diritto) ha natura

---

[38] *Ibidem*, p. 26.

[39] Scrive E. PATTARO, *Per una critica della dottrina pura*, in ID. (a cura di), *Contributi al realismo giuridico*, I, Milano, Giuffrè, 1982, p. XIII: "[per Kelsen] il diritto è categorialmente dover essere. Che il dover essere è categoria trascendentale significa che esso serve per la comprensione del materiale giuridico empirico, ossia ... che in questa funzione è imprescindibile: non può essere abolito o sostituito".

[40] H. KELSEN, *La dottrina pura. Metodo e concetti fondamentali*, *infra*, p. 31 ss. La norma giuridica si rivolge dunque ai giudici ed a tutti coloro che secondo l'ordinamento giuridico sono autorizzati ad applicare le norme giuridiche.

[41] Uso sia illecito, sia torto, poiché lo stesso Treves ha usato dapprima la parola torto (nella stesura qui riprodotta), sostituendola, in maniera del tutto condivisibile, nel 1952, con la parola illecito.

[42] Le norme che non imputano sanzioni sono quindi *frammenti* delle norme che prevedono sanzioni (denominate da Kelsen *primarie*) e vanno a comporne la parte condizionale. Per Kelsen sono *secondarie* le norme deducibili dalle norme primarie che indicano il comportamento che si deve seguire per evitare la sanzione. Ad esempio in presenza della norma primaria "Se x allora deve essere y", ove x è l'illecito e y la sanzione, la norma secondaria corrispondente è "Non si deve fare x".

coattiva in quanto "imputa" sanzioni al realizzarsi di un illecito. Se è vero che il diritto è una specifica tecnica sociale, che esso serve, cioè, a far sì che siano tenuti certi comportamenti piuttosto che altri, e che lo fa adottando la tecnica della motivazione indiretta, ovvero connettendo una sanzione (la privazione coattiva di un bene) all'illecito (al comportamento, si potrebbe dire, non voluto dal diritto), è altrettanto vero che Kelsen si disinteressa delle motivazioni psicologiche che spingono alla disobbedienza o all'obbedienza e che per lui "... è caratteristico del diritto semplicemente *disporre* sanzioni ... Soltanto il fatto che il diritto preveda e disponga sanzioni ... interessa"[43].

Riassumendo. La dottrina pura di Kelsen è rivolta alla conoscenza esclusiva del proprio oggetto: il diritto positivo. Ciò comporta la necessità di tenere nettamente distinte dal diritto la sociologia e la filosofia della giustizia.

La sociologia non serve a conoscere il diritto quale fenomeno normativo, il mondo delle norme funziona, infatti, secondo il criterio di imputazione e non secondo il criterio della causalità. Il diritto è un fenomeno non solo normativo ma anche e soprattutto coattivo, e la norma giuridica non è un imperativo sostenuto dalla minaccia di una sanzione per chi lo viola, bensì un giudizio ipotetico: al realizzarsi di certe condizioni, tra cui l'illecito o torto, deve essere (dai soggetti autorizzati) imputata la sanzione. La coazione consiste nel disporre e prevedere sanzioni per i comportamenti che si desidera "non vengano" tenuti dai consociati[44].

La filosofia della giustizia induce a ritenere che il diritto sia necessariamente connesso con la morale, ma così facendo la conoscenza del diritto è preclusa poiché la giustizia è un ideale irrazionale e comunque cosa diversa dal diritto positivo.

Chiarito il senso della purezza della dottrina del diritto kelseniana (ed esaminata la teoria della norma giuridica) adesso se ne possono esporre brevemente gli altri profili basilari, al fine di comprendere con maggior puntualità i

---

[43] E. PATTARO, *Per una critica della dottrina pura*, cit., p. XXIV; v. anche M. BARBERIS, *Filosofia del diritto. Un'introduzione teorica*, Giappichelli, Torino, 2003, p. 122: "Detto altrimenti le norme giuridiche ricorrerebbero alla tecnica della *motivazione indiretta*: e indiretta appunto nel senso che i consociati sarebbero indirettamente motivati a non rubare dal fatto che i giudici sono direttamente motivati a sanzionare i furti".

[44] Cfr. H. KELSEN, *La dottrina pura. Metodo e concetti fondamentali*, *infra*, p. 33: "Se il diritto – considerato del tutto positivisticamente – non è altro che un ordine coattivo esteriore, esso sarà allora concepito soltanto come una specifica tecnica sociale: si raggiunge o si cerca così di raggiungere lo stato sociale desiderato con l'unire come conseguenza, al comportamento umano, che rappresenta l'opposto contraddittorio di questo stato sociale, un atto coattivo (cioè la privazione coattiva di un bene: vita, libertà, valore economico)".

caratteri del positivismo giuridico del giurista e filosofo praghese.

Innanzi tutto bisogna chiarire, riprendendo la formula più volte usata nelle pagine precedenti, che il diritto più che norma è sistema di norme o ordinamento normativo (coercitivo o coattivo).

L'ordinamento giuridico ha per Kelsen natura dinamica e struttura gerarchica. Un sistema di norme è dinamico ove le norme che lo compongono sono legate tra loro da rapporti di delegazione del potere di produrle; è gerarchico ove le norme che lo compongono non stanno sullo stesso piano, ma sono ordinate su livelli (gerarchici) diversi [45]. Kelsen sostiene che il diritto è un tipico esempio di ordinamento o sistema dinamico e gerarchico, costruito secondo le immagini efficaci della concatenazione produttiva e della costruzione a gradi: la produzione normativa si svolge attraverso processi di delegazione del potere di produrre norme da un livello all'altro dell'ordinamento giuridico.

Ma giunti a questo punto è necessario introdurre un concetto molto importante nella teoria del diritto kelseniana: il concetto di validità della norma giuridica. A quali condizioni una norma giuridica può dirsi valida e pertanto appartenente al sistema giuridico? Una norma giuridica è valida se prodotta da un organo autorizzato in conformità a quanto stabilito dalla norma giuridica ad essa gerarchicamente sovraordinata [46]. Per poter esprimere un giudizio di validità del tipo "la norma x è valida" è necessario che la norma x sia stata prodotta in conformità ad un'altra norma ad essa sovraordinata, che fondi su quest'ultima la propria validità. Per evitare il regresso all'infinito è indispensabile, però, interrompere la catena di validità, e trovare "il fondamento" dell'intero sistema giuridico. Kelsen individua tale fondamento in una norma detta, appunto, fondamentale (*Grundnorm*). Proprio perché essa è destinata a fondare l'intero sistema e a interrompere la catena di validità, di questa norma non si può predicare la validità allo stesso modo delle altre norme giuridiche, la norma fondamentale e la sua validità vanno presupposte, essa costituisce "... l'unità nella pluralità di tutte le norme che formano un ordinamento" [47]. Presupporre la norma fondamentale e la sua validità è, dunque, indi-

---

[45] I sistemi normativi dinamici si contrappongono a quelli statici nei quali le norme sono legate tra loro da un rapporto di deduzione logica. Tipico esempio di sistema normativo statico è, per Kelsen, la morale. Cfr., *ibidem*, pp. 42-43. Sulla distinzione tra sistemi normativi statici e dinamici si vedano i contributi contenuti in L. GIANFORMAGGIO (a cura di), *Sistemi normativi statici e dinamici. Analisi di una tipologia kelseniana*, Giappichelli, Torino, 1991.

[46] Sulla questione della validità della norma per Kelsen si dovrà tornare trattando di Alf Ross, cfr. *infra* § 4.

[47] H. KELSEN, *La dottrina pura. Metodo e concetti fondamentali*, *infra*, p. 42. Ed ancora a p. 149, p. 43: "La dottrina pura si vale di questa norma fondamentale come di un fondamento

spensabile per i vari operatori del diritto ogniqualvolta essi vogliano accedere alla conoscenza del diritto: la *Grundnorm* è per loro un presupposto epistemologico necessario, se non si ipotizza la norma fondamentale non è possibile esprimere giudizi di validità [48].

3. *Herbert Hart e la separazione tra diritto e morale*

L'obiettivo che Hart si propone nel saggio *Il positivismo e la separazione tra diritto e morale* è chiarissimo: difendere la tesi della separazione tra diritto e morale. Per il vero nel tentativo di raggiungere lo scopo Hart introduce tutti i più importanti profili della sua teoria, riprodotti e ampliati tre anni dopo ne *Il concetto di diritto*, libro, senza dubbio, tra i più importanti della filosofia del diritto contemporanea [49]. Procediamo con ordine.

Per prima cosa viene ripresa e difesa la tesi utilitarista della distinzione tra

---

ipotetico. Partendo dal presupposto che essa sia valida, è valido anche l'ordine giuridico che si fonda su questa. Soltanto sotto questo presupposto può essere determinato il materiale empirico che si presenta alla determinazione giuridica come diritto, cioè come sistema di norme giuridiche". Nella *Teoria generale del diritto e dello stato*, cit., p. 134, si trova scritto che il diritto è "… un sistema di norme generali ed individuali, connesse fra loro in base al principio che il diritto regola la propria creazione … ogni norma di tale ordinamento è creata secondo le disposizioni di un'altra norma, ed alla fine secondo le disposizioni della norma fondamentale, la quale costituisce l'unità di quel sistema di norme". Scrive in proposito M. BARBERIS, *Filosofia del diritto. Un'introduzione storica*, Il Mulino, Bologna, 2000, p. 160: "… il giudice sarebbe autorizzato a emanare norme particolari dalla legge, il legislatore sarebbe autorizzato a emanare norme generali dalla costituzione, il costituente sarebbe autorizzato ad emanare la costituzione dalle costituzioni precedenti sino … in ultima istanza da una norma fondamentale (*Grundnorm*). Quest'ultima non sarebbe posta da alcuna autorità, ma dovrebbe essere necessariamente presupposta (ipotizzata) dal giurista ogni volta che vuole conoscere giuridicamente una norma, riconoscendola come diritto valido".

[48] Si riprendono, sul tema, le parole di B. CELANO, *La teoria del diritto di Hans Kelsen*, cit., p. 348: "I giudizi di validità sono possibili solo se le norme qualificate come valide sono presentate, esplicitamente o implicitamente, come norme derivate (direttamente o mediatamente) da una norma fondamentale: una norma valida, la cui validità non è derivata da alcuna altra norma. Nel formulare giudizi di validità, dunque, i giuristi presuppongono … Una norma siffatta. Affinché sia in generale possibile la qualificazione di una norma come una norma valida … è necessario assumere la validità di una norma, non derivandola da una norma ulteriore. La validità di tale norma è il presupposto, che solo rende possibile la formulazione di giudizi di validità".

[49] Per una sintetica e chiara trattazione del pensiero giusfilosofico di Hart v. N.E. SIMMONDS, *Central Issues in Jurisprudence*, Sweet & Maxwell, London, 2nd ed., 2002, pp. 127-179.

diritto e morale. Autori come Bentham e Austin hanno difeso, secondo Hart opportunamente, la distinzione tra diritto e morale, e lo hanno fatto in maniera generale, indipendentemente, cioè, da quale sia il criterio utilizzato per stabilire come vorremmo che il diritto fosse. Tenere distinto il diritto dalla morale comporta, infatti, delle conseguenze da giudicare con favore che evitano di incorrere in due pericoli opposti "... il pericolo che il diritto e la sua autorità possano dissolversi in ciò che gli ideali dell'essere umano ritengono debba essere diritto, ed il pericolo che il diritto esistente possa rimpiazzare la morale come test ultimo della condotta e sottrarsi così alla critica"[50]. Chi ha criticato le tesi degli utilitaristi, ha, secondo Hart, confuso la tesi della distinzione tra diritto e morale con altre tesi sostenute dagli stessi utilitaristi che con la distinzione non hanno un nesso necessario. Gli utilitaristi, infatti, hanno anche asserito l'importanza dello studio dei concetti giuridici e la teoria imperativista del diritto. Tuttavia, sostiene Hart, è possibile "... approvare la separazione del diritto dalla morale e condividere le indagini analitiche sul significato dei concetti giuridici e ... ritenere che sia sbagliato concepire il diritto essenzialmente come un comando"[51].

Porre in rilievo che le tre tesi utilitariste sono tra loro ben distinte, consente ad Hart di esprimere la propria approvazione per le tesi della separazione tra diritto e morale e, seppur incidentalmente, per il ruolo assegnato all'esame dei concetti giuridici, ma soprattutto di sottoporre a serrata critica la teoria imperativista del diritto. Invero, la revisione dell'imperativismo permette ad Hart di esporre i profili fondamentali del suo positivismo giuridico. Vediamone gli aspetti essenziali.

L'analogia tra diritto e comando se da un lato è familiare per quel che riguarda, ad esempio, le norme del diritto penale, per l'altro verso è fuorviante, specie se con essa si intende la riduzione di tutte le norme giuridiche a comandi. Tale riduzione non consente di cogliere gli elementi più caratteristici del diritto. In particolare non tiene conto del fatto che alle norme che impongono obblighi (cioè che hanno la forma tipica del comando), si affiancano norme di altro tipo, attributive di poteri e destinate ad assolvere ad una funzione affatto diversa dalle norme che impongono obblighi. Soltanto la com-

[50] H.L.A. HART, *Il positivismo e la separazione tra diritto e morale*, *infra*, pp. 52-53.

[51] *Ibidem*, p. 55 e nella stessa pagina "Una fonte di enorme confusione nella critica della separazione del diritto dalla morale era la credenza che la falsità di una di queste tre dottrine della tradizione utilitarista mostrasse la falsità delle altre due ... L'uso indiscriminato dell'etichetta 'positivismo' per designare ambiguamente ciascuna di queste tre dottrine separate ... ha confuso la questione più di ogni altro fattore".

prensione della natura e del ruolo delle norme attributive di poteri ci consente di cogliere appieno il concetto di diritto. Le norme che attribuiscono poteri (denominate da Hart secondarie) non richiedono alle persone di agire in un modo o di astenersi dall'agire (funzione assolta dalle norme che impongono obblighi, dette primarie), bensì "… forniscono agli individui la possibilità, più o meno elaborata, di creare diritti e doveri per la condotta di vita … Si tratta delle regole che mettono in grado gli individui di concludere contratti, di redigere testamenti … ed in generale di modellare i propri rapporti giuridici con gli altri"[52].

L'introduzione della categoria *norme attributive di poteri* serve ad Hart anche per mostrare l'inadeguatezza sia della teoria imperativista della norma giuridica, sia di quella di Kelsen. Per Hart qualsiasi riduzione delle norme giuridiche ad un solo tipo è scorretta, ed anche Kelsen non sfugge alla critica[53].

Per il vero, le norme secondarie sono di tre tipi: di riconoscimento, di mutamento e di giudizio[54], ed esse permettono la critica dell'imperativismo non solo a livello di teoria della norma giuridica, ma anche per ciò che concerne la teoria dell'ordinamento giuridico, critica che viene sviluppata soprattutto nel già citato *Il concetto di diritto*, ma già presentata nei suoi tratti essenziali nel saggio qui riproposto[55]. La norma di riconoscimento assume particolare rilievo, in quanto è grazie ad essa che si individuano le norme che appartengono al sistema giuridico, infatti essa indica i criteri di validità delle norme giuridiche.

Nel modello imperativista è fallace la tesi che il sistema giuridico possa fondarsi sull'abitudine all'obbedienza dei comandi dell'autorità sovrana da parte dei consociati. Il ricorso all'abitudine all'obbedienza è sbagliato sia nel caso in cui il sistema giuridico sia retto da un monarca, sia nel caso di un regime democratico e gli argomenti usati da Hart in proposito paiono convincenti. Nel caso del monarca "… questa idea così semplice si addice solo ad un monarca sufficientemente longevo per far maturare l'abitudine all'obbedien-

[52] H.L.A. HART, *Il positivismo e la separazione tra diritto e morale*, *infra*, p. 58, ed ancora nella stessa pagina "… si tratta di norme che sono, per così dire, messe a disposizione degli individui in un modo che non è il medesimo delle norme del diritto penale".

[53] Sulla norma giuridica in Kelsen cfr. *retro* § 2. Ne *Il concetto di diritto*, cit., pp. 48-51, la riduzione delle norme secondarie a frammenti delle norme che contemplano sanzioni è definita una "distorsione", distorsione che sarebbe il prezzo (troppo alto) pagato per ridurre le norme giuridiche ad un solo modello.

[54] H.L.A. HART, *Il concetto di diritto*, cit., cap. V.

[55] *Ibidem*, cap. VI.

za", mentre per le democrazie, se si individua il sovrano nell'elettorato "... l'intera nozione di sovrano, inteso come colui che si colloca al di fuori del diritto in quanto 'abitualmente obbedito' dalla 'maggior parte' della popolazione va in malora: infatti, in questo caso la 'maggior parte' obbedisce alla maggior parte, il che equivale a dire che obbedisce a sé stessa"[56]. Rispetto a Kelsen, v'è da dire che per Hart la norma di riconoscimento non è semplicemente pensata o presupposta, come la norma fondamentale per Kelsen, ma è effettiva, usata e accettata dai funzionari e dai giudici per individuare le norme valide.

Tornando alla questione della separazione tra diritto e morale lo schema del saggio conduce al tema dell'interpretazione giuridica, tema attraverso il quale si snoda l'ulteriore difesa della tesi della separazione tra diritto e morale operata da Hart. Anche in questo caso l'argomento usato da Hart è chiaro e lineare: ammettere che in alcuni casi (denominati difficili o di penombra) l'attività interpretativa ha natura discrezionale non comporta come automatismo la connessione tra diritto e morale, anzi presuppone la distinzione. La critica del formalismo che concepisce la decisione del giudice come "meccanica" o "automatica", non determina, di per sé, alcuna conseguenza sul piano del nesso tra diritto e morale. Le parole di Hart in proposito sono esemplari: "Dal fatto che una decisione adottata in senso opposto alla maniera formalista o letteralista, sia una decisione adottata intelligentemente riferendosi ad una qualche concezione di ciò che dovrebbe essere, non consegue che vi sia un nesso tra diritto e morale"[57].

L'attacco più deciso dal quale Hart si premura di difendere la tesi della separazione tra diritto e morale è quello sferrato da alcuni neogiusnaturalisti, Gustav Radbruch su tutti, dopo la conclusione della seconda guerra mondiale. Gli orrori compiuti dal regime nazista indussero Radbruch ad abiurare il giuspositivismo, al quale aveva anch'egli aderito, per giungere a sostenere che nessuna norma giuridica positiva, per quanto prodotta in conformità ai criteri di validità stabiliti dall'ordinamento, può dirsi valida se contravviene principi morali fondamentali. Anzi v'è di più. Una norma che contravviene i principi morali fondamentali non solo è immorale, ma non può dirsi giuridica. Hart ritiene che ragionando in questi termini si compie una "... sopravvalutazione dell'importanza delle condizioni in presenza delle quali una norma possa essere considerata una norma giuridica valida, come se questo conducesse alla

[56] H.L.A. HART, *Il positivismo e la separazione tra diritto e morale*, *infra*, p. 57.

[57] H.L.A. HART, *Il positivismo e la separazione tra diritto e morale*, *infra*, p. 65.

soluzione del problema morale: 'deve essere obbedita questa norma giuridica?'. Di certo l'autentica risposta liberale ad ogni uso sinistro dello slogan 'il diritto è diritto' o della distinzione tra diritto e morale è: molto bene, ma ciò non risolve il problema. Il diritto non è la morale e non può prenderne il posto"[58]. Insomma, una cosa è stabilire a quali condizioni il diritto può considerarsi valido, altro è stabilirne la moralità: il diritto non può sostituire la morale, ma allo stesso modo la morale non può sostituire il diritto; la valutazione critica del diritto alla luce di criteri morali è, di certo, sovente commendevole, ma non serve a stabilirne la giuridicità. Innanzi ad un dilemma morale bisogna porre in rilievo i valori in gioco ed effettuare una scelta, avendo ben presente ciò che si beneficia e ciò che si sacrifica. In altri termini i dilemmi morali vanno affrontati e non occultati dietro l'uso del principio che il diritto immorale non è diritto, altrimenti si finisce solo con l'alimentare "… il romantico ottimismo che tutti i valori a noi cari, possano, alla fine, convivere armoniosamente in un sistema giuridico, che nessuno di essi debba essere sacrificato o compromesso per accoglierne un altro"[59].

Tutto il percorso scandito da Hart conduce ad un'unica conclusione: non vi sono buone ragioni per rifiutare, o detto altrimenti, per non condividere, la tesi della separazione tra diritto e morale. Orbene, ciò detto, a quale modo di concepire il giuspositivismo tra quelli delineati da Bobbio sono riconducibili le idee di Hart? Con riferimento al saggio che si è riproposto in questa antologia la tesi sostenuta e gli argomenti addotti a sostegno della stessa ad opera di Hart, consentono di qualificare quest'ultimo quale esponente del giuspositivismo inteso come *approach* al diritto, come modo di accostarsi allo studio del diritto, caratterizzato dalla netta distinzione tra diritto reale ed ideale.

4. *Il giuspositivismo "empiristico" di Alf Ross*

Alf Ross appartiene alla corrente di pensiero denominata realismo giuridico scandinavo[60]. I rapporti tra realismo giuridico scandinavo e positivismo giuridico sono controversi e possono essere ricostruiti diversamente a seconda della nozione di giuspositivismo assunta e dell'autore giusrealista considerato. In questa sede ci interessa soltanto esaminare le tesi di Ross sul positivismo

[58] H.L.A. HART, *Il positivismo e la separazione tra diritto e morale*, *infra*, p. 70.

[59] *Ibidem*, p. 71.

[60] Sulla quale si rinvia a S. CASTIGNONE, *La macchina del diritto: il realismo giuridico in Svezia*, Edizioni di Comunità, Milano, 1974.

giuridico. Ci è sembrato opportuno definire il positivismo giuridico di Ross "empiristico": vediamo su quali ragioni si fonda questa scelta.

Nel rispondere alla domanda cosa si intende per "positivismo giuridico"? Il filosofo e giurista danese afferma: "Se si considera il modo in cui il termine 'positivismo' viene generalmente impiegato in filosofia, mi sembra ragionevole usare la locuzione 'positivismo giuridico' per indicare in senso lato un atteggiamento o un approccio nei confronti dei problemi della filosofia e della scienza giuridica, basato sui principi di una filosofia empiristica e antimetafisica"[61]. I due punti cardine del giuspositivismo (empiristico) sono per Ross i seguenti: a) si ritiene errato credere nel diritto naturale, credere, cioè nell'esistenza di principi universalmente validi non creati ma scoperti dall'uomo; b) è possibile accertare l'esistenza del diritto e descriverne il contenuto in termini empirici e fattuali.

Con quale delle due tesi positiviste è in conflitto il giusnaturalismo? Secondo Ross con la prima, ma non con la seconda. Per Ross un giusnaturalista non ha alcuna buona ragione per negare che l'esistenza del diritto positivo possa essere accertata mediante criteri empirici, dato che una cosa è accertare l'esistenza del diritto positivo, altro valutarne i contenuti alla luce di criteri morali.

Qui entra in gioco la questione dell'obbedienza al diritto e della sua forza vincolante. Ross differenzia nettamente la questione dell'esistenza del diritto accertabile empiricamente dall'attribuzione o dalla negazione al diritto stesso di forza vincolante ed obbligatorietà. Dalla tesi che un ordinamento giuridico esiste sulla base dell'accertamento di certi fatti sociali non deriva in alcun modo che quell'ordinamento giuridico è dotato di forza vincolante. Per Ross questo è un passaggio ulteriore ed ha natura spiccatamente morale, poiché "Il significato della forza vincolante inerente all'ordinamento giuridico è che gli obblighi giuridici conformi alle regole del sistema ... non sono semplicemente doveri giuridici derivanti dalla minaccia di sanzioni giuridiche, ma anche *doveri morali*, nel senso aprioristico di veri obblighi morali ... Il dovere di obbedire alla legge è un dovere morale *verso* il sistema giuridico, non un dovere giuridico *conforme* a tale sistema"[62]. Ogni considerazione relativa alla forza vincolante di un ordinamento giuridico esistente, sia che se ne asserisca la sussistenza, sia che la si neghi, ha natura morale ed è caratteristica del giusnaturalista.

---

[61] A. ROSS, *Il concetto di validità e il conflitto tra positivismo giuridico e giusnaturalismo*, *infra*, p. 81.

[62] *Ibidem*, p. 86.

Tutto ciò induce Ross a muovere una feroce critica a Kelsen[63]. Torniamo per un momento sul concetto di validità della norma giuridica. Di validità della norma giuridica esistono almeno tre accezioni: validità come appartenenza ad un ordinamento, come esistenza, come forza vincolante o obbligatorietà della norma. Si è visto che per Kelsen il diritto è un ordinamento normativo coercitivo, cioè dotato di forza vincolante. Ma secondo Ross in Kelsen è presente una certa ambiguità riguardo alla questione della validità della norma giuridica: essa ricorre sia in termini di appartenenza all'ordinamento, sia di esistenza, sia di forza vincolante. Una norma giuridica per il fatto di esistere ed appartenere ad un ordinamento ha forza vincolante, vale a dire che si deve fare ciò che essa dispone. Se così stanno le cose, afferma Ross, Kelsen più che un positivista è un quasi-positivista, in quanto evocando la forza vincolante inerente alle norme giuridiche tradisce il "… programma empiristico professato dalla teoria pura del diritto" e la sua dottrina si pone "… come una sopravvivenza della filosofia giusnaturalistica"[64]. Per Ross, Kelsen sarebbe, con riferimento alla tripartizione di Bobbio, un giuspositivista ideologico, per quanto non dichiarato, poiché giungerebbe a conferire al diritto qual è, per il solo fatto di esistere, un valore positivo.

La breve trattazione delle posizioni di Ross riguardo al positivismo giuridico ci consente di collocarlo, nel panorama del giuspositivismo contemporaneo, come l'esponente che più chiaramente ha sostenuto la teoria del positivismo giuridico come *approach* al diritto[65].

5. *Il giuspositivismo "politico" di Uberto Scarpelli*

L'accusa di essere un quasi-positivista, o un positivista ideologico mascherato, occulto, non può certo essere rivolta ad Uberto Scarpelli, il quale in ma-

---

[63] Per una critica della critica di Ross a Kelsen v. M. BARBERIS, *Filosofia del diritto. Un'introduzione teorica*, cit., p. 174.

[64] *Ibidem*, p. 92.

[65] In questa direzione Ross è accostabile ad Hart. V'è da dire che la riconduzione di questi due autori nel novero degli esponenti del positivismo giuridico inteso come *approach* (o metodologico, per usare una terminologia oggi assai diffusa), e l'accostamento delle linee di fondo del loro pensiero per ciò che concerne il positivismo giuridico, si rivela più o meno convincente e corretta a seconda del peso che si conferisce e dell'interpretazione che si fornisce di alcuni aspetti del pensiero dell'uno o dell'altro. Ciò è testimoniato, oltre che dal § 7 del saggio qui riproposto, anche dal vivace scambio di opinioni intercorso tra Ross e Hart e riportato in R. GUASTINI (a cura di), *Problemi di teoria del diritto*, Il Mulino, Bologna, 1980, pp. 349-360.

niera chiara e risoluta ha costruito una teoria giuspositivista manifestamente ideologica nel senso bobbiano. Cerchiamo di chiarire bene questo punto. Per comprendere i saggi riproposti in questa raccolta antologica è necessario riprendere per sommi capi le tesi esposte da Scarpelli in *Cos'è il positivismo giuridico*[66]: le pagine qui ristampate costituiscono in parte una evoluzione, in parte un ripensamento di quanto scritto nel libro appena menzionato. Riassumere in poche battute l'argomentazione serrata delle pagine di Scarpelli è impresa ardua, proviamo a farlo cercando di non svilirne o travisarne i contenuti.

Lo scopo del libro è quello di fornire una definizione esplicativa in chiave critica del concetto di positivismo giuridico[67]. Per far ciò Scarpelli muove dall'individuazione del nucleo comune a molte definizioni di positivismo giuridico proposte in teoria del diritto, individuandolo nel fare "... del diritto un sistema di norme poste dalla volontà di esseri umani, portatore di certe caratteristiche e per esse riconoscibile, indipendentemente dalla conformità ai precetti o valori di una morale o ideologia"[68]. Ma questo nucleo comune può essere ritenuto sufficientemente perspicuo? Ci aiuta a ben comprendere che cos'è il positivismo giuridico? Per Scarpelli la risposta è negativa. Definire in via esplicativa ed in chiave critica il positivismo giuridico conduce Scarpelli a rovesciare l'idea di neutralità sottesa alla definizione di positivismo giuridico ricostruita, presentando, appunto una teoria politica del giuspositivismo, poiché "... è inerente al positivismo giuridico una scelta politica, ma la scelta politica è scelta del positivismo giuridico identificato attraverso le sue caratteristiche formali, è scelta di una scienza e di una pratica del diritto che una volta accettato il diritto positivo, lo studino e lo applichino fedelmente prescindendo da ogni giudizio di valore sul suo contenuto"[69]. Un atteggiamento neutrale

---

[66] U. SCARPELLI, *Cos'è il positivismo giuridico*, cit.

[67] Sulle definizioni esplicative o ridefinizioni v., M. JORI, A. PINTORE, *Manuale di teoria generale del diritto*, Giappichelli, Torino, 1995, p. 3, ove le si indicano come quelle definizioni "... che innovano solo parzialmente rispetto agli usi linguistici".

[68] U. SCARPELLI, *Cos'è il positivismo giuridico*, cit., p. 77.

[69] *Ibidem*, p. 197, ed ancora nella stessa pagina "La definizione del concetto di diritto, propria del positivismo giuridico, ha una funzione pragmatica, una portata orientativa corrispondente alla scelta generale del positivismo giuridico, mentre il suo aspetto neutrale, la formulazione in termini avalutativi corrispondono alla direzione e all'oggetto della scelta, il diritto identificato attraverso le sue caratteristiche formali, quali che ne siano o ne possano essere i contenuti".

In proposito è stato efficacemente notato da A. SCHIAVELLO, *La lungimirante "eterodossia" di Uberto Scarpelli*, in "Notizie di Politeia", 73, 2004, pp. 77-89, specie p. 83: "La concezione

verso il diritto positivo segue ad una scelta: la scelta a favore del diritto positivo stesso.

Per ben comprendere e chiarire ulteriormente quanto si è appena detto è opportuno trattare della nozione di diritto positivo adottata da Scarpelli. A tal proposito è stato osservato che "... Scarpelli vede il diritto positivo come un'impresa collettiva, in cui la realtà oggettiva della cosa (il diritto positivo appunto) è prodotto dalla concordanza effettiva delle pratiche degli individui, ciascuna fondata su scelte più o meno consapevoli e coerenti", per cui "Il concetto di diritto di ciascun giurista, per il giuspositivista scarpelliano costituisce il proprio programma di azione giuridica; il concetto di diritto di una cultura è la parte comune a tutti, o alla maggioranza, di tali programmi, che rende possibile il diritto come pratica sociale"[70]. E dunque il diritto positivo è frutto di una pratica collettiva ed effettiva da parte dei giuristi, pratica a sua volta frutto di una scelta a favore del diritto positivo stesso[71]. Per Scarpelli la stessa descrizione giuspositivistica del diritto e le sue scelte concettuali fondamentali non sono una conoscenza neutrale ma possono (e devono) enunciare pubblicamente le scelte di valore da cui sono inevitabilmente conformate.

Va sottolineato, ed è una sottolineatura necessaria, che per Scarpelli la scelta a favore del diritto positivo è subordinata alla presenza all'interno dell'ordinamento giuridico di cui si tratta dei valori democratici e liberali[72]. Detto altrimenti: per Scarpelli il positivismo giuridico è scelta a favore del diritto positivo, ma non si può operare una scelta a favore di qualsiasi diritto positivo.

Nei due saggi riprodotti in questa raccolta antologica quest'ultimo aspetto e la problematicità che lo caratterizza emergono con decisione. Nel primo

---

'politica' del positivismo giuridico difesa da Scarpelli è dunque una sfida al positivismo metodologico o concettuale ed alla tesi della neutralità. Quel che stupisce ... è che questa sfida ... non è stata raccolta dalla versione hartiana del giuspositivismo ... versione egemone nel dibattito giusfilosofico contemporaneo".

[70] M. JORI, *Uberto Scarpelli e il giuspositivismo*, *Introduzione* a U. SCARPELLI, *Cos'è il positivismo giuridico*, cit., pp. 25-26.

[71] Cfr. U. SCARPELLI, *Cos'è il positivismo giuridico*, cit., pp. 141-142: "I giudizi di validità all'interno di un sistema di diritto positivo presuppongono il principio fondamentale del sistema e l'accettazione del principio fondamentale del sistema comporta una scelta politica: la scelta di attuare nella scienza e nella pratica del diritto la volontà politica che si è manifestata in quel diritto positivo, la scelta di collaborare all'organizzazione politica che in quel diritto positivo ha la sua struttura".

[72] Lo sottolinea, tra gli altri, A. CATANIA, *Definizione del diritto e positivismo giuridico nel pensiero di Uberto Scarpelli*, *Introduzione* a U. SCARPELLI, *Cos'è il positivismo giuridico*, cit., pp. 8-21, specie p. 16. Più di recente A. PINTORE, *Scarpelli e l'aristocrazia giuridica*, in "Notizie di Politeia", 73, 2004, pp. 125-136.

(*Dalla legge al codice, dal codice ai principi*) Scarpelli nota come la perdita di centralità del codice, nell'ordinamento italiano ed altrove, e l'irrompere dei principi impongano di ripensare il giuspositivismo, anche nella versione da lui elaborata[73]. Il modo peculiare in cui opera la giurisprudenza (ed i giudici in particolare) quando lavora sui e con i principi, fa sì che la politicità del positivismo giuridico non riguardi solo la scelta del principio fondamentale che sta alla base di un certo diritto positivo, ma pure il metodo ed il procedere della giurisprudenza[74]. Nel secondo (*Il positivismo giuridico rivisitato*) questo punto è ancora più evidente e apertamente dichiarato: a causa della politicità caratterizzante i metodi interpretativi, integrativi e ricostruttivi degli operatori giuridici Scarpelli asserisce che "... il positivismo non è ideologia soltanto nel senso di proporre, giustificare e magari mascherare la scelta di una norma fondamentale, ma nel senso di proporre, giustificare e magari mascherare metodi intrisi di valori"[75].

[73] Cfr. U. SCARPELLI, *Dalla legge al codice, dal codice ai principi*, *infra*, pp. 101-102: "Mi sono qualificato più in alto come un credente nella legge e difensore del positivismo giuridico alquanto pentito. Non penso però di dover chiedere sconti ad una pena, che non mi sembra di meritare. Il fatto è che queste nostre posizioni filosofico-giuridiche non sono espressioni di verità perenni, ma vanno intese, al contrario, quali posizioni prese, o meglio prese di posizione, in relazione alle caratteristiche e condizioni della società in un certo momento storico".

[74] *Ibidem*, p. 100, ove si afferma che per comprendere il funzionamento dei principi "... giova badare alla categoria ... della ... 'giustificazione'. Dai principî non si deducono conseguenze per via di implicazioni strette, i principi servono a giustificare norme e decisioni per le vie di un discorso complesso e flessibile quale il discorso argomentativo". Sui principi del diritto e sul loro ruolo nel dibattito teorico contemporaneo cfr. *infra* A. SCHIAVELLO, *La crisi del positivismo giuridico: l'"antigiuspositivismo" di Ronald Dworkin e Lon Fuller*, p. 117 ss.

[75] U. SCARPELLI, *Il positivismo giuridico rivisitato*, *infra*, p. 110.

Hans Kelsen

La dottrina pura del diritto. Metodo e concetti fondamentali *

I.

1. – La dottrina pura del diritto è una teoria del diritto positivo. Essa, come teoria, vuole conoscere esclusivamente ed unicamente il suo oggetto. Essa cerca di rispondere alla domanda cosa e come è il diritto, non però alla domanda com'esso dev'essere o deve essere costituito. Essa è scienza del diritto, non politica del diritto.

Se essa viene indicata come dottrina "pura" del diritto, ciò avviene per il fatto che vorrebbe assicurare una conoscenza rivolta soltanto al diritto e vorrebbe eliminare da tale conoscenza tutto ciò che non appartiene esattamente al suo oggetto da determinarsi come diritto. Essa, secondo il suo oggetto, vuole cioè, liberare la scienza del diritto da tutti gli elementi che le sono estranei; e questo, che è il suo principio metodologico fondamentale, dovrebbe essere di per sé comprensibile a tutti. Uno sguardo alla scienza tradizionale del diritto nel suo sviluppo durante il corso dei secoli XIX e XX, dimostra però chiaramente, quanto questa sia ancor lontana dal rispondere ad una tale esigenza di purezza. In modo del tutto acritico, la giurisprudenza si è infatti mischiata con la psicologia e la biologia, con l'etica e la teologia. Oggi non esiste quasi più una scienza sociale, nella quale il giurista non si creda competente; anzi, egli crede di poter accrescere la sua fama scientifica col prendere appunto in prestito elementi di altre discipline e coll'abbandonare quindi naturalmente la vera e propria scienza giuridica.

2. – La dottrina pura del diritto cerca di delimitare chiaramente il suo oggetto di conoscenza nelle due direzioni in cui ne è compromessa l'autonomia per il dominante sincretismo metodologico. Il diritto è un fenomeno sociale, la società è però un oggetto completamente diverso dalla natura essendo un nesso del tutto diverso di elementi, e, se la scienza del diritto non deve confondersi colla scienza della natura, il diritto dev'essere allora staccato il più chiaramente possibile dalla natura. Questo è però difficile per il fatto che il diritto – o ciò che si suole chiamare anzitutto come tale – pare che stia, almeno per una parte della sua essenza, nel campo della natura e pare che abbia un'esistenza del tutto naturale. Se si analizza cioè un qualsiasi fatto considerato come diritto p. es. una deliberazione parlamentare, un atto amministrativo, una sentenza giudiziaria, un negozio giuridico, un delitto, si possono allora distinguere due elementi: l'uno è un atto sensibilmente percepibile il quale procede nello spazio e nel tempo, un processo esteriore, per lo più un comportamento uma-

---

* Traduzione italiana di Renato Treves.

no, l'altro è un senso (*Sinn*), uno specifico significato (*Bedeutung*) quasi immanente o aderente a quest'atto o processo. In una sala si riuniscono degli uomini, tengono dei discorsi, gli uni si alzano dai loro posti, gli altri rimangono seduti; questo è un processo esteriore. Il suo senso è che una legge è stata decisa. Un uomo in toga dice dal suo seggio più elevato delle determinate parole ad un uomo che gli sta dinnanzi. Tale procedimento esteriore significa: una sentenza. Un commerciante scrive una lettera con un determinato contenuto ad un altro, l'altro invia una risposta, ciò significa che hanno conchiuso un contratto. Qualcuno cagiona, con un'azione qualsiasi, la morte di altro, ciò giuridicamente significa: assassinio.

3. – Questo "significato" non può essere percepito semplicemente, come un fatto esterno, con un atto visivo ed uditivo, allo stesso modo cioè come si percepiscono in un oggetto le sue qualità e funzioni naturali, quali il colore, la durezza, il peso. Certamente l'atto, in quanto si esprime a voce o per iscritto, può di per sé indicare qualcosa intorno al proprio suo significato, indicare cioè il suo proprio senso, ed in questo sta appunto una speciale caratteristica del materiale dato alla conoscenza sociale e specialmente giuridica. Una pianta, di per sé, non può comunicare nulla allo studioso che cerca di darle una determinazione scientifica. Essa non fa nessun tentativo per spiegare se stessa nel campo delle scienze naturali. Ma un atto sociale può essere invece benissimo un'autospiegazione, un'autodeterminazione (*Selbst - Deutung*), può cioè portar con sé l'espressione del proprio significato. L'uomo che agisce annette infatti al suo stesso atto un senso determinato che si esprime in un modo qualsiasi e che viene inteso da coloro cui l'atto è rivolto. Uomini uniti in parlamento possono dichiarare esplicitamente di decidere una legge, due privati possono esprimere l'intenzione di voler contrarre un negozio giuridico. La conoscenza relativa al diritto, trova quindi, per lo più, già precedentemente una autodeterminazione del materiale che dovrà poi essere meglio determinato dalla scienza giuridica.

4. – Da ciò risulta la necessità di distinguere tra il senso soggettivo ed oggettivo di un atto. Il senso soggettivo può, ma non deve, coincidere col senso oggettivo che spetta a quest'atto nel sistema di tutti gli atti giuridici, cioè nel sistema del diritto. Ciò che fece il celebre capitano Koepenik era un atto che, nel suo senso soggettivo voleva essere un ordine amministrativo. Oggettivamente esso però non lo era; era bensì un delitto. Quando un'organizzazione segreta, diretta a liberare la patria da gente pericolosa, condanna a morte un individuo, da essa ritenuto traditore, e fa eseguire da un uomo di fiducia ciò ch'essa stessa soggettivamente ritiene e chiama una sentenza di morte, questo è oggettivamente, cioè nel sistema del diritto oggettivo, non già un'esecuzione d'una sentenza capitale, ma bensì un assassinio della S. Fema (*Fememord*) quantunque lo stato esteriore di questo, non si distingua per nulla dall'esecuzione d'una sentenza capitale.

5. – Tale stato esteriore di cose è ora, in tutti i casi, un fatto sensibilmente percepibile perché si svolge nel tempo e nello spazio, è un pezzo di natura che, come tale, è determinato secondo la legge di causalità. Ma questo fatto, in quanto tale, come elemento del sistema della natura, non è oggetto specifico della conoscenza giuridica e non sembra di solito per nulla giuridico. Ciò che rende giuridico (o non) questo fatto non è già la sua effettività, il suo essere naturale appartenente al sistema della natura e determinato casualmente, ma è bensì il senso oggettivo che è unito a questo atto:

il suo significato. Lo stato di cose in questione ottiene infatti il suo senso specificamente giuridico, il suo particolare significato, per mezzo di una norma che, nel suo contenuto, vi si riferisce e gli impartisce il significato giuridico, di modo che l'atto possa essere interpretato secondo questa norma. La norma funziona così come schema determinativo (*Deutungsschema*). Essa stessa viene prodotta da un atto giuridico, che, da parte sua, riceve di nuovo il suo significato da un'altra norma. La qualificazione d'un fatto come esecuzione d'una sentenza capitale e non di un assassinio, non risulta da nessuna percezione sensibile, ma soltanto da un processo di pensiero: dal confronto del codice penale e di procedura penale. Che il su ricordato scambio di lettere, significhi conclusione di contratto, risulta esclusivamente e solo dal fatto che questo stato di cose cade sotto certe determinate posizioni del codice civile. Che un'adunanza di uomini sia un parlamento e che il risultato della loro attività sia una legge, con altre parole: che questi precedenti abbiano questo significato, vuol dire soltanto che tali fatti nella loro totalità, corrispondono a determinate disposizioni della costituzione; che il contenuto di un avvenimento effettivo coincida cioè col contenuto d'una norma presupposta qualsiasi.

6. – La conoscenza giuridica è ora rivolta a queste norme che danno o non danno a certi stati di fatto il carattere di atti giuridici, e che sono esse stesse create da tali atti giuridici. Con ciò, bisogna osservare che la norma, come specifico contenuto di significato (*Sinngehalt*), è qualcosa di diverso dall'atto psichico col quale essa è voluta o presentata. Quando si parla di "produzione" di una norma, s'intende, con ciò, sempre processi dell'essere che portano la norma come contenuto di significato. La dottrina pura del diritto non è rivolta ad alcun processo spirituale o procedimento corporeo, in quanto cerca di conoscere le norme e di concepire giuridicamente una cosa qualsiasi. Concepire qualcosa giuridicamente, non può significare altro che concepire qualcosa come diritto. Colla tesi che soltanto le norme giuridiche possano essere oggetto di conoscenza giuridica, si cade in una tautologia. Poiché il diritto, l'unico oggetto della conoscenza giuridica, è norma. Ma norma è una categoria che non trova applicazione nel campo della natura. Quando atti naturali vengono qualificati come processi giuridici, ciò non significa altro che è loro attribuito un valore da norme il cui contenuto sta in una determinata corrispondenza coll'avvenimento effettivo. Quando il giudice stabilisce come dato un fatto concreto, ad esempio un delitto, egli rivolge anzitutto la sua conoscenza ad un essere naturale. La sua conoscenza diventerà però soltanto giuridica quando collegherà il fatto constatato colla legge che egli deve applicare, qualificandolo come "furto", "frode". E lo può qualificare come tale, solo quando il contenuto di questo fatto è specificamente riconosciuto come contenuto di una norma. (Con ciò bisogna osservare che l'attività del giudice non si esaurisce per nulla in un atto conoscitivo, questo è soltanto la preparazione d'un atto volitivo per mezzo del quale vien posta la norma individuale del giudizio).

7. – Considerando il diritto come norma e la scienza del diritto (che è una funzione diversa da quella degli organi che pongono ed applicano il diritto) come scienza limitata alla conoscenza di norme, si delimita il diritto di fronte alla natura, e la scienza giuridica, come scienza normativa, di fronte a tutte le altre scienze che cercano di spiegare i fenomeni naturali secondo la legge di causalità. Particolarmente lo si delimita anche di fronte ad una scienza la quale si propone d'indagare le cause e gli effet-

ti di quei processi naturali che, determinati dal punto di vista delle norme giuridiche, si presentano come atti giuridici. Se si vuole qualificare tale ricerca come sociologia, o specialmente come sociologia giuridica, non vi è qui nulla da obiettare al riguardo, né è qui il luogo d'aggiungere altro circa la possibilità e il valore d'una simile ricerca. Questo soltanto dev'essere però qui stabilito, cioè che una tale conoscenza sociologico-giuridica non ha nulla a che fare con le norme giuridiche come specifici contenuti di significato, ma soltanto con certi processi che non hanno alcun riferimento al loro rapporto con una qualsiasi norma riconosciuta o presupposta come valida. Questa sociologia giuridica non pone in relazione causale i fatti dell'essere, che deve studiare, con norme valevoli, ma bensì con altri fatti dell'essere. Essa chiede per es. per quale determinata causa un legislatore abbia promulgato proprio queste e non altre norme e quali effetti abbiano avuto le sue disposizioni. Essa chiede in quale modo dei fatti economici, delle manifestazioni religiose, influiscano effettivamente sull'attività dei tribunali, per quali motivi gli uomini conformino, o non il loro comportamento all'ordine giuridico. Il diritto, in tal modo, viene in questione solo come fatto dell'essere, come fatto nella coscienza degli uomini che pongono, che eseguiscono o che ledono le norme giuridiche. Non è quindi veramente il diritto stesso che costituisce l'oggetto di questa conoscenza, ma soltanto certi fenomeni paralleli della natura, così come il fisiologo, che cerca i processi fisici e chimici sotto le cui condizioni o colla cui coincidenza si manifestano determinate sensazioni, non comprende le sensazioni stesse, le quali, come fenomeni psicologici, non possono essere comprese chimicamente e fisiologicamente. La dottrina pura del diritto, come specifica scienza giuridica, non rivolge la sua attenzione alle norme giuridiche considerate come fatti di coscienza né alla volizione o alla rappresentazione di queste, ma si rivolge bensì alle norme giuridiche intese come contenuti di significato voluti o presentati. Ed essa comprende qualsiasi fatto solo in quanto questo è contenuto di norme giuridiche, è cioè determinato da tali norme. Il problema della dottrina pura del diritto è quindi la specifica, la particolare legalità d'una sfera di significato (*die spezifische Eigengesetzlickeit einer Sinnsphäre*).

II.

8. – La dottrina pura del diritto, col delimitare il diritto di fronte alla natura, cerca pure il termine di distinzione della natura dallo spirito. La scienza del diritto è una scienza dello spirito, non una scienza della natura. Si può quindi discutere se l'opposizione di natura e spirito coincida con quella di realtà e valore, di essere e dovere, di legge causale e norma, o se il regno dello spirito sia più vasto di quello del valore, ossia del dovere e della norma. Ma non si potrà negare che il diritto, come norma, sia una realtà spirituale e non naturale. E con ciò si presenta qui il problema di distinguere il diritto, non solo di fronte alla natura, ma anche di fronte agli altri fenomeni dello spirito, e specialmente di fronte alle norme d'altro genere. Qui si tratta anzitutto di sciogliere il diritto da quel legame per cui è sempre stato unito alla morale. E con ciò naturalmente non si vuole certo mettere in dubbio l'esigenza che il diritto debba essere morale, cioè debba essere buono. Quest'esigenza è di per sé compren-

sibile. Ciò che si respinge è però esclusivamente la concezione del diritto come una certa qual parte della morale, – la concezione per cui ogni diritto, come tale, – sarebbe quindi, in un certo qual senso o in un certo qual grado, morale. Col rappresentare il diritto come un particolare campo della morale, si cerca di dare al diritto quel valore assoluto che spetta essenzialmente alla morale senza chiarire se, con ciò, si intenda soltanto quell'esigenza, di per sé comprensibile, per cui il diritto dovrebbe essere moralmente foggiato oppure se, con ciò, si voglia piuttosto intendere, che il diritto, come parte della morale, abbia realmente un carattere di moralità. Come categoria morale, il diritto ha un significato analogo a quello di giustizia. Questa è semplicemente l'espressione dell'ordine sociale giusto. Qualche volta tale parola è anche usata nel senso di positiva giuridicità e specialmente di legalità. "Ingiusto" si dice il fatto in cui una norma generale viene applicata in un caso e non già invece in un altro che va tuttavia considerato come analogo, e ciò, senza riguardo al valore della norma generale stessa. Secondo questo modo di dire, il giudizio di giustizia esprime soltanto il valore relativo della conformità alla norma. "Giusto" (*gerecht*) è qui soltanto una parola diversa per esprimere "retto" (*recht*). "Giustizia" nel significato che le è proprio, e che la differenzia dal diritto, esprime un valore assoluto. Il suo contenuto non può essere determinato dalla dottrina pura del diritto. Anzi, esso non è in alcun modo determinabile dalla conoscenza razionale, e ciò è ben dimostrato dalla storia dello spirito umano, che da millenni si sforza inutilmente per risolvere questo problema. Le ricerche a questo relative, fin'ora hanno condotto sempre e soltanto a delle tautologie completamente vuote, come la formula del *suum cuique* o dell'imperativo categorico. Dal punto di vista della conoscenza razionale, ci sono soltanto degli interessi e quindi dei conflitti d'interessi la cui soluzione si effettua mediante un ordinamento degli interessi, che, o soddisfa uno degli interessi contro l'altro, a spese dell'altro, oppure stabilisce un accordo, un compromesso tra gl'interessi contrastanti. Sulla via della conoscenza razionale non si può ora certo stabilire se l'uno o l'altro ordine abbia un valore assoluto e sia cioè "giusto". La giustizia è un ideale irrazionale. Per quanto essa possa essere indispensabile per la volontà e l'azione dell'uomo, essa non è però accessibile alla nostra conoscenza. A questa, soltanto il diritto positivo è dato (*gegeben*) o, più esattamente, è dato come oggetto di ricerca (*aufgegeben*). Quanto meno ci si sforza di distinguere il diritto dalla giustizia, quanto più si cerca, in certo qual modo, di far valere il diritto come giusto contro gli sforzi provenienti dal potere legislativo, tanto più si favorisce quella tendenza ideologica che è caratteristica della dottrina classica conservatrice del diritto naturale: a questa non importava tanto la conoscenza del diritto vigente, quanto la giustificazione del medesimo, l'esaltazione di esso ottenuta dalla prova che il diritto positivo è soltanto l'espressione d'un ordine naturale, divino e razionale cioè d'un ordine assolutamente giusto e conforme a giustizia; mentre, al contrario, la dottrina giusnaturalistica rivoluzionaria, che ha nella storia della scienza del diritto una parte relativamente insignificante, persegue l'idea opposta: di porre in dubbio il valore del diritto positivo, sostenendo che esso è in contrasto con un ordine assoluto presupposto in un modo qualsiasi, e di porre quindi la realtà giuridica in una luce meno buona di quella corrispondente a verità.

9. – Queste tendenze ideologiche, in cui appaiono evidenti le mire e le influenze di carattere politico, predominano ancor sempre, anche dopo che la dottrina del di-

ritto naturale pare sia stata apparentemente superata dall'odierna scienza giuridica. Contro di essa è rivolta la dottrina pura del diritto. Essa vuole rappresentare il diritto com'è; senza legittimarlo come giusto o squalificarlo come ingiusto, essa si occupa del diritto reale e possibile, e non già del diritto giusto. In questo senso, essa è una teoria giuridica radicale realistica. Essa si rifiuta di valutare il diritto positivo. Come scienza, si ritiene obbligata soltanto di concepire il diritto positivo secondo il suo essere e di intenderlo mediante un'analisi della sua struttura. Essa si rifiuta specialmente di servire a qualsiasi interesse politico fornendo ideologie mediante le quali l'ordine sociale esistente possa venir legittimato o squalificato. Con ciò, essa si pone nel più acuto contrasto colla scienza giuridica tradizionale la quale ha un carattere ideologico che si manifesta consapevolmente o inconsapevolmente, ora con maggiore, ora con minore evidenza. Appunto per la sua tendenza antiideologica, la dottrina pura del diritto si dimostra vera scienza giuridica, perché la scienza, come conoscenza, ha la tendenza immanente di scoprire il proprio oggetto. Ma l'ideologia nasconde la realtà, perché o la esalta coll'intento di conservarla e di difenderla, oppure la deforma coll'intenzione d'attaccarla, di distruggerla, e di sostituirla con un'altra. Ogni ideologia ha le sue radici nel volere, non nel conoscere, nasce da determinati interessi, e più esattamente: da altri interessi che dall'interesse della verità; né con ciò noi vogliamo certo pronunciarci sul valore o sulla dignità di questi altri interessi. La conoscenza tornerà sempre a squarciare i veli con cui la volontà avvolge le cose. L'autorità, che crea il diritto, e che cerca perciò di conservarlo, può benissimo chiedersi se una conoscenza del proprio prodotto, priva di ogni ideologia, sia effettivamente necessaria; ed anche le forze che vogliono distruggere l'ordine esistente e sostituirlo con un altro ritenuto migliore, non sapranno molto come valersi d'una tale conoscenza del diritto. Una vera scienza giuridica può però non occuparsi né dell'una né dell'altra obiezione. La dottrina pura del diritto vuole essere appunto una tale scienza giuridica.

III.

10. – Il carattere ideologico della teoria giuridica tradizionale combattuta dalla dottrina pura del diritto, si rivela già nella determinazione comune del concetto del diritto. Essa sta ancor oggi sotto l'influsso del giusnaturalismo conservatore, che, come già sopra accennammo, opera con un concetto trascendentale del diritto. Questo corrisponde totalmente al carattere fondamentalmente metafisico che aveva la filosofia durante il predominio della dottrina del diritto naturale; cioè durante un periodo che coincide politicamente con lo sviluppo dello Stato di polizia della monarchia assoluta. Con la vittoria della borghesia liberale del secolo XIX, ha inizio una notevole reazione contro la metafisica e contro la dottrina del diritto naturale. Di pari passo col progresso delle scienze naturali empiriche e con la dissoluzione critica dell'ideologia religiosa, si compie il passaggio della scienza del diritto civile, dalla dottrina del diritto naturale, al positivismo. Sebbene questo passaggio sia stato radicale, esso non è stato però mai veramente completo. Non si presuppone più il diritto come una categoria eterna ed assoluta; si riconosce che il suo contenuto è sottoposto ad un mutamento storico e che, come diritto positivo, è un fenomeno condizionato da circo-

stanze di tempo e di spazio. Ma, con ciò, non si perde però del tutto l'idea in un valore giuridico assoluto e questo continua a vivere nell'idea etica della giustizia, sostenuta anche dalla giurisprudenza positivistica. Sebbene si sia efficacemente accentuata la distinzione tra la giustizia e il diritto, entrambi rimangono però uniti da fili più o meno visibili. Secondo quanto s'insegna, l'ordine statuale positivo, per essere "diritto", deve partecipare, in certo qual modo, alla giustizia, sia ch'esso debba realizzare un minimo etico, sia che esso debba costituire un tentativo (sebbene anche insufficiente) d'esser vero diritto, cioè d'essere appunto diritto giusto; il diritto positivo deve corrispondere, sebbene anche soltanto parzialmente, all'idea del diritto. Ma siccome il carattere giuridico di qualsiasi ordine statuale viene presupposto come di per sé comprensibile, anche la legittimazione di esso sarà garantita da questa dottrina del minimo morale, che non è altro che una riduzione di quella del diritto naturale. E questo minimo di garanzia è sufficiente, nei tempi abbastanza tranquilli del regime borghese, cioè in un periodo di relativo equilibrio delle forze sociali. Le ultime conseguenze del principio positivistico ufficialmente riconosciuto, non sono state però ancor tratte; la scienza del diritto non è ancor del tutto, ma è però già prevalentemente orientata nel senso positivistico.

11. – *a*) Questa posizione spirituale si manifesta chiaramente in quella concezione per cui il diritto positivo, viene compreso e sussunto nel concetto della norma o del dovere. Certo si torna sempre ad accentuare, con ciò, la diversità delle norme giuridiche dalle norme morali; ma, dal punto di vista giuridico, non si pone però in dubbio il valore assoluto della morale. E se anche questo pare avvenga allo scopo di far spiccare dallo sfondo, sempre più nitidamente, il valore puramente relativo del diritto, tuttavia, il solo fatto che, anche senza sentirsi competente, la giurisprudenza non neghi l'esistenza d'un valore assoluto, non può non avere un effetto retroattivo sul concetto del diritto. Ed infatti, se il diritto, al pari della morale, viene considerato come norma, e se il senso della norma giuridica, come quello della norma morale viene espresso in un "dovere", una parte del valore assoluto, che è proprio della morale, rimane allora aderente al concetto della norma giuridica e al dovere giuridico. Il giudizio per cui una cosa qualsiasi è sottoposta giuridicamente ad una norma, o un contenuto qualsiasi è voluto in forza del diritto, non è mai del tutto privo dell'idea che questo sia in tal modo buono, legale, giusto. Ed in questo senso, la determinazione del concetto del diritto, come norma e dovere, non è difatti priva di un certo elemento ideologico nella giurisprudenza positivistica del secolo XIX.

b) La dottrina pura del diritto si sforza di liberarla appunto da questo elemento, cerca cioè di distinguere totalmente il concetto della norma giuridica da quello della norma morale da cui è sorto, e tenta di garantire la particolare legalità del diritto anche di fronte alla legge morale. E questo avviene facendo in modo che la norma giuridica, contrariamente alla dottrina tradizionale, non venga intesa come imperativo, al pari della norma morale, ma bensì come giudizio ipotetico che esprime il rapporto specifico d'un fatto condizionante con una conseguenza condizionata. La norma giuridica diventa proposizione giuridica che esprime la forma fondamentale della legge. Come la legge naturale unisce un determinato fatto come causa, ad un altro come effetto, così la legge giuridica unisce la condizione con la conseguenza del diritto o del torto. Se nell'un caso, il modo dell'unione dei fatti è la causalità, nell'altro è l'imputazione (*Zurechnung*) che è riconosciuta dalla dottrina pura del diritto come la speciale legalità del diritto; cioè come la sua espressione, e infatti, il dovere con cui la dottrina pura del diritto rappresenta il diritto positivo, non è altro che questo, allo stesso modo come la necessità non è altro che l'espressione della legge di causalità. La legge naturale dice: se c'è A, deve necessariamente (*muss*) esserci B, la legge giuridica dice: se c'è A, deve (*soll*) esserci B, senza che, con ciò, essa dica nulla del valore, cioè del valore morale o politico di questo nesso. In tal modo il dovere continua a sussistere come categoria relativa apriori per la comprensione del materiale giuridico empirico. Esso è indispensabile, sotto questo aspetto, in quanto, generalmente, si deve comprendere ed esprimere il modo specifico con cui il diritto positivo unisce dei fatti in rapporto reciproco. È infatti manifesto che questo non è quello di causa e d'effetto. La pena, di fronte al delitto, non trovasi in rapporto di causalità; la concatenazione di questi due fatti, istituita dal legislatore, è completamente diversa da quella del rapporto di causalità. Completamente diversa, sebbene però parimenti indissolvibile. Poiché, nel sistema del diritto, cioè secondo il diritto, la pena segue sempre, e senza eccezione, al delitto, anche se nel sistema della natura, la pena, per una ragione qualsiasi possa venire meno, e se non viene meno, non è necessario che subentri proprio come effetto del delitto che funge come causa, ma può bensì venir provocata da cause completamente diverse, sebbene il delitto, in realtà, non sia avvenuto. Se si dice: se subentra una così detta illegalità (*Unrecht*) "deve" subentrare la conseguenza dell'illegalità, allora questo dovere, come categoria del diritto, significa soltanto il senso specifico con cui condizione e conseguenza s'uniscono insieme nella proposizione giuridica. Questa categoria del diritto, ha un carattere puramente formale, e con ciò, si distingue principalmente da un'idea giuridica trascendente. Essa è applicabile, qualunque sia il contenuto dei fatti così collegati e qualunque sia la specie degli atti da concepirsi come diritto. A nessuna realtà sociale, a causa della conformazione del suo contenuto, può essere contestata la compatibilità con questa categoria giuridica. Essa è, nel senso della filosofia kantiana, gnoseologicamente trascendentale, non metafisicamente trascendente. Appunto per questo, essa conserva la sua tendenza radicale antiideologica; per cui, proprio in tale punto, incomincia la più violenta resistenza da parte della teoria giuridica tradizionale che difficilmente può tollerare che l'ordinamento della repubblica Sovietica debba essere concepito come ordinamento giuridico, tanto come quello dell'Italia fascista o della Francia democratica e capitalista.

c) La teoria giuridica tradizionale, dopo le scosse sociali causate dalla guerra mondiale, sta per passare totalmente alla teoria del diritto naturale, allo stesso modo come anche la filosofia tradizionale trovasi ora in piena reazione contro la metafisica prekantiana. Trovandosi nella stessa situazione politica di quella della nobiltà feudale all'inizio del secolo XIX, la borghesia, alla metà del XX secolo, risale alle stesse ideologie politiche, che questa nobiltà feudale difendeva appunto nella lotta contro detta borghesia. E proprio per il fatto che la dottrina pura del diritto trae le ultime conseguenze dalla teoria giuridica del secolo XIX e dalla filosofia positivistica originariamente antiideologica, essa giunge ad una fortissima opposizione colla filosofia trascendentale di Kant e degli epigoni che rinnegano il positivismo giuridico.

12. – Con la categoria formale del dovere o della norma si è riusciti però soltanto a determinare il genere prossimo, non già la differenza specifica del diritto. La teoria

del diritto del secolo XIX era, per sommi capi, concorde nel ritenere che la norma giuridica fosse una norma coattiva nel senso d'una norma che stabilisce una coazione e che, appunto per questo, si distingue dalle altre norme. In questo punto, la dottrina pura del diritto continua la tradizione della teoria positivistica del diritto del secolo XIX. Essa sostiene che, in una proposizione giuridica, ad una determinata condizione è unito, come conseguenza, l'atto coattivo dello Stato, cioè la pena e l'esecuzione coattiva civile e amministrativa, e che, solo per questo, il fatto condizionante viene qualificato come torto (*Unrecht*), e quello condizionato come conseguenza del torto. Non è una qualsiasi qualità immanente e neppure un qualsiasi rapporto verso una norma metagiuridica, verso un valore morale, ma trascendente il diritto positivo, ciò che fa sì che un determinato comportamento umano valga come antigiuridico, come delitto nel più ampio senso della parola, ma è esclusivamente soltanto il fatto che nella proposizione giuridica tale comportamento sia posto come condizione di una conseguenza specifica, e che l'ordine giuridico positivo reagisca a questo comportamento con un atto coattivo.

13. – Il concetto del torto subisce un essenziale cambiamento quando è considerato dal punto di vista immanente in cui si pone la dottrina pura del diritto. Il motivo del legislatore, la circostanza che un fatto non sia gradito all'autorità legislativa, che esso sia antisociale, come imprecisamente si suol dire (sebbene si possa dire che è ritenuto tale dal legislatore), non costituiscono la misura determinativa del concetto del torto; questa risiede esclusivamente e soltanto nella posizione del fatto in questione in seno alla proposizione giuridica: perché esso è condizione per la specifica creazione del diritto, per l'atto di coazione (che è atto dello Stato). Quel determinato comportamento dell'uomo che, nella proposizione giuridica, costituisce la condizione contro la quale viene rivolto l'atto coattivo, considerato nella stessa proposizione come conseguenza, è il torto (*Unrecht*). Se (come negli ordinamenti giuridici piuttosto primitivi o nel caso di torto attribuito ad una persona giuridica) la conseguenza del torto è riferita ad una persona diversa da quella che ha posto il fatto del torto, ciò avviene sempre e soltanto sotto il presupposto che, tra i due, sussista un rapporto qualsiasi supposto dal legislatore sia esso reale o fittizio. Si tratta qui della responsabilità per torti altrui. Così la famiglia dell'assassino è responsabile pel delitto commesso da lui, il principe per quello commesso dai sudditi, il popolo per le infrazioni giuridiche causate da altri organi dello Stato (responsabilità collettiva). Fra il soggetto reale del torto e l'oggetto della conseguenza giuridica, esiste sempre un'identità fisica o giuridica.

Con questa specie di trattazione, il torto, da negazione del diritto, come appare da un punto di vista giuridico politico, diventa una condizione specifica del diritto e così, soltanto un oggetto possibile della conoscenza giuridica. Questa può anche concepire il torto soltanto come diritto. Il concetto del torto rinuncia alla sua posizione extrasistematica, in cui la può mantenere soltanto una ingenua giurisprudenza prescientifica ed assume una posizione intrasistematica. Ugualmente agisce l'etica e la teologia, entrambe specie di conoscenza normativa, quando esse, nella teodicea, cioè nel loro tentativo di concepire il mondo come un sistema del bene, tolgono al male il suo carattere originario di semplice negazione del bene, per farlo valere come condizione per la realizzazione del bene stesso, supponendo che il male conduca infine all'espiazione e quindi alla vittoria del bene. La dottrina pura del diritto respinge la concezione per cui l'uomo, nella condizione di torto, viene a infrangere o a ledere il diritto. Essa dimostra che il diritto non può essere infranto o leso dal torto perché è anzi soltanto a mezzo di questo che il diritto raggiunge la sua essenziale funzione. Il torto non significa – come lascia supporre la concezione tradizionale – un'interruzione nell'esistenza del diritto, ma proprio l'opposto: nel torto si convalida l'esistenza del diritto, che consiste nella sua validità: nella doverosità dell'atto coattivo come conseguenza del torto.

Anche in questo punto, la dottrina pura del diritto è in opposizione alla teoria giuridica del nostro tempo, che, strettamente unita alla tendenza verso la dottrina del diritto naturale, vorrebbe rinunziare al momento coattivo, come criterio empirico del diritto, credendo di poter riconoscere questo nel suo intimo contenuto e nella sua concordanza con un'idea del diritto. Soltanto nel caso in cui la forza vincolativa del diritto poggia sulla comprensione immediata del suo valore – cioè nel caso in cui il diritto positivo è considerato depositario d'un ordine assoluto, divino o naturale – la disposizione coattiva non è necessariamente essenziale per lui ed in tal caso, la sua validità, come quella della morale assoluta, poggia su quella coazione interna che è intimamente connessa all'evidenza della propria obbligatorietà. Questa evidentemente è una concezione di diritto naturale.

14. – Se il diritto – considerato del tutto positivisticamente – non è altro che un ordine coattivo esteriore, esso sarà allora concepito soltanto come una specifica tecnica sociale: si raggiunge o si cerca così di raggiungere lo stato sociale desiderato con l'unire come conseguenza, al comportamento umano, che rappresenta l'opposto contraddittorio di questo stato sociale, un atto coattivo (cioè la privazione coattiva di un bene: vita, libertà, valore economico). In questo modo si può perseguire un qualsiasi scopo sociale. Il diritto non va concepito come scopo, ma bensì come mezzo specifico, come un atto di coazione, al quale non spetta alcun valore politico o etico, come un apparato coattivo il cui valore dipende dallo scopo che trascende il diritto come mezzo. Anche questa concezione del fatto che si deve considerare come diritto, è priva di ogni ideologia. Tale fatto è però riconosciuto come storicamente condizionato; ed in tal modo, viene rilevato l'intimo nesso che esiste tra la tecnica sociale di un ordine coattivo ed uno stato sociale da mantenersi in vigore per questo. Quale sia questo stato, se in modo speciale, come viene asserito da parte socialistica, abbia il carattere di dittatura d'una classe sfruttatrice, ciò è irrilevante dal punto di vista della dottrina pura del diritto. Poiché questa non tratta lo scopo che si persegue e si raggiunge coll'ordine giuridico, ma tratta soltanto l'ordine giuridico stesso, e non lo tratta riferendosi a questo suo scopo particolare e quindi come causa possibile d'un determinato effetto, (poiché il rapporto di mezzo e scopo è soltanto un caso particolare del rapporto causale) ma bensì nella legalità normativa specifica del suo significato.

15. – Questo, talvolta, viene addirittura negato. Si considera infatti il diritto, cioè gli atti che determinano il diritto, esclusivamente come mezzo per provocare un determinato comportamento degli uomini ai quali si rivolgono questi atti come causa di determinati effetti, e si crede di poter concepire l'ordinamento giuridico seguendo la misura che è fornita dal comportamento umano considerato come fine. Con ciò si ignora consapevolmente il senso normativo con cui si manifestano questi atti, perché non si crede di poter presupporre il senso d'un dovere diverso dall'essere. L'asserzio-

ne del legislatore o del teorico del diritto: "Chi ruba deve essere punito" non viene considerata altrimenti, che come un tentativo di distogliere gli uomini dal furto ossia di punire il ladro, come un tentativo di provocare negli uomini determinate idee per la cui forza finale essi vengono indotti ad un comportamento adeguato. La disposizione giuridica per cui si deve punire il ladro e non si deve rubare, vien risolta nella constatazione del fatto: che gli uni devono indurre gli altri a non rubare, ossia a punire il ladro, e che gli uomini di regola non rubano e puniscono il ladro. Si può scorgere nel diritto – come rapporto tra legislatore e suddito – un procedimento analogo a quello d'un cacciatore che mette l'esca per accalappiare la selvaggina. Questo paragone non è soltanto esatto perché i processi hanno in comune il rapporto di motivazione, ma anche per il fatto che un inganno è nascosto nella qui caratterizzata trattazione del diritto, nella esposizione del diritto come norma (a mezzo del legislatore o della giurisprudenza). Partendo da questo punto di vista, non esistono delle norme, e l'asserzione: questo o quello "deve" non ha, come sostiene la dottrina pura del diritto, nessun senso specifico positivamente giuridico diverso da quello della morale. Da questo punto di vista si prende in considerazione esclusivamente il divenire della natura che è sottoposto alla legge di causalità; si considerano soltanto gli atti giuridici nella loro effettività, non già nel significato specifico con cui si manifestano. Tale significato, cioè la norma e il dovere, in cui il diritto si presenta e viene presentato dalla giurisprudenza, appare come pura ideologia anche nel suo significato privo di ogni valore morale assoluto, e purificato dalla dottrina pura del diritto. Come realtà – e quindi come oggetto di conoscenza scientifica – apparirà soltanto la natura come fatto spirituale e corporeo sottoposto alla legge di causa ed effetto.

16. – Qui è ancor dubbio se, da un tal punto di vista, possano essere concepiti dei fenomeni sociali in genere, e se, in una trattazione di tal specie, ciò che è sociale non debba necessariamente annullarsi e scomparire come oggetto particolare. Molti sono infatti gli argomenti in favore della tesi per cui il campo sociale avrebbe essenzialmente un carattere ideologico e la società si distinguerebbe, in genere, dalla natura, soltanto come l'ideologia si distingue dalla realtà. Ad ogni modo è sicuro che, con ciò, vien completamente smarrito il senso specifico del diritto. Se si nega ogni senso alla "norma", cioè al dovere, non hanno senso allora asserzioni come le seguenti: questo è permesso legalmente, quello proibito legalmente; questo è mio, quello è tuo; X è autorizzato a ciò, Y obbligato a ciò ecc. In breve, tutte le mille asserzioni in cui la vita giuridica si manifesta, hanno perduto il loro significato. Poiché è molto differente quando dico: A è obbligato legalmente, deve pagare 1000 a B, da quando dico: v'è una certa probabilità che A faccia un pagamento di 1000 a B. Ed è una cosa completamente diversa, quando dico: questo comportamento – secondo la legge – è un delitto e dev'essere punito conformemente alla legge, da quando dico: chi ha fatto questo sarà con tutta probabilità punito. Il senso immanente con cui il legislatore si rivolge all'organo che applica la legge, quello con cui quest'organo – nel giudizio dei giudici e nell'atto di amministrazione – si rivolge al suddito, quello con cui il suddito, nel negozio giuridico, si rivolge all'altro suddito, non è contemplato nell'asserzione sul probabile decorso d'un comportamento futuro. Una tale asserzione si effettua da un punto di vista trascendente. Non risponde alla domanda specificamente giuridica: cosa è diritto, ma alla domanda metagiuridica: cosa avviene e cosa probabilmente av-

verrà. Se il senso normativo del diritto è soltanto una "ideologia", una dottrina giuridica, che vuole afferrare il senso immanente del diritto, cioè il diritto come si presenta agli organi legislativi e giudiziari ed al pubblico che vi si appella, sarà allora rivolta alla particolare legalità di un'ideologia. E la dottrina pura del diritto ne è perfettamente consapevole. Anzi, spogliando il dovere del diritto positivo dal suo carattere di valore metafisico-assoluto, (e conservandolo soltanto come l'espressione del rapporto fra la condizione e la conseguenza nella proposizione giuridica), essa ha aperto la via per giungere a quel punto, dal quale risulta la visione del carattere ideologico del diritto. Ma essa non crede di dover trarre le conseguenze dalla categoria del dovere in generale, e con ciò, da una teoria normativa del diritto, non crede cioè di dover rinunziare ad una penetrazione gnoseologica e ad un'elaborazione sistematica dei contenuti dello spirito, le quali, portate da atti naturali, danno a questi innanzitutto il senso del diritto. La possibilità e l'esigenza di questa teoria è già stata dimostrata dal fatto della millenaria scienza del diritto, la quale – dacchè esiste un diritto – serve come giurisprudenza dogmatica ai bisogni intellettuali di chi si occupa del diritto. Non vi è motivo di lasciar insoddisfatti questi bisogni del tutto legittimi e di rinunziare ad una tale scienza del diritto. Essa non può assolutamente essere sostituita dalla sociologia giuridica, poiché questa è rivolta ad un ben diverso problema. Così come, finché c'è una religione, deve esserci una teologia dogmatica che non può venir sostituita da nessuna psicologia o sociologia della religione, così – finché vi sarà un diritto – esisterà pure una dottrina normativa del diritto. La sua posizione nel sistema generale delle scienze, costituisce un problema diverso e secondario. Ciò che è necessario non è l'abolire questa scienza giuridica insieme con la categoria del dovere o della norma, ma bensì il delimitarla nel suo oggetto, ed il chiarire criticamente il suo metodo.

17. – Il fatto che – in rapporto alla realtà naturale – si possa far valere il diritto come ideologia e che tuttavia si possa esigere una teoria giuridica pura, cioè priva di ideologia, non è certo assolutamente contradditorio come sembra. Astraendo dall'ambiguità della parola "ideologia" – che ora significa lo spirito opposto alla natura in generale, ora una rappresentazione che involge la realtà trasfigurandola o deturpandola – bisogna osservare che qualche volta delle ideologie diverse sono sovrapposte, che sovente, entro l'ambito ideologico, bisogna distinguere diversi strati e che perciò l'antinomia di ideologia e realtà viene relativizzata. Se si considera il diritto positivo come un ordine normativo in rapporto alla realtà dei fatti effettivi, che, secondo la pretesa del diritto positivo, debbono corrispondere a questo (sebbene non gli corrispondano sempre), allora lo si può qualificare come "ideologia". Se lo si considera in rapporto con un ordine "superiore", il quale pretende che il diritto positivo gli corrisponda, come ad esempio nel rapporto col diritto naturale, coll'ideale d'una giustizia – immaginata in un modo qualsiasi –, allora il diritto positivo si presenta come il diritto "reale" esistente, e il diritto naturale o la giustizia si presentano come ideologia. La dottrina pura del diritto conserva la sua tendenza antiideologica per il fatto che essa cerca d'isolare la rappresentazione del diritto positivo da ogni specie di ideologia giusnaturalistica di giustizia. La possibilità della validità d'un ordinamento che sovrasti il diritto positivo rimane per essa estranea ad ogni discussione, Essa si limita al diritto positivo ed impedisce, così, che la

scienza del diritto lo faccia passare per un ordinamento superiore, ossia che attinga da questo una giustificazione del diritto; oppure, che la discrepanza tra un qualsiasi presupposto ideale di giustizia, ed il diritto positivo, venga erroneamente usata come argomento giuridico contro la sua validità. La dottrina pura del diritto è la teoria del positivismo giuridico.

IV.

18. – La teoria generale del diritto, così come fu svolta dalla giurisprudenza positivistica del secolo XIX è caratterizzata da quel dualismo che predomina in tutto il sistema e divide tutti i suoi problemi. Questo dualismo è l'erede della teoria del diritto naturale al cui posto è subentrata la dottrina generale del diritto. Il dualismo del diritto naturale consiste nel fatto che, sopra l'ordinamento statuale del diritto positivo, si suppone l'esistenza d'un ordinamento più elevato di diritto divino o naturale la cui funzione è conservativa e legittimatrice, almeno secondo i classici rappresentanti della teoria giusnaturalistica dei secoli XVII e XVIII. Il positivismo del secolo XIX – come già si è osservato – non rinuncia del resto completamente ad una legittimazione del diritto a mezzo di un valore sopraposіtivo; esso fa però questo soltanto indirettamente, quasi sotto la superficie dei suoi concetti. La giustificazione del diritto positivo, ora, non si compie tanto con un diritto più elevato e diverso da questo, quanto piuttosto con lo stesso concetto del diritto. Non vogliamo però parlare adesso di questo dualismo per così dire immanente e non manifesto, ma bensì di quel dualismo manifestamente transistematico che si rivela nella distinzione del diritto oggettivo e soggettivo, pubblico e privato e in altre numerose coppie di concetti opposti, fra le quali non è però ultimo l'antagonismo tra lo Stato e il diritto. E la funzione di questo dualismo, che appare in forme ed aspetti diversi, non è soltanto quella di legittimare l'ordine giuridico positivo, ma anche quella di mettere certi limiti alla conformazione del suo contenuto. Se la prima funzione si riferisce in modo speciale al contrasto tra lo Stato e il diritto, quest'ultima si riferisce chiaramente alla distinzione tra diritto oggettivo e soggettivo. L'opposizione di diritto pubblico e privato è straordinariamente ambigua e perciò, anche la sua funzione ideologica, non è determinata in un unico modo.

19. – Se la teoria generale del diritto concepisce il suo oggetto, il diritto, come dato, non soltanto nel senso oggettivo, ma anche nel senso soggettivo, essa pone, con ciò, a base del suo sistema, una contraddizione di principi – e questo è il dualismo del diritto oggettivo e soggettivo –. Poiché essa sostiene con ciò, che il diritto, come diritto oggettivo, sia norma, complesso di norme, cioè ordine, e, nello stesso tempo, come diritto soggettivo, sia qualche cosa di completamente diverso, una cosa che non si può sussumere sotto un comune concetto superiore, sia cioè: interesse o volontà. Questa contraddizione non può neppure essere superata per il fatto che, tra il diritto oggettivo e soggettivo, si sostenga l'esistenza d'un rapporto ed il diritto soggettivo sia definito come un interesse protetto, come una volontà riconosciuta e garantita dal diritto oggettivo. Secondo la sua primitiva intenzione, il dualismo fra il diritto oggettivo e soggettivo esprime l'idea che il secondo preceda il primo, tanto logicamente,

quanto temporalmente. L'idea è chiara: dapprima si formano i diritti soggettivi, prima di tutto la proprietà, il prototipo del diritto soggettivo (e ciò per via dell'appropriazione originaria), soltanto più tardi si aggiunge al diritto soggettivo, formatosi indipendentemente, il diritto oggettivo come ordinamento statuale, che lo protegge, lo riconosce e gli concede garanzia. Più evidentemente si manifesta questa concezione nei rappresentanti della scuola storica del diritto, che, non soltanto hanno inaugurato il positivismo giuridico del secolo XIX, ma hanno anche fissato nella sua essenza la formazione del concetto della dottrina generale del diritto. Si legge per esempio presso il Dernburg: "Diritti in senso soggettivo esistevano storicamente già molto prima che si sviluppasse un ordinamento statuale consapevole di sé stesso. Si fondavano sulla personalità del singolo e sulla stima che sapevano di conseguire, e d'ottenere con la forza. Soltanto per astrazione, dalla concezione dei diritti soggettivi esistenti, si doveva giungere, poco per volta, al concetto dell'ordinamento giuridico. È perciò un'idea antistorica ed inesatta, quella per cui i diritti in senso soggettivo, non sono altro che emanazioni del diritto nel senso oggettivo".

20. – Il concetto del soggetto del diritto o della "persona", come portatore del diritto soggettivo, sta nella più intima unione col concetto di diritto soggettivo, che anzi non è in fondo altro che una diversa espressione del medesimo concetto. Anche qui è caratteristica la concezione d'un'essenza giuridica indipendente dall'ordinamento giuridico, d'una soggettività giuridica che trova, per così dire, il diritto soggettivo, sia nell'individuo, sia in certe collettività che ha soltanto da riconoscere e necessariamente deve riconoscere, se non vuole perdere il suo carattere di "diritto". L'opposizione tra diritto (in senso oggettivo) e soggettività giuridica, che è una contraddizione logica della teoria, in quanto questa considera entrambi contemporaneamente come esistenti, si manifesta più evidentemente per il fatto che il senso del diritto oggettivo, come norma eteronoma, è il vincolo, anzi la coazione, mentre l'essenza della personalità giuridica, viene chiarita proprio come la negazione di ciò, cioè la libertà, nel senso dell'indipendenza o dell'autonomia. Così scrive il Puchta. "Il concetto fondamentale del diritto è la libertà ... il concetto astratto di libertà è: possibilità di decidersi per qualche cosa ... L'uomo è soggetto di diritto, per il fatto che a lui spetta quella possibilità di decidersi, pel fatto che egli ha una volontà".

21. – È evidente quanto sia fittizia questa determinazione del concetto della personalità giuridica. Poiché, se, in genere, si può parlare di autonomia degli individui nell'ambito del diritto, e cioè nel campo del cosiddetto diritto privato, e precisamente in considerazione del fatto, che produce il diritto, cioè della conclusione d'un negozio giuridico, l'autonomia esiste qui soltanto in un senso molto limitato e improprio. Poiché nessuno può da sé attribuirsi dei diritti, poiché il diritto dell'uno esiste soltanto sotto il presupposto del dovere dell'altro e un tale rapporto giuridico può soltanto realizzarsi con una concorde manifestazione di volontà fra due individui. E anche questo, solo in quanto il contratto è stato stabilito dal diritto oggettivo come fatto che produce diritto, cosicché la determinazione giuridica proviene da questo diritto oggettivo, non già da soggetti giuridici che stanno sotto di questa, ragion per cui non esiste nel diritto privato una completa autonomia.

La funzione ideologica di tutta questa determinazione contrastante dei concetti del diritto soggettivo e del soggetto del diritto è facilmente comprensibile: si tratta di sostenere l'idea che il diritto soggettivo, cioè la proprietà privata, sia, di fronte al diritto oggettivo, una categoria a priori e trascendente, un'istituzione nella quale la formazione del contenuto dell'ordine giuridico trovi un ostacolo insormontabile. Il concetto d'un diritto soggettivo, diverso dal diritto oggettivo e indipendente di fronte a questo, diventa tanto più importante, quanto quello, cioè l'ordinamento giuridico che garantisce l'istituzione della proprietà privata, è riconosciuto come ordine mutevole e costantemente variabile creato dall'arbitrio umano e non fondato sulla volontà eterna della divinità o sulla natura; e tanto più quando la produzione di questo ordinamento avviene con un procedimento democratico. Il pensiero d'un diritto diverso dal diritto oggettivo, che nella sua esistenza sia indipendente da esso, ma che non sia meno, anzi forse persino più "diritto" di quello, deve proteggere l'istituzione della proprietà privata da un annullamento da parte dell'ordinamento giuridico. È facilmente comprensibile che l'ideologia del diritto soggettivo si unisca al valore etico della libertà individuale, della personalità autonoma, in quanto in questa libertà, è sempre inclusa la proprietà. Un ordinamento, che non riconosce l'uomo come libera personalità in questo senso, cioè un ordinamento che non garantisce il diritto soggettivo, non deve affatto valere come ordinamento giuridico.

22. – Questa ideologia tende dunque a considerare il rapporto fra diritto e società, ma specialmente quello fra diritto ed economia come un rapporto fra forma e contenuto, e ad interpretare il rapporto giuridico, come una relazione che si trova entro la materia sociale; come un "rapporto di vita" che attinge dal diritto la sua determinazione esteriore. È, in ispecial modo, una direzione sociologica della giurisprudenza tradizionale la quale, in verità, con questa concezione, segue soltanto delle tendenze di diritto naturale. E nella medesima direzione di quella del dualismo di diritto oggettivo e soggettivo, sta la distinzione dei rapporti giuridici personali e reali a seconda che si tratta d'un rapporto tra soggetti, oppure di un rapporto tra soggetto e oggetto giuridico, tra persona e cosa. Il rapporto di diritto reale, per eccellenza, è la proprietà. Essa è definita come il dominio esclusivo d'una persona sopra una cosa, e, appunto perciò, è distinta essenzialmente dai diritti di credito (*Forderungsrechte*) che costituiscono soltanto dei rapporti giuridici personali. Anche questa differenza, così importante per la sistematica del diritto civile, ha un evidente carattere ideologico. Se essa viene conservata, malgrado l'obiezione che si torna sempre a sollevare, per la quale il dominio giuridico d'una persona sopra una cosa consisterebbe in null'altro che in un determinato rapporto giuridico del soggetto verso altri soggetti, cioè nell'obbligo fatto a questi di non ledere il proprietario nella sua possibilità di disporre d'una cosa e nella possibilità dell'uno, d'escludere tutti gli altri dal godimento della cosa, questo è evidente per il fatto che la definizione della proprietà, come rapporto tra persona e cosa, nasconde la sua decisiva funzione economico-sociale: una funzione che viene indicata dalla teoria socialista come "sfruttamento" e non vogliamo qui discutere se a ragione o a torto, una funzione che consiste, ad ogni modo, proprio nel rapporto del proprietario con tutti gli altri soggetti esclusi dall'uso della cosa sua e obbligati dal diritto oggettivo a rispettare l'esclusiva potestà di disporre spettante al proprietario. Ma contro questa tesi si difende la tradizionale dottrina del diritto nel modo più deciso, cioè col far valere il diritto soggettivo, ossia l'autorizzazione dell'uno, soltanto come riflesso del dovere giuridico dell'altro.

Sempre, di nuovo e con la massima energia, i suoi rappresentanti accentuano il carattere primario dell'autorizzazione, anzi essi la identificano addirittura col diritto in senso soggettivo.

23. – La seconda forma del diritto soggettivo, l'obbligo giuridico (*Rechtspflicht*), è trattata dalla dottrina generale del diritto in modo sorprendentemente sfavorevole. Qualche volta si sostiene perfino che l'obbligo non sia affatto un concetto giuridico, e che esistano solo degli obblighi morali in quanto nel diritto ci sono unicamente dei diritti soggettivi e non degli obblighi giuridici, sebbene la funzione essenziale d'un ordinamento, e più ancora d'un ordinamento coattivo come il diritto, non possa essere altro che il vincolo normativo degli individui ad esso sottoposti, e questo vincolo normativo non possa essere indicato diversamente, che con la parola "obbligo" (*Pfischt*), poiché anche il dovere morale esprime soltanto il vincolo a cui l'individuo è sottoposto dalla validità d'un ordinamento morale. Nella parte che sostiene il concetto del diritto soggettivo come categoria della proprietà privata, ha effettivamente poco senso estendere questo all'obbligo giuridico; anzi, tutto ciò che il "diritto soggettivo" può fare nel senso della teoria ideologica, viene addirittura messo in dubbio quando, nel concetto dell'obbligo giuridico, venga opposto ad essa un fattore pari o addirittura primario.

24. – Proprio in questo punto, ha inizio la dottrina pura del diritto che, con la sua critica all'opinione dottrinale predominante, pone in primo piano, col massimo vigore, il concetto del dovere giuridico. E anche in questo punto, essa trae soltanto l'ultima conseguenza da certi pensieri fondamentali che già erano abbozzati nella teoria positivistica del secolo XIX, ma che hanno avuto però uno sviluppo relativamente modesto. Essa riconosce, nell'obbligo giuridico, soltanto la norma giuridica nel suo rapporto col comportamento concreto di un determinato individuo da essa stabilito, cioè la norma giuridica individualizzata. E con ciò, essa distingue completamente il concetto dell'obbligo giuridico da quello dell'obbligo morale interpretandolo nel seguente modo: un uomo è obbligato giuridicamente ad un determinato comportamento in quanto l'opposto contradditorio di questo comportamento è stabilito nella norma giuridica come la condizione d'un atto coattivo qualificato come conseguenza del torto (*Unrechtsfolge*). Se l'atto coattivo si rivolge contro un uomo diverso da quello il cui comportamento forma la condizione della conseguenza del torto, ossia il contenuto dell'obbligo, allora si può parlare di garanzia e quindi differenziare i concetti di obbligo e di garanzia, in modo che la garanzia si presenti come una particolare specie di obbligo. Con ciò l'obbligo giuridico è riconosciuto come la sola essenziale funzione del diritto oggettivo. Ogni proposizione giuridica deve necessariamente stabilire un dovere giuridico, ma può stabilire anche possibilmente un'autorizzazione. Questa si ha, quando, fra le condizioni della conseguenza del torto, è accolta una manifestazione di volontà da parte di chi è leso nei suoi interessi pel fatto del torto; manifestazione che deve presentarsi nella forma dell'azione o reclamo. Soltanto in rapporto a questo fatto del torto, la norma giuridica si individualizza come autorizzazione e diventa, in questo senso diverso dal dovere giuridico, diritto soggettivo, cioè diritto di un soggetto per cui essa si pone a disposizione di questo per far valere i suoi interessi. In quanto autorizzazione, il diritto soggettivo non sta di fronte al diritto oggettivo come qualcosa da lui indipendente, poiché sarà diritto soggettivo soltanto ciò che è

sottoposto alla norma del diritto oggettivo. L'autorizzazione è generalmente soltanto una forma di contenuto del diritto oggettivo possibile e niente affatto necessaria, una tecnica speciale di cui il diritto può, ma non deve necessariamente servirsi. È la tecnica specifica dell'ordinamento giuridico capitalistico, in quanto è costituito sull'istituto della proprietà privata e per ciò ha speciale riguardo all'interesse individuale. È la tecnica che, del resto, non domina neppure tutte le parti dell'ordine giuridico capitalistico e che si manifesta completamente solo nel campo del così detto diritto privato e in certe parti del diritto amministrativo. Questa è già stata superata dal medesimo diritto penale in quanto qui, al posto del leso nei suoi interessi, subentra l'organo statuale, che, d'ufficio, apre, come pubblico ministero, il processo in cui deve realizzarsi la conseguenza del torto. La dottrina pura del diritto, con questa concezione dell'essenza di ciò che si chiama diritto in senso soggettivo, supera completamente il dualismo di diritto soggettivo ed oggettivo. Il diritto soggettivo non è diverso da quello oggettivo, è il diritto oggettivo stesso soltanto in quanto esso si rivolge contro un soggetto concreto (dovere) oppure si mette a disposizione di questo (autorizzazione) in forza della stabilita conseguenza del torto. Se il diritto soggettivo viene ridotto all'oggettivo, viene assorbito nell'oggettivo, allora viene escluso ogni abuso ideologico. Il concetto del diritto non è però più anzitutto limitato ad una speciale forma tecnica dell'ordine giuridico. Nel concetto stesso del diritto si è tenuto conto della condizionalità storica della struttura giuridica capitalistica.

25. – Con ciò si è aperta anche la via per ravvisare, nel concetto del soggetto di diritto o della persona, soltanto un artificio del pensiero, un concetto ausiliario che la conoscenza giuridica si è creata allo scopo d'una esposizione contemplativa d'un materiale da plasmare e sotto la pressione d'un linguaggio giuridico antropomorfizzante. Persona è soltanto un'espressione unitaria personificante d'un fascio di doveri e di autorizzazioni giuridiche, cioè d'un complesso di norme: una concezione che preserva il diritto, come oggetto di conoscenza, da ipostatizzazioni che posson cagionare errori ed equivoci. Soltanto adesso si può realizzare completamente la vecchia esigenza della teoria giuridica positivistica: di concepire cioè la persona fisica e giuridica come essenzialmente identica. La "persona fisica" non è l'uomo, come sostiene la dottrina tradizionale. Questo non è un concetto giuridico, ma un concetto biologico, psicologico. Persona fisica è la personificazione delle norme che regolano il comportamento di un uomo; così come la persona giuridica è la personificazione delle norme che regolano il comportamento di una pluralità di uomini. (Qui rimane fuori di discussione il secondo significato del concetto della persona giuridica della quale si serve essenzialmente il legislatore: persona giuridica come espressione di una limitazione di garanzia stabilita secondo il diritto positivo). Perciò la tesi di una reale esistenza della persona giuridica, si presenta come finzione. I suoi doveri e diritti, sono risolti in doveri e diritti di uomini, cioè in comportamenti umani che danno norme. La libertà o l'autonomia della persona fisica, la forma giuridica del dogma etico del libero arbitrio viene esclusa come illusoria dal campo della teoria giuridica. La "sovranità" della massima, onnicomprensiva persona giuridica, questa qualità dello Stato considerata sempre come fondamentale dalla dottrina del diritto pubblico, si rivela però come il principio della libertà del volere che ritorna soltanto su di un grado più elevato e, per ciò, come categoria teoreticamente inservibile.

26. – Se si considera la "persona" come la personificazione d'un complesso di norme e quindi di una parte dell'ordine giuridico oggettivo – più o meno arbitrariamente individualizzata –, la quale, fra tutti i doveri e diritti da lei stabiliti, fra i doveri e i diritti di tutte le persone, fonda un'unità organica, cioè sistematica – il diritto dell'uno è sempre il dovere dell'altro, e non si possono separare l'un l'altro – allora anche l'antinomia apparente fra individuo e comunità, in cui è vincolata la filosofia sociale tradizionale viene risolta, in quanto considera l'individuo contemporaneamente come totalità e come parte della comunità. L'individuo, quale totalità, è la stessa ideologia della libertà come la specifica categoria giuridica della persona. E come questa, anche quello, ha la funzione d'erigere una barriera contro le pretese che non possono conciliarsi e che cercano di superare determinati interessi dell'ordine sociale costituente la comunità. L'individuo che di fronte alla comunità trovasi in un contrasto apparentemente irrisolvibile, non è altro che un'ideologia in lotta a favore di determinati interessi, contro la loro delimitazione da parte di un ordinamento collettivo.

27. – Se il concetto del diritto soggettivo, come quello del soggetto del diritto, viene così spogliato da ogni funzione ideologica, se, squarciando totalmente il velo della personificazione si giunge ai rapporti giuridici reali, allora si manifestano sempre e soltanto rapporti giuridici fra gli uomini, più precisamente fra fatti di comportamento umano che sono collegati reciprocamente dalla norma giuridica, cioè come contenuto di norma giuridica. Questo è il rapporto giuridico: il rapporto fra due fatti, dei quali l'uno consiste in un comportamento umano stabilito come dovere giuridico e l'altro in un diverso comportamento stabilito come autorizzazione. La dottrina pura del diritto, col dissolvere il così detto diritto soggettivo in tutte le sue forme di manifestazione: autorizzazione, obbligo, soggetto del diritto come essenza diversa del diritto oggettivo, e col concepirlo come forma speciale o rappresentazione personificativa del diritto oggettivo, supera quella posizione soggettivistica verso il diritto al cui servizio sta il concetto del diritto in senso soggettivo; quella posizione avvocatesca che considera soltanto il diritto dal punto di vista dell'interesse di parte e cioè in considerazione di ciò che significa per ogni singolo, in quanto ciò gli giova, cioè serve ai suoi interessi, o in quanto ciò gli nuoce, cioè lo minaccia con un danno. È l'atteggiamento specifico della giurisprudenza romana, che è sorta essenzialmente dalla pratica dei pareri dei giureconsulti, che fu accolta colla recezione del diritto romano. L'atteggiamento della dottrina pura del diritto è viceversa del tutto oggettivistico e universalistico. Essa è rivolta fondamentalmente alla totalità del diritto e cerca solo di comprendere ogni singolo fenomeno nel nesso sistematico con tutti gli altri e di comprendere, in ogni parte del diritto, la funzione della totalità del diritto. In questo senso essa è una concezione veramente organica del diritto. Ma se concepisce quest'ultimo come organismo, essa non comprende, con ciò, una qualsiasi entità superindividuale, superempirica e metafisica di specie biologica o superbiologica – immagine dietro cui si nascondono per lo più postulati etico-politici – ma esclusivamente e solo, che il diritto è un ordine e che perciò tutti i problemi giuridici debbono essere posti e risolti come problemi di ordine. La teoria giuridica, così liberata da ogni giudizio di valore etico-politico, diventa, nei limiti del possibile, un'analisi esatta della struttura del diritto positivo.

V.

28. – Il diritto, come ordine, o l'ordinamento giuridico è un sistema di norme giuridiche. E la prima domanda alla quale si tratta qui di rispondere fu posta dalla dottrina pura del diritto nel modo seguente: che cosa costituisce l'unità d'una pluralità di norme giuridiche? Perché una determinata norma giuridica appartiene ad un determinato ordine giuridico?

Una pluralità di norme forma un'unità; un sistema, un ordinamento, se la sua validità può essere ricondotta ad un'unica norma come fondamento ultimo di questa validità. Questa norma fondamentale (*Grundnorm*), come fonte ultima, costituisce l'unità nella pluralità di tutte le norme che formano un ordinamento. Si stabilisce l'appartenenza di una norma ad un determinato ordinamento, dal fatto che la sua validità può essere ricondotta alla norma fondamentale che costituisce quest'ordinamento. Secondo la specie della norma fondamentale, cioè secondo la natura del superiore principio di validità, si possono distinguere due diverse specie di ordinamento (sistemi normativi). Le norme dell'una specie sono quelle che "sono valide" quando il comportamento umano, da esse determinato, è considerato come dovuto in forza del loro contenuto, perché questo contenuto, ha una qualità immediatamente evidente che gli dà validità. E tali norme ottengono questa qualificazione di contenuto in quanto esse sono riferibili ad una norma fondamentale sotto il contenuto della quale si può riassumere il contenuto delle norme che costituiscono l'ordine, come il particolare sotto l'universale. Le norme della morale appartengono a questa specie. Le norme: tu non devi mentire, tu non devi ingannare, tu devi mantenere la tua promessa, ecc. sono dedotte dalla norma fondamentale della veridicità. Alla norma fondamentale: tu devi amare il tuo prossimo, si può ricondurre la norma: tu non devi offendere gli altri, tu devi assisterli nel bisogno, ecc. Qui non si considera ulteriormente quale sia la norma fondamentale d'un determinato sistema morale. Ciò che interessa è il riconoscimento che la pluralità delle norme di una morale è già contenuta nella norma fondamentale, così come appunto il particolare è compreso nell'universale, e che per ciò, tutte le norme morali particolari possono essere tratte dalla norma fondamentale universale a mezzo d'un processo di pensiero, cioè mediante una deduzione dall'universale al particolare.

29. – Di diversa specie sono le norme giuridiche. Queste non sono valide in forza del loro contenuto. Ogni qualsiasi contenuto può essere diritto, non vi è nessun comportamento umano che come tale, in forza del suo contenuto, non possa diventare contenuto d'una norma giuridica. Una norma vale come norma giuridica, sempre e soltanto perché è nata in un modo particolarmente stabilito, è stata prodotta da una regola del tutto determinata, è stata posta secondo un metodo specifico. Il diritto vale soltanto come diritto positivo cioè diritto legale (*gesetztes Recht*). Per ciò, la norma fondamentale di un ordinamento giuridico, non è null'altro che la regola fondamentale per la quale sono prodotte le norme dell'ordinamento giuridico, l'istituzione del fatto fondamentale che produce il diritto. Da questa norma fondamentale non si possono logicamente dedurre le norme del sistema giuridico. Esse debbono essere prodotte da un atto costitutivo (*Setzungsakt*) che non è atto di pensiero, ma di volontà. Se si riferiscono le singole norme di un sistema giuridico ad una norma fondamenta-

le, questo avviene in quanto si mostra che la produzione della norma particolare è avvenuta conformemente alla norma fondamentale. Se si chiede perché, un determinato atto coattivo, ad esempio, il fatto che un uomo toglie la libertà ad un altro rinchiudendolo in carcere, è un atto giuridico ed appartiene quindi ad un determinato ordinamento giuridico, si avrà allora la risposta seguente: questo atto fu prescritto da una determinata norma individuale o da una sentenza giuridica. Se si chiede, inoltre, perché questa norma individuale sia valida e sia cioè valida come parte d'uno speciale determinato ordinamento giuridico, si ha allora la risposta: essa fu posta conformemente al codice penale. E se si chiede quale sia il fondamento della validità del codice penale, si giunge a toccare la costituzione dello Stato, secondo le cui disposizioni fu compilato il codice penale da parte d'un organo in ciò competente e a mezzo d'un processo prescritto dalla costituzione. Se ci si chiede però quale sia il fondamento della validità della costituzione su cui poggiano tutte le leggi e gli atti giuridici promulgati sulla base delle leggi, si riesce allora a risalire ad una costituzione ancor più antica e così, infine, a quella storicamente originaria che fu promulgata da un singolo usurpatore o da un collegio formatosi in un modo qualsiasi. Questo è il presupposto fondamentale da cui parte tutta la conoscenza dell'ordinamento giuridico fondato su questa costituzione; è il presupposto per cui deve valere come norma tutto ciò che l'organo costituente, storicamente originario, ha manifestato come propria volontà. La formulazione schematica della norma fondamentale di un ordinamento giuridico è la seguente: la coazione dev'essere posta nelle condizioni e nel modo che è stato determinato dal primo legislatore o dalle istanze da lui delegate.

30. – La dottrina pura del diritto si vale di questa norma fondamentale come di un fondamento ipotetico. Partendo dal presupposto che essa sia valida, è valido anche l'ordine giuridico che si fonda su questa. Soltanto sotto questo presupposto può essere determinato il materiale empirico che si presenta alla determinazione giuridica come diritto, cioè come sistema di norme giuridiche. Secondo la natura di questo materiale, cioè secondo gli atti che debbono essere determinati come atti giuridici, si regola anche il contenuto particolare di quella norma fondamentale che costituisce un determinato ordinamento giuridico. Essa è soltanto l'espressione del presupposto necessario di ogni concezione positivistica del materiale giuridico. Con la formulazione della norma fondamentale, la dottrina pura del diritto non vuole assolutamente inaugurare un nuovo metodo scientifico della giurisprudenza. Essa vuol soltanto dare la coscienza di ciò che tutti i giuristi fanno in parte incoscientemente, quando essi, nel concepire il loro oggetto, rifiutano un diritto naturale dal quale potrebbe essere dedotta la validità dell'ordinamento giuridico positivo, ma considerano però questo diritto positivo come ordinamento valido, come norma e non già come puro fatto di motivi collegati (*Motivationszusammenhängen*). Con la teoria della norma fondamentale, la dottrina pura del diritto, tenta di rilevare, attraverso l'analisi dei procedimenti effettivi le condizioni logiche trascendentali del metodo positivo della conoscenza giuridica fin ora usato.

31. – Il significato della norma fondamentale, è specialmente chiaro nel caso in cui un ordinamento giuridico non venga cambiato per via legale, ma venga sostituito con un nuovo ordinamento per mezzo di rivoluzione; allo stesso modo come l'essenza del diritto, e la comunità da questo costituita, si presenta più distintamente quando è in-

firmata la sua esistenza. In uno stato finora monarchico, un gruppo di uomini tenta, mediante di un brusco rovesciamento, di porsi al posto del governo legittimo e di cambiare questo, fin ora monarchico, in repubblicano. Se ciò riesce, cioè se cessa l'ordine antico e comincia ad aver efficacia il nuovo, poiché l'effettivo comportamento degli uomini (per i quali l'ordinamento ha pretesa di validità) non corrisponde più all'antico ma – per sommi capi – al nuovo, si opera allora con questo, come con un ordinamento giuridico, e si determinano gli atti posti in esecuzione come atti giuridici ed i fatti che li ledono come violazioni di diritto. Si presuppone allora una nuova norma fondamentale, non più quella che delega come autorità legislativa il monarca, ma quella che delega invece il regime rivoluzionario. Se al contrario questo tentativo naufragasse, perché il nuovo ordinamento istituito rimane inefficace, e non gli corrispondesse l'effettivo comportamento dei sudditi, allora l'atto posto da questo ordinamento non dev'essere determinato come promulgazione di costituzione, ma come delitto di alto tradimento, non come posizione, ma come lesione di diritto e viene cioè contemplato sul fondamento del vecchio ordinamento, la cui validità presuppone la norma fondamentale che delega il monarca come autorità legislativa. Se si chiede d'onde venga determinato il contenuto della norma fondamentale, ciò è dimostrato da un'analisi che esamina i giudizi giuridici nel loro ultimo presupposto: cioè dal fatto che produce quell'ordine a cui corrisponde il comportamento effettivo di quegli uomini ai quali, fino ad un certo grado, si riferisce l'ordine.

Con questa concezione si esprime però soltanto il contenuto di una norma giuridica positiva; certo non di quella dell'ordinamento di uno Stato singolo, ma di quella del diritto internazionale che è come un ordinamento giuridico che sovrasta gli ordinamenti dei singoli Stati e che determina il loro campo di validità. In primo luogo, il fatto che un ordinamento immediato coattivo di diritto internazionale, appunto in quel campo in cui quest'ordinamento è diventato durevolmente efficace, abbia da valere come legittimo, o, con altre parole, che la comunità costituita da un tale ordinamento debba valere come Stato nel senso del diritto internazionale; in secondo luogo il fatto che anche un governo giunto al potere per via rivoluzionaria debba considerarsi come governo legittimo, nel senso del diritto internazionale, quando le norme promulgate da esso siano in grado di ottenere una durevole ubbidienza, costituisce il principio dell'efficacia che eleva a principio del diritto il diritto positivo internazionale. Questo è il principio che determina la norma fondamentale dell'ordinamento giuridico dei singoli Stati.

32. – *a*) Quest'analisi della conoscenza giuridica positiva, svela la funzione della norma fondamentale, e manifesta anche una particolare caratteristica del diritto: il diritto regola la sua propria produzione. L'unità dell'ordine giuridico è un rapporto di produzione (*Erzeugungszusammenhang*). L'ordine giuridico non è quindi un sistema di norme giuridiche che stanno l'una accanto all'altra su di un medesimo livello, ma una graduazione di diversi strati di norme giuridiche, la quale schematicamente può essere rappresentata in questo modo: il più alto grado dell'ordinamento giuridico dello Stato singolo rappresenta la costituzione – costituzione nel senso materiale della parola – la cui funzione essenziale consiste nel determinare gli organi ed il processo della produzione giuridica generale, cioè della legislazione. Il grado successivo è costituito dalle norme generali prodotte nel procedimento della legislazione, la cui

funzione non consiste soltanto nel determinare gli organi ed il processo, ma essenzialmente anche il contenuto delle norme individuali che comunemente sono dettate da tribunali e da organi amministrativi. La norma generale che collega, ad un fatto astrattamente determinato, una conseguenza pure astrattamente determinata, ha bisogno dell'individualizzazione per avere un significato. Si deve stabilire se in concreto esiste un fatto che in astratto è stato determinato dalla norma generale e se per questo caso concreto dev'essere posto un atto coattivo concreto; cioè dev'essere prima ordinato e poi realizzato secondo la prescrizione astratta della norma generale. Questo viene effettuato dalla sentenza dei giudici, dalla cosiddetta funzione giurisdizionale o dal potere giudiziario. Questa funzione non ha nulla a che fare con un carattere puramente dichiarativo – come esprimono i termini "dar sentenza" e "ricercare il diritto" (*Rechtsprechung, Rechtsfindung*) e come talvolta suppone la teoria, quasi che il diritto, già stabilito nell'atto del tribunale, dovesse essere espresso e trovato già nella legge, cioè nella norma generale. La cosiddetta funzione di dar sentenza, è piuttosto totalmente costitutiva, è produzione di diritto, nel vero senso della parola. Solo attraverso la sentenza del giudice, viene creato il rapporto per cui, in generale, un fatto concreto esistente viene unito ad una specifica conseguenza giuridica, ed esso viene cioè unito alla conseguenza giuridica concreta. Come i due fatti, nel campo del generale, sono collegati a mezzo della legge, così tali fatti, nel campo dell'individuale, debbono essere anzitutto uniti dalla sentenza del giudice. Per ciò la sentenza è, di per sé, una norma giuridica individuale, l'individualizzazione e la concretizzazione della norma giuridica generale o astratta, la deduzione del procedimento di produzione del diritto dal generale all'individuale. Soltanto il pregiudizio per cui tutto il diritto è rinchiuso nella norma generale, solo l'erronea identificazione del diritto con la legge, poteva offuscare questa concezione.

b) Come il dar sentenza, così anche l'amministrazione, può essere presentata come individualizzazione e concretizzazione di leggi, cioè di leggi amministrative. Anzi, una gran parte di quella che si indica di solito come amministrazione statuale, non si distingue in generale funzionalmente da ciò che si chiama giustizia o facoltà giudiziaria, in quanto che lo scopo dello Stato viene perseguito dall'ordinamento amministrativo in modo tecnicamente uguale a quello dei tribunali; in quanto si cerca di raggiungere lo stato sociale desiderato, cioè ritenuto tale dal legislatore, col reagire all'opposto contraddittorio per mezzo d'un atto coattivo imposto da organi statali; in altre parole, coll'obbligare giuridicamente i sudditi al comportamento socialmente desiderato. Non v'è certo una differenza essenziale tra il fatto che venga protetto l'onore degli uomini in quanto i tribunali puniscono l'infrazione di colui che ha violato la legge, e il fatto che la sicurezza degli uomini, nel movimento stradale, sia garantita, in quanto i guidatori di veicoli che vanno a velocità troppo forte sono puniti dalle autorità amministrative. Se si parla in un caso di giustizia, nell'altro di amministrazione, la differenza risiede soltanto nel posto spettante al giudice nell'organizzazione che è spiegabile esclusivamente dal punto di vista storico, cioè nella sua autonomia, la quale manca per lo più (per quanto non sempre) agli organi amministrativi; la concordanza essenziale consiste però in questo che il fine dello Stato è realizzato in ambi i casi soltanto indirettamente. Una differenza funzionale fra giustizia e amministrazione si presenta soltanto allora quando lo scopo dello Stato è realizzato direttamente a mezzo degli organi statuali, quando l'organo dello Stato obbligato giuridicamente a ciò, crea direttamente lo stato sociale desiderato, quando, come si suol dire, lo Stato stesso (cioè il suo organo) costruisce ed esercita le scuole o le ferrovie, cura gli ammalati negli ospedali, ecc. Quest'amministrazione diretta è di fatto essenzialmente diversa dalla giurisdizione (*Gerichtsbarkeit*), perché questa, secondo la sua essenza, è un procedimento indiretto verso scopi dello Stato e per ciò è essenzialmente affine all'amministrazione indiretta. Se amministrazione e giustizia debbono essere due funzioni diverse, allora, a questa, può essere opposta soltanto quella come amministrazione diretta. Per una sistemazione delle funzioni giuridiche concettualmente corretta, corre quindi un confine molto diverso da quello dell'organizzazione dell'apparato giuridico diventato oggi storicamente consueto che – esclusione fatta per la legislazione – si suddivide in due gruppi di autorità relativamente isolato l'uno di fronte all'altro, che esercitano in gran parte funzioni analoghe. L'esatta visione della natura di queste funzioni, la sostituzione della differenza fra giustizia ed amministrazione con quella fra amministrazione statale diretta o indiretta, non dovrebbe rimanere senza effetto retroattivo anche per l'organizzazione.

c) L'individualizzazione e la concretizzazione delle norme generali in certi campi del diritto, per esempio nel diritto civile, non si effettua che per mezzo di un atto burocratico di organi statali, come è la sentenza. Nelle norme di diritto civile che debbono essere applicate dai tribunali, s'intromette, fra la legge e la sentenza, il negozio giuridico, che, relativamente al fatto condizionante, esercita una funzione individualizzante. Delegate dalla legge, le parti pongono delle norme concrete per il loro comportamento reciproco, e soltanto la loro infrazione costituisce il fatto che dev'esser determinato dalla sentenza, fatto al quale in questa sentenza viene collegata la conseguenza del torto, cioè l'esecuzione. La fase ultima di questo processo di produzione del diritto, che ha inizio con la promulgazione della costituzione, è la realizzazione dell'atto coattivo come conseguenza del torto.

d) Se si suppone che non vi sia un unico ordinamento giuridico statuale, ma bensì una pluralità di questi, coordinati, e quindi delimitati giuridicamente tra loro nel loro ambito di validità; se si riconosce che è il diritto positivo internazionale quello che fornisce questa coordinazione degli ordinamenti giuridici dei singoli Stati e questa reciproca delimitazione del loro campo di validità, allora bisogna concepire il diritto internazionale come l'ordinamento giuridico che sovrasta quello dei singoli Stati e li riunisce in una comunità giuridica universale, come quello per cui è garantita razionalmente l'unità di tutto il diritto in un sistema di strati giuridici che si susseguono gradualmente.

e) La concezione della costruzione a gradi (*Stufenbau*) dell'ordinamento giuridico, mostra che il contrasto fra produzione o creazione del diritto da una parte, e applicazione o esecuzione del diritto dall'altra, non ha affatto quel carattere assoluto che la dottrina giuridica tradizionale attribuisce a tale contrasto, per lei così importante. La maggiore parte degli atti giuridici sono, nello stesso tempo, atti di produzione ed atti di esecuzione del diritto. Con ognuno di questi atti giuridici è prodotta una norma di grado più elevato ed una norma di grado più basso. La prima promulgazione della costituzione, cioè il massimo atto della produzione del diritto, si manifesta quindi, in tal modo, come esecuzione della norma fondamentale; la legislazione, cioè, la produzione di norme generali, come esecuzione della costituzione; la sentenza giudiziaria e l'atto amministrativo, a mezzo dei quali vengono poste le norme individuali, come esecuzione della legge; la realizzazione di atti coattivi, come esecuzione di ordini amministrativi e sentenze giudiziarie. L'atto coattivo ha naturalmente il carattere di pura esecuzione, come il presupposto della norma fondamentale ha il carattere di pura posizione di norme. Ma tutto ciò che sta fra questi due casi limitrofi è contemporaneamente posizione ed esecuzione di diritto. Così particolarmente anche il negozio giuridico, che non si può opporre – come fa la dottrina tradizionale – come atto di applicazione giuridica della legislazione, ad un atto della creazione del diritto. Poiché la legislazione, parimenti al negozio giuridico, è contemporaneamente produzione e applicazione del diritto.

HERBERT L.A. HART

*Il positivismo e la separazione tra diritto e morale**

Nel saggio mi prefiggo di discutere e di provare a difendere una concezione sostenuta dal giudice Holmes assieme ad altri, per la quale sia lui, sia gli altri, sono stati fortemente criticati. Per prima cosa, però, desidero chiarire per quali ragioni ritengo che Holmes, qualunque possano essere le vicende della sua reputazione in America, rimarrà sempre per gli inglesi una figura eroica della *jurisprudence*. Ciò si realizzerà perché egli ha saputo combinare magicamente due qualità: la prima è la forza dell'immaginazione, qualità spesso assente nel pensiero giuridico inglese, l'altra è la chiarezza, qualità normalmente presente nel pensiero giuridico inglese. Il giurista inglese, che si metta a leggere Holmes, si rende conto che quanto considerava cosa stabilita e certa è, in realtà, sempre in movimento. Fare questa scoperta con Holmes significa disporre di una guida le cui parole possono lasciare perplessi, a volte anche contrariati, ma mai confusi. Come il nostro Austin, con il quale condivise molti ideali e pensieri, Holmes era, in alcune occasioni, chiaramente in errore; ma, quando ciò accadeva, al pari di Austin, egli sbagliava pur sempre in maniera chiara. Questa è sicuramente una virtù sovrana in *jurisprudence*. Sono consapevole che la chiarezza, come si è soliti dire, non basta; questo può essere vero, ma vi sono ancora delle questioni in *jurisprudence* ove i problemi sono confusi, poiché sono discussi con uno stile che Holmes avrebbe disprezzato per la sua oscurità. Forse tutto ciò è inevitabile: la *jurisprudence* oscilla con incertezza lungo i confini di molti ambiti e vi sarà sempre bisogno di qualcuno che, per dirla con le parole di Bentham, "strappi la maschera del mistero" dal suo volto[1]. Tutto ciò è vero, e lo è in grado particolarmente elevato per l'argomento affrontato in questo saggio. Voci di contemporanei ci dicono che dobbiamo riconoscere qualcosa che è stato messo in ombra dai "positivisti", i cui giorni sono ormai conclusi: che c'è un "punto di intersezione tra diritto e morale"[2], o che ciò che *è* e ciò che *deve* essere sono in qualche modo indissolubilmente fusi o inseparabili[3], sebbene i positivisti lo neghino. Qual è il significato di queste frasi? O me-

---

* Traduzione italiana di VITO VELLUZZI.

[1] J. BENTHAM, *A Fragment on Government* (trad. it. di Silvia e Silvestro Marcucci, *Un frammento sul governo*, Giuffrè, Milano, 1990), in ID., *Works*, Bowring edn, 1838-43, pp. 221 e 235. Tutti i prossimi riferimenti ai *Works* di Bentham riguarderanno questa edizione (d'ora in poi citata come *Works* N.d.t.).

[2] A. D'ENTRÈVES, *Natural Law*, 116, 2nd edn, 1952, trad. it. *La dottrina del diritto naturale*, Edizioni di Comunità, Milano, 1954.

[3] L. FULLER, *The Law in Quest of itself*, 12, 1940; BRECH, *The Myth of Is and Ought*, in

glio, quale delle molte cose che *possono significare*, invero *significano*? Quali di esse sono negate dai "positivisti" e perché è sbagliato farlo?

I

Presenterò l'argomento del saggio come parte della storia di un'idea. In Inghilterra, alla fine del diciottesimo e all'inizio del diciannovesimo secolo, i pensatori più seri riguardo ai problemi giuridici e sociali e gli artefici delle importanti riforme erano i grandi utilitaristi. Due di loro, Bentham e Austin, hanno insistito costantemente sulla necessità di distinguere, fermamente e con la massima chiarezza, il diritto com'è dal diritto come deve essere. Questo tema ricorre assiduamente nel loro pensiero, ed essi criticano i giusnaturalisti proprio perché hanno reso confusa questa distinzione, apparentemente semplice, ma vitale. Al contrario, nel momento presente in questo paese[*] ed in Inghilterra, seppur per quest'ultima in misura minore, la separazione del diritto dalla morale è considerata superficiale e sbagliata. Alcuni critici hanno sostenuto che tale separazione impedisce agli uomini di vedere la vera natura del diritto e le radici che esso ha nella vita sociale[4]. Altri hanno sostenuto che la separazione in questione non è soltanto intellettualmente fuorviante, ma anche dannosa per la pratica, poiché nell'ipotesi peggiore può indebolire la resistenza verso la tirannide dello Stato e l'assolutismo[5], e nell'ipotesi migliore condurre a non avere rispetto per il diritto stesso. Come accade per molti termini usati come dei missili nelle battaglie intel-

---

"Harv. L. Rev.", 1941, p. 811; L. FULLER, *Human Purpose and Natural Law*, in 53 "J. Philos.", 1956, p. 697.

[*] N.d.t. Il riferimento è agli Stati Uniti d'America.

[4] Si veda FRIEDMANN, *Legal Theory*, 3rd edn, 1953, pp. 154, 294-295. Friedmann dice anche di Austin che "con la sua netta distinzione tra la scienza della legislazione e la scienza del diritto", egli "ha inaugurato un'era del positivismo giuridico e dell'autosufficienza, la quale ha reso capace il nascente Stato nazionale di affermare la propria autorità senza essere perturbato da alcun dubbio giuridico", *Ibidem*, p. 416. Inoltre, "l'esistenza di uno Stato particolarmente organizzato che rivendichi sovranità e obbedienza incondizionata dai cittadini" è indicata come "la condizione politica che rende possibile il positivismo analitico"; *ibidem*, p. 163. C'è, dunque, una certa difficoltà nel determinare quale sia, in quest'ottica, la gallina e quale sia l'uovo (il positivismo analitico o la condizione politica). A parte ciò, non sembra provato che ogni Stato nazionale sorto intorno o dopo il 1832 (data nella quale fu pubblicata per la prima volta l'opera *The Province of Jurisprudence Determined*), fosse capace di affermare la propria autorità grazie ad Austin o "all'era del positivismo giuridico" da lui "inaugurata".

[5] Si veda RADBRUCH, *Die Erneuerung des Rechts*, in "2 Die Wandlung 8", 1947; RADBRUCH, *Gesetzliches Unrecht und Ubergesetzliches Recht*, in "Süddeutsche Juristen-Zeitung 5", 1946, p. 105 (ripubblicato in RADBRUCH, *Rechtsphilosophie*, 1950, p. 347), trad. it. di E. Fittipaldi, *Ingiustizia legale e diritto sovralegale*, in A.G. CONTE, P. DI LUCIA, L. FERRAJOLI, M. JORI (a cura di), *Filosofia del diritto*, Cortina, Milano, 2002, pp. 152-163. Le opinioni di Radbruch sono discusse più avanti nel paragrafo IV.

lettuali, l'etichetta "Positivismo giuridico" è venuta ad indicare una sconcertante moltitudine e varietà di peccati. Uno di essi è il peccato, reale o presunto, di insistere, come hanno fatto Austin e Bentham, sulla separazione del diritto com'è dal diritto come deve essere.

Come si è realizzato questo giro della ruota? Quali sono gli errori teoretici nei quali incorre la distinzione? Le conseguenze pratiche dell'insistere sulla distinzione, come hanno fatto Bentham ed Austin, sono state dannose? Dobbiamo quindi rigettare o mantenere la distinzione? Nel considerare tali questioni, dovremmo richiamare alla mente la filosofia sociale che accompagnò l'insistenza degli utilitaristi su questa distinzione. Essi al contempo mantennero la loro impostazione utilitarista in relazione a tutti i principi del liberalismo in ambito giuridico e politico. Nessuno ha mai combinato, col medesimo equilibrato buon senso degli utilitaristi, la passione per le riforme col rispetto per il diritto, assieme al dovuto riconoscimento della necessità di controllare gli abusi del potere, anche quando il potere è nelle mani dei riformatori. In ognuno degli scritti di Bentham si ritrovano gli elementi del *Rechtsstaat* e tutti quei principi per difendere i quali oggi si è rievocata la terminologia del diritto naturale. Vi si trova la libertà di parola, di stampa, di riunione[6], la necessità che le leggi siano pubblicate e fatte conoscere diffusamente prima della loro entrata in vigore[7], la necessità di controllare gli organi amministrativi[8], l'insistenza sul non ammettere la responsabilità penale in assenza di colpa[9] e l'importanza del principio di legalità *nulla poena sine lege*[10]. Alcuni, lo so bene, trovano che la visione politica e morale degli utilitaristi sia molto semplice, ma la semplicità non va confusa con la superficialità, senza scordarsi quanto sia da valutare favorevolmente la loro semplicità se raffrontata con la profondità di altri pensatori. Prendiamo un solo esempio: Bentham sulla schiavitù. Egli dice che la questione da affrontare è se gli schiavi soffrano e non se essi siano o meno capaci di ragionare[11]. La questione così impostata, non è forse migliore se comparata con la discussione del problema nei termini del se vi siano o meno degli uomini che la natura ha creato solo al fine di essere gli strumenti viventi di altri? Dobbiamo a Bentham, più che a qualunque altro, l'aver smesso di discutere questo ed altri simili problemi di politica sociale in quella forma.

---

[6] BENTHAM, *A Fragment on Government*, in *Works*, pp. 221, 230; BENTHAM, *Principles of Penal Law*, in *Works*, pp. 365, 574-5, 576-8.

[7] BENTHAM, *Of Promulgation of the Laws*, in *Works*, p. 155; BENTHAM, *Principles of the Civil Code*, in *Works*, pp. 297, 323; BENTHAM, *A Fragment on Government*, in *Works*, pp. 221 e 233.

[8] BENTHAM, *Principles of Penal Laws*, in *Works*, pp. 365 e 576.

[9] BENTHAM, *Principles of Morals and Legislation* (trad. it. di S. Di Pietro, a cura di E. LECALDANO, *Introduzione ai principi della morale e della legislazione*, Utet, Torino, 1998) in *Works*, p. 84.

[10] BENTHAM, *Anarchical Fallacies*, in *Works*, pp. 489, 511-12; ID., *Principles of Morals and Legislation*, in *Works*, p. 144.

[11] *Ibidem*, p. 142.

Così, Bentham ed Austin non furono pensatori dediti a realizzare fatue distinzioni verbali mentre le città bruciavano, ma furono l'avanguardia di un movimento che lottò con appassionata intensità e successo per ottenere una società e delle leggi migliori. Per quale ragione, allora, hanno insistito sulla separazione tra il diritto com'è ed il diritto come dovrebbe essere? Cosa intendevano dire? Innanzi tutto, vediamo cosa hanno detto. Austin espresse così la dottrina:

> L'esistenza del diritto è una cosa; i suoi meriti o demeriti un'altra. Se esso esista o meno, costituisce un certo tipo d'indagine; se esso si conformi o meno a uno standard assunto, costituisce un altro tipo d'indagine. Una legge che effettivamente esista, è tale anche quando non ci piaccia o sia difforme dal parametro sul quale regoliamo la nostra approvazione o disapprovazione. Questa verità, quando la si afferma in astratto, è così chiara ed evidente che sembra ozioso insistere su di essa. Ma per quanto chiara ed evidente sia questa verità quando è espressa in astratto, basterebbe l'elencazione dei casi nei quali è stata dimenticata per riempire un volume.
>
> Sir William Blackstone, per esempio, dice nei suoi *Commentaries* che le leggi di Dio, quanto ad obbligatorietà, sono superiori a ogni altra legge; che nessuna legge umana dovrebbe poterle contraddire; che le leggi umane non hanno alcuna validità se contrastano con esse; e che tutte le leggi valide derivano la forza vincolante da questo divino originale.
>
> Orbene, egli *può* intendere che tutte le leggi umane debbono conformarsi a quelle divine: e se è questo ciò che egli intende, concordo senza esitazione ... forse intende che i legislatori umani sono essi stessi obbligati dalle leggi divine a modellare le leggi da loro poste su quel parametro ultimo, in quanto se non lo fanno Dio li punirà. Anche su questo concordo pienamente ...
>
> Ma il significato di questo passo di Blackstone – ammesso che abbia un significato – sembra piuttosto il seguente: nessuna legge umana che contrasti con la legge divina è *una legge*[12].

La protesta di Austin contro l'offuscamento della distinzione tra il diritto com'è ed il diritto come dovrebbe essere è piuttosto generale: è un errore, qualunque sia il nostro standard per stabilire ciò che dovrebbe essere, qualunque sia "il criterio in base al quale regoliamo la nostra approvazione o la nostra disapprovazione". I suoi esempi, tuttavia, riguardano sempre la confusione tra il diritto com'è ed il diritto come dovrebbe essere in conformità alla morale. È doveroso ricordare che per Austin i principi morali fondamentali erano i comandi di Dio, dei quali l'utilità era un "indice": accanto ad essa c'era la morale effettivamente accettata o moralità "positiva" di un gruppo sociale.

---

[12] AUSTIN, *The Province of Jurisprudence Determined*, (1832), London, 1954, pp. 184-5. trad. it. di G. Gjylapian, a cura di M. BARBERIS, *Delimitazione del campo della giurisprudenza*, Il Mulino, Bologna, 1995, pp. 228-229.

Bentham ha insistito sulla distinzione senza caratterizzare la morale con riferimento a Dio, ma soltanto, com'è ovvio, con riferimento al principio di utilità. La ragione primaria di tale insistenza da parte di entrambi i pensatori era di rendere capaci gli uomini di vedere con fermezza le questioni specifiche poste dall'esistenza di leggi moralmente deprecabili, e di comprendere il carattere peculiare dell'autorità di un sistema giuridico (*legal order*). La massima generale di Bentham per vivere sotto l'imperio delle leggi era semplice: "*obbedire puntualmente; criticare liberamente*"[13]. Ma Bentham era ben consapevole, da ansioso osservatore della Rivoluzione Francese, che questo non era sufficiente: in ogni società può arrivare il tempo in cui le leggi sono tanto malvagie da far sì che la questione della resistenza ad esse non possa essere evitata, ed allora risulta essenziale che le questioni in gioco non vengano né eccessivamente semplificate né trascurate[14]. Tuttavia, questo era proprio ciò che si era realizzato a causa della confusione tra diritto e morale, e Bentham trovò che la confusione medesima si era estesa simmetricamente in due direzioni differenti. Da un lato, Bentham aveva in mente gli anarchici che sostengono: "Questo non dovrebbe essere diritto, quindi non lo è ed io sono libero non solo di criticarlo ma anche di disobbedirgli". Dall'altro lato egli pensava ai reazionari che sostengono: "Questo è il diritto, quindi è ciò che deve essere", stroncando così la critica sin dall'origine. Entrambi gli errori, pensava Bentham, si possono trovare in Blackstone: vi si trova l'incauta affermazione che le leggi umane sono invalide se contrarie alle leggi di Dio[15], e "quello spirito di ossequioso *quietismo* che sembra costitutivo del carattere del nostro Autore", il quale "difficilmente gli consentirà di riconoscere la differenza" tra ciò che è e ciò che deve essere[16]. Per Bentham, infatti, questa era la malattia del mestiere dei giuristi: "Agli occhi dei giuristi – per non parlare di quelli da loro gabbati, vale a dire la generalità dei non giuristi – l'essere ed il dover essere ... costituivano un tutt'uno e indivisibile"[17]. Vi sono, pertanto, due pericoli che l'insistenza sulla distinzione ci aiuterà ad evitare: il pericolo che il diritto e la sua autorità possano dissolversi in ciò che

[13] BENTHAM, *A Fragment on Government*, in *Works*, pp. 221 e 230.

[14] Si veda BENTHAM, *Principles of Legislation*, in ID., *The Theory of Legislation* I, Odgen edn, 1931, p. 65: "Qui si tocca la questione più difficile. Se la legge non è quale dovrebbe essere; se essa apertamente si oppone al principio di utilità; dovremmo allora osservarla? O dovremmo violarla? Dovremmo restare neutrali tra la legge che ci comanda il male e la morale che ce lo vieta?", si veda anche BENTHAM, *A Fragment on Government*, in *Works*, pp. 221, 287-8.

[15] BLACKSTONE, *Commentaries*, p. 41. Bentham criticò "questa pericolosa massima", dicendo che "la naturale tendenza di tale dottrina è di indurre l'uomo, facendo pressione sulla sua coscienza, ad insorgere con le armi contro qualsiasi legge che non risulti di suo gradimento", BENTHAM, *A Fragment on Government*, in *Works*, pp. 221 e 287. Si veda anche BENTHAM, *A Comment on the Commentaries*, 1928, p. 49. Per l'espressione del timore che da tale dottrina possa derivare l'anarchia, assieme al riconoscimento che la resistenza può essere giustificata sulla base dell'utilità, si veda AUSTIN, *op. cit.*, n. 12 *supra*, p. 186.

[16] BENTHAM, *A Fragment on Government*, in *Works*, pp. 221 e 294.

[17] BENTHAM, *A Commentary on Humphrey's Real Property Code*, in *Works*, p. 389.

gli ideali dell'essere umano ritengono debba essere diritto, ed il pericolo che il diritto esistente possa rimpiazzare la morale come test ultimo della condotta e sottrarsi così alla critica.

In vista di ulteriori critiche è importante anche distinguere parecchie cose che gli utilitaristi non hanno inteso dire insistendo sulla separazione del diritto dalla morale. Essi accettavano, di certo, molte delle situazioni che possono essere denominate "di intersezione tra diritto e morale". In primo luogo, essi non hanno mai negato che, come fatto storico, lo sviluppo dei sistemi giuridici sia fortemente influenzato dal giudizio morale, e, di converso, che gli standard morali siano profondamente influenzati dal diritto, così che il contenuto di molte norme giuridiche rispecchia regole o principi morali. Non è sempre facile rintracciare, di fatto, questa connessione causale sul piano storico, ma Bentham era sicuramente disposto ad ammetterne l'esistenza; pure Austin parlava della "frequente sovrapposizione" [18] tra diritto positivo e morale, e attribuiva la confusione tra il diritto com'è ed il diritto come deve essere proprio a questo fatto.

In secondo luogo, né Bentham né i suoi seguaci negarono che attraverso espresse previsioni normative dei principi morali possano essere introdotti in differenti punti all'interno di un sistema giuridico, e far parte delle regole di questo, o che le corti possano essere giuridicamente vincolate a decidere in conformità a ciò che da loro è ritenuto il giusto o il meglio. Bentham, infatti, riconobbe, a differenza di Austin, che anche il supremo potere legislativo poteva essere limitato giuridicamente da una costituzione [19], e non avrebbe di certo negato che principi morali, quali quelli del quinto emendamento, possano formare il contenuto di tali limitazioni costituzionali. Austin pensava, diversamente, che le limitazioni al supremo potere legislativo non potessero avere natura giuridica, ma fossero controlli di carattere meramente politico o morale [20]; ma certamente egli avrebbe riconosciuto che una legge, ad esempio, possa conferire una delega del potere legislativo e limitarne l'ambito d'esercizio con riferimento a principi morali.

Quello che sia Bentham, sia Austin, si mostrarono ansiosi di affermare erano le seguenti due semplici cose: innanzi tutto, in assenza di un'espressa previsione costituzionale o legislativa, non potrebbe seguire, dal mero fatto che una regola viola standard di moralità, che essa non è una regola giuridica; e, di converso, non potrebbe seguire, dal mero fatto che una regola è moralmente desiderabile, che essa è una regola giuridica.

La storia di questa semplice dottrina è, nel diciannovesimo secolo, troppo lunga ed intricata per essere delineata qui. Consentitemi di riassumerla dicendo che dopo essere stata proposta per la prima volta da Austin, essa ha dominato la *jurisprudence* inglese e costituisce parte della struttura di molte di quelle opere tipicamente inglesi, e forse insoddisfacenti, che riguardano l'intero campo della *jurisprudence*. Una serie

---

[18] AUSTIN, *op. cit.*, n. 12 *supra*, p. 162.

[19] BENTHAM, *A Fragment on Government*, in *Works*, pp. 221, 289-90.

[20] Si veda AUSTIN, *op. cit.*, n. 12 *supra*, p. 231.

di queste opere fu pubblicata dopo la diffusione, nel 1863, dell'edizione completa delle *lectures* di Austin. In ciascuna di esse l'idea utilitarista della separazione tra diritto e morale è trattata come qualche cosa che schiude ai giuristi un nuovo orizzonte. Austin, ha detto Amos, uno dei suoi successori, "ha liberato il diritto dal cadavere della morale al quale era ancora aggrappato"[21]; ed anche Maine, che non risparmiò critiche ad Austin su molti punti, non ne mise in discussione questa parte della dottrina. Negli Stati Uniti uomini come N. St. John Green[22], Gray e Holmes, ritenevano che l'insistenza su tale distinzione avesse permesso di comprendere il significato del diritto come strumento di controllo sociale e di condurre ad un nuovo fruttuoso inizio. Salutarono la distinzione come auto-evidente e illuminante, come una tautologia rivelatrice. Questa distinzione è, di certo, uno dei temi principali dell'opera più famosa di Holmes *The Path of the Law*[23], ma il posto che essa ha avuto nella considerazione degli scrittori americani è stato ben evidenziato da ciò che ha scritto Gray all'inizio del secolo nel suo *The Nature and Sources of the Law*. Gray ha detto:

> Il maggior guadagno che la *Jurisprudence* ha realizzato nelle sue concezioni fondamentali nel corso dell'ultimo secolo, è stato il riconoscimento della verità che il diritto dello Stato ... non è un ideale, ma qualcosa che esiste effettivamente ... non è ciò che deve essere, ma ciò che è. L'aver fissato in modo ben determinato tutto ciò nella *Jurisprudence* della *Common Law*, è l'azione compiuta da Austin[24].

II

Ciò detto della dottrina all'apogeo del suo successo, torniamo ora su alcune critiche. Indubbiamente, quando Bentham e Austin hanno insistito sulla distinzione tra diritto com'è e come dovrebbe essere avevano in mente *singole* leggi dal significato chiaro e non controverso, ed essi sostenevano che tali leggi, per quanto moralmente oltraggiose, fossero nondimeno leggi. Nel considerare le critiche che sono state successivamente sviluppate è necessario, tuttavia, tenere conto non soltanto delle critiche

---

[21] AMOS, *The Science of Law*, 5th edn, 1881, p. 4. Si veda anche MARKBY, *Elements of Law*, 5th edn, 1896, pp. 4-5: "Austin, nello stabilire la distinzione tra diritto positivo e morale, non solo gettò le fondamenta per una scienza giuridica, ma liberò la concezione del diritto ... da una serie di perniciose conseguenze alle quali ... si supponeva essa conducesse. Le leggi positive, come ha mostrato Austin, devono essere giuridicamente vincolanti, anche se una legge può essere ingiusta ... Egli ha ammesso che il diritto stesso può essere immorale, nel qual caso può essere un nostro dovere morale disobbedirgli ...", cfr. HOLLAND, *Jurisprudence*, 1880, pp. 1-20.

[22] Si veda GREEN, *Book Review*, in 6 "Am. L. Review", 1871, pp. 57 e 61.

[23] 10, "Harv. L. Rev.", 1897, p. 457, trad. it. di C. Geraci, *La via del diritto*, in O.W. HOLMES, *Opinioni dissenzienti*, Giuffrè, Milano, 1975.

[24] GRAY, *The Nature and Sources of the Law*, 1st edn, 1909, p. 94.

rivolte a quella tesi particolare, soprattutto se vogliamo risalire alla radice dell'insoddisfazione provata. Anche se quello che gli utilitaristi sostennero su quella specifica questione era vero, bisogna tenere conto dell'obiezione per la quale la loro insistenza sulla separazione fu realizzata con una terminologia che suggerisce una frattura generale tra il diritto com'è e come deve essere e non considera che in alcuni casi c'è un punto essenziale di contatto tra i due. Sicché, nel prosieguo, considero non solo le critiche rivolte a quel particolare punto che gli utilitaristi avevano in mente, ma anche la tesi che una essenziale connessione tra diritto e morale emerge se esaminiamo come le leggi, delle quali è controverso il significato, sono interpretate ed applicate nei casi concreti; ed inoltre che questa connessione emerge di nuovo se ampliamo il nostro punto di vista e ci chiediamo, non se ogni singola norma giuridica debba soddisfare un minimo di moralità per essere una legge, ma se un sistema di norme che nel suo complesso fallisca nel farlo possa essere un sistema giuridico.

Tuttavia, c'è un'importante complessità iniziale dalla quale la critica è stata spesso confusa. Bisogna ricordare che gli utilitaristi mescolarono, assieme all'insistenza sulla separazione tra diritto e morale, altre due distinte dottrine, egualmente note. Una è l'importante verità che uno studio puramente analitico dei concetti giuridici, uno studio del significato dello specifico vocabolario del diritto, è vitale per la nostra comprensione della natura del diritto al pari degli studi storici o sociologici, pur non pensando, ovviamente, che possa sostituirsi ad essi. L'altra dottrina è la famosa teoria imperativista del diritto, per la quale quest'ultimo è essenzialmente un comando.

Queste tre dottrine costituiscono la tradizione utilitarista in *jurisprudence*; ma si tratta di tre dottrine distinte. È possibile approvare la separazione del diritto dalla morale e condividere le indagini analitiche sul significato dei concetti giuridici e, tuttavia, ritenere che sia sbagliato concepire il diritto essenzialmente come un comando. Una fonte di enorme confusione nella critica della separazione del diritto dalla morale era la credenza che la falsità di una di queste tre dottrine della tradizione utilitarista mostrasse la falsità delle altre due. Ben peggiore era l'incapacità nel vedere che in questa tradizione c'erano tre dottrine completamente distinte. L'uso indiscriminato dell'etichetta "positivismo" per designare ambiguamente ciascuna di queste tre dottrine separate (assieme ad alcune altre che gli utilitaristi non hanno mai professato) forse ha confuso la questione più di ogni altro fattore[25]. Alcuni tra i primi critici ame-

---

[25] Può essere di ausilio identificare cinque (ma potrebbero essere di più) significati di "positivismo" legati alla *jurisprudence* contemporanea:

1) l'opinione che le leggi sono comandi di esseri umani; vedi *infra*, p. 56 ss.;

2) l'opinione che non c'è una connessione necessaria tra diritto e morale o tra il diritto com'è e come dovrebbe essere; si veda *supra*, pp. 48-49;

3) l'opinione che l'analisi (lo studio del significato) dei concetti giuridici è a) degna di essere praticata b) distinta dalle indagini storiche sulle cause o sulle origini delle leggi, dalle indagini sociologiche sulle relazioni tra il diritto e gli altri fenomeni sociali, e dalla critica o dall'apprezzamento del diritto in termini morali, di finalità sociali, "funzioni", *ivi*, p. 55;

4) l'opinione che un sistema giuridico è "un sistema logico chiuso" nel quale le decisioni giuridiche corrette possono essere dedotte per mezzo della logica da norme giuridiche prede-

ricani della dottrina austiniana furono, tuttavia, ammirevolmente chiari riguardo a questo profilo. Gray, ad esempio, aggiunse alla fine del suo tributo ad Austin, del quale ho già fatto menzione, le parole: "egli può aver sbagliato nel trattare il diritto dello stato in termini di comando del sovrano" [26], ed ha toccato con sagacia molti punti ove la teoria imperativista si mostra difettosa. Altri critici, però, sono stati meno illuminati ed hanno pensato che l'inadeguatezza della tesi imperativista, che man mano veniva alla luce, fosse sufficiente a mostrare la falsità della tesi della separazione tra diritto e morale.

Si trattava di un errore, ma naturale. Per capire quanto fosse naturale bisogna guardare più da vicino l'idea di comando. La nota teoria per la quale la legge è un comando, costituiva parte di una teoria più vasta ed ambiziosa. Austin diceva che l'idea di comando era "la *chiave* delle scienze della *jurisprudence* e della morale" [27], e gli odierni tentativi di spiegare i giudizi morali in termini di "imperativi" o "prescrizioni" fanno da eco a questa ambiziosa teoria. Ma la teoria imperativista, vista come lo sforzo di individuare la quintessenza del diritto, lasciando da parte la quintessenza della morale, appare sorprendente per la sua semplicità e per la palese inadeguatezza. Ci sono molte cose, anche in un sistema giuridico elementare, che risultano distorte se presentate in veste di comando. Già gli utilitaristi pensavano che l'essenza di un sistema giuridico potesse essere chiarita se alla nozione di comando si fosse aggiunta quella di abitudine all'obbedienza. Lo schema era semplice: che cos'è un comando? È l'espressione da parte di una persona del desiderio che un'altra persona faccia o si astenga dal fare qualche azione, accompagnata dalla minaccia di una sanzione, sanzione che è probabile segua alla disobbedienza. I comandi sono leggi se vengono soddisfatte due condizioni: in primo luogo, devono essere generali, in secondo luogo, debbono essere emanati dall'ente (come sostengono sia Bentham, sia Austin) che esiste in ogni società politica, qualunque sia la sua forma costituzionale, vale a dire la persona o il gruppo di persone che riceve abituale obbedienza dalla gran parte della società, ma non è tenuta(o) ad obbedire a nessun altro. Questo ente è il sovrano. Così il diritto è il comando dei comandanti di una società: la creazione della volontà giuridicamente non limitata del sovrano che è per definizione al di fuori del diritto.

È agevole notare che questa ricostruzione del sistema giuridico è logora. Si può anche vedere perché la sua inadeguatezza potrebbe sembrare dovuta all'omissione della connessione essenziale con la morale. La situazione che la semplice trilogia co-

---

terminate senza riferirsi a finalità sociali, *policies*, standard morali; si veda *infra* p. 60 ss. e

5) l'opinione che i giudizi morali non possono essere fondati o sostenuti, al pari dei giudizi di fatto, basandosi su un argomento razionale, una dimostrazione, una prova ("non cognitivismo" etico); si veda *infra* p. 75 ss.

Bentham e Austin hanno sostenuto le tesi descritte nei punti 1), 2) e 3), ma non quelle descritte ai punti 4) e 5). L'opinione di cui al punto 4) è sovente ascritta ai giuristi analitici; si veda *infra* p. 60 ss. ma conosco dei "non analitici" che condividono questa opinione.

[26] GRAY, *The Nature and Sources of the Law*, 2nd edn, 1921, pp. 94-95.

[27] AUSTIN, *op. cit.*, n. 12 *supra*, p. 13.

mando, sanzione e sovranità aiuta a descrivere, se si considerano tali nozioni determinate, è assimilabile a quella del bandito che dice alla sua vittima: "o la borsa o la vita". L'unica differenza risiede nel fatto che nel caso del sistema giuridico il bandito si rivolge ad un largo numero di persone che sono abituate ad essere rapinate e abitualmente arrendevoli. Il diritto non è di certo la situazione del bandito riprodotta su ampia scala, e il sistema giuridico (*legal order*) di certo non è identificabile con tanta semplicità con la costrizione.

Questo schema, nonostante i punti di ovvia analogia esistenti tra una legge e un comando, trascura alcuni tra gli elementi più caratteristici del diritto. Consentitemi di menzionarne qualcuno tra questi. È sbagliato pensare al legislatore (e *a fortiori* ad un corpo elettorale) i cui membri cambiano, come ad un gruppo di persone abitualmente obbedite: questa idea così semplice si addice solo ad un monarca sufficientemente longevo per far maturare l'abitudine all'obbedienza. Anche se tralasciamo questo punto, nulla di ciò che realizzano i legislatori può dirsi diritto se essi non si conformano alle fondamentali e accettate regole procedurali che disciplinano la produzione giuridica. Ciò è vero anche per un sistema come quello inglese, dotato di una costituzione semplice ed unitaria. Queste regole fondamentali ed accettate che disciplinano ciò che il legislatore deve fare per legiferare, non sono dei comandi abitualmente obbediti, e nemmeno possono essere considerate delle abitudini a prestare obbedienza a delle persone. Esse stanno alla base del sistema giuridico, e ciò che gli utilitaristi hanno trascurato maggiormente è l'analisi di cosa sia l'accettazione di tali regole da parte di un gruppo sociale e dei suoi funzionari. Questa nozione, e non quella di comando come sostenuto da Austin, è "la chiave della scienza della *jurisprudence*", o per lo meno una delle chiavi.

Per quello che riguarda le democrazie, Austin individua il "sovrano" nell'elettorato (o per l'Inghilterra lo considera una parte del medesimo) e non nel legislatore. Egli ritiene che negli Stati Uniti il sovrano sia costituito dall'insieme degli elettori delle assemblee legislative (del Congresso e degli stati federali) ed i suoi comandi, dati per mezzo dei legislatori considerati degli "agenti", siano diritto. Ma di questo passo l'intera nozione di sovrano, inteso come colui che si colloca al di fuori del diritto in quanto "abitualmente obbedito" dalla "maggior parte" della popolazione, va in malora: infatti, in questo caso la "maggior parte" obbedisce alla maggior parte, il che equivale a dire che obbedisce a se stessa. È chiaro che la generale accettazione dell'autorità delle norme di produzione giuridica, senza aver riguardo al mutamento degli individui che di volta in volta le seguono, può essere solamente distorta da un'analisi condotta in termini di maggioranza che abitualmente presta obbedienza a certe persone, persone che per definizione si collocano al di fuori del diritto. Allo stesso modo, il fenomeno affine, ma più semplice, della generale accettazione sociale di una regola, ad esempio togliersi il cappello quando si entra in chiesa, sarebbe distorto se rappresentato in termini di abituale obbedienza della maggioranza ad alcune persone.

Altri critici hanno percepito nella teoria imperativista, seppur confusamente, un difetto ulteriore e ancor più importante, ma ritenendo che il difetto fosse dovuto alla mancata attenzione per la connessione tra diritto e morale, sono giunti a rendere innocua l'affilata arma in loro possesso per compiere un'importante critica. Il grave difetto in questione è il seguente. La raffigurazione fornita dalla teoria imperativista della vita che si svolge sotto la guida del diritto è, essenzialmente, una semplice relazione tra comandante e comandato, tra superiore ed inferiore, tra chi sta in alto e chi sta in basso. La relazione tra il comandante o creatore del diritto e coloro che sono comandati e sottoposti al diritto è verticale, ed il comandante è considerato al di fuori del diritto medesimo. In questo quadro non v'è alcun posto, o per lo meno v'è soltanto un posto occasionale e subordinato, per la distinzione tra diversi tipi di norme giuridiche tra loro radicalmente differenti. Alcune norme giuridiche richiedono alle persone di agire in un certo modo o di astenersi dall'agire, che essi lo desiderino o meno. Il diritto penale è composto in gran parte da norme di questo tipo: al pari dei comandi, possono essere semplicemente "obbedite" o "disobbedite". Ma altre norme giuridiche si mostrano alla società in tutt'altra veste e assolvono a funzioni ben diverse. Esse forniscono agli individui la possibilità, più o meno elaborata, di creare diritti e doveri per la condotta di vita all'interno del quadro coercitivo del sistema giuridico. Si tratta delle regole che mettono in grado gli individui di concludere contratti, di redigere testamenti, *trust* ed in generale di modellare i propri rapporti giuridici con gli altri [*]. Queste regole non sono, diversamente dalle norme del diritto penale, fattori destinati ad ostacolare desideri e scelte di natura antisociale. Al contrario, queste regole forniscono la possibilità di realizzare desideri e compiere scelte. Esse non dicono (come fanno i comandi) "fai questo che tu lo voglia o meno", ma piuttosto "se desideri fare questo, ecco il modo per farlo". Con queste regole si esercitano poteri, si avanzano pretese e si affermano diritti. Queste frasi indicano le caratteristiche peculiari delle norme che conferiscono diritti e poteri; si tratta di norme che sono, per così dire, messe a disposizione degli individui in un modo che non è il medesimo delle norme del diritto penale. È stato particolarmente ingenuo operare la "riduzione" delle norme del secondo tipo ad una specie di variante complessa delle norme del primo tipo. Lo sforzo compiuto per dimostrare che le norme che conferiscono diritti sono "in realtà" soltanto proposizioni condizionali che prevedono sanzioni [*] destinate ad essere esatte dalla persona sottoposta, in definitiva, ad un dovere giuridico, caratterizza in maniera significativa il lavoro di Kelsen [28]. Ma sostenere ciò signi-

[*] N.d.t. Si è preferito non tradurre la parola *trust*, dato che il *trust* è istituto giuridico peculiare del mondo anglosassone che non trova un perfetto omologo nel diritto continentale. Tradurla con negozio fiduciario (figura simile ma non identica) avrebbe, in ogni caso, tradito l'originale; è opportuno precisare, però, che la parola è entrata di recente in uso nel lessico giuridico italiano e designa un istituto parzialmente difforme sia dal *trust* anglosassone, sia dal negozio fiduciario.

[*] N.d.t. Prevedere una sanzione va inteso, riguardo a Kelsen, nel senso di contemplare, statuire una sanzione e non nel senso di compiere una previsione riguardo all'applicazione di una sanzione.

[28] Si veda H. KELSEN, *General Theory of Law and State*, 1945, pp. 58-61, 143-144, trad. it. di S. Cotta e G. Treves, *Teoria generale del diritto e dello stato*, Edizioni di Comunità, Milano, 1952, rist., Etas Kompass, Milano, 1994. Secondo Kelsen, tutte le norme, non solo quelle che

fica soltanto manifestare in maniera dogmatica la volontà di omettere un carattere del sistema giuridico allo scopo di individuare nella teoria della previsione di una sanzione, così come nella teoria imperativista di Austin, la quintessenza del diritto. Si potrebbe sostenere, allo stesso modo, che le regole del *baseball* sono "in realtà" soltanto delle complesse istruzioni condizionali indirizzate a chi segna il punteggio, e questo ci mostra la loro vera o "essenziale" natura.

Salmond, uno dei primi giuristi che in Inghilterra ha rotto con la tradizione austiniana, ha sostenuto che l'analisi svolta in termini di comando lascia i diritti sprovvisti di una collocazione[29]. Ma Salmond ha confuso la questione. Per prima cosa, egli ha sostenuto, correttamente, che se le norme sono solo dei comandi non si spiega come si possa parlare di diritti e poteri giuridici, cioè di diritti e poteri conferiti o derivanti da norme; ma giunge a concludere, erroneamente, che le norme di un sistema giuridico debbono essere necessariamente connesse con norme morali o principi di giustizia, e che solo seguendo questa via il fenomeno dei diritti soggettivi può essere spiegato. Altrimenti, credeva Salmond, dovremmo dire che solo una mera "coincidenza terminologica" lega i concetti di diritto in ambito giuridico (*legal right*) e di diritto in ambito morale (*moral right*). Allo stesso modo, i critici continentali degli utilitaristi, sempre sensibili alla complessità della nozione di diritto soggettivo, hanno insistito sul punto che la teoria imperativista non lascia al diritto soggettivo alcuno spazio. Hägerstrom ha affermato che se le norme fossero esclusivamente dei comandi, la nozione di diritto soggettivo sarebbe del tutto inesplicabile; ai comandi, sostiene, si può soltanto obbedire o disobbedire, ma non conferiscono diritti[30]. Anche egli, però, sostiene, in conclusione, che la morale, o come egli la chiama, il senso comune e le nozioni di giustizia, devono essere necessariamente coinvolti nell'analisi di ogni struttura giuridica sufficientemente elaborata da conferire diritti[31].

Sicuramente questi argomenti sono confusi. Le norme che conferiscono diritti, in quanto distinte dai comandi, non hanno bisogno di essere norme morali o di coincidere con esse. I diritti soggettivi, dopo tutto, esistono anche in base a norme di etichetta o riguardanti i giochi, ed in molti altri ambiti regolati da norme per le quali sono irrilevanti le questioni della giustizia e di ciò che il diritto dovrebbe essere. Le

---

conferiscono poteri e diritti, sono riducibili alle "norme primarie" che prevedono in forma ipotetica le sanzioni.

[29] SALMOND, *The First Principles of Jurisprudence*, 1893, pp. 97-98. Egli protesta contro "il credo di quella che è chiamata la Scuola inglese di *jurisprudence*", poiché "tenta di privare l'idea di diritto del suo significato etico, significato che costituisce uno dei suoi elementi essenziali". *Ibidem*, pp. 9, 10.

[30] HÄGERSTROM, *Inquiries Into the Nature of Law and Morals*, ed. by K. OLIVECRONA, 1953, p. 217: "L'intera teoria dei diritti soggettivi privati ... è incompatibile con la teoria imperativista. Si veda anche *ibidem*, p. 221: "La descrizione di essi (la pretesa della loro protezione giuridica) come diritti, deriva interamente dall'idea che il sistema giuridico che li contempla è la vera espressione di diritti e doveri nel senso in cui la nozione comune di giustizia intende questi termini".

[31] *Ibidem*, p. 218.

norme che conferiscono diritti non hanno bisogno di essere norme giuste o moralmente buone. Ciò è dimostrato dai diritti vantati dal proprietario sui propri schiavi. "Il loro merito o il loro demerito", per dirla con Austin, dipende da come i diritti sono distribuiti in una società e su chi e su cosa sono esercitati. Queste critiche rivelano invero l'inadeguatezza delle semplici nozioni di comando e abitudine per l'analisi del diritto. Per molti aspetti è evidente che l'accettazione sociale di una regola o di uno standard autoritativo (anche se motivata solo dalla paura o dalla superstizione, o se fondata sull'inerzia) deve essere analizzata; non può, infatti, essere ridotta ai semplici termini del comando e dell'abitudine. Ma nulla di tutto questo dimostra che l'insistenza degli utilitaristi sulla distinzione tra esistenza e "meriti" del diritto sia sbagliata.

III

Mi occupo ora di una critica, tipicamente americana, alla separazione tra diritto com'è e come dovrebbe essere. Essa emerge da una serie di studi critici sul metodo giudiziale, questione della quale nel complesso la *jurisprudence* americana si è occupata tanto utilmente. Tra i sostenitori di questa critica, i più scettici, denominati dagli anni '30, con una certa inesattezza, "realisti", accettarono, in maniera forse troppo ingenua, lo schema concettuale delle scienze naturali, ritenendolo adeguato per la caratterizzazione del diritto e per lo studio delle azioni disciplinate da norme, azioni delle quali si compone, in parte, un sistema giuridico esistente. Ma i realisti ci hanno aperto gli occhi su cosa accade effettivamente quando una corte decide un caso, ed essi hanno anche delineato, in maniera illuminante, il contrasto tra i fatti che effettivamente stanno alla base della decisione e la tradizionale terminologia usata per descriverli come se si trattasse di una operazione di pura logica. A dispetto di alcune esagerazioni i realisti ci hanno resi consapevoli, con acume, di uno dei caratteri fondamentali del linguaggio e del pensiero che è bene porre in risalto, poiché si tratta di un carattere essenziale per la comprensione del diritto ed importante anche per quegli ambiti della filosofia che vanno ben oltre i confini della *jurisprudence*. La perspicacia intuitiva di questa scuola può essere ben rappresentata con il seguente esempio. Una norma giuridica vieta l'ingresso di veicoli nel parco. Tale divieto è agevolmente applicabile ad un'automobile, ma che dire delle biciclette, dei pattini a rotelle, delle automobili giocattolo? Cosa dire degli aeroplani? In tutti questi casi, ci troviamo o meno, avendo riguardo allo scopo della norma, di fronte a dei veicoli? Se intendiamo comunicare con gli altri, e se, come accade nelle forme più elementari di diritto, intendiamo esprimere l'intenzione che un certo tipo di comportamento sia regolato da norme, allora i termini generali impiegati – come "veicolo" nel caso da me considerato – debbono avere delle situazioni paradigmatiche in relazione alle quali non sorgono dubbi di applicazione del termine medesimo. Deve esserci un nucleo di significato certo (*settled*), ma ci sarà, anche, una zona di penombra riguardante casi dubbi, per i quali non è così ovvio né che le parole si applichino, né che la loro applicazione sia esclusa. Questi casi avranno ciascuno qualche carattere in comune con il caso esemplare; ma saranno carenti di altri caratteri, oppure saranno accomunati da alcuni caratteri non presenti nel caso esemplare. L'inventiva degli uomini ed i processi naturali fanno emergere tali varianti dell'usuale, e per dire che questi fatti ricadono o non ricadono sotto la disciplina delle norme vigenti, chi ne compie la qualificazione è chiamato a prendere una decisione che non gli è dettata dai fatti medesimi, o dai fenomeni ai quali adattiamo le parole e applichiamo le norme, poiché è come se essi fossero *muti*. L'automobile giocattolo non può parlare e dire "sono un veicolo in ragione dello scopo di questa norma", e neppure un coro di pattini a rotelle può dire "non siamo veicoli". Le situazioni di fatto non ci attendono ordinatamente etichettate, ripiegate e impacchettate: la loro classificazione giuridica non la portano scritta addosso, ed il giudice non può semplicemente leggerla. Nell'applicazione delle norme giuridiche, infatti, qualcuno deve assumersi la responsabilità di decidere se le parole includono, o non includono, un caso, con tutte le conseguenze pratiche che questa decisione comporta.

Possiamo chiamare i problemi che sorgono al di fuori del nucleo certo di significato (*settled meaning*) e dei casi chiari*, "problemi di penombra"; si tratta di problemi nei quali ci si imbatte sempre, sia che ci si occupi di questioni banali come la disciplina dell'uso del parco pubblico, sia che ci si occupi della pluridimensionale indeterminatezza di una costituzione. Se una penombra di incertezza circonda tutta le norme giuridiche, ne deriva che la loro applicazione ai casi che ricadono nella zona di penombra non può essere una questione di mera deduzione logica. Ne segue che il ragionamento deduttivo, per generazioni considerato la versione perfetta del ragionamento umano, non può servire da modello al giudice o a chiunque altro debba ricondurre casi particolari nell'ambito di norme generali. In questa area gli uomini non possono vivere di sola deduzione. Ne segue pure che se gli argomenti e le decisioni di natura giuridica riguardanti la zona di penombra aspirano ad essere razionali, la loro razionalità deve risiedere in qualche cosa d'altro dalla relazione logica con delle premesse. Così, se si ritiene razionale o "plausibile" (*sound*) sostenere e decidere che, in ragione degli scopi della norma, un aeroplano non è un veicolo, questo argomento è considerato razionale o plausibile senza essere logicamente conclusivo. Cos'è che fa di questa decisione una decisione corretta o preferibile a quelle ad essa alternative? Mi sembra che il criterio che rende una decisione plausibile in questi casi, è un qualche concetto di ciò che il diritto dovrebbe essere; muovendo da questo punto è agevole giungere a dire che deve esserci un giudizio morale su come il diritto dovrebbe essere. Tocchiamo, così, un punto di necessaria "intersezione tra diritto e morale" che dimostra la falsità o, ad ogni modo, il carattere ingannevole dell'enfatica insistenza degli utilitaristi sulla separazione tra diritto com'è e come dovrebbe essere. È chiaro che Bentham e Austin potrebbero aver scritto ciò che hanno scritto solo perché hanno mal compreso o trascurato la questione del metodo giudiziale, perché hanno ignorato i problemi della penombra.

L'errata concezione del metodo giudiziale che ignora i problemi della penombra e caratterizza il ragionamento in senso prevalentemente deduttivo, è spesso stigmatiz-

---

* N.d.t. Nel testo i sintagmi "caso/i esemplare/i", "caso/i chiaro/i", "caso/i paradigmatico/i" sono usati col medesimo significato.

zata come un errore basato sul "formalismo" o "letteralismo". La mia domanda è, a questo punto, come e con quanta ampiezza la dimostrazione di questo errore mostra che la distinzione compiuta dagli utilitaristi è sbagliata o ingannevole? Ci sono molte questioni che sono state sovrapposte, ma posso sbrogliarne soltanto alcune. L'accusa di formalismo è stata rivolta sia ai teorici del diritto "positivisti", sia alle corti, ma l'accusa è ben diversa per ciascun caso. Rivolta ai teorici del diritto, l'accusa significa che essi hanno fatto un errore (teorico) riguardo al carattere del ragionamento giudiziale; hanno pensato che il ragionamento fosse una deduzione da certe premesse nella quale non svolgono alcun ruolo le scelte o le decisioni del giudice. È semplice dimostrare che Austin era innocente, immune da questo errore; solo un'idea del tutto sbagliata di cosa sia la *analytical jurisprudence* e del perché egli la ritenesse importante, ha indotto a credere che Austin, e gli altri analitici, pensassero al diritto come ad un sistema logico chiuso nel quale i giudici deducono le proprie decisioni da delle premesse[32]. Al contrario, Austin era particolarmente conscio del carattere vago e aperto del linguaggio[33]; egli riteneva che nelle situazioni di penombra il giudice producesse necessariamente diritto[34], e, con accenti che richiamano quelli del compianto giudice

[32] Questo fraintendimento della *analytical jurisprudence* si trova, tra gli altri, in STONE, *The Province and Function of Law*, 1950, p. 141: "In breve, rifiutando l'assunzione implicita che tutte le proposizioni di tutte le parti del sistema giuridico debbano essere logicamente coerenti l'una con l'altra e derivate da un unico insieme di definizioni ... egli (Cardozo) nega che il sistema giuridico sia effettivamente ciò che il giurista analitico, *per i suoi limitati scopi*, ritiene che sia". Si veda anche *ibidem*, pp. 49, 52, 138, 140; FRIEDMAN, *Legal Theory*, 3rd edn, 1953, p. 209. Questo fraintendimento sembra dipendere dalla credenza falsa e non verificata che gli studi analitici sul significato dei termini giuridici sarebbero impossibili o assurdi se, per raggiungere decisioni plausibili in singoli casi, fosse necessario qualche cosa di più del ragionamento logico formale che muove da premesse predeterminate, chiare e non ambigue.

[33] Si veda la discussione sulla vaghezza e sull'incertezza del diritto, in AUSTIN, *op. cit.*, n. 12 *supra*, pp. 202-205, 207, nelle quali Austin riconosce che, in ragione della vaghezza, spesso si danno solo "testi fallibili" per stabilire se casi particolari siano riconducibili nell'ambito di formulazioni generali.

[34] Si veda AUSTIN, *op. cit.*, p. 191, trad. it., p. 235: "Non riesco a comprendere come una persona che abbia esaminato la questione possa supporre che la società vada avanti anche senza che i giudici legiferino ...". Come correttivo della credenza che i giuristi analitici devono adottare l'idea che il ragionamento giudiziale sia "meccanico" o simile ad una "slot machine", sono degne di nota le seguenti osservazioni compiute da Austin:

1) ogniqualvolta il diritto deve essere applicato, può sorgere la "competizione tra opposte analogie", giacché il caso "può somigliare per certi aspetti" a casi ai quali la norma è stata già applicata in passato, e per altri aspetti a dei "casi per i quali è stata esclusa l'applicazione della norma". AUSTIN, *Lectures on Jurisprudence*, 5th edn, 1885, p. 633;

2) di frequente i giudici hanno deciso casi traendone nuove regole, attraverso la "costruzione" di una varietà di fondamenti, inclusa, qualche volta (ma secondo Austin molto di rado) la propria idea di come il diritto dovrebbe essere. Più di frequente essi hanno derivato il diritto da quello preesistente per mezzo di "conseguenze basate sull'analogia", vale a dire, che essi hanno creato una nuova regola "in *conseguenza* dell'esistenza di una regola simile applicata a questioni *analoghe*...". *Ibidem*, pp. 638-639.

Jerome Frank, rimproverava i giudici della *Common law* di farlo timidamente e debolmente, di dotarsi con cecità di reali o immaginarie analogie con casi del passato, invece di adattare le proprie decisioni ai crescenti bisogni della società, bisogni posti in rilievo dallo standard morale dell'utilità [35]. Il malvagio di questa *pièce*, responsabile dell'idea che il giudice sia come un automa, non è un pensatore utilitarista. La responsabilità, sempre che se ne possa attribuire ai teorici, è di autori come Blackstone e, in epoca ancora anteriore, Montesquieu. La radice di questo male è la preoccupazione per la separazione dei poteri e per la "finzione fanciullesca" di Blackstone (come l'ha chiamata Austin) per la quale i giudici "trovano" il diritto, ma non lo "creano".

Ciò di cui ci stiamo occupando è, però, il vizio del "formalismo" dei giudici, non dei giuristi. Cosa significa esattamente per un giudice commettere questo errore, essere, cioè, "formalista", "automatico", una "slot machine"? In maniera curiosa, la letteratura, pur essendo piena di denunce di questo vizio, non lo ha mai sufficientemente chiarito in termini concreti; abbiamo a che fare, invece, soltanto con descrizioni che non possono significare ciò che in apparenza significano; è stato detto che le corti sono formaliste in quanto fanno un uso eccessivo della logica, portando una cosa sino "al suo estremo logico" [36], o in quanto fanno un uso eccessivo del metodo analitico. Ma com'è che un giudice formalista fa un uso eccessivo della logica? È evidente che l'essenza del suo errore consiste nel dare un'interpretazione di alcuni termini generali cieca ai valori ed alle conseguenze sociali (o ritenuta per qualche altra ragione stupida o forse semplicemente avversata dai suoi critici). Ma la logica non prescrive interpretazioni dei termini; essa non detta alcuna interpretazione, né stupida, né intelligente. La logica dice soltanto, in via ipotetica, che, *se* viene data una certa interpretazione di un termine, ne seguirà una determinata conseguenza. La logica è silente sulla qualificazione dei dettagli – ma proprio questo è il cuore della decisione giudiziale. Il riferimento alla logica ed ai suoi eccessi è un nome inappropriato per indicare qualcosa

---

3) "Se ogni norma di un sistema giuridico fosse perfettamente chiara o precisa", non sorgerebbero queste difficoltà attinenti all'applicazione del diritto. "Ma l'ideale completezza e correttezza, da me appena immaginate, non è, nei fatti, realizzabile ... per quanto il sistema giuridico possa essere stato costruito e ordinato con accuratezza ed abilità impareggiabili". *Ibidem*, pp. 997-8. Naturalmente, Austin pensava che per mezzo della codificazione si sarebbe potuto e dovuto fare molto per eliminare l'incertezza. Si veda *ibidem*, pp. 662-81.

[35] *Ibidem*, p. 641: "Niente, in effetti, è più naturale del fatto che i legislatori, siano essi tali a rigor di termini o siano giudici (specie se sono di mentalità ristretta, timidi e inesperti), si avvalgano quanto più possono degli esempi lasciati dai loro predecessori". Si veda anche *ibidem*, p. 647: "Ma v'è molto da rimproverare a quei giudici che, pur capaci, esperti e autorevoli, non hanno colto ogni opportunità per introdurre una nuova norma (una norma utile per il futuro) ... questo è il rimprovero che mi sento di rivolgere a Lord Eldon ... I giudici delle Corti di Common Law non hanno fatto ciò che avrebbero dovuto fare, vale a dire adattare le loro norme giuridiche, sostanziali e processuali, alle crescenti esigenze della società, invece di prestare adesione, stoltamente e di malumore, ad usi risalenti e barbari".

[36] *Hynes v. New York*, 1921; si veda POUND, *Interpretation of Legal History*, 2nd edn, 1930, p. 123; STONE, *op. cit.*, pp. 140-141.

d'altro, cioè quanto segue. Un giudice deve applicare una norma ad un caso concreto – ad esempio la norma che vieta di condurre un "veicolo" rubato attraverso i confini degli Stati, ed il caso di specie riguardante un aeroplano[37]. Il giudice non si rende conto, o non vuole rendersi conto, che i termini generali in cui è formulata la norma gli lasciano aperte molteplici soluzioni interpretative non controllabili per mezzo delle convenzioni linguistiche. Egli ignora, o non vede, che si trova nell'area di penombra e non ha a che fare con un caso paradigmatico. Invece di adottare una decisione alla luce delle finalità sociali, il giudice stabilisce il significato in altro modo. Non adotta nemmeno il significato che più plausibilmente suggerisce l'uso ordinario della parola, al di fuori del contesto giuridico, oppure il significato che alla parola è stato assegnato in qualche altro contesto giuridico, o, ancora peggio, pensa ad un caso paradigmatico e arbitrariamente ne individua alcune caratteristiche – per esempio, nel caso del veicolo che 1) si usa di regola via terra; 2) è adatto al trasporto delle persone; 3) si muove per autopropulsione – considerandole sempre condizioni necessarie e sufficienti per l'impiego, in qualsiasi contesto, della parola "veicolo", trascurando le conseguenze sociali di questa interpretazione. Questa scelta, non la logica, condurrebbe il giudice ad includere un'automobile giocattolo (se alimentata elettricamente) e ad escludere le biciclette e l'aeroplano. In tutto questo v'è, probabilmente, molta stupidità, ma non più o meno "logica" di quanta ce ne sia nell'interpretazione di un termine generale e nella conseguente applicazione di una norma generale, consapevolmente governata da un ben definito scopo sociale, ad un caso di specie.

Decisioni adottate in questo modo non meritano l'appellativo di decisioni; tanto varrebbe, allora, applicare una norma gettando in aria una monetina. Tuttavia, è quantomeno dubbio che (anche in Inghilterra) una decisione giudiziale sia stata adottata in siffatta maniera automatica. Piuttosto, sia l'una, sia l'altra, delle interpretazioni stigmatizzate come automatiche, sono il prodotto della convinzione che alle leggi penali è preferibile attribuire il significato che per primo balzerebbe alla mente dell'uomo comune, anche a detrimento di altri valori, e pure questa è una politica sociale (pur se, probabilmente, una cattiva politica); o più di frequente, quella che viene stigmatizzata come "meccanica" e "automatica" è una scelta ben definita, compiuta in base ad una finalità sociale conservatrice. Di sicuro, molte delle decisioni della Corte Suprema di inizio secolo etichettate in tal maniera[38], rappresentano una scelta chiara compiuta nella zona di penombra per dare attuazione ad una politica conservatrice. Ciò è vero in modo particolare per le opinioni del giudice Peckham riguardanti il potere della polizia ed il *due process*[39].

---

[37] Si veda *McBoyle v. United States*, 1931.

[38] Si veda, ad esempio, POUND, *Mechanical Jurisprudence*, in "Columbia L. Rev.", 8, 1908, pp. 605, 615-16.

[39] Si veda, ad esempio, *Lochner v. New York*, 1905. L'opinione del giudice Peckham, secondo cui non vi erano motivi ragionevoli per interferire nel diritto di libertà contrattuale, fissando le ore di lavoro nel mestiere di panificatore, può essere considerata un pezzo di conservatorismo ostinato e sbagliato, ma in essa non v'è nulla di automatico o meccanico.

Tuttavia, in che modo l'idea (errata) della decisione automatica e meccanica, e l'idea (corretta) della decisione riferita a finalità sociali, dimostrano che l'insistenza degli utilitaristi sulla distinzione tra il diritto com'è e come dovrebbe essere è sbagliata? Credo che nessuno tra coloro che hanno usato questi vizi del formalismo per provare che la distinzione tra diritto com'è e come dovrebbe essere è errata, negherebbe a tali decisioni, ritenute meccaniche, il rango di diritto; non negherebbe nemmeno che il sistema nel quale le decisioni vengono adottate sia un sistema giuridico. Direbbe, di certo, che quelle decisioni sono diritto, ma pessimo diritto; che non dovrebbero essere diritto. Ma ciò significa usare la distinzione, non rifiutarla; e sia Bentham, sia Austin, l'hanno usata per attaccare i giudici che non hanno deciso casi di penombra in conformità ai crescenti bisogni della società.

È chiaro che se la dimostrazione degli errori del formalismo è rivolta a mostrare la fallacia della distinzione proposta dagli utilitaristi, allora il problema deve essere drasticamente rivisto. Il problema non deve riguardare solamente la razionalità della decisione giudiziale, il fatto che per essere razionale questa debba essere adottata nell'ambito di qualche concezione di ciò che dovrebbe essere, ma il fatto che gli scopi, le politiche sociali e le finalità cui i giudici ricorrono per far sì che le loro decisioni siano razionali, devono essere considerate anch'esse parti del diritto, in qualche significato adeguatamente ampio di "diritto", significato percepito come maggiormente illuminante rispetto a quello adottato dagli utilitaristi. Questa messa a punto del problema determina la seguente conseguenza: invece di dire che la presenza ricorrente di casi di penombra dimostra che le norme giuridiche sono essenzialmente incomplete, e che, quando esse non sono in grado di fondare la decisione, i giudici devono legiferare esercitando una scelta creativa tra più alternative; si dovrebbe dire che le politiche sociali che guidano la scelta dei giudici sono, in un certo senso, già lì per essere scoperte: i giudici non fanno altro che "estrarre" dalla norma quello che, se ben compreso, è in essa "latente". Chiamare tutto ciò legislazione giudiziale significa lasciare nell'ombra l'essenziale continuità tra i casi chiari di applicazione di una norma ed i casi di penombra. Mi chiederò più avanti se questa maniera di discorrere sia salutare, ma a questo punto intendo sottolineare un'ovvietà, che, se non ribadita, può ingarbugliare i problemi. Dal fatto che una decisione adottata in senso opposto alla maniera formalista o letteralista, sia una decisione adottata intelligentemente riferendosi ad una qualche concezione di ciò che dovrebbe essere, non consegue che vi sia un nesso tra diritto e morale. Credo si debba stare attenti a far uso in maniera tanto semplicistica della parola "dovere". Non perché non si possa distinguere tra il diritto com'è ed il diritto come dovrebbe essere. Al contrario. Bisogna fare attenzione perché la distinzione dovrebbe essere tra ciò che è e ciò che da molteplici e differenti punti di vista dovrebbe essere. La parola "dovere" riflette solamente la presenza di qualche criterio di critica; uno di questi criteri è un criterio morale, ma non tutti i criteri sono morali. Diciamo al nostro prossimo "non devi mentire" e questo può costituire di certo un giudizio morale, ma bisogna pure tener presente che l'avvelenatore frustrato può dire "avrei dovuto darle una seconda dose". Il punto è che le decisioni intelligenti da noi contrapposte a quelle meccaniche o formali non sono necessariamente identiche alle decisioni giustificabili su basi morali. Possiamo dire di molte decisioni: "sì è giusta:

essa è come dovrebbe essere", e con ciò indicare soltanto che una qualche finalità o *policy* accettata è stata, in questa maniera, promossa; possiamo, quindi, non indicare l'approvazione morale della *policy* o della decisione. Così il contrasto tra la decisione meccanica e quella intelligente può essere riprodotto all'interno di un sistema rivolto al perseguimento degli scopi più malvagi. Tale contrasto non si riscontra solamente in quei sistemi giuridici, come il nostro, che riconoscono con ampiezza principi di giustizia e rivendicazioni morali degli individui.

Un esempio può rendere chiaro questo punto. Da noi il compito di giudicare fattispecie di natura penale sembra richiedere al giudice, con una certa ovvietà, l'esercizio di un giudizio morale. Qui i fattori da soppesare appaiono chiaramente di tipo morale: la società non deve essere esposta ad attacchi irresponsabili; non deve essere inflitta una sofferenza troppo alta né al reo né ai suoi familiari; debbono essere compiuti tutti gli sforzi necessari per consentire al reo di condurre una vita dignitosa e riguadagnarsi un posto nella società della quale ha violato le regole. Per il giudice, compiere un bilanciamento tra tutti questi fattori, con la discrezionalità e le perplessità che l'operazione comporta, pare un compito del tutto simile all'esercizio di un giudizio morale; ed appare, quindi, tutto l'opposto della meccanica applicazione di un catalogo di sanzioni in grado di determinare un giudizio che non si cura delle questioni morali che in un sistema come il nostro vanno soppesate. Così, in siffatte situazioni la decisione che sia intelligente e razionale è guidata, sia pure in maniera incerta, da intenti morali. Ma è sufficiente variare l'esempio per vedere che le cose non stanno necessariamente così, e se le cose non stanno necessariamente così, allora il punto posto dagli utilitaristi resta fermo. Sotto il regime nazista gli uomini erano condannati per le critiche al regime. In questo caso la scelta del giudizio poteva essere guidata soltanto dalla considerazione di ciò che era necessario al mantenimento effettivo dello stato tirannico. Quale sentenza terrorizzerebbe un vasto pubblico ed al contempo terrebbe gli amici e la famiglia del prigioniero in ansiosa attesa così che sia la speranza, sia la paura, cooperino quali fattori per la remissività? Il prigioniero, in un tal sistema, sarebbe semplicemente un oggetto da usare per perseguire questi scopi. Una decisione adottata su queste basi risulterebbe, dunque, intelligente e utile, contrapposta al modello della decisione meccanica e da un certo punto di vista sarebbe come dovrebbe essere. Naturalmente, sono ben consapevole che un'intera tradizione filosofica ha cercato di dimostrare l'impossibilità di considerare veramente razionali decisioni e comportamenti non conformi a finalità e principi morali. Ma l'esempio che ho usato, mi pare sia utile almeno come ammonimento a non usare gli errori del formalismo come qualche cosa che dimostra *di per sé* la falsità dell'insistenza utilitarista sulla distinzione tra diritto com'è e diritto come *moralmente* dovrebbe essere.

Ora possiamo tornare alla questione principale. Se è vero che la decisione intelligente di un caso di penombra è quella adottata non meccanicamente ma alla luce di scopi, finalità e *policy*, benché non necessariamente alla luce di tutto ciò che chiameremmo principi morali, è prudente esprimere questo importante fatto asserendo che si dovrebbe far cadere la ferma distinzione utilitarista tra diritto com'è e diritto come dovrebbe? Forse l'affermazione che ciò è prudente non può essere rifiutata da un punto di vista teorico in quanto si tratta, in effetti, di un *invito* a rivedere la nostra concezione di norma giuridica. Siamo invitati ad includere nella "norma" le varie finalità e *policy*, alla luce delle quali vengono decisi i casi di penombra relativi ad essa, sul fondamento che queste finalità hanno, in ragione della loro importanza, la medesima legittimazione ad essere chiamate diritto rispetto al nucleo delle norme giuridiche il cui significato è chiaro (*settled*). Sebbene non sia cortese rifiutare un invito, vorrei esporre due ragioni di rifiuto dell'invito in questione. In primo luogo, tutto ciò che abbiamo imparato riguardo al ragionamento giudiziale può essere espresso in altre e meno misteriose maniere. Possiamo dire che le norme sono inguaribilmente incomplete e che dobbiamo decidere i casi di penombra razionalmente, riferendoci a finalità sociali. Penso che Holmes, il quale aveva un tal vigoroso apprezzamento del fatto che "le proposizioni generali non decidono casi concreti", l'avrebbe messa in tal modo. In secondo luogo, insistere sulla distinzione degli utilitaristi significa mettere in rilievo che il nucleo di significato certo è diritto in un senso precipuo, importante e che se vi sono delle zone di confine, debbono esservi innanzi tutto i confini. Se le cose non stessero così, l'idea che le norme guidano le decisioni dei giudici sarebbe insensata, come sostengono alcuni "realisti", seppur con il loro stile eccessivo e, ritengo, su basi errate[40]. Attenuare la distinzione, sostenere misteriosamente che si realizza una qualche fusione d'identità tra il diritto com'è ed il diritto come dovrebbe essere, significa, d'altra parte, suggerire che tutte le questioni giuridiche sono, essenzialmente, questioni di penombra. Significa sostenere, cioè, che non v'è elemento fondamentale del diritto vigente che possa essere rintracciato nel nucleo certo di significato che le norme hanno; significa che non v'è nulla nella natura delle norme giuridiche che sia incompatibile col poter riconsiderare *ogni* questione alla luce di politiche sociali. Naturalmente, penso sia bene occuparsi della penombra e le questioni ad essa relative costituiscono il cibo quotidiano dei giuristi. Ma occuparsi della penombra è una cosa, esserne preoccupati un'altra e la preoccupazione per la penombra è, se posso esprimermi in tal guisa, fonte di confusione per la tradizione giuridica americana al pari del formalismo per la tradizione inglese. Naturalmente potremmo abbandonare l'idea che le norme sono dotate di autorità; potremmo desistere dall'attribuire forza o significato all'argomento che un caso ricade con chiarezza nell'ambito di applicazione

---

[40] È opportuno menzionare nel presente contesto un'abiura di questa posizione estrema. Nella prima edizione di *The Brumble Bush*, Llewellyn aderì di tutto cuore alla tesi per la quale "ciò che questi funzionari fanno riguardo alle controversie è, a mio parere, il diritto stesso" e "*le norme* ... sono importanti per l'ausilio che forniscono ... nel predire ciò che i giudici faranno ... in ciò risiede tutta la loro importanza, altrimenti esse non sono altro che gradevoli balocchi". LLEWELLYN, *The Brumble Bush*, 1st edn, 1930, pp. 3 e 5. Nella seconda edizione Llewellyn ha scritto che quelle erano "parole infelici se non adeguatamente sviluppate, e vanno considerate, nell'ipotesi migliore, solo una parte dell'intera verità ... Uno dei compiti del diritto è di esercitare un qualche controllo sui giudici e di guidarli anche ... ove un controllo completo non sia possibile o auspicabile ... quelle parole non riescono dar conto ... del compito delle istituzioni giuridiche di porsi come strumento consapevole di indirizzo ..." LLEWELLYN, *The Brumble Bush*, 2nd edn, 1951, p. 9.

di una norma o è chiaramente riconducibile ad un precedente. Potremmo chiamare tutti questi ragionamenti "automatici" o "meccanici", anzi è già l'invettiva che di solito viene rivolta ai giudici. Ma fino a quando non decidiamo che questo *è* ciò che vogliamo, non dobbiamo incoraggiare tutto ciò cancellando la distinzione proposta dagli utilitaristi.

IV

La terza critica alla tesi della separazione tra diritto e morale è di carattere radicalmente differente. Più che di un argomento intellettuale contro la distinzione utilitarista, si tratta di un appassionato appello non sostenuto da un ragionamento dettagliato, ma dalla memoria di una terribile esperienza. Essa consiste nella testimonianza di chi è disceso agli inferi e, al pari di Ulisse o Dante, ha riportato indietro un messaggio per l'umanità. Solo che in questo caso l'inferno era sulla terra e non al di sotto o al di là della stessa; era un inferno creato sulla terra dagli uomini per altri uomini.

Questo appello proviene da quei pensatori tedeschi che hanno vissuto il regime nazista e hanno riflettuto sulle sue riprovevoli manifestazioni nel sistema giuridico. Uno di questi pensatori, Gustav Radbruch, ha condiviso la dottrina "positivista" sino all'avvento della tirannia nazista, ma si è poi convertito a seguito dell'esperienza vissuta, e così il suo appello a mettere da parte la dottrina della separazione tra diritto e morale ha la speciale amarezza di una ritrattazione. Riguardo a questa critica è importante rilevare che essa si misura proprio con la questione particolare tenuta presente da Bentham e da Austin nel sostenere la separazione del diritto com'è dal diritto come dovrebbe essere. Questi studiosi tedeschi insistono sulla necessità di riunire quello che gli utilitaristi hanno separato, proprio laddove la separazione rivestiva maggior importanza agli occhi degli stessi utilitaristi, avendo riguardo, cioè, al problema posto dalle leggi moralmente riprovevoli.

Prima della sua conversione Radbruch riteneva la resistenza al diritto una questione di coscienza personale, questione che ogni individuo affronta come un problema morale, senza che la validità di una legge possa essere confutata mostrandone la cattiveria morale, oppure mostrando che l'effetto dell'acquiescenza alla legge sarebbe più negativo dell'effetto derivante dalla disobbedienza. Austin, è bene ricordarlo, era concorde nel condannare coloro che sostenevano che le leggi cessavano di essere tali se in conflitto con i principi fondamentali della morale, ritenendola una "perfetta sciocchezza".

> Le leggi più nocive, e perciò quelle che sono più opposte alla volontà di Dio, hanno ottenuto e continuamente ottengono applicazione come leggi da parte dei tribunali. Supponiamo che un atto innocuo, o positivamente benefico, sia proibito dal sovrano sotto pena di morte; se commetto questo atto, sarò giudicato e condannato, e se obietto alla sentenza che essa è contraria alla legge di Dio ... la corte dimostrerà l'inconcludenza del mio ragionamento facendomi impiccare, in applicazione della legge di cui ho contestato la validità. Un'eccezione, obiezione o dife-

sa fondata sulla legge di Dio non ha mai trovato posto in una corte di giustizia, dalla creazione del mondo sino ad oggi[41].

Si tratta di parole forti e brutali, ma bisogna rammentare che esse stavano assieme – sia per Austin, sia per Bentham – al convincimento che ove le leggi avessero raggiunto un certo grado d'iniquità, vi sarebbe stato un chiaro obbligo morale di resistenza e di rifiuto d'obbedienza alle stesse. Vedremo, considerando le alternative, che la presentazione in termini tanto semplici del dilemma umano suscita alcune riflessioni.

Radbruch, ad ogni modo, dalla facilità con la quale il regime nazista aveva sfruttato la sottomissione al diritto – espresso, come egli credeva, dallo slogan "positivista" "la legge è legge" (*Gesetz als Gesetz*) – e dalla mancanza di proteste degli operatori del diritto tedeschi contro le enormità che gli veniva chiesto di perpetrare in nome del diritto, ha concluso che il "positivismo" (identificato qui con la tesi della separazione del diritto com'è dal diritto come deve essere) aveva contribuito fortemente agli orrori. Tutto ciò condusse Radbruch a sostenere la dottrina che i principi fondamentali della morale umana costituivano parte del concetto di *Recht* o di legalità e che nessuna norma o legge positiva, seppur chiaramente formulata o prodotta in piena conformità ai criteri di validità formali di un sistema giuridico, può dirsi valida se contravviene i fondamentali principi della morale. Questa dottrina può essere pienamente apprezzata soltanto se si comprende la sfumatura assunta dalla parola tedesca *Recht*. Ma è chiaro che la dottrina significa che qualsiasi avvocato o giudice dovrebbe denunciare le leggi che infrangono i principi fondamentali come non giuridiche (*having no legal character*), non solo come immorali o sbagliate, e di conseguenza avvocati e giudici non avrebbero dovuto prendere in considerazione queste leggi per valutare la posizione giuridica di qualsiasi individuo in circostanze particolari. Sfortunatamente, l'accalorata ritrattazione di Radbruch non è presente nella traduzione dei suoi lavori, ma dovrebbe essere letta da tutti coloro che riflettono di nuovo sulla questione della connessione tra diritto e morale[42].

È impossibile non leggere con simpatia sia l'appassionato appello di Radbruch di aprire la coscienza giuridica tedesca ai richiami della morale, sia il suo lamento per le rare volte in cui ciò è accaduto in Germania. Per altro verso, v'è una buona dose d'ingenuità nel ritenere che l'insensibilità ai richiami della morale e la sottomissione al potere statale siano stati ingenerati nel popolo tedesco dalla credenza che il diritto è diritto, nonostante quest'ultimo non fosse conforme nemmeno in minima parte alla morale. Piuttosto, questa terribile storia conduce l'indagine sul perché l'enfasi posta sullo slogan "la legge è legge" e la distinzione tra diritto e morale abbiano acquisito in Germania un carattere sinistro, mentre altrove, com'è accaduto per gli stessi utilita-

---

[41] AUSTIN, *op. cit.*, p. 185, trad. it., pp. 229-230 (modificata).

[42] Si veda RADBRUCH, *Gesetzliches Unrecht und Übergesetzliches Recht*, 1946, ripubblicato in RADBRUCH, *Rechtphilosophie*, 4th edn, 1950. Ho usato la traduzione di una parte di questo studio e del saggio *Die Erneuerung des Rechts* del 1947 realizzate dal Professor Lon Fuller della Harvard Law School per il suo corso di *Jurisprudence* ad Harvard.

risti, siano stati legati al più illuminato atteggiamento liberale. Ma v'è qualcosa di latente nella presentazione fornita da Radbruch delle questioni sollevate dalle leggi moralmente inique, più fastidiosa dell'ingenuità di cui si è parlato. A mio parere non è poco caritatevole dire che nel suo argomento egli ha assimilato solo in parte il messaggio spirituale del liberalismo che pure tenta di trasmettere a chi esercita le professioni legali. Tutto ciò che dice dipende dall'enorme sopravvalutazione dell'importanza delle condizioni in presenza delle quali una norma possa essere considerata una norma giuridica valida, come se questo, una volta stabilito, conducesse alla soluzione del problema morale: "deve essere obbedita questa norma giuridica?" Di certo l'autentica risposta liberale ad ogni uso sinistro dello slogan "il diritto è diritto" o della distinzione tra diritto e morale è: "molto bene, ma ciò non risolve il problema. Il diritto non è la morale e non può prenderne il posto".

Ad ogni modo, non dobbiamo abbandonarci a mere discussioni accademiche nel valutare la difesa operata da Radbruch della critica alla distinzione tra diritto e morale. Dopo la guerra, infatti, la concezione del diritto di Radbruch conteneva in sé un essenziale principio morale di umanitarismo applicato dalle corti tedesche in alcuni casi nei quali i criminali di guerra locali, le spie e gli informatori sotto il regime nazista furono puniti. La particolare importanza dei casi in questione risiede nel fatto che le persone accusate sostenevano di aver tenuto, sotto il regime nazista, comportamenti non considerati antigiuridici dalle norme in vigore nel momento in cui erano stati realizzati. All'argomento difensivo appena menzionato, fu replicato che le norme allora in vigore erano invalide poiché contravvenivano i principi fondamentali della morale. Menzionerò brevemente uno di questi casi[43].

Nel 1944 una donna desiderosa di liberarsi del marito lo denunciò alle autorità per le osservazioni offensive da lui fatte riguardo ad Hitler mentre si trovava a casa in licenza dal servizio militare. La moglie non aveva alcun obbligo giuridico di riferire i discorsi del marito, sebbene quanto da lui detto violasse manifestamente il divieto legale di esprimere giudizi che potessero nuocere al governo del terzo Reich, o che potessero in qualunque modo danneggiare la sicurezza militare del popolo tedesco. Il marito fu arrestato e condannato a morte in conformità a quanto stabilito dalle leggi allora vigenti, anche se la sentenza capitale non ebbe esecuzione e fu rispedito al

[43] Si tratta di una sentenza del 27 luglio del 1949, riportata nella "Harv. L. Rev.", 1951, p. 1005. Il testo è stato lasciato nella versione originale, ma come ha mostrato il dottor H.O. PAPPE dell'*Australian National University* nel suo articolo *On the Validity of Judicial Decision in The Nazi Era*, in "Mod. L. Rev.", 1960, p. 260, il resoconto fornito nella "Harv. L. Rev." è ingannevole. Come mostra Pappe, nel caso di specie la corte tedesca, dopo aver accettato, in via teorica, la possibilità che delle leggi possano essere invalide se in conflitto col diritto naturale ritenne che la legge in questione non violasse il diritto naturale. L'imputata fu ritenuta colpevole per aver privato illegalmente il marito della libertà, visto che non aveva alcun obbligo di informare l'autorità, ed inoltre, avendolo fatto per ragioni puramente personali, il suo comportamento risultava "contrario alla coscienza ed al senso di giustizia di qualsiasi buon essere umano". Il caso presentato nel testo va considerato, quindi, un caso ipotetico. Per un'attenta analisi di sentenze adottate in casi simili dalla Suprema corte tedesca si veda PAPPE, *op. cit.*, pp. 268 ss.

fronte. Nel 1949 la moglie fu processata da una corte della Germania occidentale per il reato che potremmo descrivere in termini di "privazione illegale della libertà" (*rechtswidrige Freiheitsberaubung*). Si trattava di un reato punibile sotto l'imperio del Codice penale tedesco del 1871, codice rimasto sempre in vigore a partire dalla sua emanazione. La moglie sostenne che l'arresto del marito era conforme alle leggi naziste, ragion per cui lei non aveva commesso alcun reato. La corte d'appello chiamata a giudicare del caso in ultima istanza ritenne la moglie colpevole per aver causato la privazione della libertà del marito denunciandolo alle autorità tedesche, nonostante egli fosse stato condannato per aver violato la legge, in quanto, per citare le parole usate dalla corte, la legge "ripugnava interamente alla coscienza ed al senso di giustizia di qualsiasi buon essere umano". Questo ragionamento fu seguito in molti casi, i quali furono visti come il trionfo delle dottrine del diritto naturale e come il segnale della disfatta del positivismo. L'esagerata soddisfazione per il conseguimento di questo risultato mi pare una forma di isteria. Molti di noi approverebbero il risultato – la condanna della donna per aver commesso un atto gravemente immorale – ma esso è stato assicurato dichiarando non vigente la legge del 1934, e la legittimità della via seguita è quanto meno dubbia. V'erano, infatti, altre due possibilità. La prima consisteva nell'assolvere la donna: e si può concordare con chi ritiene disdicevole questo esito. La seconda consisteva nel condannare la donna, ma ciò comportava la necessità di affrontare una questione: la condanna sarebbe avvenuta ad opera di una legge palesemente retroattiva, e quindi con la piena consapevolezza di quale fosse il principio sacrificato per assicurare la condanna. Una legge penale retroattiva è odiosa, ma la sua aperta invocazione avrebbe avuto in quel caso il merito della franchezza. Sarebbe stato chiaro, infatti, che il giudizio comportava una scelta tra due mali: lasciare la donna impunita oppure sacrificare un prezioso principio morale fatto proprio dalla gran parte dei sistemi giuridici. La storia della morale ci ha insegnato che un dilemma morale, di certo, non va occultato. Quando nella vita si presentano questioni che ci costringono a scegliere il minore tra due mali, il toro va preso per le corna, avendo piena consapevolezza che le questioni sono quelle che sono. Il vizio di questo uso del principio per il quale ciò che è totalmente immorale non può essere diritto o legale, risiede nel fatto che servirà soltanto a mascherare la vera natura dei problemi da risolvere ed incoraggerà il romantico ottimismo che tutti i valori a noi cari (*values we cherish*), possano, alla fine, convivere armoniosamente in un sistema giuridico, che nessuno di essi debba essere sacrificato o compromesso per accoglierne un altro.

> Ogni disaccordo è armonia non compresa
> Ogni male parziale un bene universale

Questo non è vero, ed è un modo ipocrita di formulare il problema, formulazione ipocrita che consente di trattare il dilemma come se fosse una questione ordinaria, usuale.

Potrebbe sembrare che per dare risalto ad uno dei due modi di risolvere il difficile problema rispetto all'altro si sia prestata troppa attenzione alla forma, e forse anche alle parole: per quanto concerne le sorti della donna, infatti, il risultato sarebbe stato esattamente il medesimo. Per quale ragione, allora, dovremmo enfatizzare la differenza tra l'uno e l'altro? Si sarebbe potuta punire la donna in base ad una nuova legge retroattiva e dichiarare apertamente che si stava operando in contraddizione con altri principi perché era il minore tra i due mali; oppure si sarebbe potuto far passare il caso come uno di quelli nei quali non si evidenzia con puntualità che si sta sacrificando un principio. La franchezza, tuttavia, non è una virtù minore, sia nell'amministrazione del diritto, sia in ambito morale. Se si segue la via tracciata da Radbruch, e si concorda con lui e con le Corti tedesche, la protesta contro il diritto cattivo (*evil law*) che si sostanzia nell'affermazione che certe norme non possono essere considerate diritto a causa della loro iniquità morale, ha la capacità di confondere una delle critiche morali che per la sua semplicità è tra le più poderose. Se si parla con chiarezza, alla maniera degli utilitaristi, si può asserire che certe leggi sono sì diritto, ma troppo cattivo, iniquo, per essere obbedito. Quest'ultima è una condanna morale che chiunque è in grado di comprendere e solleva un'ovvia ed immediata richiesta di attenzione morale. Se, per altro verso, formuliamo l'obiezione affermando che quelle leggi deplorevoli non sono diritto, si tratta di affermazioni destinate a non essere credute dalla gran parte delle persone, o anche se queste persone fossero disposte a credervi, di certo prima di farlo solleverebbero una serie di questioni filosofiche. Orbene, forse la lezione particolare più rilevante tratta dal diniego della distinzione utilitarista espresso in questa forma è proprio quella che gli utilitaristi intendevano trasmettere con maggior vigore: ove si disponga di ampie risorse per parlar chiaro, non si deve presentare la critica morale alle istituzioni nei termini di una filosofia criticabile.

V

Ho tentato di mostrare che, nonostante tutto quello che è stato acquisito dal tempo in cui scrivevano gli utilitaristi, e malgrado i difetti di altre parti della loro dottrina, la loro protesta contro la confusione tra ciò che è e ciò che dovrebbe essere diritto ha valore morale ed intellettuale. Si potrebbe dire che questa distinzione è valida ed importante se applicata alle singole norme di un sistema giuridico, ma è fuorviante, ingannevole se applicata al "diritto", vale a dire alla nozione di sistema giuridico, e se si insiste, come ho fatto io, sulla verità più piccola (o truismo), si oscura la verità più ampia (o profonda). Dopo tutto, si potrebbe sostenere che ci sono molte cose false nelle leggi se considerate separatamente, ma che sono vere e di particolare rilievo se consideriamo il sistema giuridico nel suo complesso. Per esempio, la connessione tra diritto e sanzioni e tra l'esistenza del diritto e la sua "efficacia" deve essere intesa in questo modo più generale. Non è di certo sostenibile (senza un'eccessiva estensione della parola "sanzione" o un'artificiosa restrizione della parola "diritto") che ogni legge di un sistema giuridico debba contemplare una sanzione, ma è plausibile sostenere che un sistema giuridico deve, per poter essere tale, prevedere che alcune delle sue norme siano munite di sanzioni. Così, se di una norma si può dire che esiste sebbene sia osservata, obbedita soltanto in un numero ridotto di casi, altrettanto non può essere detto per il diritto nel suo complesso. Forse, le differenze tra le due situazioni, quella della singola norma e del sistema giuridico nel suo insieme, valgono anche per la connessione tra concezioni morali (o qualcosa d'altro) di ciò che il diritto dovrebbe essere ed il diritto inteso in senso ampio.

Questo modo di ragionare, rinvenibile (seppur in forma embrionale) in Austin laddove presta attenzione al fatto che ogni sistema giuridico evoluto contiene certe nozioni fondamentali, nozioni "necessarie" e "dipendenti dalla comune natura dell'uomo" [44], è degno di essere seguito – almeno fino ad un certo punto – e dirò brevemente perché e come sia corretto farlo.

Bisogna evitare, se possibile, l'arido deserto di una definizione inappropriata per discutere del carattere "essenziale", ovvero della necessità in relazione al tutto di ogni singolo elemento, specie riguardo ad un concetto vago e complesso come quello di sistema giuridico, poiché dispute siffatte somigliano a quelle relative alla questione se il gioco degli scacchi sia "il gioco degli scacchi" pur se giocato senza le pedine. V'è il desiderio, del tutto comprensibile, di passare oltre la questione se un sistema giuridico, per essere tale, debba essere all'altezza di qualche standard morale o di altra natura con una semplice affermazione di fatto: per esempio che non sia mai esistito o che non possa continuare ad esistere un sistema giuridico che non realizzi minimamente quella condizione; che la supposizione, comunemente accettata, che un sistema giuridico aspiri a qualche forma di giustizia colori il modo nel quale si interpretano singole norme in casi particolari, e ove questa supposizione non fosse soddisfatta non vi sarebbe alcuna ragione per obbedire al diritto se non per paura (e forse nemmeno per questo), e ancora meno, vi sarebbe un obbligo morale di obbedire. La connessione tra diritto, standard morali e principi di giustizia è quindi così poco arbitraria e così necessaria, al pari della connessione tra diritto e sanzioni, e la ricerca intorno al se tale necessità sia di natura logica (sia una parte del "significato" di diritto) o meramente fattuale o causale, può essere serenamente accantonata come un innocente passatempo per filosofi.

Intendo, in ogni caso, proseguire (pur se ciò comporta l'uso di una certa fantasia filosofica) in due direzioni per mostrare cosa si intenda con l'affermazione che in un sistema giuridico certe norme sono "necessarie". Sia il mondo in cui viviamo, sia chi attualmente ci vive, possono un giorno mutare in molte direzioni e se il mutamento fosse sufficientemente radicale non sarebbero false solo alcune delle affermazioni attualmente vere e vice versa, ma qualsiasi espressione di pensiero e verbale che costituisce il nostro apparato concettuale e grazie alla quale vediamo il mondo e ci riconosciamo vicendevolmente, verrebbe meno. Bisogna considerare, però, che l'insieme della nostra vita sociale, morale e giuridica, così come la intendiamo adesso, dipende dal fatto contingente che sebbene i nostri corpi mutino nella forma, nella misura o in qualche altra caratteristica fisica, essi non subiscono mutamenti così drastici o rapidi o irregolari da non consentirci di riconoscerci l'un l'altro come il medesimo individuo a distanza di un considerevole lasso di tempo. Nonostante si tratti di un fatto contingente, che potrebbe essere diverso in futuro, è su di esso che al momento presente si basano vaste costruzioni di pensiero e principi di azione e di vita sociale. Si consideri,

---

[44] AUSTIN, *Uses of the Study of Jurisprudence*, in *The Province of Jurisprudence Determined*, pp. 365, 373, 367-9, trad. it. (modificata) *Funzioni dello studio della giurisprudenza*, pp. 375 ss.

analogamente, la seguente possibilità (non perché sia qualcosa di più di una possibilità, ma in quanto ci spiega perché riteniamo che certe cose siano necessarie in un sistema giuridico e cosa intendiamo con ciò): si supponga che degli uomini siano divenuti vicendevolmente invulnerabili agli attacchi, che siano dotati, come giganteschi granchi, di una corazza impenetrabile e che riescano a ricavare il cibo di cui necessitano dall'aria grazie ad un processo chimico interno. In tali circostanze, i cui dettagli possono essere lasciati alla fantascienza, le norme che proibiscono il libero uso della violenza e le norme che istituiscono una forma minima di proprietà – con i relativi diritti ed obblighi sufficienti a far sì che il cibo prodotto possa essere detenuto sino alla sua consumazione – non rivestirebbero di certo il carattere necessario che rivestono per noi, visto il mondo in cui viviamo. Al tempo presente, e fino a quando non sopravvengano radicali cambiamenti, le regole appena menzionate sono così importanti che ove un sistema giuridico ne fosse privo, tanto varrebbe fare a meno di qualsiasi altra norma giuridica. Tali regole coincidono con i principi morali fondamentali che proibiscono l'omicidio, la violenza ed il furto; e così si può aggiungere all'affermazione che tutti i sistemi giuridici coincidono di fatto con la morale per questi aspetti essenziali, l'affermazione che le cose stanno, in questo senso, necessariamente così. Per quale ragione non chiamare "naturale" questa necessità?

Certamente, molto di tutto questo dipende dal fatto che nel domandarci quale contenuto debba avere un sistema giuridico riteniamo che valga la pena porci la domanda solo se consideriamo condivisibile il modesto scopo di vivere al fianco dei nostri simili. Tuttavia, la teoria del diritto naturale, nei suoi proteiformi aspetti, prova a spingersi più in là affermando che gli esseri umani sono egualmente dediti al e uniti nel, concepimento di quei fini (la ricerca della conoscenza e della giustizia tra le persone) diversi dalla sopravvivenza che costituiscono un ulteriore contenuto necessario del sistema giuridico (che si pone in aggiunta ed al di sopra del mio modesto minimo) senza il quale il sistema giuridico stesso sarebbe privo di senso. Di certo bisogna fare attenzione nel non ingigantire le differenze tra gli esseri umani, ma a me sembra che, al di là del contenuto minimo prima indicato, le finalità perseguite dagli uomini per vivere in società siano molteplici e contrastanti per consentire l'estensione dell'argomento che è "necessaria" una completa sovrapposizione tra norme giuridiche e standard morali.

Un altro aspetto della questione merita attenzione. Se ascriviamo al sistema giuridico il significato minimo che esso debba consistere di norme generali – generali sia nel senso che si riferiscono a classi e non a singole azioni, sia nel senso che si riferiscono ad una molteplicità di soggetti e non ad un singolo individuo – questo significato connota il principio del trattare i casi simili in modo simile, sebbene i criteri per stabilire quando i casi sono simili siano solo gli elementi generali specificati nelle norme. È vero, tuttavia, che *uno* degli elementi essenziali del concetto di giustizia è il principio del trattare i casi simili in modo simile, ma si tratta della giustizia nell'amministrazione del diritto e non della giustizia del diritto. Nella definizione del diritto come insieme di norme generali v'è, quindi, qualcosa che ci impedisce di trattarne come se fosse completamente neutrale dal punto di vista morale, senza alcun necessario contatto con dei principi morali. La giustizia naturale (*natural*) di tipo procedurale si compone, dunque, di quei principi di oggettività ed imparzialità nell'amministrazione del diritto che incrementano solo questo aspetto, il quale è deputato ad assicurare che le norme siano applicate solo ai casi dalle stesse effettivamente (*genuinely*) regolati e, in ogni caso, a ridurre al minimo il rischio di disuguaglianze.

Queste due ragioni (o pretesti) per parlare di una certa naturale e necessaria sovrapposizione tra criteri giuridici e morali non dovrebbero soddisfare, però, coloro che sono infastiditi dall'insistenza utilitarista o "positivista" sulla distinzione del diritto dalla morale. Questo perché un sistema giuridico che abbia soddisfatto questi minimi requisiti avrebbe potuto applicare, con l'imparzialità più pedantesca, norme odiosamente oppressive, ed avrebbe potuto negare ad una vasta popolazione di schiavi privi di diritti i minimi benefici della protezione dalla violenza e dal furto. Il fetore emanato da tal genere di società è, dopo tutto, ancora oggi nelle nostre narici, e sostenere che non si tratta (o non si trattava) di un sistema giuridico significa solo ripetere il medesimo argomento. Soltanto se le norme fallissero nel fornire questi essenziali benefici e protezione a tutti – anche agli schiavi – il requisito minimo non sarebbe soddisfatto ed il sistema giuridico si ridurrebbe ad un insieme di proibizioni prive di senso. Di certo, nessuno di coloro ai quali quei benefici fossero negati avrebbe altra ragione di prestare obbedienza se non la paura, mentre avrebbe ogni ragione morale per ribellarsi.

VI

Sarei poco sincero se, in conclusione, non considerassi la questione che, sospetto, più infastidisce chi ha reagito con vigore contro il "positivismo giuridico". L'enfasi sulla distinzione tra il diritto com'è ed il diritto come dovrebbe essere può essere fatta riposare sulle, o implicare le teorie riguardanti la natura dei giudizi morali, delle proprietà morali, o "valori", chiamate "soggettiviste" e "relativiste" o "non cognitiviste". Gli stessi utilitaristi (sostenitori di posizioni differenti rispetto agli ultimi positivisti come Kelsen) non hanno approvato alcuna di tali teorie, per quanto la loro filosofia morale ci appaia oggi insoddisfacente. Austin riteneva che i principi morali fondamentali fossero i comandi di Dio, conosciuti grazie alla rivelazione o attraverso l'"indice" dell'utilità, e Bentham pensava che fossero proposizioni verificabili riguardanti l'utilità. Non di meno ritengo (sebbene non possa provarlo) che l'insistenza sulla distinzione tra il diritto com'è e come dovrebbe essere sia stata confusa, una volta ricondotta sotto l'egida generale del "positivismo", con la teoria morale per la quale gli enunciati su come stanno le cose ("enunciati sui fatti") appartengono ad una categoria o ad un tipo radicalmente differente dagli enunciati su come le cose dovrebbero stare ("enunciati sui valori"). È bene, dunque, dissipare questa fonte di confusione.

Esistono molte varianti contemporanee di questo tipo di teoria morale: per alcune di esse i giudizi su come le cose dovrebbero stare, o dovrebbero essere realizzate, sono o includono, in qualità di elementi essenziali, espressioni di "sentimento", "emozione", o "atteggiamenti", o "preferenze soggettive"; per altre tali giudizi esprimono sentimenti, emozioni o atteggiamenti e al contempo raccomandano agli altri di condividerli. In altre varianti tali giudizi indicano che un caso particolare ricade nell'ambito di un principio generale d'azione che il parlante ha "scelto" o per il quale si è "impegnato" (*committed*) e che costituisce esso stesso, non la ricognizione di come stanno le cose, ma l'analogo di un imperativo o comando "generale" indirizzato a tutti incluso il parlante. Tutte queste varianti condividono l'insistenza sul fatto che i giudizi su ciò che deve essere fatto, in ragione degli elementi "non cognitivi" che contengono, non possono, diversamente dai giudizi di fatto, essere sostenuti da o fondati su metodi razionali e non si può mostrare che seguono da enunciati sui fatti, ma soltanto da altri giudizi su ciò che deve essere fatto in connessione con qualche enunciato sui fatti. Non possiamo, secondo tale impostazione teorica, dimostrare, per esempio, che un'azione era sbagliata, che non si doveva fare, mostrando semplicemente che essa consiste nell'infliggere intenzionalmente dolore per la sola gratificazione dell'agente. Possiamo mostrare che l'azione era sbagliata solo se aggiungiamo a questi enunciati di fatto verificabili e "cognitivi" un principio generale non verificabile o "cognitivo", per il quale infliggere dolore in quelle circostanze è sbagliato e non si deve fare. Assieme alla distinzione generale tra enunciati su come stanno le cose e su come le cose dovrebbero stare procede parallela la distinzione tra enunciati sui mezzi ed enunciati sui fini morali. Possiamo scoprire quali sono i mezzi appropriati per dati fini e discuterne razionalmente, ma i fini non possono essere scoperti o discussi razionalmente; i fini sono "determinati dalla volontà", espressioni di "emozioni", "preferenze", "atteggiamenti".

Contro queste impostazioni (che sono più raffinate di quanto questa sommaria rassegna possa mostrare) altri sostengono che le nette distinzioni tra essere e dovere, fatto e valore, mezzi e fini, cognitivo e non cognitivo, sono sbagliate. Nel riconoscere i fini fondamentali o valori morali, riconosciamo qualche cosa che si impone a noi in ragione del carattere del mondo in cui viviamo, e che solo in piccola parte è una questione di scelta, atteggiamento, sentimento, emozione al pari della verità dei giudizi di fatto su come stanno le cose. La caratteristica propria di una discussione morale non consiste nel confinare le parti ad esprimere o suscitare sentimenti o emozioni o ad esprimere esortazioni o comandi reciproci, ma consiste nel far sì che le parti giungano a riconoscere, dopo una serrata riflessione ed un accorto esame, che una questione inizialmente dibattuta ricade nell'ambito di un principio vagamente percepito (e non più "soggettivo", non più "determinazione della volontà" di quanto non siano altri principi), che ha maggior titolo ad essere chiamato "cognitivo" o "razionale" di qualsiasi altro principio riguardante la classificazione di situazioni intorno alle quali c'è una disputa iniziale.

Supponiamo ora di accogliere il rifiuto della teoria morale "non cognitivista", della netta distinzione tra enunciati su come stanno le cose e su come le cose dovrebbero stare, e supponiamo che i giudizi morali possano essere difesi razionalmente al pari di ogni altro tipo di giudizio. Che cosa segue da tutto ciò riguardo alla natura della connessione tra il diritto com'è ed il diritto come dovrebbe essere? Da ciò solo, di certo, nulla. Le leggi, per quanto moralmente inique, sarebbero ancora (per il punto che ci interessa) leggi. L'unica differenza che realizzerebbe l'accoglimento della teoria in questione riguardo alla natura dei giudizi morali sarebbe la possibilità di dimostrare l'iniquità delle leggi; da un enunciato su ciò che la legge richiede debba essere fatto, seguirebbe che una legge era moralmente sbagliata e così quella stessa legge non dovrebbe essere diritto e di converso la norma che è moralmente desiderabile dovrebbe essere diritto. Ma ciò non dimostra che quella legge non è (o è) diritto. La prova che i principi con i quali valutiamo o condanniamo le leggi possono essere razionalmente scoperti e non sono solo "determinazioni della volontà", lascia inalterato il fatto che ci sono leggi che possono avere qualsiasi grado di iniquità o stupidità e restare pur sempre leggi. Di converso ci sono norme che pur avendo ogni titolo morale per essere diritto, non sono diritto.

Bisogna dire qualche altra cosa di più specifico riguardo al fatto se la confutazione del "non cognitivismo" o delle teorie morali affini sia rilevante per la distinzione tra il diritto com'è e il diritto come dovrebbe essere e condurre all'abbandono o all'attenuazione della distinzione. Nessuno meglio del Professor Fuller della *Harvard Law School* ha sviluppato in molteplici scritti questa linea di discussione: concluderò criticando il nucleo centrale della sua tesi. Si tratta di una tesi che emerge nuovamente ove si considerino non le norme giuridiche o le parti di norme giuridiche il cui significato è chiaro e non suscita discussioni, ma ove si consideri l'interpretazione di norme in relazione a casi concreti ove vengono inizialmente sollevati dei dubbi che richiedono che si elabori un argomento circa il significato di tali norme. In nessun sistema giuridico l'ambito di applicazione delle norme giuridiche è limitato a quella classe di casi (*range of concrete instances*) che è stata o si crede sia stata presente alla mente del legislatore; questa, infatti, è una delle differenze più importanti tra una norma giuridica ed un comando. Eppure, quando si ritiene che le norme si applichino oltre i casi che il legislatore aveva o avrebbe potuto tener presente, l'estensione delle norme a questi casi non si presenta, solitamente, come decisione o scelta deliberata di chi interpreta la norma. Non appare nemmeno come una decisione tesa ad attribuire un nuovo o più esteso significato compiendo congetture su ciò che i legislatori, forse defunti nel diciottesimo secolo, avrebbero detto se fossero stati vivi nel diciannovesimo. L'inclusione di un nuovo caso nell'ambito di una norma avviene, invece, come se fosse una naturale elaborazione della norma, come qualche cosa che realizza uno "scopo" che è naturale attribuire (in un certo senso) alla norma stessa, piuttosto che ad una persona particolare, defunta o viva che sia. La descrizione utilitarista dell'estensione in via interpretativa a nuovi casi del significato di una norma risalente in termini di legislazione giudiziale non rende giustizia a questo fenomeno; essa non fa cenno della differenza esistente tra una decisione deliberata di trattare un nuovo caso allo stesso modo di casi passati ed il riconoscimento (nel quale v'è solo un minimo di deliberato o voluto) che l'inclusione di un nuovo caso nell'ambito della norma realizzerà o articolerà un permanente ed identico scopo, finora percepito meno puntualmente.

Forse molti giuristi e giudici vedranno in questo linguaggio qualche cosa che rende conto puntualmente della loro esperienza; altri possono pensare che sia un commento romantico di fatti meglio definiti nel linguaggio utilitarista come "legislazione" giudiziale o, secondo la moderna terminologia americana, come "scelta creativa".

Per chiarire la questione Fuller usa un esempio di natura non giuridica ripreso dal filosofo Wittgenstein, ed è un esempio che trovo illuminante.

Qualcuno mi dice: "Mostra un gioco ai bambini". Io insegno loro a giocare a dadi e l'altro dice "non intendevo quel tipo di gioco". L'esclusione del gioco dei dadi doveva venirgli in mente prima di darmi l'ordine?[45].

Mi pare che nell'esempio sia toccato qualcosa di importante. Probabilmente si toccano le seguenti (differenti) questioni. Innanzi tutto, cerchiamo, normalmente, di interpretare non solo ciò che la gente sta provando a fare, ma anche ciò che dice alla luce di comuni obiettivi umani, così che, a meno che non ci venga indicato espressamente il contrario, non interpreteremmo l'esortazione a mostrare ad un giovane bimbo un gioco come l'autorizzazione ad introdurlo al gioco d'azzardo, sebbene in altri contesti la parola "gioco" sarebbe naturalmente interpretata così. In secondo luogo, molto spesso, il parlante le cui parole fossero così interpretate potrebbe dire: "Sì, questo è ciò che voglio dire (o 'ciò a cui intendevo riferirmi') sebbene non l'abbia pensato fino a quando tu non mi hai sottoposto questo caso particolare". In terzo luogo, quando riconosciamo, magari dopo aver discusso o esserci confrontati con altri, che un caso di specie prima non era considerato rientrante nell'ambito di qualche vaga direttiva, potremmo trovare questa esperienza falsificata dalla descrizione della stessa in termini di semplice decisione per regolare il caso di specie e possiamo solo descrivere tutto ciò fedelmente, come una decisione rivolta a realizzare o articolare ciò che "realmente" vogliamo o il nostro "vero scopo" – parole usate nel seguito del medesimo articolo da Fuller[46].

Sono sicuro che molte discussioni filosofiche di natura morale trarrebbero beneficio dal prestare attenzione a casi del tipo di quelli esemplificati da Fuller. Tale attenzione aiuterebbe a correggere l'opinione che esiste una netta separazione tra "fini" e "mezzi" e che nel discutere i "fini" possiamo solo influenzarci l'un l'altro in maniera non razionale, mentre l'ambito della discussione razionale è riservato ai "mezzi". Penso, però, che la rilevanza di questo punto sul se sia corretto o assennato insistere sulla distinzione tra diritto com'è e diritto come dovrebbe essere sia molto ridotta. Il suo effetto finale è il seguente: nell'interpretare le norme giuridiche ci sono alcuni casi che solo a seguito di un'attenta riflessione consideriamo una naturale elaborazione o articolazione della norma, e pensare o riferirsi a questa situazione in termini di "legislazione", "produzione di diritto", o "decisione" sarebbe fuorviante. Allo stesso modo sarebbe fuorviante distinguere in tali casi tra la norma com'è e come dovrebbe essere, in un qualche senso di dover essere. Pensiamo che la norma debba includere il nuovo caso e a seguito di attenta riflessione ci accorgiamo che è proprio così. Pur ammettendo un tal modo di presentare un'esperienza come esempio di fusione tra essere e dover essere, bisogna tenere in mente due avvertenze. Il primo è che "dovere" in questo caso non ha necessariamente a che fare con la morale per le ragioni già spiegate in precedenza nel terzo paragrafo: può accadere che un nuovo caso di specie consenta di realizzare e articolare lo scopo di una norma nell'interpretare le regole di un gioco o di qualche odioso immorale codice di oppressione della cui immoralità si

[45] FULLER, *Human Purpose and Natural Law*, in "53 J. Philos.", 1956, pp. 697 e 700.

[46] *Ibidem*, pp. 701 e 702.

rendono conto coloro che sono chiamati ad interpretarle. Essi pure possono vedere che cosa lo "spirito" del gioco che stanno giocando richiede nei casi in precedenza non previsti. Ma ancora più importante è il seguente punto: dopo tutto ciò che si è detto e fatto bisogna ricordare quanto raro sia nel diritto il fenomeno sostenuto per giustificare tal perçorso argomentativo, e quanto eccezionale sia il sentimento che un certo modo di decidere un caso si impone a noi come l'unico naturale o frutto di razionale elaborazione di una norma. Di certo non si può dubitare che, in molte questioni interpretative, chiamare la scelta tra più soluzioni alternative "legislazione giudiziale" o anche "decisione" (pur se di natura non arbitraria) ben si conviene alla realtà della situazione.

Entro la cornice di un diritto relativamente chiaro (*well settled*) vi sono molte alternative di attrattiva pressoché eguale tra le quali giudice ed avvocato devono, in modo incerto, compiere la loro scelta per rendere in forma appropriata il linguaggio che possa ben descrivere le esperienze dell'interpretare i principi di condotta, l'intenzione, i desideri, nostri o di altri, quando non siamo consapevoli di compiere una scelta deliberata, ma piuttosto riconosciamo qualche cosa come in attesa di essere riconosciuta. Usare nella descrizione dell'interpretazione delle leggi la suggestiva terminologia della fusione o impossibilità di separare ciò che è da ciò che deve essere servirà (al pari delle vecchie storie per le quali il giudice trova, ma non produce, diritto) soltanto ad occultare i fatti, che dovunque viviamo tra le incertezze in ordine a ciò che dobbiamo scegliere, e che il diritto esistente impone soltanto dei limiti alla nostra scelta, ma non ci impone la scelta stessa.

ALF ROSS

*Il concetto di validità e il conflitto tra positivismo e giusnaturalismo**

Circa un anno fa ebbi l'onore di tenere un paio di conferenze all'Università di Buenos Aires sul tema: "Il positivismo giuridico e il diritto naturale". All'interno della filosofia del diritto questo problema viene spesso considerato come il principale motivo di divisione della disciplina in due campi ostili ed inconciliabili: i positivisti hanno accusato le teorie giusnaturalistiche di essere fondate su idee metafisiche o religiose incompatibili con i principi del pensiero scientifico, mentre i giusnaturalisti hanno accusato i loro antagonisti di non riuscire a comprendere il regno dello spirito e dei valori, regno che esiste anche se non può essere fondato o descritto per mezzo dell'esperienza sensibile [1] e sono giunti persino ad accusare i positivisti di torpore morale e di complicità con le atrocità commesse sotto il regime hitleriano [2].

In queste conferenze non avevo affatto l'intenzione di minimizzare l'importanza della questione, ma tentavo di mostrare che il problema era stato malposto non essendo chiaro il significato della locuzione "positivismo giuridico", locuzione mai definita con precisione. Tentavo soprattutto di mostrare che il punto cruciale della controversia – cioè la critica dell'atteggiamento manifestato dalla massima *Gesetz ist Gesetz* (la legge è la legge), che sarebbe amorale e riguardato come corresponsabile del regime hitleriano – non ha nulla a che fare con il positivismo giuridico correttamente inteso, ma si inquadra in realtà in una controversia tra due diverse scuole giusnaturalistiche.

---

* Titolo originale: *Validity and the Conflict between Legal Positivism and Natural Law*, in "Revista Jurídica de Buenos Aires", (1961), pp. 46-93. Traduzione di AUGUSTO PESSINA e ALBERTO FEBBRAJO, in A. ROSS, *Critica del diritto e analisi del linguaggio*, a cura di R. GUASTINI e A. FEBBRAJO, Il Mulino, 1982, pp. 137-158.

[1] Il problema è posto nei seguenti termini: come possiamo conoscere il Divino, l'Assoluto? [...] C'è conoscenza e conoscenza: "C'è quella che è basata sui dati dei sensi e sull'esperienza fisica, e c'è quella che poggia su di un requisito inconfondibile del nostro spirito, la quale non può essere confermata da nessun esperimento dei nostri sensi, ma, si noti, non può neppure essere negata, per l'autentica ragione che appartiene ad un ordine di verità trascendenti i fenomeni del mondo". Cfr. G. DEL VECCHIO, *Divine Justice and Human Justice*, in "The Juridical Review" ("The Law Journal of the Scottish Universities"), CXLVIII (1956).

[2] Cfr. G. RADBRUCH, *Gesetzliches Unrecht und Übergesetzliches Recht*, in *Rechtsphilosophie*, 1950[4], p. 347 ss.; L.L. FULLER, *Il positivismo e la fedeltà al diritto. Una replica ad Hart*, *infra*, pp. 136-170, in particolare p. 158 ss.

1. *Cosa si intende per "positivismo giuridico"?*

Benché di uso frequente, la locuzione "positivismo giuridico" non ha mai avuto un significato generalmente accettato, ma viene impiegata in modo per lo più approssimativo e senza alcuna connotazione ben definita. Comunque, se la locuzione designa un punto di vista contrario a quello del giusnaturalismo, deve essere usata per indicare non già teorie specifiche, ma un approccio o un atteggiamento ampio e generale nei confronti dei problemi della filosofia e della scienza giuridica. Corrispondentemente, anche il suo opposto (il giusnaturalismo) deve essere inteso in senso ampio, come un atteggiamento o un punto di vista generale.

Se si considera il modo in cui il termine "positivismo" viene generalmente impiegato in filosofia, mi sembra ragionevole usare la locuzione "positivismo giuridico" per indicare in senso lato un atteggiamento o un approccio nei confronti dei problemi della filosofia e della scienza giuridica, basato sui principi di una filosofia empiristica e antimetafisica. Per converso, il termine "giusnaturalismo" viene qui inteso in senso ampio per designare un approccio ai problemi della filosofia e della scienza giuridica basato sulla credenza che il diritto non può essere esaustivamente descritto o compreso alla luce dei principi empiristici, ma richiede un'interpretazione metafisica, cioè un'interpretazione guidata da principi e idee insiti nella natura razionale o divina dell'uomo, principi e idee *a priori* che trascendono il mondo dei sensi.

La generica locuzione "principi empiristici" può naturalmente essere interpretata in vari modi. Secondo la mia interpretazione, tali principi comporterebbero due tesi fondamentali che, per me, costituiscono il nucleo centrale del positivismo giuridico.

Anzitutto la tesi che è errato credere nel diritto naturale. Un tale diritto, infatti, non esiste essendo tutto il diritto diritto positivo. Questa, evidentemente, è una tesi che appartiene al campo della filosofia morale, all'etica. Essa nega che i principi o i giudizi etici (morali, giuridici) siano espressione di una verità, qualcosa da scoprire e stabilire oggettivamente mediante processi cognitivi. L'etica (o la moralità in senso lato) è solitamente divisa dai sostenitori delle teorie cognitivistiche in due parti: la moralità in senso stretto, e il diritto naturale. Comunemente si ritiene che la moralità abbia a che fare con i fini etici ultimi e con il destino dell'uomo, mentre il diritto naturale si occuperebbe dei principi e delle regole che devono governare la vita dell'uomo nella società civile per consentirgli di realizzare il suo destino morale[3].

I principi etici sarebbero, corrispondentemente, o principi della morale o principi del diritto naturale. La negazione positivistica dell'esistenza del diritto naturale è insomma implicita nella teoria più generale che nega l'esistenza di qualsiasi conoscenza etica: per questa teoria non v'è alcun diritto naturale, proprio perché non v'è alcuna morale naturale.

La seconda fondamentale tesi del positivismo giuridico rientra nella teoria o nella metodologia della scienza del diritto. Essa afferma che è possibile accertare l'esistenza del diritto di un certo paese e in una certa epoca e descriverne il contenuto in ter-

---

[3] Cfr. ad es. A. VERDROSS, *Abendländische Rechtsphilosophie*, 1958, p. 248.

mini puramente fattuali, empirici, basati sull'osservazione e sull'interpretazione di fatti sociali (comportamenti e atteggiamenti umani) senza che vi sia alcun bisogno di ricorrere a idee o a principi desunti dalla morale naturale o dal diritto naturale[4]. Ciò interessa in particolare il concetto di validità. Nella misura in cui questo termine è usato per significare che il diritto possiede una forza morale intrinseca (la "forza vincolante") che costringe i soggetti, non solo con minacce di sanzioni ma anche moralmente, nella loro coscienza, esso non ha alcun posto né alcuna funzione nella teoria del diritto. La validità, secondo questa interpretazione, è un'idea *a priori*, non riducibile a termini empirici definiti da fatti osservabili[5]. Ora, se la scienza del diritto – e con questo termine intendo l'attività rivolta a descrivere il diritto di fatto vigente in un certo paese in un dato momento – è da intendersi come scienza empirica, allora non può esservi posto per concetti di questo genere.

Quando si va da un paese all'altro è piuttosto facile osservare mutamenti nelle condizioni geografiche e climatiche, e nessuno dubiterebbe che questi fatti possano essere descritti senza trascendere i principi empiristici. Lo stesso accade, benché i fatti siano più complicati e più difficili da osservare e da descrivere, per ciò che riguarda il diritto di un paese. È un fatto facile da osservare che la Svizzera è montagnosa mentre la Danimarca è pianeggiante. È del pari un fatto che, secondo l'ordinamento giuridico danese, le donne hanno il diritto politico di voto mentre nella federazione elvetica non lo hanno. Tuttavia, può risultare difficile indicare esattamente *quali* sono i fatti a cui ci riferiamo quando affermiamo l'esistenza di una regola giuridica. Le varie dottrine spiegano in vari modi questo punto. Ciò che esse hanno in comune in quanto teorie positivistiche è la convinzione che affermare l'esistenza di una regola giuridica appartenente all'ordinamento giuridico di un paese in un dato momento equivale ad affermare un insieme di fatti sociali osservabili.

Il postulato contenuto nella seconda tesi del positivismo giuridico è il senso del "grido di battaglia" di Austin: "Una cosa è l'esistenza del diritto, altra cosa sono i suoi pregi o i suoi difetti". Ciò significa, appunto, che il diritto è un fatto, e che un fatto è e resta tale piaccia oppure no, sia esso in armonia o in contrasto con alcuni principi di un supposto diritto naturale. È tuttavia fuorviante riferirsi, e lo si fa di frequente, a questa dottrina come alla dottrina della distinzione del diritto dalla morale. È evidente che i fatti giuridici e morali sono tra loro variamente connessi[6]. Le idee morali sono, indubbiamente, tra i fattori causali che influenzano l'evoluzione del diritto, mentre il diritto, a sua volta, influenza le idee e gli atteggiamenti morali dominanti. È noto, inoltre, che valutazioni morali vengono spesso incorporate nel dirit-

[4] H.L.A. HART, *The Concept of Law*, 1961, p. 181, trad. it. *Il concetto di diritto*, a cura di M. CATTANEO, Torino, 1965, p. 217, ritiene che il positivismo giuridico significhi "la semplice tesi secondo cui non è in nessun caso una verità necessaria che le leggi riproducano o soddisfino certe esigenze della morale, anche se nella realtà esse hanno spesso fatto questo". Tale affermazione, credo, si avvicina abbastanza alla mia seconda tesi.

[5] Cfr. F. CASTBERG, *Problems of Legal Philosophy*, 1957[3].

[6] Cfr. H.L.A. HART, *op. cit.*, pp. 198 ss., trad. it. cit., pp. 236 ss.

to attraverso i cosiddetti *standard*. Non c'è ragione alcuna per cui un positivista debba negare questa mutua dipendenza o qualche altra possibile relazione tra diritto e morale (nel senso di morale positiva, di fatti morali). Se ciò fosse stato sempre compreso, si sarebbe evitato un gran numero di critiche e di discussioni inutili.

Altre polemiche ci sarebbero state risparmiate se si fosse riconosciuto che un giuspositivista non può essere responsabile di tutte le concezioni avanzate nel nome del positivismo – proprio come un giusnaturalista non può rispondere di ogni dottrina presentata come diritto naturale. In particolare, intendo dissociarmi da un insieme di dottrine derivate da un modo troppo elementare di considerare i fatti sociali compresi in un ordinamento giuridico. Mi riferisco all'interpretazione austiniana del diritto come insieme di comandi promananti dalla volontà di un sovrano dotato di potere, che in caso di disobbedienza ricorrerà all'esercizio della forza fisica; e alle varie dottrine derivate da questo modello del diritto: la teoria imperativistica, la teoria della forza "che sta dietro" il diritto, e la teoria meccanicistica del processo.

Soprattutto l'ultima teoria, la quale nega che il diritto abbia altre fonti oltre alla legge (e alla consuetudine) e descrive l'attività del giudice in termini logico-meccanici non lasciando alcuno spazio a una intelligente discrezionalità o all'impiego di valutazioni sociali o morali, è stata spesso attaccata come un dogma positivistico[7]. Questa teoria, tuttavia, non è conseguenza di premesse empiristiche. Se, malgrado ciò, essa viene considerata una dottrina positivistica lo si deve a un fraintendimento e a un'ambiguità della nozione di positivismo. Una teoria ristretta delle fonti giuridiche e una teoria dell'interpretazione che si attenga rigorosamente ai termini usati, a deduzioni "logiche" e a costruzioni concettuali, potrebbe definirsi "positivistica" nel senso che si attiene a "ciò che è stato espresso in determinate frasi, a ciò che è stato stabilito in decisioni arbitrarie", ma non nel senso che si attiene a "ciò che si basa sull'esperienza e sull'osservazione dei fatti". È perciò possibile accogliere con favore l'evoluzione verso una teoria dell'interpretazione più attenta, orientata ai valori, senza per questo unirsi a chi invoca un ritorno al diritto naturale. Dire "Bando al formalismo!" non equivale assolutamente a dire "Torniamo al diritto naturale!"[8].

2. *Cosa si intende per "giusnaturalismo"?*

Meno difficile è, a mio parere, spiegare cosa si intenda per "giusnaturalismo". Da Aristotele ai nostri giorni abbiamo avuto una tradizione ininterrotta di teorie giusnaturalistiche. È quindi ovvio che i fondamenti teorici e gli impieghi pratici di tale filo-

---

[7] "Se ignoriamo le specifiche teorie del diritto associate alla filosofia positivistica, credo si possa dire che il tono dominante del positivismo sia il timore di un'interpretazione finalistica del diritto e delle istituzioni giuridiche, o almeno il timore che tale interpretazione possa spingersi troppo lontano", cfr. L.L. FULLER, *op. cit.*, p. 168.

[8] Cfr. A. ROSS, *A Text-book of International Law*, 1947, p. 95; R. AGO, in "American Journal of International Law", 1957, p. 728.

sofia siano notevolmente mutati. Il giusnaturalismo si è talora basato su concezioni teologiche, talaltra su concezioni razionalistiche. La "natura" da cui sono stati derivati i principi universali è stata, volta a volta, la natura dell'universo o di Dio, della società e della storia o, più spesso, la natura dell'uomo in quanto essere razionale. Possiamo così distinguere tra un diritto naturale di tipo teologico, sociologico, storico e razionale-antropocentrico. Da un punto di vista pragmatico-politico le teorie giusnaturalistiche sono state tanto conservatrici quanto progressiste o rivoluzionarie. Nel dominio della filosofia politica tutti i sistemi politici, dall'assolutismo estremo fino alla democrazia diretta, sono stati giustificati dai giusnaturalisti.

Nonostante le divergenze c'è però un'idea comune a tutte le scuole giusnaturalistiche: la credenza che esistano alcuni principi universalmente validi che governano la vita dell'uomo nella società, principi che sono stati non creati ma scoperti dall'uomo, *veri* principi che obbligano tutti, anche coloro che non vogliono o non possono riconoscerne l'esistenza[9]. La verità di queste leggi non può essere stabilita con i metodi della scienza empirica, ma presuppone un'interpretazione metafisica della natura umana[10]. Pertanto, la *validità* di queste leggi e degli *obblighi* che ne derivano non implica qualcosa di osservabile. La validità delle leggi naturali non ha nulla a che vedere con la loro accettazione o il loro riconoscimento nelle menti degli uomini; e l'obbligo che esse creano non ha nulla a che vedere con il sentimento di sentirsi obbligato, con una sanzione della coscienza, o con qualche altra esperienza. La validità incondizionata di queste leggi e il carattere non-psicologico dell'obbligo sono semplici conseguenze dell'assunto da cui si muove: che queste leggi sono scoperte e oggettivamente date; sono una realtà, anche se non sono la realtà dell'osservazione sensoriale. Il processo conoscitivo con cui queste leggi sono scoperte ed affermate è diverso dal procedimento empirico, ma il risultato è lo stesso: conoscenza, percezione, verità. La validità "universale" di queste leggi ha lo stesso significato dell'universalità di una asserzione vera, di carattere empirico o logico, vale a dire l'autonomia da mutabili condizioni soggettive.

---

[9] "In senso affermativo, io vedo, e condivido, uno scopo fondamentale comune a tutte le scuole del diritto naturale, quello di scoprire i principi dell'ordine sociale che permettano agli uomini di raggiungere una soddisfacente vita in comune. È l'accettazione della possibilità di una 'scoperta' nel dominio della morale che mi sembra distingua tutte le teorie giusnaturalistiche dalle concezioni opposte", cfr. L.L. FULLER, *A Rejoinder to Professor Nagel,* in "Natural Law Forum", 1958.

[10] "Vi sono certezze (ad esempio quella del libero arbitrio e della nostra responsabilità) che nessun strumento meccanico ha mai dimostrato, né potrebbe dimostrare, ma che s'imprimono in modo assoluto nella nostra coscienza così che non potremmo metterle da parte. Lo stesso si può dire della cosiddetta 'voce del dovere', che Rousseau giustamente chiamò la 'voce celestiale'. Fra tali certezze di ordine metafisico c'è – ammettiamolo – qualcosa di misterioso. Non disse un grande filosofo: 'La libertà è un mistero?'. Ma proprio questo è il nostro destino, di appartenere per una parte al mondo fisico, e di essere nello stesso tempo in contatto con il mondo dei valori assoluti a cui siamo spinti da un indomito desiderio che si trova entro i nostri spiriti", cfr. G. DEL VECCHIO, *op. cit.*, pp. 148-149.

Come ho detto sopra, il "diritto naturale" è considerato come la parte dell'etica generale che tratta dei principî che devono governare, in una società avanzata, la convivenza dell'uomo coi suoi simili in modo da permettergli di realizzare il suo destino morale.

3. *In che misura il positivismo giuridico e il giusnaturalismo sono tra loro in conflitto?*

Che il giusnaturalismo sia in conflitto con quella che ho chiamato la *prima* tesi del positivismo giuridico, è ovvio poiché questa tesi nega specificamente l'esistenza di qualsiasi diritto naturale. Si dovrebbe tuttavia notare che questo conflitto non si colloca nell'ambito della filosofia *giuridica*, ma nell'ambito più generale dell'etica o della filosofia *morale*. Il diritto naturale è soltanto una parte dell'etica e la negazione positivistica dell'esistenza del diritto naturale si basa sulla generale negazione di qualsiasi conoscenza etica. Anche se chiunque può avere un'opinione personale su questo tema – come del resto su qualsiasi altro – occorre ammettere, a mio parere, che esso può essere discusso con competenza soltanto da persone sufficientemente informate *sul* dibattito filosofico moderno intorno alla logica e alla verificabilità dei giudizi morali[11].

Il problema cruciale è se vi sia o no conflitto tra le dottrine giusnaturalistiche e la *seconda* tesi positivistica, che afferma che un ordinamento giuridico è un fatto sociale da descrivere in termini puramente empirici. Comunemente si nega tale conflitto o, in ogni caso, si assume che la divergenza riguardi soltanto una questione classificatoria o terminologica.

È vero, tuttavia, che il diritto naturale viene solitamente presentato in modo da suscitare l'impressione di un profondo conflitto con il postulato empiristico. I principî del diritto naturale, e in particolare l'idea di giustizia, sono, si dice di solito, necessariamente implicati nel concetto di diritto. Ciò significa che nessun ordinamento può essere riconosciuto come ordinamento giuridico se non realizza, almeno in qualche misura, questi principî. Un ordinamento che non sia in alcun modo ispirato dall'idea di giustizia, un ordinamento che non tenti, sia pure in modo imperfetto, di realizzare i principî del diritto naturale, non è un ordinamento giuridico ma un ordinamento basato sulla forza bruta, un regime da banda di criminali. È possibile che un criminale riesca a stabilire un regime terroristico e che ci si trovi costretti ad obbedire ai suoi ordini. Ma un regime terroristico non è basato sulla giustizia e non possiede perciò alcuna *validità* o *forza vincolante*. Un ordinamento giuridico, al contrario, è investito di validità o di forza vincolante proprio perché deriva dall'idea di giustizia.

Questo è quanto afferma l'attuale giusnaturalismo che, nella misura in cui fa ap-

---

[11] Il problema della possibilità di una conoscenza morale è il tema del mio libro *Kritik der sogenannten praktischen Erkenntnis*, 1933. Cfr. anche il mio articolo *On the Logical Nature of Propositions of Value*, in "Teoria", XI (1945), pp. 172-210.

pello al diritto naturale e ad una nozione aprioristica che considera la validità inerente al concetto di diritto, sembra chiaramente contraddire la posizione positivistica e quindi la stessa base per la descrizione di un ordinamento giuridico.

Esaminiamo ora più da vicino la "validità" o "forza vincolante" che si dice caratterizzare l'idea di ordinamento giuridico. Per forza vincolante si intende generalmente il dovere di obbedire al diritto. Ma a che sorta di dovere si fa riferimento in questo contesto?

Sembra evidente che, col dovere di obbedire al diritto, non può intendersi un dovere giuridico o un obbligo nel senso in cui queste parole sono usate per descrivere la situazione giuridica che talora sorge in presenza di una regola giuridica (ad esempio, l'obbligo di un debitore di pagare un certo debito). Infatti, "obbligo" in quest'ultimo senso tecnico significa che il debitore corre il rischio che vengano esercitate contro di lui delle sanzioni giuridiche, mentre non v'è, né può esservi, una sanzione per la mancata obbedienza alle leggi diversa dalla sanzione prevista per il mancato pagamento dei debiti.

In altri termini: un dovere è sempre dovere di comportarsi in un certo modo. Nel nostro caso, il comportamento richiesto è: "obbedire alla legge". In che modo si obbedisce alla legge? Adempiendo agli obblighi giuridici, cioè pagando i debiti. Ne segue che il dovere di obbedire al diritto non prescrive alcun comportamento che non sia già prescritto dal diritto stesso, e che, se il dovere di obbedire alle prescrizioni di un ordinamento giuridico significa qualcosa di diverso dagli obblighi direttamente prescritti da questo ordinamento, la differenza non può risiedere nel *comportamento richiesto* – vale a dire *nella cosa* a cui si è obbligati – ma deve essere cercata esclusivamente nel modo in cui si è obbligati a un certo comportamento. Il significato della forza vincolante inerente all'ordinamento giuridico è che gli obblighi giuridici conformi alle regole del sistema, ad esempio l'obbligo di pagare un debito, non sono semplicemente doveri giuridici derivanti dalla minaccia di sanzioni giuridiche, ma anche *doveri morali* nel senso aprioristico di veri obblighi morali derivanti da principî di diritto naturale che attribuiscono all'ordinamento giuridico validità o forza vincolante. Il dovere di obbedire alla legge è un dovere morale *verso* il sistema giuridico, non un dovere giuridico *conforme* a tale sistema. E un dovere verso il sistema non può derivare dal sistema stesso ma deve derivare da regole o principî esterni ad esso[12].

Ciò significa che la validità o la forza vincolante non è una qualità inerente al si-

---

[12] Che la funzione del diritto naturale sia di investire il diritto positivo di una validità morale, appare chiaramente in J. MESSNER, *Das Naturrecht*, 1960[4], pp. 355-356. "L'idea della delegazione è stata sempre un'idea fondamentale della dottrina giusnaturalistica: tutto il diritto umano fonda la propria forza vincolante sulla legge morale di natura e questa a sua volta sulla legge eterna … Una prima conseguenza di ciò è che il diritto positivo ricava la propria sanzione morale dal diritto naturale: l'obbligo di obbedire al diritto positivo viene munito della sanzione della coscienza … Come seconda conseguenza del rapporto di delegazione in questione si ha che il diritto positivo che contrasta con l'ordine naturale (morale e giuridico) perde la sanzione della coscienza. L'obbligo dell'obbedienza si contrappone allora al diritto per cui vale che: 'Bisogna obbedire piuttosto a Dio che agli uomini' (*Atti degli Apostoli*, 5, 29)".

stema giuridico, ma qualcosa che deriva dai principî del diritto naturale. Affermare che un ordinamento giuridico possiede validità o forza vincolante non ci dice nulla sui fatti o sui doveri giuridici, ma esprime un nostro dovere morale. Tale affermazione rientra nella filosofia morale e non ha nulla a che vedere con la descrizione dell'ordinamento giuridico.

Ritengo che non vi sia alcun motivo per cui un giusnaturalista non debba ammettere la tesi positivista, e riconoscere che un ordinamento giuridico è un fatto sociale da descrivere in termini puramente empirici senza fare riferimento alla validità. Il giusnaturalista si chiede se un certo ordine fattuale vincoli i soggetti anche moralmente, cioè nella loro coscienza a patto che questi abbiano una conoscenza sufficiente di ciò che è richiesto da una vera moralità. Ma prima di poter rispondere a questa domanda occorre sapere *che* un certo ordine fattuale esiste, e *quale* è il suo contenuto. Così, la questione della validità presuppone necessariamente la tesi giuspositivistica che di un ordinamento giuridico è possibile accertare l'esistenza e descrivere il contenuto indipendentemente da idee morali o giusnaturalistiche.

Il solo aspetto che potrebbe dividere un giusnaturalista da un giuspositivista è classificatorio e terminologico: può un ordinamento fattuale in aperto contrasto con i principî della giustizia – ad esempio quello nazista di Hitler – essere classificato come ordinamento *giuridico*, oppure deve riservarsi questo termine a quegli ordinamenti che si basano, almeno in qualche misura, sui principî del diritto naturale? [13].

L'importanza di questo aspetto non dovrebbe essere sopravvalutata. Se un giusnaturalista vuole riservare il termine "diritto" a un ordinamento che abbia qualche valore morale è perché vuole sottolineare anche terminologicamente la differenza che per la morale sussiste tra i vari sistemi (ordinamenti) [14]. E se un giuspositivista preferisce classificare come ordinamento giuridico qualsiasi ordinamento fattuale avente la stessa struttura di un tipico ordinamento giuridico, indipendentemente dal suo valore morale, è perché vuole sottolineare, anche terminologicamente, l'analogia fattuale, strutturale, tra ordinamenti diversi indipendentemente dalle loro qualificazioni morali. Un sistema come quello nazista può essere descritto con gli stessi concetti e con la stessa tecnica che si usa per i tipici sistemi giuridici.

Personalmente preferisco una politica di definizione dei concetti che sia basata sul rigore scientifico anziché su considerazioni morali, proprio come trovo ragionevole includere nel concetto di cigno anche i cigni neri sebbene qualcuno possa pensare che essi siano privi di valore estetico. Comunque, ognuno può comprendere facilmente il carattere terminologico della questione e non v'è quindi alcuna ragione di prendere sul serio questa differenza.

Riassumendo, ritengo che un giusnaturalista non abbia alcun motivo per negare

---

[13] Cfr. A. ROSS, *On Law and Justice*, 1958, pp. 31-32, trad. it. cit., pp. 31 ss.

[14] L.L. FULLER, *op. cit.*, p. 139, richiede "una definizione del diritto che dia un senso all'obbligo di fedeltà al diritto". La risposta positivista è che è preferibile definire il diritto in termini non-morali e comprendere che l'idea morale di fedeltà alla legge non è assoluta ma contingente, e dipende dalla qualità morale del diritto positivo.

che il diritto sia un fatto sociale descrivibile in termini puramente empirici. In quanto giusnaturalista, egli si occupa di una branca della filosofia morale; quando invece egli parla della *validità* di un certo ordinamento fattuale, si occupa particolarmente del problema se vi sia o no il dovere *morale* di conformarsi alle regole di tale ordinamento. Ora, per poter rispondere a quest'ultima domanda occorre sapere quali siano le norme dell'ordinamento, cioè è necessario disporre di una sua descrizione come dato di fatto osservabile. Il giusnaturalista non ha alcun motivo per negare che i fatti sociali, al pari degli altri fatti, sono oggetto di una conoscenza empirica conseguita mediante metodi empirici. Ed è irrilevante stabilire se la parola "ordinamento giuridico" venga o no usata per designare un ordinamento fattuale dotato di strutture simili a quelle dei sistemi giuridici vigenti, ma contenente regole contrarie alle idee di giustizia e di umanità.

4. *Il "quasi-positivismo" come variante del giusnaturalismo*

È confortante notare che il punto di vista sostenuto nel paragrafo precedente è stato accolto da alcuni giusnaturalisti moderni di formazione filosofica generale come Alfred Verdross. Nel suo libro *Abendländische Rechtsphilosophie* egli afferma: "Un giusnaturalista non può negare che possano esistere norme le quali, pur in contrasto col diritto naturale, siano realmente efficaci e perciò suscettibili di essere oggetto di indagine scientifica. Il giusnaturalista è, anzi, tenuto a cercare di conoscere ogni diritto positivo in quanto tale, perché non sarebbe in grado di intraprendere una valutazione delle norme efficaci senza aver prima stabilito la loro esistenza e averne accertato scopi e contenuti. Qualsiasi valutazione presuppone, infatti, una conoscenza dell'oggetto da valutare" [15].

Con queste parole Verdross accoglie la seconda tesi del giuspositivismo. E allorché ammette che potrebbe essere ragionevole riservare l'espressione "diritto" ai sistemi normativi positivi [16] (il che comporta che il "diritto naturale" non è da considerare come diritto), egli, pur restando uno strenuo difensore del diritto naturale, accoglie la dottrina positivistica secondo la quale tutto il diritto è diritto positivo [17].

In Verdross, comunque, si trova un equivoco che nasce dall'ambiguità della parola "positivismo". Poiché questo equivoco è assai comune ed è importante per la valutazione morale del vero atteggiamento giuspositivistico, è opportuno considerarlo con una certa attenzione.

---

[15] *Op. cit.*, p. 254.

[16] *Op. cit.*, p. 252 (ove si cita a sostegno papa Pio XII).

[17] Anche Johannes Messner, cattolico, autore della più moderna ed ampia trattazione del giusnaturalismo riconosce l'indipendenza del diritto come oggetto di una scienza giuridica basata su principî conoscitivi puramente empiristici. La scienza del diritto, secondo Messner, appartiene alle scienze empiriche il cui soggetto è la realtà rinvenuta nell'esperienza esterna. L'oggetto della scienza del diritto è l'accertamento della regolamentazione fattuale delle interrelazioni umane, cfr. *op. cit.*, p. 370.

Verdross distingue tra un positivismo giuridico, che egli chiama *dogmatico* (o *estremistico*), e un positivismo giuridico, che egli chiama *ipotetico* (o *moderato*)[18]. La prima espressione viene applicata a quella scuola di pensiero che nega l'esistenza di una specifica conoscenza etica, e pertanto l'esistenza di un diritto naturale che comprenda principi etici suscettibili di essere scoperti e stabiliti dalla ragione umana. La seconda espressione designa l'atteggiamento di chi lascia aperta la questione dell'esistenza di un diritto naturale, e si limita a sostenere che la risposta a questa domanda è irrilevante per la scienza del diritto. L'oggetto di questa scienza sono i sistemi di norme efficaci, la cui esistenza può essere constatata e il cui scopo e il cui contenuto possono essere definiti senza far appello a qualche principio giusnaturalistico.

Il lettore si renderà facilmente conto che il tipo di giuspositivismo definito e sostenuto in questo saggio, come pure in scritti precedenti, dovrebbe essere senza alcun dubbio classificato, secondo Verdross, come "dogmatico" o "estremistico". È per questo che mi sento chiamato in causa dall'interpretazione fuorviante che Verdross dà della posizione giuspositivista.

Per la concezione del giuspositivismo dogmatico, afferma Verdross, il diritto positivo possiede una assoluta validità o forza vincolante. Ciò significa che il positivista dogmatico accetta acriticamente e riconosce l'autorità morale di ogni ordinamento stabilito in quanto tale. Verdross bolla questo atteggiamento come *Kadavergehorsam* (acquiescenza supina, acritica), e conclude che nessun sostenitore del positivismo giuridico dogmatico potrebbe, senza auto-contraddirsi, assumere un fermo atteggiamento di opposizione contro un sistema politico, per quanto abominevole questo sia[19].

Dietro questo modo di pensare sta evidentemente il ragionamento che, quando il positivista nega che il diritto positivo derivi la propria validità dal diritto naturale, egli debba assumere che questa validità sia inerente al diritto positivo in quanto tale, cioè sia incondizionata e assoluta.

Questo è un grave errore. La conseguenza della negazione del diritto naturale è che il diritto positivo non possiede validità nel senso in cui questa espressione viene usata dal giusnaturalismo, vale a dire nel senso di vera, obiettiva pretesa morale di ottenere obbedienza indipendentemente da qualsiasi riconoscimento da parte dei soggetti sottoposti. Una tale pretesa può basarsi soltanto su principi etici, ed è, quindi, del tutto priva di significato per una dottrina che neghi l'esistenza di verità etiche. Essa non figura nel dizionario di un positivista per il quale la valutazione morale di un regime politico è questione di accettazione personale, soggettiva, di valori e di norme di comportamento.

Sarei lieto se il mio amico e collega Verdross riconoscesse che è possibile, senza contraddirsi, negare l'oggettività dei valori e della morale, e essere nello stesso tempo una persona perbene e un fido alleato nella lotta contro il terrore, la corruzione e la inumanità. La convinzione che i giudizi morali non siano né veri né falsi, non siano il

---

[18] *Op. cit.*, pp. 251-52.

[19] *Op. cit.*, pp. 246-252, 254.

risultato di un processo conoscitivo o di un'operazione intellettuale paragonabile alla conoscenza logica o empirica, non è in alcun modo incompatibile con la formazione di tali giudizi, che nascono da solide convinzioni morali. La posizione positivista concerne non già la morale bensì la logica del discorso morale; non già l'etica bensì la metaetica[20].

È vero tuttavia – e occorre sottolinearlo per spiegare questa erronea interpretazione – che un certo numero di autori inizialmente considerati "positivisti", hanno sostenuto il punto di vista, descritto da Verdross, che ogni ordine stabilito in quanto tale avanza la pretesa di ottenere obbedienza. Verdross cita Bergbohm, rappresentante insieme di un'intera scuola di giuristi "positivisti": sebbene neghino l'esistenza del diritto naturale, essi restano però aggrappati all'idea che il diritto positivo possieda una "validità" derivata dall'autorità dello stato.

Ma questo atteggiamento non ha niente a che vedere con l'empirismo (cioè con il vero positivismo). È anch'esso una dottrina della "validità", una filosofia morale caratterizzata dal fatto di derivare la validità, non già da astratti principi di ragione, fondati sulla natura dell'uomo, bensì dall'evoluzione storica e dalle istituzioni esistenti[21].

Questo tipo di filosofia morale ha, per quanto posso vedere, numerose radici. La prima credo risalga all'insegnamento di Martin Lutero, il quale diede nuovo vigore al messaggio paolino che nello stato tutta l'autorità è di Dio. Un'altra radice può trovarsi all'interno della filosofia hegeliana, nella famosa frase: "tutto ciò che è reale è razionale e tutto ciò che è razionale è reale"[22]. Essa concorda, del resto, anche con l'ideologia conservatrice: ciò che accade esiste perché Dio ha permesso che accadesse. Queste diverse tendenze sembra abbiano creato, specialmente in Germania, un atteggiamento di soggezione acritica nei confronti di qualsiasi autorità ufficiale, di qualsiasi persona in uniforme. È questo l'atteggiamento che si rivela nella massima *Gesetz ist Gesetz*, la legge è la legge, che significa che qualsiasi ordinamento giuridico è diritto, e in quanto tale deve essere obbedito, quale che sia il suo spirito e la sua tendenza. Se c'è una qualche verità nella credenza che il "positivismo" preparò il terreno al regime di Hitler, deve essere stato questo tipo di "positivismo" – questa scuola di diritto naturale – e non il vero positivismo inteso come una teoria empiristica nel campo della filosofia morale.

Per evitare di confondere questa scuola di pensiero con il vero positivismo propongo di chiamarla "quasi-positivismo".

---

[20] Nessun giudizio o principio morale può essere dedotto dalla proposizione metaetica che i giudizi morali non sono né veri né falsi, cfr. ALF ROSS, *Why Democracy*, 1952, p. 94.

[21] Cfr. A. ROSS, *Kritik der sogenannten praktischen Erkenntnis*, 1933, cap. XII, "Der historische Konservatismus als Auslaufer des Kantianismus". Cfr. anche *On Law and Justice*, cit., pp. 249 ss., trad. it., pp. 234 ss.

[22] Cfr. A. ROSS, *Kritik*, cit., p. 409; *On Law and Justice*, cit., p. 251 ss., trad. it., pp. 236 ss.

5. *Tre diversi significati e funzioni della parola "validità"*

Per preparare il terreno alle osservazioni che seguiranno, desidero sottolineare che la parola "validità" è usata in (almeno) tre diversi significati con tre diverse funzioni[23].

In primo luogo, il termine è usato, nella comune esposizione dottrinale del diritto vigente, per indicare che un atto giuridico, ad esempio un contratto, un testamento o una disposizione amministrativa, produce gli effetti giuridici voluti. Se ciò non si verifica si dice che l'atto è invalido o nullo. Questa funzione è "interna", nel senso che asserire che un atto è valido significa asserire qualcosa *in base a* un dato sistema di norme; tale affermazione è un giudizio giuridico che comporta l'applicazione di regole giuridiche a determinati fatti.

In secondo luogo, il termine è usato, nella teoria generale del diritto, per indicare l'esistenza di una norma o di un sistema di norme. In questo senso la validità di una norma è la sua esistenza di fatto o reale, che la distingue da una regola semplicemente immaginata o da un semplice progetto di legge. Questa funzione è "esterna" nel senso che asserire che una norma, o un sistema di norme, esiste equivale ad asserire qualcosa *sulla* norma o sul sistema di norme. Tale affermazione non è un giudizio ma un'asserzione fattuale che si riferisce ad un insieme di fatti sociali.

So bene che questi usi sembrano strani in inglese. In danese come in tedesco, si distingue tra *gyldig* (in tedesco *gültig*) e *gœldende* (in tedesco *geltend*). Un testamento è considerato *gyldig* o *ugyldg*, valido o invalido, ma parliamo di *gœldende ret* intendendo il diritto effettivamente in vigore, effettivamente esistente. Occorre notare che non esiste alcuna parola per negare *gœldende*, simmetricamente a *ugyldig*, invalido. Non potendo trovare un equivalente inglese per *gœldende*, nella versione inglese dei miei lavori ho usato la parola *valid*, valido, e ho compreso solo più tardi che questa traduzione può generare confusioni[24].

In terzo luogo, nella filosofia morale e nel giusnaturalismo, "validità" si usa, come abbiamo visto, per indicare una qualità morale specifica, *a priori*, designata anche come "forza vincolante" del diritto, qualità che fa nascere un corrispondente obbligo morale.

6. *Hans Kelsen: un quasi-positivista*

Da quanto si è detto segue che, se col termine "valido" (danese *gœldende*) si intende affermare che una regola o un sistema di regole è una realtà (e non soltanto un progetto o un'utopia), tale termine, conformemente ai principi dell'empirismo, deve essere usato per fare riferimento a fatti sociali osservabili, e solo a questi fatti. Non è facile definire esattamente quali fatti e quali osservazioni siano sufficienti a verificare

---

[23] Cfr. A. VERDROSS, *op. cit.*, p. 246.

[24] Mi sono accorto di ciò grazie alla critica di Hart (cfr. *infra*, par. 7).

l'asserzione che una regola esiste, ma in via di prima approssimazione, può dirsi che l'esistenza (validità) di una regola equivale alla sua efficacia. Affermare l'esistenza di una regola o di un sistema di regole equivale, insomma, ad affermare l'iterazione di un complesso di "fatti sociali" – intendendo questa locuzione in senso così ampio da comprendervi anche le condizioni psicologiche del soggetto. In questo contesto, pertanto, il termine "validità" non ha nulla a che vedere con l'affermazione normativa di un dovere morale di obbedire al diritto. Questa idea, caratteristica del giusnaturalismo e del pensiero quasi-positivista, non ha alcun posto in una teoria del diritto che sia basata su principi empirici.

La validità in senso normativo non ha una funzione di descrizione e di spiegazione della realtà. La sua funzione consiste, invece, nel rafforzare l'ordinamento giuridico proclamando che gli obblighi da questo stabiliti non sono meri obblighi giuridici, sostenuti da sanzioni, ma anche doveri morali. Il concetto normativo di validità è, insomma, lo strumento di un'ideologia che sorregge l'autorità dello stato: per un quasi-positivista il sostegno è incondizionato; per un giusnaturalista esso è condizionato dalla compatibilità dell'ordinamento con certe norme di diritto naturale.

Sotto questo aspetto, la teoria pura del diritto di Kelsen è una prosecuzione del pensiero quasi-positivista. Kelsen non ha mai superato l'idea che un sistema giuridico dato possegga in quanto tale validità in senso normativo. Secondo Kelsen, l'esistenza di una norma è la sua "validità"; e che una norma abbia validità significa "che gli individui devono comportarsi come la norma stabilisce" [25]. Ma la norma stessa, secondo il suo significato immediato, esprime ciò che gli individui devono fare. Cosa significa allora dire che gli individui devono fare ciò che devono fare? Abbiamo già analizzato questo punto (cfr. *supra*, paragrafo 3) e abbiamo visto che l'idea di un dovere di obbedire al diritto, di adempiere agli obblighi giuridici, ha senso soltanto se si suppone che il dovere di cui si parla sia un vero dovere morale che corrisponde a una "forza vincolante" inerente al diritto.

Quest'interpretazione, pur non armonizzandosi col programma empiristico professato dalla teoria pura del diritto, risulta in quest'ambito inevitabile e deve essere considerata come una sopravvivenza della filosofia giusnaturalistica di tipo quasi-positivistico.

Quest'interpretazione è confermata dal modo in cui Kelsen tenta di spiegare il significato del reiterato ammonimento a comportarsi come richiesto dalla norma. Tale significato è che il senso soggettivo della norma è anche oggettivo [26], il che equivale a dire che la norma esprime una *vera* pretesa: non soltanto si "ordina" agli individui di comportarsi in un certo modo, bensì essi devono "realmente", "veramente", "oggettivamente" fare ciò che è preteso dalla norma. Ma l'idea di una norma vera o di un dovere oggettivo è esattamente l'idea con cui opera la filosofia giusnaturalistica, un'idea che ha senso soltanto se si assumono dei principi morali oggettivi e aprioristici da cui sono derivati i veri doveri.

---

[25] Cfr. H. KELSEN, *What is Justice?*, 1957, p. 214; ID., *General Theory of Law and State*, 1946, pp. 115-116, 369, 395-396.

[26] Cfr. *What is Justice?*, p. 257.

Che Kelsen si occupi del tradizionale problema della qualità morale che distingue l'ordinamento giuridico dalle leggi di una banda di criminali appare dal suo modo di definire l'idea della validità come ciò che ha un significato normativo oggettivo. "Non ogni atto", egli continua, "il cui significato soggettivo sia una norma è anche oggettivamente tale. Ad esempio, il comando di un rapinatore di consegnargli la borsa non è interpretato come norma vincolante o valida".

Solo questa interpretazione consente di comprendere la peculiare concezione kelseniana secondo la quale sarebbe logicamente impossibile considerare valida una certa regola giuridica e, nello stesso tempo, accettare come moralmente vincolante una regola morale che vieti il comportamento richiesto dalla regola giuridica in questione[27]. Intendendo la validità giuridica come una qualità inerente al sistema stabilito, questa concezione, benché problematica alla luce dei principi empiristici, risulta fondata. Va notato che l'assunzione che la norma fondamentale attribuisce validità all'ordinamento fattuale è da Kelsen attribuita a ciò che egli chiama il "pensiero giuridico". Questa presupposizione è rivelata – e accettata – solamente dalla scienza del diritto[28]. Il "pensiero giuridico" fa riferimento, suppongo, alle idee e alle credenze comunemente condivise dai giuristi. Esso, tuttavia, non è una guida degna di fiducia per l'analisi logica. Può accadere, e molto probabilmente accade nel campo del diritto e della morale, che il modo comune di "pensare" sia saturo di concetti ideologici che riflettono esperienze emotive, e non svolga quindi quella funzione di descrizione della realtà che è scopo della scienza giuridica. In tal caso, è compito della filosofia analitica respingere l'idea della validità[29].

7. *Su Hart*

Come risulta dai paragrafi precedenti, le mie principali tesi sul significato e funzione del concetto di "validità" sono le seguenti:

1) Se il termine "validità" è inteso nello stesso significato in cui è usato dal giusnaturalismo (e dal quasi-positivismo), vale a dire per designare una qualità morale di un sistema giuridico che attribuisca forza vincolante agli obblighi del sistema stesso, esso non trova posto in una scienza del diritto basata su principi empiristici.

2) Se la parola inglese *valid* (valido) (o i suoi corrispondenti danese e tedesco *gældende* e *geltend*) viene usata per designare l'esistenza (la realtà, la presenza) di una norma o di un sistema di norme, essa deve intendersi come un riferimento abbreviato

---

[27] Cfr. *General Theory of Law and State*, pp. 373-375, 408-410.

[28] *General Theory*, p. 116; *What is Justice?*, pp. 221, 224.

[29] Un'analoga critica nei confronti di Kelsen è stata già avanzata nella mia recensione a *What is Justice?*, in "California Law Review", 1957, pp. 564-70. Da parte sua Kelsen ha svolto una penetrante analisi critica delle mie concezioni nel suo articolo *Eine "realistische" und die reine Rechtslehre*, in "Oesterreichische Zeitschrift für öffentliches Recht", (1959), pp. 1 ss.

ad un complesso di fatti sociali, precisamente a quei fatti sociali che, nella scienza del diritto, sono considerati necessari e sufficienti a verificare una proposizione relativa all'esistenza di una regola o di un sistema di regole. Nel mio libro *On Law and Justice* ho sviluppato quest'idea e ho tentato di mostrare che la verificazione si riferisce, in ultima analisi, al comportamento che i giudici (e altre autorità che fanno rispettare la legge) terranno in futuro in certe circostanze, e che la proposizione "*D* è diritto danese valido" è pertanto equivalente alla proposizione predittiva che le corti, in certe circostanze, fonderanno la loro decisione (anche) sulla direttiva *D*. Tale previsione è possibile soltanto sulla base di un complesso insieme di fatti sociali, di comportamenti e atteggiamenti anche psicologici.

Nel suo articolo *Scandinavian Realism*, H.L.A. Hart ha formulato una critica della mia analisi della "validità". Potrebbe essere interessante accertare in che misura egli si discosti dai punti di vista qui espressi.

Per quanto posso vedere, non esiste virtualmente alcun disaccordo tra Hart e me. Le obiezioni da lui avanzate si basano su un fraintendimento delle mie intenzioni provocato in parte dal fatto linguistico (di cui mi sono accorto solo ultimamente) che il termine inglese *valid* non può essere usato esattamente nello stesso modo del danese *gœldende*.

Il termine *valid* è usato da Hart nel primo[30] e nel terzo[31] dei sensi menzionati sopra (cfr. *supra*, paragrafo 5). L'uso di questa parola nel terzo senso (come qualità morale), tuttavia, ricorre soltanto nella esposizione del punto di vista giusnaturalistico, non di quello propriamente hartiano. Possiamo perciò limitarci all'analisi che Hart fa del termine così come ricorre nel pensiero giuridico contemporaneo.

Il concetto di validità analizzato da Hart è quello a cui ci si riferisce allorché si afferma che un certo contratto, testamento, o altro atto giuridico, è valido o invalido (nullo). Si dice che un atto giuridico è valido se è stato eseguito in modo tale da soddisfare le condizioni – stabilite da una norma giuridica – che sono necessarie perché esso produca effetti giuridici voluti.

Questo concetto d validità è noto ad ogni giurista ed è stato da me analizzato in piena armonia con il punto di vista di Hart[32]. Quando, tuttavia, in *On Law and Justice* discuto il significato dell'enunciato: "*D* (una certa direttiva o una certa regola) è diritto danese valido" non mi occupo del concetto che svolge tale funzione. Il modo in cui il problema viene posto ed affrontato non lascia dubbio alcuno che qui è in discussione ciò che Hart considera sotto il nome di *esistenza* di una regola giuridica o di un sistema giuridico[33]. Come ho già detto, mi avvedo solo ora che la locuzione danese *goeldende ret* non si sarebbe dovuta tradurre *valid law* (diritto valido). Mi spiace di non avere avuto una sufficiente sensibilità per l'uso inglese, ma credo anche che

[30] Cfr. H.L.A. HART, *The Concept of Law*, cit., pp. 22, 28-31, 68, 70-71, 100 ss., trad. it. cit., pp. 28, 36-39, 83, 86-87, 122.

[31] *Op. cit.*, pp. 152, 182, 195 ss.

[32] Cfr. *On Law and Justice*, cit., p. 204, cfr. anche pp. 32, 79.

[33] *Op. cit.*, pp. 106, 109, 117, 245.

Hart, se avesse prestato maggiore attenzione, avrebbe notato che il problema da me trattato sotto il nome di validità è alquanto differente dal suo. Se egli si fosse accorto di ciò, sarebbe venuto meno il fondamento della sua critica che enunciati relativi alla validità giuridica non hanno nulla a che vedere con la previsione del comportamento dei giudici.

È comunque interessante osservare che, eliminati questi fraintendimenti, non sembra rimanere alcun motivo di divergenza tra i nostri punti di vista per quanto riguarda la questione dell'*esistenza* di un ordinamento giuridico. In evidente contrasto con Kelsen, Hart nega che l'esistenza di un ordinamento giuridico consista nella sua validità, espressa da una norma fondamentale che esorti gli individui ad obbedire alla legge. Egli, per contro, ritiene giustamente mistificante parlare di una norma secondo la quale questa norma deve essere obbedita [34]. La sua posizione risulta assai bene da questa affermazione:

> La questione se una norma di riconoscimento esista e quale sia il suo contenuto, cioè quali siano i criteri di validità in ogni dato ordinamento giuridico, è considerata lungo tutto questo libro come una questione di fatto empirica, benché complessa [35].

Chiunque abbia familiarità con la terminologia usata da Hart si accorgerà facilmente che tale autore si occupa qui dell'esistenza della norma fondamentale e del sistema giuridico nel suo insieme. La sua convinzione che questa sarebbe "una questione di fatto empirica è in perfetta armonia con la concezione di fondo sottesa a *On Law and Justice*. La somiglianza tra la sua e la mia posizione si fa ancor più sorprendente quando Hart scrive che, se affermiamo che un ordinamento giuridico esiste, in realtà "ci riferiamo, in una forma abbreviata, a una serie di fatti sociali eterogenei" e che la verità di questa affermazione può essere stabilita "riferendoci alla prassi effettiva: al modo in cui i tribunali individuano ciò che si deve considerare come diritto, e alla generale accettazione di (o acquiescenza verso) questi procedimenti di identificazione [36].

[34] *Op. cit.*, p. 246.

[35] *Op. cit.*, p. 245, trad. it., p. 291.

[36] *Op. cit.*, pp. 109, 105, trad. it., pp. 132, 128.

Uberto Scarpelli

Dalla legge al codice, dal codice ai principî

Quando cerco di spiegare ai miei allievi nei corsi di filosofia del diritto la funzione della legge, e le idee circa la legge, nello stato moderno, ricostruisco (mettendo bene in chiaro che si tratta di un procedimento estremamente semplificatore e per molti versi arbitrario) una specie di storia ideale puntata su alcuni personaggi. All'inizio c'è Thomas Hobbes, il quale ci offre, secondo l'espressione di Bobbio, "la prima moderna teoria dello stato moderno". Il tema dominante in Hobbes, sotto il profilo che ora ci interessa, è la riduzione della legge alla volontà del sovrano; questa riduzione viene giustificata con l'esigenza della sicurezza, prima di tutto sicurezza della vita. Non sono però d'accordo sull'interpretazione strettamente giuspositivistica di Hobbes, proposta da Bobbio con riguardo all'interpretazione ed applicazione della parola, scritto od altro segno in cui la volontà del sovrano si è espressa. Dobbiamo sempre supporre, afferma Hobbes, che intenzione del legislatore sia l'equità: sarebbe una grande offesa da parte di un giudice pensare altrimenti del sovrano. L'interpretazione, dunque, dev'essere guidata dall'equità: Hobbes introduce in tal maniera nella teoria dello stato moderno quella dialettica fra autore ed interprete della legge, che ne costituirà in via permanente un luogo critico.

Il secondo personaggio della mia storia immaginaria è Montesquieu. Ancora in Montesquieu troviamo il valore della sicurezza, ma inteso assai diversamente da come lo intendeva Hobbes. Per Hobbes la sicurezza, e la costrizione necessaria alla sicurezza, ammettono la libertà solo come residuo; per Montesquieu la libertà coincide con la sicurezza e l'opinione della sicurezza. Mentre Hobbes riferisce la sicurezza agli altri, chiedendola al potere politico, Montesquieu riferisce la sicurezza anche al potere politico. In questo egli è profondamente liberale: grande caratteristica distintiva del pensiero liberale mi sembra, infatti, non temere soltanto gli altri, ma anche, o prima di tutto, il potere politico, gli altri quando sono investiti del potere. Lo strumento per garantire la libertà quale sicurezza viene individuato nella legge. Giungiamo così alla seconda definizione montesquiviana della libertà come "diritto di fare tutto ciò che le leggi permettono", diritto verso gli altri e diritto verso il potere politico.

Montesquieu, tutti lo sanno, occupa un posto di grande rilievo nel costituzionalismo moderno per la sua ricerca di una struttura costituzionale capace di assicurare la funzionalità della legge alla libertà, e la soggezione dello stesso potere alla legge, una volta istituita. Viene in lui a maturità la dottrina della distinzione e separazione dei poteri. Nello stato repubblicano (a differenza dallo stato dispotico e da quello monarchico) la legge, proprio per mantenere il gioco costituzionale dei poteri separati, dovrà essere interpretata secondo la lettera. Incontriamo qui una tesi centrale nella dottrina costituzionale dell'illuminismo.

Ripetono, o almeno ripetevano spesso i giuristi che la legge presenta la caratteristica logica della generalità, quanto alla fattispecie prevista, al soggetto, al comportamento prescritto. Il valore politico della generalità viene esplicitato con grande forza da un altro immancabile ed eminente personaggio della mia storia, Rousseau. Nella legge generale l'individuo associato esprime il suo volere di cittadino, ed in essa può riconoscere quel suo volere trasfigurato in volontà universale. È arrivata così ad evidenza la funzione democratica ed egualitaria che la legge assume nello stato moderno: stabilita dal corpo sociale, riguarda il corpo sociale ed i singoli non in quanto individui, ma in quanto fungibilmente collocati in posizioni e ruoli entro il corpo sociale. Le differenze nel trattamento giuridico non dipendono da una essenziale diseguaglianza fra gli esseri umani, ma dalla diversità delle posizioni e dei ruoli. Ciò viene ancor oggi sottolineato nei tribunali con la formula "la legge è eguale per tutti", cui sarebbe certo sconveniente aggiungere "l'interpretazione e l'applicazione un po' meno".

Le giustificazioni liberali e democratiche, orientanti il pensiero illuministico alla sovranità di una legge eguale per tutti, involgono dunque una interpretazione della legge medesima, atta a mantenerla costante e non mutevole da caso a caso, un'applicazione della legge limitata alla sussunzione del caso sotto la norma. Ai due risultati si tende attraverso tesi semantiche e logiche che a dire il vero, al paragone con gli studi linguistici e logici contemporanei sui loro propri terreni, appariscono spesso alquanto ingenue. La legge dev'esser formulata non già nel gergo dei giuristi, "lingua", dice Beccaria, "straniera al popolo", ma nella lingua comune usata con sincerità, semplicità e concisione. L'applicazione della legge deve avvenire nella forma logica del sillogismo. Il sillogismo si presenta entro le moderne visioni del diritto in almeno tre orizzonti diversi. Nel giusnaturalismo razionalistico serve a dedurre per tutto il sistema le conseguenze dei principî. Alla dottrina giuridica del secolo scorso e di questo secolo serve quale difesa contro l'intrusione di elementi metodologicamente impuri. Nell'orizzonte illuministico il sillogismo giudiziario è indispensabile ai valori politici della libertà e dell'eguaglianza: l'accettazione dello schema sillogistico non è il frutto di una riflessione a posteriori sul ragionamento applicativo della legge, bensì la postulazione di una condizione necessaria perchè la legge venga applicata senza spazio all'arbitrio dell'operatore.

Una legge semplice in parole semplici si appropria ad un popolo semplice: per un popolo ormai lontano dalla semplicità della natura, deve ammettere Robespierre nel 1793, ci vorrà un codice "molto complicato". Nella vicenda rivoluzionaria la domanda di una legge chiara, stringata ed univoca si trasfigura nella domanda di un codice, essenzialmente di un codice civile. Il codice civile sarà infine realizzato con Napoleone, ma con grossi cambiamenti rispetto alle concezioni ed aspettative rivoluzionarie, accogliendo un vasto deposito di tradizioni legislative, consuetudinarie e giurisprudenziali, restituendo al diritto romano un posto d'onore, ricevendo dalla dottrina a base romanistica l'impianto fondamentale. Seguiranno in Francia ed in altri paesi altri codici: il secolo scorso, fra il codice civile dei francesi e la redazione del codice civile tedesco entrato in vigore all'alba del nuovo secolo, può essere chiamato (usando un'etichetta che ritroveremo fra poco rovesciata) la "età della codificazione".

Quali sono i caratteri di un codice? Alla domanda non è facile rispondere. Mentre per certi aspetti i codici sono stati oggetto di molto studio, in altri aspetti, soprattutto quelli linguistici e logici, non sono stati studiati abbastanza, o sono stati studiati male. Tentiamo tuttavia una risposta sintetica. Un codice si presenta prima di tutto come una legge effettivamente complicata, o per lo meno complessa, in cui le molteplici disposizioni sono inquadrate e ordinate da quello che è stato chiamato un "sistema estrinseco", ottenuto con una idonea *methodus disponendi*. Forse, tuttavia, non tanto estrinseco, se le categorie impiegate per la sistemazione sono, come a me sembra, frutto della medesima attività generativa di concetti, produttrice anche del materiale concettuale sistemato, e stanno con esso in continuità logica.

Sotto il profilo semantico, il linguaggio di un codice è il risultato di un lavoro di scomposizione e ricomposizione, che isola fattispecie e comportamenti prescritti, ricollegandoli attraverso i nodi concettuali così bene studiati da Alf Ross, ed isola elementi di fattispecie e comportamenti, ricombinandoli in alberi di specie e generi. Wieacker infatti ha visto nel codice un universo aristotelico: forse, potremmo dire, l'ultimo universo aristotelico. Un simile linguaggio codicistico, non solo lessicalmente, ma strutturalmente differenziato dal linguaggio comune, non è certo un'invenzione dei legislatori, bensì deriva da una lunga tradizione dottrinaria, risalente sino all'adozione nella giurisprudenza romana del metodo dialettico importato dalla Grecia.

Le *distinctiones* dei romani tendevano a identificare i principî, formulati quali *regulae iuris*. La via ai principî è mostrata in un codice dalle sue distinzioni, e quindi ricomposizioni, cioè dall'insieme delle relazioni logiche fra i concetti adoperati. I principî sono dunque immanenti nella stessa struttura semantica del codice. Anche quando essi vengono enunciati in modo esplicito, lo sono in un contesto fortemente strutturato, che fornisce le determinazioni alla loro vaghezza. Per comprendere i principî giustificanti le singole norme bisogna, s'intende, tenere buon conto del contesto sociale, della storia, degli scopi perseguiti: ma a tutto ciò guardare attraverso la rete concettuale propria del codice, che, se può cedere elasticamente ad abili sollecitazioni, forma tuttavia maglia con maglia una recinzione di notevole consistenza ad evitar fughe e dispersioni dei lungocriniti, scalpitanti cavalli dell'interpretazione.

La strutturazione linguistica del codice e l'immanenza dei principî sono a mio giudizio gli aspetti da sottolineare trattando di codici e principî. Di qui l'accentuarsi nell'interpretazione giuridica della dimensione sistematica; di qui il tipico procedere dell'interpretazione integrativa, che dalla disciplina dei casi e materie nel sistema risale ai principî e dai principî discende al caso analogo o alla materia analoga (la caratterizzazione dei due momenti come induzione e deduzione mi sembra però fallace, una scorretta analogia da procedimenti scientifici concepiti in maniera superata). Un codice si presenta in conclusione come un ordine sistematico per il mondo umano, capace di un'espansione in cui l'ordine si mantiene ricuperando le novità nella vita sociale. La giurisdizione, nella quale il processo espansivo meglio si manifesta che in ogni altro luogo dell'esperienza giuridica, costituisce dunque davvero, come dice Mortara, la continuazione della legislazione. L'uomo moderno, afferma un personaggio di Thomas Mann, ha perso il senso d'appartenenza a ordini della totalità: il codice è stato forse l'estremo, certo fra i più alti tentativi di restituire un ordine della totalità al mondo umano.

Ma oggi, interviene un giurista di vasti interessi generali quale Natalino Irti, siamo nella "età della decodificazione". La fortuna di una tesi sociologica si affida spesso, oltre che alla validità dell'argomentazione, alla felicità della formula in cui viene riassunta: Irti ha coniato una formula che si offre alla percezione intellettuale con l'efficacia di uno *slogan*. Per la descrizione dei fatti rinvio ai suoi studi, ed ai molti altri studi concernenti la medesima tematica: il venir meno della centralità dei codici, la sempre maggiore importanza delle leggi speciali, il formarsi di micro-sistemi normativi logicamente autonomi, il moltiplicarsi di leggi e leggine a contenuto concreto e provvedimentale, il profluvio di disposizioni spesso modificate ancor prima che entrino in vigore ecc. Nel nostro paese, giunto ormai all'estremo di questa eccitazione psico-motoria legislativa, sappiamo bene, anche chi non è giurista, di che si tratta.

L'interpretazione e la spiegazione di simili fenomeni non sono facili: si tratta, nientemeno, di fornire una chiave per la comprensione della società contemporanea. Rispetto ad Irti, sono comunque portato ad evidenziare maggiormente le interconnessioni fra la crisi della legge in forma di codice ed altre vicende e crisi culturali. Per offrire un esempio, il grande sviluppo degli studi semiotici e linguistici, proprio di questo secolo, dall'estetica idealistica al convenzionalismo logico-positivistico, dallo strutturalismo alle indagini psico- e socio-linguistiche, ha revocato in dubbio la fiducia nel messaggio, e dunque anche nel messaggio legislativo. L'ingenua fede illuministica nel linguaggio sincero e semplice ci ha abbandonato, ma ci sta abbandonando anche la fede codicistica nel linguaggio aristotelicamente articolato. Fra i due immortali personaggi di Lewis Carroll, Alice e Humpty-Dumpty, il tempo sembra aver dato ragione a Humpty-Dumpty. Le parole esprimono ciò che, parlanti o interpreti, volta a volta vogliamo: "bisogna vedere", osserva Humpty-Dumpty, "chi è che comanda ... è tutto qua".

Al fondo di qualsiasi spiegazione c'è comunque la presa di coscienza della fortissima accelerazione nelle trasformazioni sociali, superficiali e profonde, indotta dagli sviluppi scientifici e tecnologici e dalle comunicazioni di massa. Si dissolvono a tutti i livelli sociali gli equilibri stabiliti, vengono meno gli atteggiamenti psichici che li mantenevano: ciò produce ed esaspera molteplici conflitti culturali ed economici, non riducibili (ormai lo vedono chiaramente anche i marxisti) alla, o alla sola lotta di classe. Nella società dinamica, pluralistica e conflittuale si abbassa la percezione così degli interessi generali, come degli interessi individuali, i quali riescono ad imporsi solo se coincidenti con altri interessi in un gruppo sufficientemente forte, mentre sono esaltati gli interessi che possiamo chiamare corporativi.

Una rappresentazione non troppo inadeguata di queste vicende avrebbe bisogno di ben altra ricchezza ed altre sfumature: possiamo tuttavia già cogliere la linea di tendenza propria della legislazione, che da attività normativa razionale guidata dagli interessi generali e tutrice degli interessi individuali si trasfigura in terreno di scontro e compromesso fra gli interessi parziali. Il compromessismo, talora con eufemistico pudore chiamato neo-contrattualismo, è la nota tipica della legislazione odierna. Si estingue in ogni modo, nell'impetuosa corrente del cambiamento, la vocazione ad impartire al mondo degli uomini l'ordine duraturo di un codice. Il processo di decodificazione, il disordine legislativo sino al caos non possono dunque essere attribuiti, se non in ridotta misura, ad insipienza degli uomini e difetto delle istituzioni: la crisi dei codici e in generale della legge ha radici che giungono al modo d'essere, o di mutare, dell'uomo contemporaneo. Sulle sue mutazioni si conclude forse la vicenda rassicurante e liberatrice della legge nello stato moderno, che in precedenza abbiamo voluto richiamare muovendo da Hobbes ai codici.

A simili fenomeni son venute nella cultura e nell'esperienza giuridica risposte per molti versi inquietanti. Ricordiamo come nei decenni recenti inclinazioni ideologiche presenti ed operanti nella magistratura italiana abbiano cospirato con altri fattori a convertire la giurisdizione, da luogo di interpretazione ed applicazione della legge, in luogo di importazione e riesportazione del conflitto sociale. Ma di questa giustizia sta facendo giustizia il tempo. Ora portiamo l'attenzione sopra un diverso modo di affrontare la crisi dei codici e la crisi generale della legge: dico quello che mette in primo piano nell'esperienza giuridica i principî del diritto. Principî non svolti agli estremi esiti in una normativa articolata e dettagliata come quella dei codici, bensì lasciati aperti e proiettati nel futuro a far da guida, attraverso varie interpretazioni e adattamenti, di fronte a problemi, difficoltà e contrasti sempre nuovi. Per comprendere il funzionamento di questi principî giova badare alla categoria emersa nella filosofia del diritto al posto della "deduzione", la "giustificazione". Dai principî non si deducono conseguenze per via di implicazioni strette, i principî servono a giustificare norme e decisioni per le vie di un discorso complesso e flessibile quale il discorso argomentativo.

Quando si parla di principî del diritto si presentano subito a riscuotere il dazio i giusnaturalisti: ai quali io, credente nella legge e difensore del positivismo giuridico alquanto pentito, rivolgo ora un saluto cordiale che in anni più verdi avrei (se non per dovere di cortesia) rifiutato. Ma di principî trattano ormai tranquillamente anche filosofie giuridiche laiche pur negatrici della possibilità di una fondazione oggettiva giusnaturalistica. È forse inevitabile a questo punto fare anche noi il nome un po' abusato di Ronald Dworkin, la cui polemica con il giuspositivista Hart è stata uno degli eventi più rilevanti nella filosofia giuridica anglosassone degli ultimi anni. Per Dworkin i principî sono quelli propri di una comunità, individuati ed enunciati dalla cultura giuridica: rispetto ad essi è sempre necessaria un'attività interpretativa e costruttiva, ben lontana d'altra parte dall'arbitrio. A simili posizioni dottrinarie possono essere accostati, per la comunanza di clima, i tentativi di stabilire principî mediante leggi o super-leggi, che evitino però, come sopra dicevo, di specificarli in norme minute, lasciandoli aperti verso il futuro.

I precedenti non mancano. Le dichiarazioni dei diritti e spesso le carte costituzionali sono state caricate, per usare l'espressione di Cardozo, di quelle "grandi generalità con un contenuto ed un significato variabili da tempo a tempo". Un precedente a mio avviso piuttosto interessante e meritevole d'attenzione sta nella Carta del lavoro fascista, assunta quale determinazione dei principî generali dell'ordinamento giuridico, sopraordinati alla legge, da far operare in sede d'interpretazione e soprattutto d'integrazione della legge stessa. Ma il caso per noi più attuale ed importante è certamente quello della vigente costituzione: la quale, per il prevalere nell'assemblea costituente delle concezioni costituzionali cristiane e sociali sopra la tendenza liberale ad una costituzione formale, è piena come tutti sappiamo di disposizioni di principio. A vigilare sulla costituzione ed i suoi principî venne prevista e chiamata, nell'esercizio di un controllo accentrato, la Corte costituzionale.

Il meccanismo ha subito una faticosa e complessa evoluzione, su cui non intendo ora soffermarmi. Mi limito a ricordare la soluzione, in base a criteri e valori piuttosto metagiuridici che giuridici, del problema, se tutte le disposizioni costituzionali dovessero avere una piena forza normativa, o se fosse invece da mantenere la distinzione fra norme precettive di immediata applicazione e norme orientative del legislatore, elaborata, prima che la Corte costituzionale entrasse in funzione (dal suo punto di vista, non senza ottime ragioni) dalla magistratura ordinaria. Vinse presso la Corte la prima tesi, e non si può non richiamare il contributo portato in questa direzione da Vezio Crisafulli. Le disposizioni di principio scritte nella costituzione, dunque, non sono state prese dai giudici costituzionali quali semplici raccomandazioni all'organo legislativo, bensì quali prescrizioni vincolanti e nello stesso tempo offerte in tutta la loro ampiezza ed elasticità alle manipolazioni dell'interprete.

L'effetto generale dell'introduzione in un ordinamento giuridico, agli alti livelli, di principî aperti, effetto che si è avuto anche nel nostro paese, mi par sia un avvicinamento del sistema ad un sistema di *common law*, capace di svilupparsi in una tradizione giurisprudenziale basata su una fedeltà non rigida ai precedenti, con una razionalità che non è quella della "ragione artificiale" di un legislatore monocratico, bensì quella di una ragione storica cui concorrono (secondo le parole di Coke) "molti uomini dotti e gravi", appunto i giudici. Le "grandi generalità" di cui parlava Cardozo cadono infatti nelle mani dei giudici, cui spetta l'ultima parola quanto ai loro "contenuti e significati variabili da tempo a tempo", e sono i giudici a determinare le variazioni in rapporto a circostanze mutate. La continuità del diritto non viene dalle formule usate nel testo normativo, ma dalla costanza delle interpretazioni; costanza peraltro relativa, non incompatibile con un progressivo adattamento del diritto in corrispondenza alla trasformazione sociale.

Il paragone, nei limiti in cui è possibile, va fatto non tanto con il diritto comune inglese, quanto con il diritto comune americano. Mentre il primo, nella prospettiva segnata da Dicey, convive con il dogma della illimitata sovranità del parlamento, è caratteristica essenziale ed attuale del secondo l'affermazione della superiorità spettante alla costituzione ed ai principî in essa enunciati. Grazie a questo filo conduttore, la *common law* sviluppata dai giudici interpretando ed applicando in maniera via via nuova i principî costituzionali, l'esperienza degli Stati Uniti ci offre l'esempio (in una età di decodificazione, davvero incoraggiante) di un diritto che, pur attraverso pause e ritorni, resistenze e battaglie, riesce nell'insieme a seguire e controllare la rapida dinamica sociale con una sua forma di ragione storica. Concorre a questa ragione storica un'aristocrazia di giudici, la sola aristocrazia, scriveva Tocqueville guardando proprio al caso americano, compatibile con la democrazia.

Mi sono qualificato più in alto come un credente nella legge e difensore del positivismo giuridico alquanto pentito. Non penso però di dover chiedere sconti ad una pena, che non mi sembra di meritare. Il fatto è che queste nostre posizioni filosofico-giuridiche non sono espressioni di verità perenni, ma vanno intese, al contrario, quali posizioni prese, o meglio prese di posizione, in relazione alle caratteristiche e condizioni della società in un certo momento storico. Se l'alternativa deve essere la "neo-esegesi" in cui si rifugia Natalino Irti per salvare tra i "frammenti del mondo" un'estrema dignità professionale, allora ben venga, con tutti i suoi inconvenienti e pericoli, un diritto dei giudici, si adoprino i giudici, prima di tutto i giudici costituzionali, con impegno sempre più vigoroso, a farsi elemento centrale e portante, matrice razionalizzante dell'intero sistema.

L'impresa tuttavia, nell'ordinamento costituzionale e giudiziario di cui godiamo, si presenta tutt'altro che agevole. Caratterizzano infatti tale ordinamento depositi e stratificazioni provenienti da tradizioni giuridiche e dottrinali diverse, fra loro non concorrenti o addirittura confliggenti. La molteplicità delle istanze giurisdizionali, con le svariate competenze al giudizio di merito, al giudizio di diritto proprio della Corte di cassazione, al giudizio sulla costituzionalità della legge proprio della Corte costituzionale, aggiunta alla distinzione europea continentale fra la giustizia ordinaria e la giustizia amministrativa e ad altre complicazioni, configura una struttura che, per chi sappia guardarla con distacco e un po' da lontano, appare davvero barocca. Il diritto dei giudici, se non dev'essere a sua volta un contributo alla frammentazione del mondo, suppone un apparato giudiziario guidato dalla ferma autorità di una corte suprema e poggiato su fattori fortemente unificanti: mentre oggi in Italia si manifestano ed operano tendenze ad un anarchismo giudiziario individualistico, con effetti laceranti sommati agli effetti del dualismo fra le somme corti. La separazione fra il giudizio sulla legge, spettante alla Corte costituzionale, ad efficacia generale, e il giudizio sul caso (separazione del tutto estranea alla tradizione della *common law*) ha probabilmente riflessi negativi (su cui gioverà riflettere) quanto alla sensibilità della Corte costituzionale rispetto alle domande e vicende sociali, ed influenza in maniera ancor più probabilmente negativa l'interazione fra i giudici del caso e quei giudici supremi. I giudici costituzionali, infine, vocati a creare diritto, hanno competenza soltanto a disfare diritto, dovendosi limitare in una prospettiva di origine kelseniana all'annullamento di leggi: sanno i giuristi con quali giochi logici la Corte costituzionale abbia cercato di superare questo limite, ma senza poter andare troppo lontano.

Possiamo concludere, insomma, che va affiorando nel nostro paese, quale possibile via di uscita dalla crisi della decodificazione, un diritto dei giudici fondato sui principî: ma ostacolato, frenato e distorto da troppe pastoie, derivate da altre tradizioni, delle quali non vediamo né come né quando potremo liberarci. Ci troviamo ad un crocicchio fra strade diverse: ed i crocicchi son luoghi pericolosi, dove resta paralizzato chi non ha abbastanza animo e convinzione per attraversarli.

Nota

Non fornisco riguardo ai classici cui faccio riferimento nel testo indicazioni bibliografiche, che riuscirebbero sovrabbondanti rispetto alla natura e scopo del testo medesimo. I luoghi da me implicitamente richiamati sono del resto generalmente noti. Fornisco invece le indicazioni opportune per gli opportuni riscontri quanto agli autori contemporanei.

La qualificazione di Hobbes come primo moderno teorico dello stato moderno viene proposta e motivata da Bobbio nell'*Introduzione* a Thomas HOBBES, *Opere politiche*, volume primo, a cura di Norberto BOBBIO, 2ª ed., Utet, Torino, 1959. Per l'interpretazione giuspositivistica, cui si fa cenno nel testo, vedi gli scritti su Hobbes raccolti in Norberto BOBBIO, *Da Hobbes a Marx*, 2ª ed., Morano, Napoli, 1971; su di essa, Uberto SCARPELLI,

Thomas Hobbes, Linguaggio e leggi naturali. Il tempo e la pena, Giuffrè, Milano, 1981.

L'analisi dei concetti che collegano una pluralità di fattispecie alternative ad una pluralità di effetti giuridici viene presentata da Alf ROSS in *Tû-tû*, raccolto in *Diritto e analisi del linguaggio*, a cura di Uberto SCARPELLI, Edizioni di Comunità, Milano, 1976, e in *On Law and Justice*, Stevens, London, 1958 (tradotto presso Einaudi), capitolo sesto.

Sull'adozione nella giurisprudenza romana del metodo dialettico di matrice greca vedi Fritz SCHULZ, *Storia della giurisprudenza romana*, Sansoni, Firenze, 1968, p. 119 e seguenti. Il processo di scomposizione e ricomposizione, per cui si giunge alla strutturazione dei generi e delle specie, viene approfondito da Aldo SCHIAVONE in *Nascita della giurisprudenza*, 2ª ed., Laterza, Bari, 1977.

Lodovico MORTARA elabora l'idea della giurisdizione quale continuazione della legislazione in *Istituzioni di ordinamento giudiziario*, 2ª ed., Barbèra, Firenze, 1986, capitoli secondo e terzo.

Sulla decodificazione vedi Natalino IRTI, *L'età della decodificazione*, 2ª ed., Giuffrè, Milano, 1986. Circa la neo-esegesi quale rifugio del giurista nel mondo decodificato, vedi la prefazione a *Scuole e figure del diritto civile*, Giuffrè, Milano, 1982.

Per Ronald DWORKIN quanto ai principî sono da vedere, con la guida degli indici analitici, le tre grosse opere (piene d'intelligenza, ma anche sovrabbondanti e faticose) *Taking Rights Seriously*, ristampa con una replica ai critici, Duckworth, London, 1978; *A Matter of Principle*, Harvard University Press, Cambridge, Massachusetts & London, 1985; *Law's Empire*, Fontana, London, 1986.

La caratterizzazione dei principî quali *great generalities* si legge in Benjamin CARDOZO, *The Nature of the Judicial Process*, quindicesima ristampa, Yale University Press, New Haven, 1952, p. 17.

Uberto Scarpelli

Il positivismo giuridico rivisitato

1. *L'apostolo del diritto fatto*

Un giuspositivista può essere caratterizzato, nelle parole di Lon L. Fuller, come "un apostolo del diritto fatto" (*an apostle of made law*)[1]. Il diritto fatto si contrappone al diritto naturale eterno, non fatto, che non c'è bisogno di fare, perché esiste di per sé stesso e per sempre, e al diritto naturale storico, non fatto, perché il corso della storia lo fa per noi. Nella prospettiva giuspositivistica, dunque, il diritto non è qualcosa di dato all'uomo, da riconoscere per via di intuizione o ragione o esperienza storica, ma è una creazione intenzionale dell'uomo. La creazione procede attraverso atti di volontà: chi vuol sapere che sia diritto deve pertanto guardare ad atti di volontà come espressi negli specifici casi di creazione. Che il diritto sia fatto mediante atti di volontà, e non riconosciuto per via di intuizione o ragione o esperienza, non involge una sua necessaria estraneità ai contenuti intuitivi o esperienziali di valutazioni umane, né una sua necessaria irrazionalità: esso può ben corrispondere a diffuse intuizioni ed esperienze o accettati criteri di ragione, ma non per questo è diritto, bensì perchè stabilito quale diritto dalla volontà.

La volontà creatrice del diritto viene ai primordi e per lungo tratto del positivismo giuridico identificata con la volontà del sovrano nello stato: esemplare a questo proposto è la posizione di Thomas Hobbes, nei decenni recenti sempre più e sempre meglio studiato ed apprezzato quale iniziatore ed esponente appunto del positivismo giuridico (la spinta più vigorosa in questa direzione è stata impressa da Norberto Bobbio)[2]. Per Hobbes il diritto consiste in leggi: una legge, secondo la definizione hobbesiana, è per ogni soggetto una regola, posta dallo stato con il suo comando, per mezzo della parola, dello scritto o di altro sufficiente segno della volontà. Ma lo stato non ha capacità di fare alcunché se non per mezzo del rappresentante, cioè del sovrano; il sovrano (monarca o assemblea) è il solo legislatore. Il diritto, in conclusione, è l'insieme delle leggi, espressioni con segni idonei della volontà del sovrano. Come, però, individuare il sovrano? Qui Hobbes fa ricorso a un criterio destinato a tornare

---

[1] L.L. Fuller, *Anatomy of the Law*, ristampa, The New American Library, New York, 1969, pp. 175 ss.

[2] Di Hobbes è da tenere presente soprattutto *Leviathan*, che leggo nell'edizione a cura di Michael Oakeshott, Blackwell, Oxford, 1955: specialmente rilevante ai fini del nostro discorso è il capitolo XXVI. Circa Hobbes giuspositivista vedi i due saggi dedicati all'autore in N. Bobbio, *Da Hobbes a Marx*, Morano, Napoli, 2ª ed., 1971.

e ritornare nella storia del positivismo giuridico, il criterio dell'effettività. Il sovrano è quegli che fornisce effettivamente la protezione per cui gli è stato confidato il potere: nessuno, se non per propria colpa, può aver dubbi su chi sia il sovrano.

Se Hobbes, con la sua importanza filosofica e storica, sta all'origine del giuspositivismo e lo rappresenta ottimamente nella versione puntata sulla legge, il teorico più rigoroso, sottile e conseguente di questa versione è un poco noto professore tedesco, August Thon, autore dell'opera *Norma giuridica e diritto soggettivo* del 1878[3] (a Thon io fui introdotto dal mio professore di diritto civile Mario Allara, fervente thoniano, e studiare Thon e Allara fu un formidabile esercizio della mente). Ma con la progressiva trasformazione, preparata ed accompagnata dalla dottrina, dallo stato a produzione normativa accentrata nel sovrano allo stato liberale, o liberale-democratico, contrassegnato dalla distribuzione di competenze fra molteplici organi e persone, la volontà creatrice del diritto viene a identificarsi con la volontà espressa nel proprio ambito da ciascuno di quegli organi o persone. L'autore esemplare che ci presenta la volontà creatrice del diritto non più quale volontà del sovrano, ma quale volontà disarticolata fra molteplici organi e persone, è Hans Kelsen[4].

Nella nuova prospettiva acquistano naturalmente un particolare risalto le norme distributrici, coordinatrici e organizzatrici delle competenze: la teoria di tali norme, delle loro interconnessioni e delle connessioni con le norme prodotte nell'esercizio delle competenze, marca nel positivismo giuridico il passaggio dalla concezione del diritto come legge alla concezione del diritto come insieme correlato di norme di vario tipo stabilite a diversi livelli, cioè del diritto come ordinamento giuridico. In Kelsen tale passaggio non è ancora perfettamente compiuto, mancando in lui chiare e convenienti distinzioni fra le norme di competenza, le norme di comportamento e le norme sanzionatorie: toccherà ad altri studiosi (da menzionare particolarmente Herbert L.A. Hart) condurlo a perfezione[5].

L'evoluzione ora accennata ha avuto grossi riflessi sul concetto di volontà. Riguardo al sovrano monarca, quando non siano previste particolari formalità per la determinazione e la manifestazione della volontà, è possibile concepire la volontà medesima quale atto psichico espresso in segni, seguire una linea interpretativa tendente alla comprensione dell'atto psichico, valersi a tal fine anche di segni oltre quelli immediatamente costitutivi della legge. La volontà del monarca tenuto a formalità è invece atto sovrano solo quando le formalità siano rispettate. La volontà di un'assem-

---

[3] Dell'opera di Thon esiste una eccellente traduzione, con presentazione e commento, di A. LEVI, *Norma giuridica e diritto soggettivo*, Cedam, Padova, 2ª ed., 1951.

[4] Di Kelsen sono soprattutto da tenere presenti le successive edizioni della *Reine Rechtslehre*: da quella del 1934 (*Lineamenti di dottrina pura del diritto*, a cura di R. TREVES, Einaudi, Torino, 1952) a quella del 1960 (*La dottrina pura del diritto*, a cura di M.G. LOSANO, Einaudi, Torino, 1966), senza trascurare la traduzione dell'opera del 1934, ma con aggiunte e modificazioni dovute al medesimo Kelsen, che è per vari aspetti l'edizione preferibile: *Théorie pure du droit*, a cura di H. THÉVENAZ, Éditions de la Baconnière, Neuchatel, 1953.

[5] Di Hart vedi soprattutto *The Concept of Law*, Clarendon Press, Oxford, 1961 (trad. it. di M. Cattaneo con il titolo *Il concetto di diritto*, Einaudi, Torino, 1965).

blea sovrana è tale alla condizione che siano eseguite le norme sulla formazione dell'assemblea e le sue decisioni. Quando poi le competenze siano distribuite fra molteplici organi e persone la volontà genera diritto in quanto espressa nell'ambito di una competenza, con la procedura e l'oggetto previsti nell'ordinamento giuridico. L'atto di volontà si riduce così a un atto di deliberazione, ossia a un atto di prescrizione compiuto nel processo, nei modi e con le forme prescritti: il contenuto dell'atto di volontà viene a identificarsi con il significato attribuibile all'espressione risultante dalla deliberazione.

Come nella prospettiva hobbesiana si poneva il problema dell'individuazione del sovrano, così nella prospettiva kelseniana si presenta il problema dell'individuazione degli organi e persone dotati di competenza. Entro l'ordinamento giuridico la competenza si accerta in base alle norme stesse dell'ordinamento; a questo nella sua interezza Kelsen applica il criterio dell'effettività. Fanno dunque diritto le deliberazioni prese da organi e persone competenti in un ordinamento che, raggiungendo tra un massimo d'inefficacia ed un massimo di efficacia un'efficacia in buon grado, possa dirsi effettivo.

2. *Esercizi di analisi*

Il diritto fatto con atti di volontà, o di deliberazione, porta il nome assai risalente di "positivo". "Positive" – diceva Hobbes contrapponendole alle "naturali" – sono le leggi fatte tali dalla volontà di coloro che hanno il potere sovrano sugli altri. Il positivismo giuridico, dunque, può essere caratterizzato in estrema sintesi come l'indirizzo della cultura giuridica che concepisce e propone il diritto quale diritto positivo, stabilito con atti di volontà, o di deliberazione (i giuristi spesso usano 'volontà' a coprire anche il campo di referenza di 'deliberazione'). Può trovare accoglienza nel positivismo giuridico il diritto non generato da atti di volontà o deliberazione, per esempio il diritto consuetudinario, ma alla condizione che il fatto generativo sia reinterpretato esso stesso quale manifestazione di volontà, o che vi sia un rinvio da parte di una norma positiva.

La concezione del diritto propria del positivismo giuridico viene finemente elaborata sino a costruire un articolato modello di diritto, cioè un insieme di definizioni di enti astratti e di determinazioni delle relazioni necessarie o possibili fra quegli enti. Alla costruzione e allo sviluppo del modello hanno portato contributi scuole e studiosi di vari paesi: per il grande, quasi ossessivo rigore con cui lavorano sul modello spiccano i già menzionati August Thon e Hans Kelsen. L'evoluzione del positivismo giuridico è profondamente legata alla storia dello stato moderno, concorrendo al monopolio statalistico della produzione giuridica, elaborando una prospettiva ed un metodo confacenti a quella specie di stato. Le vicende più tipiche, sotto questo profilo, sono la francese e l'inglese. Nella prima il positivismo giuridico è una derivazione diretta dell'Illuminismo e si volge, nella scuola dell'esegesi, tutto e soltanto a comprendere la volontà legislatrice ricavabile dalla legge scritta. In Inghilterra il positivismo giuridico di Bentham, Austin e seguaci rappresenta una reazione di minoranza e perdente contro orientamenti giusnaturalistici e una *common law* intesa, giustificata e sviluppata in chiave giusnaturalistica.

Abbiamo già visto come il modello giuspositivistico ammetta due versioni, la versione appoggiata sulla legge, o legalistica, e la versione appoggiata sull'ordinamento, o ordinamentale. Nell'ambito dell'una e dell'altra versione sono tollerate ulteriori variabili, ad esempio per quanto concerne l'interpretazione: molti associano positivismo giuridico e formalismo interpretativo (cioè uno stile d'interpretazione attento soprattutto agli aspetti letterali e logici del testo da interpretare), ma proprio Hobbes e Kelsen ci offrono notevoli casi di atteggiamenti interpretativi non formalistici. Deve ancora aggiungersi che sotto la nozione generale del positivismo giuridico, più in alto esplicitata, si accostano elementi diversi, distinguibili, separabili, valutabili a diversi livelli in maniera differente: tutto ciò pone problemi definitori non piccoli per chi voglia arrivare nella materia a piena chiarezza e adeguate formulazioni teoriche.

La discussione dei problemi definitori inerenti al positivismo giuridico, con il discernimento delle varie componenti, ha avuto slancio per un paio di decenni abbondanti dopo la guerra. La motivavano in Italia i duri attacchi di un rinato giusnaturalismo e le affioranti tendenze al diritto libero, con l'esigenza di contrapporre a giusnaturalismo e diritto libero un positivismo giuridico di cui si sapesse che cosa fosse. Memorabili restano le analisi di Herbert Hart e di Norberto Bobbio. Hart identifica cinque significati di "positivismo" nel senso giuridico, relativi ai seguenti assunti: 1) le leggi sono comandi di esseri umani; 2) non c'è nessuna connessione necessaria fra il diritto e la morale, o fra il diritto come è e il diritto come deve essere; 3) l'analisi, o studio del significato, dei concetti giuridici va tenuta distinta dalle ricerche storiche e sociologiche circa il diritto e dalla sua valutazione morale, oppure in termini di scopi sociali, funzioni, ecc.; 4) un sistema giuridico è un sistema logico chiuso, in cui decisioni giuridiche corrette possono esser dedotte con mezzi logici da regole giuridiche predeterminate; 5) i giudizi morali non possono essere stabiliti o difesi con argomenti razionali, evidenze o prove ("non-cognitivismo" in etica)[6].

Come si vede, Hart isola la tesi centrale e portante del positivismo giuridico, quella che ce ne fornisce l'essenza nominale: le leggi sono comandi di esseri umani. Ad essa affianca le due tesi metodologiche accessorie concernenti l'analisi dei concetti giuridici e la deduzione di decisioni giuridiche, la tesi (implicata dalla tesi primaria) della separazione, o meglio della non necessaria connessione fra diritto e morale, e infine il noncognitivismo etico, che ad opinione di parecchi giuspositivisti fornisce la giustificazione filosofica della riduzione del diritto alla volontà e della sua separazione dalla morale. Simili distinzioni aprono la possibilità dell'accettazione di una tesi e del rifiuto di un'altra, sempre però nell'ambito della tesi primaria: chi rifiuta questa semplicemente dismette l'etichetta di giuspositivista.

Un po' più semplice, basata su tre punti, è l'analisi di Bobbio. Bobbio vede il positivismo giuridico: 1) come un modo di avvicinarsi allo studio del diritto; 2) come una determinata teoria o concezione del diritto; 3) come una determinata ideologia del

---

[6] H.L.A. HART, *Il positivismo e la separazione tra diritto e morale, supra*, nota 25, pp. 55-56.

diritto. Nel primo aspetto il positivismo giuridico poggia su una netta distinzione fra il diritto reale, come è, e il diritto ideale, come deve essere, e consiste in un accostamento scientifico al diritto reale, come è. Nel secondo aspetto il positivismo giuridico coincide con la teoria statalistica del diritto e costituisce la presa di coscienza, da parte dei giuristi, che lo stato moderno ha assunto il monopolio della produzione giuridica. Il nesso fra il positivismo giuridico quale accostamento e il positivismo giuridico quale teoria non è logico, ma storico: quando alla fine del secolo XVIII i giuristi si volsero dal giusnaturalismo ad uno studio scientifico del diritto, il diritto reale che si presentava quale oggetto di studio era quello unificato dal potere statale. Il positivismo giuridico nella dimensione ideologica, infine, attribuisce un valore positivo al diritto per il solo fatto che c'è, indipendentemente dalla sua corrispondenza a un diritto ideale[7].

3. *In dissenso da Bobbio*

Alla netta scissione fra il positivismo giuridico come filosofia della conoscenza giuridica e il positivismo giuridico come ideologia, propria di Bobbio, a me sembrò giusto contrapporre, nel dibattito più in alto ricordato, una visione unitaria del positivismo giuridico come ideologia[8]. La mia posizione si basava sull'importante distinzione fra un punto di vista esterno e un punto di vista interno rispetto alle norme in genere e alle norme giuridiche in particolare (distinzione riconducibile ad Angelo Ermanno Cammarata e formulata da Hart in maniera non sempre impeccabile). Punto di vista esterno è il punto di vista di un osservatore dell'esperienza giuridica, osservatore dei fatti di produzione, interpretazione, esecuzione, violazione, applicazione di norme. Punto di vista interno è il punto di vista di chi usa le norme e in riferimento ad esse indirizza, corregge, valuta e qualifica i comportamenti. L'effettività di un rapporto di sovranità, l'effettività di un ordinamento giuridico costituiscono un'ottima ragione per assumere quel rapporto o quell'ordinamento ad oggetto di studio dal punto di vista esterno; non costituiscono una ragion sufficiente, e talora nemmeno una buona ragione, per usare le norme prodotte da quel sovrano o in quell'ordinamento.

L'uso di norme suppone o involge una scelta politica delle norme stesse attraverso la scelta dei criteri di riconoscimento delle norme, con l'accettazione di una (in linguaggio kelseniano) norma fondamentale. Il positivismo giuridico, orientandoci a chiamare diritto e a usare come diritto le norme prodotte dalle volontà o deliberazioni di un sovrano o degli organi competenti entro un ordinamento giuridi-

---

[7] N. Bobbio, *Aspetti del positivismo giuridico*, nel volume *Giusnaturalismo e positivismo giuridico*, Edizioni di Comunità, Milano, 1965. Negli anni successivi le posizioni dell'autore subiscono rilevanti modificazioni di cui non darò conto, essendo mio intento in questa sede "rivisitare" la discussione culminata nel 1965.

[8] U. Scarpelli, *Cos'è il positivismo giuridico*, Edizioni di Comunità, Milano, 1965.

co, ci sospinge ad accettare la norma fondamentale istitutiva del sovrano o dell'ordinamento, ed assolve in questa maniera le funzioni di un'ideologia: ideologia nel senso buono, in quanto giustificazione e sviluppo articolati e motivati di una scelta politica, ma anche ideologia nel senso cattivo, quando e fin dove la scelta risulti mascherata[9].

Festeggiando l'ottantesimo compleanno del mio maestro ed amico Norberto Bobbio, mi è sembrato elegante e di buon gusto tornare non sopra uno dei tanti temi su cui ho imparato molto da lui e con lui rimango d'accordo, ma sul tema del mio maggiore e profondo dissenso in teoria giuridica: intendo così fornire una nuova testimonianza circa lo spirito del suo insegnamento rivolto non a ripetitori, ma ad allievi e amici capaci di pensare con la propria testa e all'occorrenza direttamente critici. Cercherò dunque di indicare in sintesi le ragioni per cui, oggi come ieri, anzi oggi più di ieri, l'interpretazione scientistica del positivismo giuridico fornita negli anni '60 da Bobbio mi sembra di respingere. Coglierò anche l'occasione per dichiarare i mutamenti che, dopo parecchi anni carichi di eventi, di trasformazioni politiche e culturali, di riuscite e fallimenti, sono intervenuti nella mia posizione.

Un accostamento scientifico al diritto, il diritto nella realtà, com'è, costituisce a mia convinzione un ideale epistemologico da perseguire: ma questo non è ideale per il giurista, nemmeno per il giurista giuspositivista. Accostano o dovrebbero accostare il diritto con atteggiamento scientifico i cultori delle scienze umane, in specie il sociologo, l'antropologo, lo psicologo del diritto, naturalmente fra tutte le difficoltà filosofiche e metodologiche che delle scienze umane sono proprie: osservatori esterni (anche se l'osservazione proceda grazie ad una comprensione partecipante) questi scienziati considerano fatti, cercano di chiarirne il senso culturale, attendono a spiegarli e prevederli mediante connessioni fra cause ed effetti, condizioni e condizionati ecc. Essi, quando non si abbandonano (come troppo spesso succede ai sociologi) a una deteriore metafisica, costruiscono teorie empiriche e formulano ipotesi suscettibili di verificazione o confutazione su nuove osservazioni. Nei limiti in cui possiamo credere nelle scienze umane, crederemo ad una conoscenza scientifica del diritto.

L'accostamento al diritto dal punto di vista interno, proprio del giurista giuspositivista, non genera invece una conoscenza scientifica di fatti, e ciò non soltanto perché il giurista seleziona nella complessa fenomenica sociale le norme da studiare ed usare attraverso una scelta, giustificabile sul piano politico, mentre sul piano della conoscenza sarebbe del tutto arbitraria. Merita rilettura un vivace e intelligente (anche se in qualche pagina frettoloso e superficiale) articolo dedicato da Francesco Carnelutti, nel 1951, ad un *Bilancio del positivismo giuridico*[10]. Carnelutti ci aiuta a mettere

---

[9] Su tutto il dibattito circa il positivismo giuridico, richiamato nel testo, sono da vedere E. PATTARO, *Il positivismo giuridico italiano dalla rinascita alla crisi*, in "Politica del diritto", III, 1972 e M. JORI, *Il giuspositivismo analitico italiano prima e dopo la crisi*, Giuffrè, Milano, 1987.

[10] Raccolto in F. CARNELUTTI, *Discorsi intorno al diritto*, volume secondo, Cedam, Padova, 1953.

in evidenza i tre punti su cui l'idea di una conoscenza giuridica, perseguibile dal giurista giuspositivista, entra in crisi. Il giurista non conosce norme, ma fa norme, ricavandole per via interpretativa da segni ed assemblaggi di segni portatori, nella cultura in cui sono emessi e ricevuti, di significati. Ciò non involge che egli crei norme a suo libito: fa norme, infatti, in contesti testuali, istituzionali e sociali condizionanti, talora fortemente e strettamente condizionanti. Sappiamo tuttavia come nell'interpretazione, anche nell'orizzonte giuspositivistico, si diano stili alternativi e si presentino possibilità alternative, fra cui occorre scegliere. Le norme giuridiche, in conclusione, non sono nella prospettiva del giurista oggetti di una conoscenza scientifica, ma sono esiti di un'attività comunicativa e di una recezione attiva della comunicazione, in cui il giurista interprete diventa con le scelte interpretative un collaboratore e continuatore della produzione normativa.

Gli altri due punti evidenziati da Carnelutti risiedono nell'integrazione del diritto positivo che presenti lacune, e nella cosiddetta scienza del diritto a carattere sistematico. Nell'integrazione del sistema giuridico positivo e nella costruzione del sistema dottrinario è essenziale il ricorso a principî: che peraltro non sono raggiungibili né utilizzabili con operazioni strettamente logiche, ma solo facendo giocar valori (per Carnelutti la guida ai principî è il senso d una giustizia secondo un ordine superiore alle leggi scritte, cioè secondo un diritto naturale). Il giurista, in conclusione, anche il più severo e tenace giuspositivista, non conosce ma (nei suoi contesti) fa egli stesso norme, le sviluppa nell'integrazione del sistema giuridico positivo e nella costruzione del sistema dottrinario con scelte di valore. All'attività di ricostruzione dottrinaria converrà, per evitare equivoci, revocare una volta per tutte il nome di scienza, assegnandole invece quello, suggestivo di valori comparati e bilanciati, di giurisprudenza: giurisprudenza ricostruttiva, per distinguerla dalla giurisprudenza applicativa.

Il mio difetto, nella discussione sul positivismo giuridico, non fu dunque vedere nel positivismo giuridico stesso un'ideologia, ma, al contrario, non procedere abbastanza in questa direzione. Nel lavoro del 1965, infatti, mettendo un forte accento sulla norma fondamentale e la sua scelta, lasciai in sospeso la chiarificazione del positivismo giuridico nella politicità della sua metodologia interpretativa, integrativa e ricostruttiva. Su tale strada avrebbe fatto da avanguardia Giovanni Tarello, con analisi sempre stimolanti, non di rado un po' sbrigative e cariche di compiaciuta provocazione. A me (ben diverso nel temperamento), per una illuminazione paziente dei diversi modi in cui il diritto frequentato giuspositivisticamente ospita valori, sarebbero occorsi anni di riflessione. L'esito è questo: il positivismo non è ideologia soltanto nel senso di proporre, giustificare e magari mascherare la scelta di una norma fondamentale, ma nel senso di proporre, giustificare e magari mascherare metodi intrisi di valori. Ma per comprendere l'immanenza e la pressione dei valori bisogna avere imparato a smontare e rimontare i pezzi della macchina giuridica. Con quest'atteggiamento e in questo orizzonte sono da considerare le questioni metodologiche e dottrinarie elencate, in elenchi da prendere come non tassativi, da Hart e Bobbio.

4. *Ripensamenti di un giuspositivista*

In *Cos'è il positivismo giuridico*, una volta messa in chiaro la scelta politica inerente all'uso di norme giuridiche positive, io feci scoperta e decisa professione di positivismo giuridico, muovendomi in una prospettiva ordinamentale ma, nell'ordinamento giuridico, ponendo in primo piano tra le fonti di diritto la legge. Ciò alla condizione che si fosse in una democrazia liberale, in cui la legge potesse esser considerata espressione razionale della sovranità popolare. Alla democrazia liberale, generatrice di legge fondata sul consenso della maggioranza e sulla dialettica con l'opposizione, governata dalla legge, e al positivismo giuridico ad essa collegato, davo una giustificazione non-cognitivistica, ammettendo peraltro la possibilità di una giustificazione cognitivistica; e passavo di qui alla tesi generale, ancor oggi mia, non essere il non-cognitivismo elemento essenziale del positivismo giuridico. All'accettazione delle norme stabilite da un sovrano effettivo o in un effettivo ordinamento si può esser condotti anche da una filosofia cognitivistica che, per esempio, presenti quali valori oggettivi e conoscibili la sicurezza e la pace assicurate dal sovrano o dall'ordinamento.

La mia visione della democrazia liberale, però, nonostante alcune dichiarazioni di tono realistico, era alquanto ingenua. Con una vocazione illuministica affidavo alla legge, basata sul consenso e maturata nel confronto, il compito di determinazione e rinnovamento del diritto, che l'organo legislativo avrebbe potuto assolvere con l'ampiezza di orizzonti, la capacità programmatoria e la cura degli interessi generali non possibili invece all'organo e all'operatore impegnati a trattare la materia sociale ed i conflitti caso per caso. Agli altri organi e specie ai giudici assegnavo invece, in polemica con le tendenze giusnaturalistiche e giusliberistiche, un ruolo fortemente subordinato alla legge.

Di quest'ingenuità non mi pento, ricordando le parole pronunciate in un seminario filosofico torinese da Carlo Mazzantini, cui avevo rimproverato con giovanile improntitudine una ingenuità filosofica: ingenuità è la nobiltà dello *ingenuus*, dell'uomo libero. Una fede ingenua nella democrazia e nelle sue forme liberali, una fiducia illuministica nella legge sono state nobili caratteristiche di larga parte della mia generazione, sollecitata dal bisogno interiore di contrapporre al fascismo vinto, ma ancora incombente sui nostri spiriti, speranze e valori alti. Sotto questo aspetto però la mia è una generazione sconfitta. Riprendendo il bel titolo di un libro di Vita Finzi sulle "delusioni della libertà", possiamo dire che noi abbiamo sofferto e soffriamo le delusioni della libertà attuanda nella democrazia. Delusioni provenienti dal continuo cedimento degli interessi generali rispetto ad interessi parziali, degli interessi morali rispetto ad interessi materiali; dalla debolezza del governo e dall'eccesso del sottogoverno; dall'incapacità di programmare tenendo conto di fatti e previsioni in quadri organici; dalla sfigurazione dello stato democratico liberale in uno stato assistenziale costoso, pesante, inefficiente e squallidamente tirannico verso i deboli; dalla degenerazione dei diritti in licenze e dalla violazione dei diritti con motivazioni insopportabilmente paternalistiche ecc.

Non è questo il luogo per tentare un'analisi delle trasformazioni e dei processi che hanno portato a simili esiti, ripercorrendo le strade della sociologia e della scienza politica applicate alla democrazia, indagando in particolare le funzioni di potere o blocco di potere assunte dai partiti e corporazioni, comparati da Hobbes ai vermi nel corpo dell'uomo. Per il giurista la dimensione più evidente e prossima della crisi politica sta nella crisi della legge. Natalino Irti ha inventato la formula felice e fortunata di "età della decodificazione"[11]: si potrebbe fare un passo in più, e parlare di "età della delegificazione". La legge è sempre di più un compromesso fra interessi parziali, tecnicamente mal fatta nella progettazione e nella stesura, confusa, dubbia, indigesta ed impotente.

Alla decomposizione della legge l'apparato della giustizia – costituzionale, ordinaria, amministrativa – ha reagito in Italia con una più larga affermazione dei propri poteri, specie ai livelli sommi della Corte Costituzionale e della Corte di Cassazione. La Corte Costituzionale (oltre a farsi mentore del parlamento con l'impartirgli direttive e reprimende) compie numerose incursioni dal terreno tipicamente suo della legislazione negativa (abrogazione di leggi o parti di leggi ordinarie perché incostituzionali) nei territori della legislazione positiva (per esempio dichiarando la incostituzionalità di una disposizione di legge là dove non dice quello che dovrebbe dire, e così facendole dire quello che non dice). La Corte di Cassazione si adopra a metter ordine nel disordine, fungendo da potente razionalizzatore *ex post* della legge nata povera di ragione. Sui poteri incrementati degli organi di giustizia preme la dottrina con una politica (riprendendo l'efficace espressione di Alf Ross) *de sententia ferenda*, sostenuta e indirizzata da quadri teorici spesso non meno ideologici in senso buono e cattivo di quello giuspositivistico (si pensi all'uso della dottrina istituzionalistica fatto nel diritto del lavoro). I principî e i valori orientanti e giustificanti le decisioni sono ricavati con interpretazioni determinative delle talora vaghissime disposizioni costituzionali, o desunti dal diritto naturale di questa o quella scuola, o ripresi dalla cultura e da costumi nella loro evoluzione storica ecc.

A queste tendenze credo che oggi si debba, di massima e salvo distinzioni, consentire. Pur con riserve (quanto, per esempio, alla duplicità della Corte Costituzionale e della Corte di Cassazione, derivata dalla contaminazione di due disegni istituzionali con genesi storiche e teoriche diverse), pur continuando a vedere i limiti ed inconvenienti di un mutamento del diritto per via di decisioni giudiziarie date su casi, sono giunto a ritenere che il ricupero e il rafforzamento dei poteri di *élites* intellettuali e professionali, fra le prime le *élites* giudiziarie, costituisca un utile correttivo della democrazia in direzione liberale. Rimasto decisamente liberale, mi ritrovo insomma un po' meno radicalmente democratico, un poco più incline ad uno stato misto con una integrazione aristocratica della democrazia, meglio disposto ad un governo del parlamento e dei giudici. I giudici, diceva Tocqueville, sono un'aristocrazia essenziale alla democrazia.

Devo per conseguenza e in conclusione proclamare di non essere più un giuspositivista? Mi salva la prospettiva ordinamentale. Principî e valori metagiuridici (diritto naturale, valori culturali e sociali ecc.) diventano giuridici quando entrano e secondo

---

[11] N. IRTI, *L'età della decodificazione*, Giuffrè, Milano, 2ª ed., 1986.

la maniera in cui entrano nel diritto attraverso deliberazioni di organi competenti nell'ordinamento. Se non è più concesso il positivismo giuridico nel senso antico del legismo, di una riduzione del diritto alla legge, possiamo ancora essere giuspositivisti chiamando diritto e riconoscendo come diritto quanto e solo quanto è filtrato nelle deliberazioni di organi competenti in un ordinamento, dagli atti di legislazione costituzionale a quelli di legislazione ordinaria alle decisioni giudiziarie agli altri atti giuridici. L'ideologia sottintesa – o resa, come io faccio, esplicita – è quella che, se non abbiamo soltanto leggi, dobbiamo avere almeno un insieme di deliberazioni coordinate in un ordinamento: un ordine ordinamentale se non un ordine legale. In tale linea possediamo nel concetto di diritto un eccellente strumento concettuale per distinguere ciò che è diritto – diritto positivo – da ciò che non lo è. Un giuspositivista ordinamentale può ancora dirsi *an apostle of made law*.

PARTE II

ASPETTI DELLA CRISI DEL POSITIVISMO GIURIDICO

INTRODUZIONE

LA CRISI DEL POSITIVISMO GIURIDICO: L'"ANTI-GIUSPOSITIVISMO" DI LON FULLER E RONALD DWORKIN

di Aldo Schiavello

1. *Il positivismo giuridico: dalla nascita alla crisi*

I fattori che contribuiscono alla nascita di una tradizione di ricerca filosofica e che, in un secondo momento, favoriscono l'egemonia di quest'ultima sulle altre, sono, di regola, molteplici. Tali fattori, peraltro, spesso non soltanto sono plurimi, ma sono anche difficilmente riconducibili ad unità; essi non costituiscono i tasselli di un piano unitario, ma elementi in buona misura indipendenti l'uno dall'altro, che solo casualmente concorrono alla genesi ed alla maturazione di questo o quel movimento di pensiero.

Da questo punto di vista, il positivismo giuridico non fa eccezione. A titolo meramente esemplificativo è possibile isolare, seguendo Norberto Bobbio, almeno sei fattori che hanno favorito la nascita e l'affermazione di questa tradizione di ricerca giusfilosofica[1]. I primi due fattori rientrano in quella che potremmo denominare "categoria delle trasformazioni socio-istituzionali", mentre i restanti quattro possono essere considerati, a loro volta, "movimenti di pensiero".

La prima trasformazione socio-istituzionale, di eccezionale rilievo, è rappresentata dalla nascita dello Stato moderno. Quest'ultimo può essere definito come l'esito del "processo di monopolizzazione della produzione giuridica da parte dello Stato"[2]. Dunque, lo Stato moderno sorge quando lo Stato si

---

[1] Cfr. N. BOBBIO, *Il positivismo giuridico. Lezioni di filosofia del diritto raccolte dal dott. N. Morra* (ed. or. 1961), Giappichelli, Torino, 1996, pp. 3-126.

[2] N. BOBBIO, *op. ult. cit.*, p. 15.

presenta in una forma riconducibile al principio della Sovranità. Ciò avviene soltanto con la Rivoluzione francese. Sino allo Stato Assoluto del XVII secolo mancava infatti un chiaro divieto di eterointegrazione e i "... giudici potevano [...], ogni volta che avessero ritenuto lacunose le ordinanze del sovrano, far rivivere nelle loro sentenze i diritti particolari. Questi ultimi erano dunque solo parzialmente abrogati, nelle parti in cui si ponevano in difformità o contrasto con le disposizioni contenute nelle ordinanze, ma per il resto continuavano ad esistere ..."[3]. Inoltre, è solo con lo stato moderno che si assiste – oltre al superamento del particolarismo giuridico[4] – al passaggio dalla concezione dualistica del diritto, secondo la quale il diritto è composto dal diritto positivo e dal diritto naturale, alla concezione monistica, secondo la quale tutto il diritto è diritto positivo.

Il secondo fattore riconducibile alla categoria delle trasformazioni socio-istituzionali è il fenomeno della codificazione, la cui massima espressione è la promulgazione del *Code Napoléon* nel 1804. L'idea che sta dietro alla codificazione è quella di un diritto semplice, chiaro, coerente ed accessibile a tutti. A questa idea si può certamente associare la concezione, tipicamente giuspositivista, di una scienza giuridica che si limita a descrivere in modo avalutativo il suo oggetto (cioè, il diritto positivo) e la concezione dell'interpretazione giuridica come attività meramente meccanica, concezione, quest'ultima, che affonda le sue radici nel giusrazionalismo illuminista e che può a buon diritto essere considerata un tratto distintivo di quello che Bobbio chiama "positivismo giuridico come teoria"[5].

Tra i movimenti di pensiero che hanno reso possibile la nascita e l'affermazione del positivismo giuridico vanno ricordati il razionalismo illuminista, la scuola dell'esegesi, nata in Francia a seguito della codificazione, l'imperativismo di Jeremy Bentham e John Austin[6], e, infine, la Scuola storica del diritto, radicata soprattutto in Germania. In questa sede è sufficiente dedicare un breve cenno a ciascuno di questi fattori.

---

[3] M. FIORAVANTI, *Stato e costituzione*, in ID. (a cura di), *Lo Stato moderno in Europa. Istituzioni e diritto*, Laterza, Roma-Bari, 2002, pp. 3-36, in particolare pp. 12-13; cfr. L. FERRAJOLI, *La sovranità nel mondo moderno*, Laterza, Roma-Bari, 1997.

[4] Cfr. G. TARELLO, *Storia della cultura giuridica moderna*, Il Mulino, Bologna, 1976, pp. 15-42.

[5] Cfr. V. VELLUZZI, *Percorsi del positivismo giuridico*, *supra*, p. 7.

[6] Per alcuni cenni sull'imperativismo, cfr. sempre V. VELLUZZI, *Percorsi del positivismo giuridico*, *supra*, pp. 3-5. Per una analisi comparata dell'imperativismo di Benthan ed Austin, cfr. P. CHIASSONI, *L'utopia della ragione analitica. Origini, oggetti e metodi della filosofia del diritto positivo*, Giappichelli, Torino, 2005, pp. 135-286.

Il razionalismo settecentesco ha contribuito alla nascita ed alla affermazione del positivismo giuridico in quanto ha difeso e teorizzato il dogma dell'onnipotenza del legislatore, favorendo così la nascita dello Stato moderno che, come abbiamo visto, presuppone la monopolizzazione della produzione giuridica da parte dell'organo legislativo.

Non bisogna peraltro dimenticare che si devono al pensiero liberale anche la dottrina della separazione dei poteri e quella della rappresentatività secondo la quale il potere politico spetta al popolo che lo esercita attraverso i suoi rappresentanti. Entrambe queste dottrine controbilanciano l'"assolutezza" del potere del legislatore e contribuiscono (soprattutto la prima, per la verità) alla affermazione di una concezione formalista e meccanicistica dell'interpretazione giuridica che, come si è già detto, è un "marchio di fabbrica" del positivismo giudico ottocentesco.

Il pensiero giusrazionalista, tuttavia, non negando l'esistenza di un diritto naturale né la possibilità che il giudice, per risolvere le controversie, ricorra a quest'ultimo, almeno in caso di lacune del diritto positivo, è comunque distinguibile dal positivismo giuridico che riduce tutto il diritto al diritto positivo.

La scuola dell'esegesi ha contribuito, in modo determinante, al buon esito del processo della codificazione e, dunque, già solo per questo, può essere considerata un fattore importante per l'avvento del positivismo giuridico. Volendo entrare un po' più nel dettaglio, si possono almeno enumerare quelli che, secondo Bobbio, sono i caratteri fondamentali della scuola: la concezione statualistica del diritto, la concezione intenzionalistica dell'interpretazione giuridica, il culto della legge, il ricorso al principio di autorità. A proposito di quest'ultimo punto è interessante precisare che le autorità di riferimento erano almeno due. La prima, certamente, era l'autorità del legislatore. La seconda, quella dei primi e più prestigiosi esponenti della scuola. Sin qui non è possibile rilevare alcuna significativa differenza tra la scuola dell'esegesi ed il positivismo giuridico ottocentesco. Tuttavia una differenza c'è e non si tratta di una differenza trascurabile. La scuola dell'esegesi sostiene infatti la tesi della subordinazione del diritto naturale al diritto positivo e, quindi, non nega, a differenza del positivismo giuridico, l'esistenza del diritto naturale, per quanto riconosca che tale diritto non ha alcuna rilevanza per il giurista. Insomma, neanche la scuola dell'esegesi porta a compimento il passaggio da una concezione del diritto dualistica ad una monistica.

L'imperativismo, definendo il diritto come l'insieme dei comandi generali ed astratti del sovrano, consente di delimitare in modo chiaro l'ambito del diritto positivo e, conseguentemente, anche quello della scienza giuridica[7] il cui oggetto è rappresentato, per l'appunto, soltanto dal diritto positivo. Nonostante la chiara avversione degli imperativisti nei confronti della dottrina del diritto naturale, essi (mi riferisco espressamente a Bentham ed Austin), in quanto sostenitori dell'utilitarismo, condividono con i giusnaturalisti l'adozione dell'oggettivismo etico e, da questo punto di vista, sono chiaramente distinguibili dai principali autori giuspositivisti del Novecento[8].

Infine, la scuola storica del diritto, il cui principale esponente è Friedrich Carl von Savigny, rappresenta un fattore decisivo per la nascita e lo sviluppo del positivismo giuridico, essenzialmente per le sue critiche radicali al giusnaturalismo, al razionalismo (critiche che sono condivise anche dall'imperativismo) e ad una prospettiva meta-etica oggettivista. Di contro, l'esplicita avversione della scuola storica per la codificazione segna un'importante differenza tra questa concezione del diritto ed il positivismo giuridico (come teoria)[9].

Come la nascita e l'affermazione di un movimento di pensiero dipendono da molteplici cause molto complesse – ed è solo questo che ho tentato di mostrare, forse troppo confusamente, nelle pagine precedenti – anche la sua crisi ed il suo declino (siano, l'una e l'altro, passeggeri o definitivi) meritano una spiegazione articolata che eviti le facili semplificazioni.

La crisi ed il declino del positivismo giuridico, dunque, di cui si parla in modo esplicito, e considerandoli quasi un dato assodato, (almeno) a partire dai primi anni settanta del Novecento, dipendono da fattori plurimi ed eterogenei[10].

---

[7] Vale la pena di ricordare che l'unica opera pubblicata in vita da John Austin – il principale esponente, insieme a Jeremy Bentham, dell'imperativismo – è, significativamente, *Delimitazione del campo della giurisprudenza* (1832; trad. it. dalla edizione del 1954 a cura di H.L.A. Hart), trad. di G. Gjylapian, a cura di M. BARBERIS, Il Mulino, Bologna, 1995.

[8] Per quanto non tutti ritengano che una concezione del diritto di matrice positivista presupponga necessariamente una meta-etica relativista. Cfr., ad esempio, P. COMANDUCCI, *Il positivismo giuridico: un tentativo di bilancio*, in M. BIANCHINI e G. VIARENGO (a cura di), *Studi in onore di Franca De Marini Avonzo*, Giappichelli, Torino, 1999, pp. 125-134; R. CARACCIOLO, *Realismo moral vs. positivismo jurídico*, in P. COMANDUCCI, R. GUASTINI (a cura di), *Analisi e diritto 2000. Ricerche di giurisprudenza analitica*, Giappichelli, Torino, 2001, pp. 37-44.

[9] Se la contrapposizione giusnaturalismo/giuspositivismo è intesa in modo dicotomico, allora la scuola storica va considerata una concezione del diritto giuspositivista in quanto ritiene che tutto il diritto sia diritto positivo. Se, invece, la contrapposizione in questione è intesa in modo non dicotomico, allora è possibile ricondurre la scuola storica al *tertium genus* delle concezioni evoluzionistiche del diritto, le quali pongono l'accento non tanto sul fatto che il diritto sia un prodotto umano, quanto sul fatto che si tratti di un prodotto spesso inintenzionale. Cfr. M. BARBERIS, *Breve storia della filosofia del diritto*, Il Mulino, Bologna, 2004, pp. 46-52.

[10] Cfr., ad esempio, E. PATTARO, *Il positivismo giuridico italiano dalla rinascita alla crisi*, in

Anche in questo caso, bisogna guardare, in primo luogo, alle trasformazioni socio-istituzionali.

Se la sovranità è il tratto distintivo dello Stato moderno, la "crisi della Sovranità" lo è, probabilmente, dello Stato contemporaneo [11]. Dopo la fine della seconda guerra mondiale, la sovranità degli Stati nazionali viene duplicemente limitata.

All'interno, la *potestas legibus soluta* e *superiorem non recognoscens* degli Stati è negata attraverso l'introduzione di Costituzioni rigide, cioè modificabili solo attraverso un procedimento aggravato rispetto a quello previsto per la formazione della legge, e lunghe, contenenti cioè una dichiarazione dei diritti.

All'esterno, vale a dire nei confronti degli altri Stati, la fine della sovranità assoluta "è sanzionata [...] dalla Carta dell'Onu varata a San Francisco il 26 giugno 1945 e poi dalla Dichiarazione universale dei diritti dell'uomo approvata il 10 dicembre 1948 dall'Assemblea Generale delle Nazioni Unite" [12].

Il fatto che ogni Stato nazionale fosse titolare, prima del 1945, di una sovranità assoluta implicava che l'ordine giuridico mondiale si presentasse come uno stato di natura hobbesiano i cui soggetti, anziché gli individui, erano gli Stati. L'attributo principale della sovranità esterna degli Stati era dunque lo *ius ad bellum*. Questa situazione comincia a mutare nel 1945 quando, appunto, viene varata la Carta dell'Onu la quale, nel preambolo e nei primi due articoli, introduce il divieto della guerra. La sovranità esterna degli Stati nazionali viene ulteriormente limitata dalla Dichiarazione universale dei diritti dell'uomo del 1948, attraverso la quale i diritti umani vengono trasformati "... in limiti non più solo interni ma anche esterni alla potestà degli Stati" [13].

Insomma, se lo Stato liberale ottocentesco – lo Stato di diritto – riconosce come unici limiti alla Sovranità statale le "procedure" che l'autorità legittima deve rispettare per creare diritto valido [14], lo Stato costituzionale aggiunge, ai

---

U. SCARPELLI (a cura di), *Diritto e analisi del linguaggio*, Edizioni di Comunità, Milano, 1976, pp. 451-487; M. JORI, *Il giuspositivismo analitico italiano prima e dopo la crisi*, Giuffrè, Milano, 1987.

[11] Seguo, qui, L. FERRAJOLI, *La sovranità nel mondo moderno*, cit.

[12] L. FERRAJOLI, *op. ult. cit.*, p. 39.

[13] L. FERRAJOLI, *op. ult. cit.*, p. 40.

[14] Maurizio Fioravanti ad esempio definisce lo Stato di diritto come "un meccanismo di pronta e sicura, e uniforme, applicazione della legge da parte dei giudici. Che poi tale legge riconosca, sul piano dei contenuti, certi diritti in modo più o meno ampio, è cosa che non può più in alcun modo essere sindacata, mancando ora un metro di giudizio di ordine superiore alla stessa legge, di tipo costituzionale: ciò che importa è solo che quei diritti, che la legge in quel momento riconosce, siano adeguatamente tutelati, nel senso che sia sempre possibile ri-

limiti procedurali, anche limiti "sostanziali", di "contenuto", che impediscono che il potere costituito possa fare o decidere tutto ciò che vuole.

Ma perché la crisi della sovranità potrebbe (o dovrebbe) implicare la crisi del positivismo giuridico? Una risposta compiuta a questa domanda non può essere fornita in questa sede. Si può tuttavia almeno rilevare che l'esplicita incorporazione di valori morali nel diritto dopo la Seconda guerra mondiale ha prodotto dei cambiamenti significativi nel modo di intendere il diritto stesso e, dunque, ha concorso a provocare un ripensamento all'interno del positivismo giuridico[15]. In particolare, tale incorporazione ha contribuito in modo decisivo all'apertura di un dibattito tra i giuspositivisti sul dogma della separabilità tra diritto e morale e su quello della pretesa neutralità della scienza giuridica.

Su questo primo fattore della crisi del positivismo giuridico se ne innesta un altro: la "costituzionalizzazione" degli ordinamenti giuridici. In termini molto generali, la costituzionalizzazione è "un processo di trasformazione di un ordinamento al termine del quale l'ordinamento in questione risulta totalmente 'impregnato' dalle norme costituzionali"[16].

La costituzionalizzazione è un fenomeno tipico e peculiare degli Stati costituzionali: una condizione necessaria affinché un ordinamento giuridico possa essere considerato costituzionalizzato è la presenza di una costituzione rigida e lunga, nonché di un controllo di un qualche tipo sulla conformità delle leggi alla costituzione. La sola presenza di queste condizioni, sebbene necessaria, non consente tuttavia di affermare che un ordinamento giuridico sia (più o meno) impregnato dalla costituzione, sia (più o meno) costituzionalizzato. Seguendo l'analisi di Riccardo Guastini, le ulteriori condizioni di costituzionalizzazione (ciascuna delle quali è "condizione sufficiente di un diverso grado di costituzionalizzazione"[17]) sono: la forza vincolante della costituzione, la sovra-interpretazione della costituzione, l'applicazione diretta delle norme costi-

correre ad un giudice per la loro tutela". [M. FIORAVANTI, *Appunti di storia delle costituzioni moderne. Le libertà fondamentali*, Giappichelli, Torino, 1995, p. 125].

[15] Cfr. L. PRIETO SANCHÍS, *Costituzionalismo e positivismo*, in P. COMANDUCCI e R. GUASTINI (a cura di), *Analisi e diritto 1996. Ricerche di giurisprudenza analitica*, Giappichelli, Torino, 1996, pp. 207-226; G. PINO, *The Place of Legal Positivism in Contemporary Constitutional States*, in "Law and Philosophy", 18, 1999, pp. 513-536; F. VIOLA, G. ZACCARIA, *Diritto e interpretazione. Lineamenti di teoria ermeneutica del diritto*, Laterza, Roma-Bari, 1999, pp. 401-407.

[16] R. GUASTINI, *La "costituzionalizzazione" dell'ordinamento italiano*, in "Ragion Pratica", 11, 1998, pp. 185-206, la citazione è tratta da p. 185.

[17] R. GUASTINI, *op. ult. cit.*, p. 186.

tuzionali da parte del giudice ordinario, l'interpretazione adeguatrice delle leggi, l'influenza delle costituzioni sui rapporti politici.

Ciascuna di queste condizioni non soltanto mina – unitamente al passaggio dallo Stato di diritto allo Stato costituzionale, di cui si è detto – la fiducia del positivismo giuridico nei confronti dei suoi stessi presupposti filosofici, ma fa vacillare l'idea, che affonda le sue radici nel giuspositivismo ottocentesco, secondo la quale l'attività di individuazione e di descrizione del diritto sarebbe in larga misura indipendente rispetto ad un'attività di tipo interpretativo. Non è un caso, ritengo, che, proprio in concomitanza con il dispiegarsi del processo di costituzionalizzazione degli ordinamenti giuridici, il tema dell'interpretazione sia stato posto al centro delle riflessioni teoriche sul diritto (sia di matrice giuspositivista che non)[18].

Una delle caratteristiche della filosofia e della teoria del diritto più recente risiede proprio nella consapevolezza che la pratica giuridica richiede un "esercizio di interpretazione" non soltanto nel caso in cui si debba attribuire un significato a determinate disposizioni normative, ma in generale. È lecito parlare, a questo proposito, di una vera e propria "svolta interpretativa" della teoria del diritto[19]. Che il positivismo giuridico abbia le risorse per "metabolizzare" questa svolta interpretativa è, come si evince anche dallo stesso dibattito interno al positivismo giuridico, dubbio.

Un breve cenno, tra i fattori della crisi del positivismo giuridico, merita l'accusa, sollevata all'indomani della Seconda guerra mondiale da alcuni giuristi e filosofi del diritto, soprattutto tedeschi, secondo la quale il positivismo giuridico era corresponsabile dell'avvento del nazismo. Scambiando la parte per il tutto, vale a dire il positivismo giuridico ideologico, ben rappresentato dallo slogan *Gesetz ist Gesetz* ("la legge è legge")[20], per il positivismo giuridico *tout-court*, si è tentato di suffragare la tesi che una concezione del diritto positivista presupponga necessariamente un rispetto cieco ed acritico per l'autorità in carica, qualsiasi essa sia. Tale accusa ha preso piede, sia pure per un

---

[18] A titolo meramente esemplificativo cfr. R. DWORKIN, *Taking Rights Seriously*, Harvard University Press, Cambridge (Mass.), 1977 [trad. par. di F. Oriana, *I diritti presi sul serio*, Il Mulino, Bologna, 1982]; R. ALEXY, *Teoria dell'argomentazione giuridica* (1978), trad. e cura di M. La Torre, Giuffrè, Milano, 1998; N. MACCORMICK, *Ragionamento giuridico e teoria del diritto*(1978, II ed. 1994), trad. e introduzione di A. Schiavello, edizione italiana a cura di V. VILLA, Giappichelli, Torino, 2001.

[19] Così K. KRESS, *The Interpretive Turn*, in "Ethics", 97, 1987, pp. 834-860.

[20] Sul positivismo giuridico ideologico, cfr. V. VELLUZZI, *Percorsi del positivismo giuridico*, *supra*, pp. 7-8.

breve periodo, sull'onda emotiva seguita alla presa di coscienza, da parte dell'umanità intera, delle atrocità senza precedenti commesse dal regime nazista; questo spiega lo scarso peso attribuito alla fondatezza, quantomeno dubbia, degli argomenti avanzati a sostegno di questa accusa.

A riprova del sostrato emotivo e psicologico di questo *j'accuse* nei confronti del giuspositivismo, basti ricordare la vasta eco che ebbe, ben oltre i confini della Germania, la pubblica abiura del positivismo giuridico da parte dell'insigne giurista Gustav Radbruch[21], divenuto poi punto di riferimento di quello che è stato significativamente denominato "neogiusnaturalismo postbellico"[22]. Va detto, per concludere sul punto, che questa accusa e, più in generale, l'aura di sospetto che circondava il giuspositivismo dopo la Seconda guerra mondiale, più che contribuire alla crisi del giuspositivismo hanno favorito, del tutto inopinatamente, l'ultima "rinascita" del positivismo giuridico negli anni Sessanta del Novecento. È stato anche per difendere il giuspositivismo dall'accusa di immoralità, infatti, che gli esponenti preminenti di questa tradizione di ricerca giusfilosofica hanno compiuto uno sforzo encomiabile per chiarire quale fosse il punto di dirsi giuspositivisti. Alcuni tra gli esiti più significativi di questo fecondo dibattito interno al positivismo giuridico sono stati raccolti nella prima parte di questa antologia.

Infine, uno dei fattori decisivi della crisi del positivismo giuridico è il fiorire, a partire dalla seconda metà del Novecento, di teorie del diritto antigiuspositiviste. I due saggi seguenti, rispettivamente di Lon Fuller e Ronald Dworkin, possono essere ricondotti, ognuno a suo modo, al fronte antigiuspositivista. Le teorie del diritto di Fuller e Dworkin sono molto diverse l'una dall'altra, ma condividono sia l'avversione per il positivismo giuridico

---

[21] Cfr., in particolare, G. RADBRUCH, *Ingiustizia legale e giustizia sovralegale* (1946), trad. it. di E. Fittipaldi, in A.G. CONTE, L. FERRAJOLI, M. JORI, P. DI LUCIA (a cura di), *Filosofia del diritto*, Cortina, Milano, 2002, pp. 152-163. In questo saggio Radbruch sostiene che "il positivismo … con la sua convinzione 'La legge è legge' ha reso la categoria professionale dei giuristi inerme nei confronti di leggi arbitrarie e dal contenuto criminale" (p. 157). Come antidoto al "legalismo" che egli attribuisce al giuspositivismo, Radbruch avanza due tesi. La prima, ora nota come "formula di Radbruch", è che "il conflitto fra la giustizia [*Gerechtigkeit*] e la certezza del diritto [*Rechtssicherheit*] potrebbe dover essere risolto in un senso tale per cui il diritto positivo … abbia la precedenza, anche quando è, nel suo contenuto, ingiusto [*inhaltlich ungerecht*] e inadatto allo scopo [*unzweckmäßig*], a meno che il contrasto fra la legge positiva e la giustizia giunga a un grado tale di intollerabilità che la legge, in quanto 'diritto ingiusto' [*unrichtiges Recht*], debba arretrare di fronte alla giustizia" (p. 158). La seconda tesi è che "quando …viene di proposito negata quell'eguaglianza che costituisce il nucleo della giustizia, allora la legge non soltanto è 'diritto ingiusto', piuttosto non è affatto diritto" (p. 158).

[22] Cfr. M. BARBERIS, *Breve storia della filosofia del diritto*, cit., pp. 30-32.

sia una certa renitenza, quando non anche un espresso rifiuto, ad essere classificate come versioni del giusnaturalismo[23]. Parafrasando il titolo del saggio di John Mackie incluso nella terza parte di questa antologia, il denominatore comune delle teorie anti-giuspositiviste è il tentativo di individuare una "terza via" rispetto al giusnaturalismo ed al giuspositivismo.

Da un lato, queste teorie condividono la concezione monistica del diritto, tipica del positivismo giuridico, secondo cui tutto il diritto è diritto positivo e, di conseguenza, anche l'opzione metodologica per una descrizione o, meglio, ricostruzione del fenomeno giuridico incline all'analisi delle istituzioni e delle prassi effettivamente vigenti in un certo territorio in un determinato momento storico, piuttosto che a speculazioni in astratto sulla categoria del giuridico.

Dall'altro, esse criticano, a partire da una più o meno esplicita meta-etica oggettivista e cognitivista, la tesi giuspositivista della separabilità tra diritto e morale.

Mettendo tra parentesi la questione della plausibilità e della coerenza complessiva di queste teorie, quello che rileva, in questa sede, è comprendere quali siano le obiezioni che le teorie anti-giuspositiviste muovono al positivismo giuridico, nonché l'impatto che tali obiezioni hanno avuto sul dibattito interno al positivismo giuridico stesso. Il modo migliore di affrontare questi temi è, credo, quello di evitare discorsi troppo astratti e generici e di limitarsi ad una analisi delle tesi espressamente avanzate da Fuller e Dworkin nei loro saggi. I prossimi due paragrafi saranno proprio dedicati alla presentazione delle critiche rispettivamente di Fuller e Dworkin al positivismo giuridico.

In conclusione di questo paragrafo, invece, vale la pena di dire qualcosa sull'impatto che il pensiero di questi due autori ha avuto sul positivismo giuridico.

La scelta di includere, in questa seconda parte, *Il positivismo e la fedeltà al diritto* di Fuller e *Il modello delle regole* di Dworkin è dipesa in buona parte dal fatto che si tratta di saggi agevolmente "comparabili", anche da parte di lettori non competenti di filosofia del diritto. Entrambi gli autori infatti, nel criticare il positivismo giuridico, eleggono come obiettivo critico la versione di questa concezione del diritto proposta da Herbert Hart[24].

---

[23] Cfr. ad esempio L.L. FULLER, *La moralità del diritto* (1964; 1969 2ª ed.), ed. italiana a cura di A. Dal Brollo, Giuffrè, Milano, 1986, pp. 130-142; R. DWORKIN, *L'impero del diritto* (1986), trad. di L. Caracciolo di San Vito, Il Saggiatore, Milano, 1989, pp. 39-40.

[24] Per una presentazione delle tesi che Hart espone in questo saggio, cfr. V. VELLUZZI, *Percorsi del positivismo giuridico*, *supra*, pp. 14-18.

Il saggio di Fuller, in particolare, pubblicato originariamente nel 1958 (quindi prima della pubblicazione de *Il concetto di diritto*, l'opera più nota di Hart, avvenuta nel 1961), è una esplicita replica al saggio di Hart *Il positivismo e la separazione tra diritto e morale*, contenuto nella prima parte di questa antologia.

L'aspetto interessante è che mentre l'antigiuspositivismo di Fuller ha esercitato un'influenza minima sulla crisi del positivismo giuridico, la concezione del diritto di Dworkin, al contrario, ha determinato, si può dire quasi da sola, un profondo ripensamento all'interno del fronte giuspositivista (di matrice hartiana).

Non è sempre facile spiegare le ragioni del successo (o dell'insuccesso) di una teoria o di una prospettiva filosofica. Credo tuttavia che in questo caso si possa almeno dire che Dworkin – pur adottando uno stile spesso confuso e quasi "avvocatesco"[25] – abbia saputo individuare in modo più penetrante rispetto a Fuller le tesi centrali del positivismo giuridico (hartiano) e, di conseguenza, anche i punti deboli di quest'ultimo. Non va neanche sottovalutato il fatto che negli anni Sessanta del secolo scorso Dworkin fosse perfettamente inserito nel *milieu* oxoniense (che costitutiva, almeno a partire dai primi anni Cinquanta, una delle roccaforti più avanzate del positivismo giuridico contemporaneo) e, quindi, fosse più a suo agio rispetto a Fuller con l'idioletto di quella comunità scientifica[26].

2. *La "presunta" replica di Fuller ad Hart*

Dworkin, recensendo l'opera più nota di Fuller, *La moralità del diritto*, la definisce "un tentativo non riuscito di configurare in modo nuovo il rapporto tra diritto e morale"[27]. Questo giudizio si attaglia bene anche al saggio di Fuller incluso in questa antologia. I difetti principali della prospettiva anti-giuspositivista di Fuller sono due. Il primo, a cui abbiamo accennato in conclu-

[25] Cfr. ad esempio M. JORI, *L'ultimo Hart e la teoria dionisiaca del diritto: una discussione mancata*, in "Ragion Pratica", 21, 2003, pp. 405-434, in particolare p. 406, n. 4.

[26] Basti ricordare che Dworkin ha compiuto presso l'Università di Oxford i suoi studi di filosofia e *jurisprudence* e che dal 1969 al 1998 ha occupato in quella Università la prestigiosa cattedra di *Jurisprudence* proprio in sostituzione di Herbert Hart.

[27] R. DWORKIN, *Philosophy, Morality, and Law – Observations Prompted by Professor Fuller's Novel Claim*, in"University of Pennsylvania Law Review", Vol. 113, 1964-1965, pp. 668-690, la citazione è a p. 668.

sione del paragrafo precedente, è l'eccentricità delle sue critiche al positivismo giuridico (di Hart). In altre parole, la "replica" di Fuller ad Hart sembra piuttosto essere il frutto di un fraintendimento circa la prospettiva giusfilosofica di quest'ultimo. Ciò rende questa replica, una replica solo "presunta". Il secondo difetto è la scarsa attrattiva della concezione del diritto proposta da Fuller. Questo paragrafo sarà essenzialmente dedicato ad una breve disanima di entrambi i difetti.

L'*incipit* del saggio di Fuller è promettente. Fa ben sperare, innanzitutto, che egli, per così dire, non si perda in fronzoli, ma rivolga immediatamente l'attenzione alla distinzione – che può essere considerata quasi un marchio di fabbrica del positivismo giuridico ortodosso – tra "il diritto qual è" e "il diritto quale dovrebbe essere" e, più in generale, alla tesi della separazione tra diritto e morale. Inoltre, è incoraggiante anche il modo in cui Fuller inizialmente sembra volere impostare la sua replica ad Hart su questo punto: egli rileva come Hart oscilli tra il presentare tale distinzione come una questione di fatto, di cui la filosofia e la teoria del diritto non possono che prendere atto, ed il sottolineare i pericoli e le nefaste conseguenze che potrebbero derivare da un indebolimento di tale distinzione.

Fuller rileva opportunamente che quest'ultima osservazione di Hart farebbe pensare che la distinzione in questione non sia qualcosa che "esiste in natura" ma qualcosa che "è bene che vi sia" e che, dunque, la filosofia e la teoria del diritto devono contribuire a creare e conservare[28]. Insomma, si tratterebbe di una distinzione che non è fondata su un giudizio di fatto, ma che è radicata su un giudizio di valore. E quest'ultima è proprio la tesi di fondo del positivismo giuridico di Uberto Scarpelli.

Sorprendentemente, Fuller non coglie appieno la portata di questa critica ad Hart e, più in generale, al positivismo giuridico metodologico o concettuale[29]; anzi, egli si preoccupa di mostrare – con argomenti poco convincenti su cui si può sorvolare – che questa oscillazione rilevabile nel pensiero di Hart produca una contraddizione meramente apparente.

Le sue critiche al positivismo giuridico prendono dunque una strada differente e meno feconda, che consiste, per dirla in due parole, nel mostrare che la separazione tra diritto e morale non è un valore o un ideale che valga la pena di perseguire.

---

[28] L. FULLER, *Il positivismo e la fedeltà al diritto. Una replica ad Hart*, *infra*, p. 136.

[29] Sul positivismo metodologico o concettuale, cfr. V. VELLUZZI, *Percorsi del positivismo giuridico*, *supra*, pp. 6-7.

Ai timori manifestati da Hart nei confronti dei tentativi di "infondere più morale all'interno del diritto"[30], Fuller contrappone ben sei argomenti.

È sufficiente una veloce disamina di questi argomenti per comprendere come la critica di Fuller al positivismo giuridico non sia perfettamente centrata.

In primo luogo, Fuller ritiene che l'assenza di contraddizioni e la congruenza hanno "maggiore affinità" con ciò che è buono piuttosto che con ciò che è malvagio. Siccome la coerenza è una caratteristica essenziale di ogni sistema normativo, allora è possibile affermare che, in effetti, c'è una connessione necessaria tra diritto e morale che non va sottaciuta.

Possiamo qui limitarci a rilevare che questa tesi, che Fuller presenta in reazione alla tesi opposta, difesa da Hart, secondo cui è possibile perseguire in modo perfettamente coerente le finalità più malvagie, non è argomentata in modo convincente. È significativo che Fuller stesso la presenti come una mera credenza, come una affermazione auto-evidente.

In secondo luogo, Fuller osserva che l'importanza tributata dal positivismo giuridico alla distinzione tra diritto e morale non rappresenta una protezione efficace rispetto alla possibilità che alcune norme giuridiche, o anche un intero sistema giuridico, perseguano fini malvagi o, per dirla con Fuller, siano permeati di una "moralità immorale".

Questo è certamente vero, ma banale. Attraverso la negazione di una connessione necessaria tra diritto e morale, il positivismo giuridico intende semplicemente richiamare l'attenzione sul fatto che l'esistenza di una norma giuridica non implica alcun obbligo di conformarsi a quanto da essa richiesto.

In terzo luogo, egli immagina che se un giudice, ad esempio, intende perseguire, attraverso le sue decisioni, un fine che non è condiviso dalla maggioranza dei consociati, è probabile che adotterà la strategia di trincerarsi dietro il suo ruolo di mero "applicatore" del diritto, piuttosto che quella di presentare le sue decisioni come una esplicita violazione del diritto positivo in ossequio ad un diritto superiore ed immutabile.

Più in generale, ciò che Fuller vuole rimarcare attraverso questo argomento è che il pericolo reale non è la commistione tra il diritto e la morale, ma la surrettizia presentazione – soprattutto nella fase interpretativo-applicativa – di ragioni morali come ragioni giuridiche.

Anche in questo caso è tuttavia difficile comprendere come l'argomento in questione possa essere utilizzato in chiave anti-giuspositivista. Innanzitutto, nessun giuspositivista contemporaneo accoglie una concezione formalista del-

---

[30] L.L. FULLER, *op. ult. cit.*, p. 140.

l'interpretazione giuridica; al contrario, se c'è qualcosa che accomuna i principali giuspositivisti del Novecento, da Kelsen a Ross ad Hart, è proprio il riconoscimento che la prassi interpretativo-applicativa in ambito giuridico richiede l'esercizio di una certa discrezionalità.

Inoltre, l'idea che il giudice possa comunque sfuggire alle proprie responsabilità presentando le proprie decisioni come l'esito inevitabile di un sillogismo normativo, è estranea alla migliore tradizione del positivismo giuridico che, come si è già detto, non fa propria la massima "la legge è legge" e, più in generale, rigetta la (versione estrema della) tesi ideologica del positivismo giuridico[31].

In quarto luogo, Fuller nota che anche il regime più malvagio che si possa immaginare evita di esplicitare attraverso il diritto la propria "moralità immorale". Secondo Fuller, questa prudenza è una conseguenza non della "separazione del diritto dalla morale, ma, esattamente, [di] un'identificazione del diritto con quelle richieste di moralità più urgenti e più agevolmente giustificabili che nessun uomo deve vergognarsi di esprimere"[32].

Probabilmente, questo argomento mostra soltanto che al vocabolo "diritto" è sovente associato un significato emotivo favorevole[33] che dipende, in massima parte, dal legame molto stretto, sottolineato peraltro anche da Hart[34], tra "diritto" e "giustizia". Ciò che spinge i regimi malvagi a mostrare prudenza nell'esplicitare, attraverso la promulgazione di norme giuridiche, gli aspetti più esecrabili della politica da loro perseguita è proprio il desiderio di sfruttare, nei limiti del possibile, questa carica emotiva favorevole associata al diritto.

Non mi sembra tuttavia che questo argomento – che ha natura empirico-sociologica – possa essere utilizzato per falsificare la tesi della separabilità tra diritto e morale e, più in generale, il positivismo giuridico che sostiene questa tesi.

In quinto luogo, Fuller rileva che, osservando, in particolare, l'atteggiamento dei giudici sul finire degli anni Cinquanta del secolo scorso, il reale pericolo non è tanto quello della incorporazione nel diritto di una "morale immorale", quanto quello di un eccesso di formalismo e di un'applicazione miope del diritto.

---

[31] Cfr. C.S. NINO, *Introduzione all'analisi del diritto*, Giappichelli, Torino, 1996, p. 28.

[32] L.L. FULLER, *op. ult. cit.*, p. 142.

[33] C.S. NINO, *Introduzione all'analisi del diritto*, cit., p. 13.

[34] H.L.A. HART, *Il concetto di diritto* (1961), trad. di M. Cattaneo, Einaudi, Torino, 1991, cap. VIII, in particolare pp. 185-196.

Anche in questo caso, l'argomento ha natura empirico-sociologica e, peraltro, come si è già detto in relazione alla terza critica avanzata da Fuller, il formalismo interpretativo non è una tesi che caratterizza il positivismo giuridico contemporaneo.

In sesto ed ultimo luogo, Fuller presenta l'argomento più oscuro fra tutti. Egli sostiene che la tesi della distinzione tra diritto e morale viene spesso utilizzata come argine e baluardo contro le pronunce di autorità religiose – Fuller fa esplicito riferimento alle pronunce del Papa – che prescrivono ai giudici ed ai funzionari che professano quella determinata religione di non applicare le norme giuridiche contrarie ai precetti religiosi (ad esempio, le norme che consentono ai coniugi di divorziare o alle donne di abortire)[35]. In questo caso, secondo Fuller, la tesi della distinzione tra diritto e morale è chiamata in causa del tutto pretestuosamente: il conflitto non è tra diritto e morale, ma tra norme emanate da autorità diverse. Fuller ha ragione, ma nessun positivista serio ha mai sostenuto qualcosa di diverso.

Il secondo difetto riguarda la *pars construens* del discorso di Fuller. In alternativa rispetto al positivismo giuridico, egli propone una sorta di "diritto naturale procedurale"[36]. Fuller contrappone alla tesi giuspositivista secondo cui non vi sarebbe una connessione concettuale tra diritto e morale, l'idea che il diritto è una pratica sociale che ha una sua morale interna[37].

Tale morale si sostanzia di otto esigenze, tutte riconducibili all'individuazione dello scopo del diritto nell'assoggettamento della condotta umana al governo di norme. Affinché il diritto possa perseguire il suo scopo, esso deve essere composto da norme: 1) generali; 2) promulgate; 3) tendenzialmente irretroattive; 4) chiare; 5) che non si contraddicano le une con le altre; 6) che non richiedano l'impossibile; 7) che non siano soggette a cambiamenti troppo

[35] Il tema dell'influenza della religione sulla vita pubblica è molto sentito nel dibattito filosofico-politico nordamericano. Nell'ambito della stessa tradizione liberale è possibile reperire posizioni differenti su tale questione. Cfr., ad esempio, J. RAWLS, *Liberalismo Politico* (1993), trad. di G. Rigamonti, Edizioni di Comunità, Milano, 1994, cap. VI e J. WALDRON, *Religious Contributions in Public Deliberation*, in "San Diego Law Review", 30, 1993, pp. 817-848. Mi permetto di rinviare anche a A. SCHIAVELLO, *Ragione pubblica o ragione senza aggettivi? Riflessioni critiche sulla nozione rawlsiana di ragione pubblica*, in G.L. BRENA (a cura di), *Etica pubblica e pluralismo*, Edizioni Messaggero, Padova, 2001, pp. 103-136, in cui passo in rassegna gli argomenti sul punto di John Rawls e Jeremy Waldron.

[36] Cfr. M. BARBERIS, *Breve storia della filosofia del diritto*, cit., pp. 32-33.

[37] Cfr. L.L. FULLER, *op. ult. cit.*, pp. 147-151 e L.L. FULLER, *La moralità del diritto*, cit., in particolare cap. 2.

frequenti o improvvisi. Infine, è necessario che 8) vi sia congruenza tra ciò che la legge dichiara ed il modo in cui essa viene, di fatto, amministrata.

La morale interna si distingue dalla morale esterna in quanto essa non individua contenuti giuridici determinati, ma indica soltanto le forme o le procedure che il diritto deve rispettare per raggiungere il suo fine. Per dirla con Fuller: "sebbene queste leggi naturali riguardino una delle attività umane più essenziali, esse ovviamente non coprono l'intera vita morale dell'uomo. Non hanno nulla da dire su argomenti come la poligamia, lo studio di Marx, l'adorazione di Dio, l'imposta progressiva sul reddito, o la sottomissione delle donne. Se sorgesse la questione se uno di questi argomenti, o altri simili, debbano esser resi oggetto di legislazione, tale questione si riferirebbe a quella che ho chiamato la morale esterna del diritto"[38]. Da qui il carattere eminentemente procedurale del giusnaturalismo di Fuller.

Se l'alternativa al positivismo giuridico proposta da Fuller si risolve nella esplicitazione delle necessarie caratteristiche formali che deve possedere una regola (non necessariamente giuridica) per poter svolgere la funzione di guida della condotta, non possiamo che dichiararci delusi. Come rileva Hart, "se questo è il significato della connessione necessaria fra diritto e morale, possiamo accettarlo. Esso è purtroppo compatibile con una grande iniquità"[39].

3. *Le critiche di Dworkin al modello delle regole*

Ridotto ai minimi termini, l'argomento centrale di Dworkin contro il positivismo giuridico ne *Il modello delle regole* si presenta come una confutazione della tesi secondo cui il diritto consisterebbe in un sistema di regole individuate attraverso una regola di riconoscimento[40].

Questo argomento può essere suddiviso in quattro passaggi.

---

[38] L.L. FULLER, *La moralità del diritto*, cit., p. 130.

[39] H.L.A. HART, *Il concetto di diritto*, cit., p. 241. Cfr. anche R. DWORKIN, *Philosophy, Morality, and Law – Observations Prompted by Professor Fuller's Novel Claim*, cit., p. 671.

[40] Per una presentazione generale della concezione del diritto di Dworkin mi permetto di rinviare a A. SCHIAVELLO, *Diritto come integrità: incubo o nobile sogno? Saggio su Ronald Dworkin*, Giappichelli, Torino, 1998; per una più articolata e completa ricostruzione delle critiche di Dworkin al positivismo giuridico rinvio invece a A. SCHIAVELLO, *Il positivismo giuridico dopo Herbert L.A. Hart. Un'introduzione critica*, Giappichelli, Torino, 2004, pp. 51-90. Per alcuni cenni sulla regola di riconoscimento, cfr. V. VELLUZZI, in *Percorsi del positivismo giuridico*, *supra*, pp. 14-18.

In primo luogo, secondo Dworkin le regole sono soltanto uno tra i diversi *standards* giuridici. Gli *standards* giuridici che non sono regole rientrano nell'ampia categoria dei "principi".

In secondo luogo, egli ritiene che tra regole e principi sussista una differenza qualitativa e non meramente quantitativa: è possibile distinguere recisamente una regola da un principio.

In terzo luogo, Dworkin sostiene che la regola di riconoscimento consente di individuare le regole giuridiche, ma non i principi giuridici.

In quarto luogo, egli afferma che non vi è soluzione di continuità tra principi morali e principi giuridici.

In conclusione, la rappresentazione che del diritto offre il positivismo giuridico è, per Dworkin, gravemente incompleta: il diritto *non* è un sistema di regole ma un sistema più complesso, che ricomprende al suo interno regole e principi e che, proprio per la presenza dei principi, si confonde, almeno in parte, con la morale.

L'affermazione perentoria di Dworkin secondo cui la regola di riconoscimento non è in grado di individuare *standards* giuridici diversi dalle regole è una palese esagerazione. Si può convenire, almeno in parte, con Genaro Carrió quando scrive che: "criticando il positivismo giuridico Dworkin ha *creato* o *inventato* il suo bersaglio. La marca di positivismo giuridico, contro cui egli argomenta, non esiste" [41]. Anche l'attacco di Dworkin al positivismo giuridico è dunque viziato, almeno in una certa misura, dallo stesso difetto che abbiamo riscontrato nelle critiche di Fuller, il difetto cioè di costruire un avversario che è agevole sconfiggere.

In relazione ai casi specifici di Fuller e Dworkin si può forse convenire con Joseph Raz quando afferma che una delle caratteristiche più indisponenti della teoria del diritto contemporanea è quella di non discutere direttamente le tesi sostenute da qualcuno ma di individuare, come obiettivo critico, una prospettiva teorica fittizia – vale a dire, non esplicitamente sostenuta da nessuno – ricostruita mettendo insieme le tesi di autori diversi, se non anche inventando tesi improbabili [42].

La differenza tra i due casi – quello di Fuller e quello di Dworkin – va ricercata nel loro diverso impatto sul positivismo giuridico; per le ragioni espres-

---

[41] G.R. CARRIÓ, *Le opinioni del prof. Dworkin sul positivismo giuridico*, "Materiali per una storia della cultura giuridica", 1, 1980, p. 180, corsivi dell'autore; cfr. anche A. PINTORE, *Norme e principi. Una critica a Dworkin*, Giuffrè, Milano, 1982, pp. 13 ss.

[42] J. RAZ, *Postema on Law's Autonomy and Public Practical Reasons: A Critical Comment*, in "Legal Theory", 4, 1998, pp. 1-20, in particolare p. 1.

se in conclusione del primo paragrafo, l'impatto delle critiche di Dworkin è stato molto maggiore rispetto a quello prodotto dalle critiche di Fuller. Pur non potendo entrare nel merito in questa sede, ritengo che i giuspositivisti, con delle eccezioni [43], da un lato, abbiano sopravvalutato la portata delle critiche di Dworkin, dall'altro, impegnati a confutare le sue tesi più eclatanti ed improbabili, non sempre abbiano colto gli aspetti della teoria del diritto dworkiniana realmente problematici per il positivismo giuridico.

Riguardo alla tesi specifica, accennata in precedenza, secondo la quale la regola di riconoscimento non sarebbe in grado di individuare i principi giuridici, bisogna almeno rilevare che essa è destituita di qualsiasi fondamento se riferita ai principi espressi, i cui criteri di validità non differiscono per nulla dai criteri di validità previsti per le regole.

Anche per quel che riguarda i principi inespressi, è possibile sostenere, adottando una prospettiva positivista ortodossa, che la loro validità è subordinata all'individuazione di una relazione, sia pure di tipo indiretto, con la regola di riconoscimento: un principio inespresso è valido se permette di spiegare e/o giustificare norme espresse.

In relazione a quest'ultimo caso, tuttavia, sarebbe un errore liquidare le osservazioni di Dworkin in modo sbrigativo. Il fatto è che, nella maggioranza dei casi, vi è più di un principio inespresso che consente di spiegare e/o giustificare norme espresse; di conseguenza, la scelta di un principio inespresso, piuttosto che un altro, presuppone, in ultima istanza, una giustificazione in termini di moralità politica in senso stretto. Insomma, nel caso dei principi inespressi, la relazione, indiretta, con la regola di riconoscimento è una condizione, tutt'al più necessaria, ma non sufficiente, della loro validità. Per quanto concerne la validità dei principi inespressi, "il sostegno istituzionale è un punto di partenza, ma non il *test* d'origine" [44].

Se la portata dell'argomento di Dworkin fosse circoscritta ai principi impliciti, tuttavia, il positivismo giuridico potrebbe limitarsi a rimarcare che il ruolo dei principi inespressi è assolutamente marginale negli Stati costituzionali contemporanei e, di conseguenza, che anche la critica di Dworkin rischia di essere scarsamente rilevante ed incisiva.

L'"argomento della controversia" ha però un ambito di applicazione più ampio. Esso infatti rileva non soltanto a proposito dell'individuazione dei

---

[43] Cfr. ad esempio H.L.A. HART, *La* jurisprudence *americana vista da un inglese: l'incubo e il nobile sogno*, *infra*.

[44] F. VIOLA, *Autorità e ordine del diritto*, Giappichelli, Torino, 1984, p. 190; cfr. anche N. MACCORMICK, *Ragionamento giuridico e teoria del diritto*, cit., p. 267.

principi inespressi, ma anche riguardo ai problemi attinenti, per così dire, all'*applicazione* dei principi espliciti e, più in generale, delle norme indeterminate. In altri termini, nel caso di disposizioni indeterminate, *quali* norme, o *standards* normativi, sono effettivamente riconducibili alla regola di riconoscimento?

L'argomento della controversia rappresenta quindi una grave minaccia per la *social thesis*. Secondo questa tesi, l'individuazione del diritto dipende esclusivamente da determinati fatti sociali, in particolare dai comportamenti e dagli atteggiamenti convergenti dei membri qualificati (espressamente, i giudici) della comunità di riferimento.

Tuttavia, l'accordo dei partecipanti su ciò che è e ciò che non è diritto, accordo che, per l'appunto, si manifesta attraverso comportamenti ed atteggiamenti convergenti, sottodetermina le norme effettivamente accolte da ciascuno dei partecipanti. Gli stessi criteri di riconoscimento sono (possono essere) sottodeterminati dai comportamenti e dagli atteggiamenti convergenti dei partecipanti e dei giudici in particolare.

Per dirla con (l'ultimo) Dworkin "non esiste affatto una regola di riconoscimento pienamente condivisa: la presunta convenzione secondo la quale la Costituzione americana sarebbe la suprema legge del paese o il Parlamento l'organo legislativo supremo in Gran Bretagna, può essere presentata come accettata convenzionalmente soltanto a condizione di ignorare il fatto che ciò che queste astratte formulazioni significano per alcuni giuristi, come linee guida per identificare le vere e concrete proposizioni di diritto, è molto diverso da ciò che esse significano per altri" [45].

Alla luce di queste precisazioni, credo che si possa concedere che la tesi di Dworkin secondo cui non c'è soluzione di continuità tra principi morali e principi giuridici (tra diritto e morale, più in generale) meriti – una volta opportunamente precisata e circoscritta – di essere presa sul serio dal positivismo giuridico, in particolare nella sua versione metodologica e concettuale.

Per concludere con una riflessione di carattere generale, vorrei ricordare a chi leggerà i due saggi, rispettivamente di Fuller e di Dworkin, inclusi in que-

---

[45] R. DWORKIN, *Hart's Posthumous Reply*, unpublished MS, citato in A. MARMOR, *Legal Conventionalism*, in J.L. COLEMAN (ed. by), *Hart's Postscript. Essays on the Postscript to The Concept of Law*, Oxford University Press, Oxford, 2001, pp. 193-217, la citazione è a pp. 197-198. Vale forse la pena di rilevare che Dworkin nel corso degli anni sembra aver sostituito – senza peraltro dirlo espressamente – la tesi secondo cui la regola di riconoscimento non è in grado di individuare *alcuni* standard giuridici, con la tesi secondo la quale non esiste un'*unica* regola di riconoscimento. Cfr. M. JORI, *L'ultimo Hart e la teoria dionisiaca del diritto: una discussione mancata*, cit., p. 407, n. 5.

sta parte dell'antologia, che – a prescindere dai loro limiti e difetti, su cui qui ci siamo brevemente e, forse, ingenerosamente, soffermati – si tratta di due classici della filosofia del diritto. È complicato dire che cosa possa essere considerato un "classico" di un determinato genere; certamente, un classico si riconosce perché ogni volta in cui ci si imbatte si impara qualcosa di nuovo e si capisce qualcosa in più di un determinato ambito di esperienza. Hart, recensendo *La moralità del diritto* di Fuller, esprime, in modo più felice di quanto non sia stato in grado di fare io, un'idea molto simile: "nel corso di parecchie riletture del libro, il mio interesse non si è affievolito nemmeno per un momento, e sono sicuro che vi ritornerò per ponderare la sua sapienza e per spronare i miei sforzi, sempre vacillanti, all'autocritica" [46].

---

[46] H.L.A. HART, *Book Reviews – The Morality of Law. By Lon L. Fuller*, in "Harvard Law Review", 78, 1964-1965, pp. 1281-1296, la citazione è a p. 1281.

LON L. FULLER

*Il positivismo e la fedeltà al diritto. Una replica ad Hart**

Il Prof. Hart ha dato alla letteratura filosofico-giuridica un contributo durevole. Dubito che le questioni da lui discusse possano assumere la medesima forma che avevano prima di essere toccate dalle sue capacità analitiche. La sua prospettiva non è una mera riaffermazione di quanto sostenuto da Bentham, Austin, Gray e Holmes. Le loro tesi ricevono, nell'esposizione di Hart, una nuova luce e una nuova profondità di pensiero che sono sue proprie.

Devo confessare che quando per la prima volta mi sono imbattuto nelle riflessioni di Hart, il suo argomento mi è sembrato viziato da una profonda contraddizione interna. Da un lato egli rifiuta, con enfasi, ogni confusione tra "ciò che è" e "ciò che dovrebbe essere". Non tollera alcuna "fusione" tra il diritto e le concezioni di ciò che il diritto dovrebbe essere, ma ammette, al massimo, un'antisettica "intersezione". Diviene impossibile discutere in maniera intelligibile di qualsiasi tema, sembra sostenere Hart, se non si chiarisce se stiamo parlando di "ciò che è" o di "ciò che dovrebbe essere". Eppure è stata proprio questa incertezza riguardo l'argomento stesso di Hart che al principio mi ha reso difficile seguire il filo del suo pensiero. In certi momenti egli sembra sostenere che la distinzione tra diritto e morale è qualche cosa che esiste, e continuerà ad esistere, comunque se ne parli. Esprime una realtà che, ci piaccia o meno, dobbiamo accettare se vogliamo evitare discorsi insensati. In altri momenti egli sembra indicarci che la realtà stessa della distinzione è in pericolo e che se non correggiamo i nostri modi di pensare ed esprimerci potremmo smarrire un "prezioso ideale morale", l'ideale della fedeltà al diritto. Non è chiaro, in altre parole, se per Hart la distinzione tra diritto e morale semplicemente "c'è", o è qualche cosa che "ci dovrebbe essere" e per la quale dovremmo unirci a lui aiutandolo a crearla e conservarla.

Queste erano le perplessità suscitate dalla prospettiva di Hart la prima volta che mi sono imbattuto in essa. Ma, riflettendoci, sono certo che ogni critica del suo pensiero in quanto auto-contraddittorio sarebbe sia ingiusta, sia vana. Non v'è ragione perché l'argomentare a favore di una rigida separazione tra diritto e morale non possa essere basato sul duplice fondamento che questa separazione serve sia alla chiarezza intellettuale, sia all'integrità morale. Se vi sono alcune difficoltà nel condurre queste due linee di ragionamento nella loro specifica e reciproca relazione, queste difficoltà riguardano anche le tesi di chi respinge le idee di Austin, Gray e Holmes. Quelli di noi che trovano inaccettabile la posizione "positivista" basano anch'essi la propria tesi sul duplice fondamento che la sua chiarezza intellettuale è speciosa e che i suoi

* Traduzione italiana di VITO VELLUZZI (rivista da ALDO SCHIAVELLO).

effetti sono, o possono essere, nocivi. Da un lato asseriamo che la definizione di diritto di Austin, per esempio, non coglie la realtà che si propone di descrivere. Essendo, di fatto, falsa essa non è in grado di realizzare in modo efficace ciò che Kelsen chiama "l'interesse della conoscenza". Dall'altro lato asseriamo che a certe condizioni la stessa concezione del diritto può divenire pericolosa, dal momento che nelle faccende umane ciò che le persone accettano, sbagliando, come reale, tende a divenire, grazie all'atto dell'accettazione, reale.

È una virtù cardinale della prospettiva di Hart l'aver aperto per la prima volta la strada per uno scambio di opinioni davvero proficuo tra coloro i cui disaccordi vertono sulla distinzione tra diritto e morale. Finora non v'è stata una reale discussione tra i fronti contrapposti. Incontriamo, da un lato, una serie di definizioni perentorie. Una norma giuridica è – il che significa dire che essa realmente, semplicemente e sempre è – il comando di un sovrano, una regola formulata da un giudice, una predizione sul futuro raggio d'azione della forza dello stato, un modello di comportamento autorizzato, etc. Quando chiediamo a quale scopo servano tali definizioni, otteniamo la risposta "nessuno scopo, se non quello di descrivere con cura la realtà sociale che corrisponde alla parola 'diritto'". Quando replichiamo "secondo me le cose non stanno così", ci viene risposto "bene, ma per me stanno così". E lì la discussione si arresta.

Questa situazione è risultata ampiamente insoddisfacente per quelli di noi convinti che le teorie "positiviste" abbiano avuto un effetto distorsivo sulle finalità della filosofia del diritto. La nostra insoddisfazione è stata prodotta non solo dall'*impasse* già indicata, ma anche dal fatto che tale *impasse* non ci sembra per nulla necessaria. Per superarla bastava la consapevolezza, dall'altra parte, che le definizioni giuspositiviste di "ciò che il diritto veramente è" non sono delle semplici immagini di qualche dato d'esperienza, bensì l'indicazione della direzione per l'applicazione delle energie umane. In assenza di tale consapevolezza, l'*impasse*, e con essa le frustrazioni, sono continuate. Non v'è, infatti, frustrazione maggiore del confrontarsi con una teoria con finalità meramente descrittive, quando essa non solo pacificamente prescrive, ma deve il suo peculiare potere prescrittivo proprio al fatto che nega le sue intenzioni prescrittive. In questo oscuro dibattito, alcuni squarci di luce si sono, occasionalmente, aperti un varco, come nell'ammissione accidentale compiuta da Kelsen, sembra mai ripetuta, che il suo intero sistema potrebbe ben fondarsi su una preferenza emotiva per l'ideale dell'ordine piuttosto che per quello della giustizia[1]. Devo confessare, però, che in generale il dibattito condotto negli ultimi venti anni non è stato molto proficuo.

Ora, grazie al saggio di Hart, la discussione prende una piega nuova e promettente. Adesso è esplicitamente ammesso da ambo le parti che una delle questioni principali è come si possa definire e perseguire nella maniera migliore l'ideale della fedeltà al diritto. Il diritto, in quanto degno di fedeltà, deve rappresentare un'impresa uma-

---

[1] KELSEN, *Die Idee des Naturrechts*, in 7 "Zeitschrift für Öffentliches Recht", 221, 248 (Austria 1927).

na; non può essere una semplice espressione di potere o un modello ripetuto individuabile nel comportamento dei funzionari statali. Il rispetto che dobbiamo alle leggi fatte dagli esseri umani deve essere, di certo, qualche cosa di diverso dal rispetto che accordiamo alla legge di gravità. Se le leggi, anche le leggi cattive, aspirano al nostro rispetto, allora il diritto deve rappresentare una direzione comune dell'impresa umana, che si possa comprendere e descrivere, e che sia in via di principio degna di approvazione pur se in un dato momento ci sembra abbia smarrito la sua caratteristica. Se, come io credo, è una virtù cardinale della prospettiva di Hart introdurre nella discussione la questione della fedeltà al diritto, il suo difetto principale, se posso dire così, dipende dall'incapacità di percepire ed accettare le implicazioni che l'ampliamento dell'ossatura della prospettiva necessariamente comporta. Questo difetto mi pare che permei, ove più ove meno, l'intero saggio, ma viene alla ribalta con maggior evidenza nella discussione riguardante Radbruch ed il regime nazista[2]. Senza alcuna indagine sull'effettivo funzionamento di ciò che rimaneva di un sistema giuridico sotto i nazisti, Hart assume che qualche cosa che meritasse ancora il nome di diritto dovesse essere rimasto, in una maniera che avrebbe reso sensato l'ideale della fedeltà al diritto. Hart, invero, non ritiene che le leggi naziste dovessero essere obbedite. Piuttosto egli considera la decisione di disobbedirvi non come una mera questione di avvedutezza o coraggio, ma come un autentico dilemma morale nel quale l'ideale della fedeltà al diritto deve essere sacrificato a beneficio di finalità più importanti. Ho ritenuto imprudente esprimere un giudizio siffatto senza prima indagare più a fondo cosa significhi "diritto" sotto il regime nazista. Presenterò nel prosieguo le mie ragioni per sostenere che Hart erra gravemente nella sua valutazione del regime nazista e che fraintende profondamente il pensiero di Radbruch. Prima, però, tornerò su alcuni preliminari problemi definitori nei quali ciò che considero il difetto principale della tesi di Hart sembra mostrarsi con immediatezza.

I. *La definizione di diritto*

Lungo tutto il suo saggio Hart si allinca ad una posizione generale che egli associa ai nomi di Bentham, Austin, Gray e Holmes. Egli riconosce, ovviamente, che le concezioni di questi autori riguardo a "cos'è diritto" variano in maniera considerevole, ma, in apparenza, considera tali diversità irrilevanti nella sua difesa comune della loro scuola di pensiero.

Se l'unica questione fosse quella di stipulare un significato per la parola "diritto" capace di raggiungere la chiarezza intellettuale, vi sarebbe una giustificazione più solida per ritenere che i suddetti autori lavorassero nella medesima direzione. Austin, ad esempio, definisce il diritto come il comando del più alto potere legislativo: "il sovrano". Per Gray, dall'altro lato, il diritto consiste nelle regole formulate dai giudici. Una legge, per Gray, non è diritto ma soltanto una fonte del diritto che diviene dirit-

[2] HART, *Il positivismo e la separazione tra diritto e morale*, pp. 68-72.

to solo dopo essere stata interpretata e applicata da un giudice. Ora, se il nostro unico scopo fosse di ottenere quella chiarezza che deriva dal rendere esplicite le nostre definizioni ed aderirvi fedelmente, qualcuno potrebbe plausibilmente sostenere che tutte e due le concezioni del significato di "diritto" raggiungono l'obbiettivo. Entrambe le concezioni sembrano evitare la confusione tra diritto e morale, ed entrambi gli autori consentono al lettore di conoscere quale significato propongono di attribuire alla parola "diritto".

La questione assume un aspetto molto diverso, ad ogni modo, se il nostro interesse risiede nell'ideale della fedeltà al diritto; in tal caso diverrebbe di capitale importanza la posizione assegnata al potere giudiziario nel quadro generale della forma di governo. Conferma di tale osservazione potrebbe rinvenirsi nel tenue indizio di crisi costituzionale avvertito oggi in questo paese [*]. Negli anni passati i lettori dei giornali hanno scritto ai direttori sostenendo solennemente, e in apparenza anche con sincerità, che dovremmo abolire la Corte Suprema come primo passo verso il ripristino della *rule of law*. È improbabile che tale rimedio per la nostra difettosa forma di governo derivi da un qualche approfondito studio di Austin o Gray, ma di certo coloro che lo propongono difficilmente potrebbero mostrare indifferenza alle divergenti definizioni di diritto offerte da quei due giuristi. Se si dice che è una forzatura del pensiero di Gray estrapolare dai suoi scritti una morale per le attuali controversie sul ruolo della Corte Suprema, allora mi pare che vi sia la stessa ragione per trattare ciò che egli ha scritto come del tutto irrilevante per la questione della fedeltà al diritto in generale.

Un'altra differenza d'opinione tra gli scrittori difesi da Hart concerne Bentham ed Austin e i loro punti di vista riguardo ai limiti costituzionali al potere del sovrano. Bentham sosteneva che la costituzione potrebbe precludere al più alto potere legislativo la produzione di certi tipi di leggi. Per Austin, invece, ogni limite legale al più alto potere legislativo era cosa assurda e non realizzabile. Quale guida per la coscienza sarebbe offerta da questi due autori in una crisi che potrebbe, un giorno, sorgere dall'articolo della nostra costituzione riguardo al divieto di usare il potere di revisione costituzionale per privare, senza il suo consenso, uno Stato della sua eguale rappresentanza in Senato? [3]. Di certo, non è solo nelle faccende della vita di tutti i giorni che abbiamo bisogno di chiarezza in ordine all'obbligo di fedeltà al diritto, ma particolarmente ed in maniera urgente nei momenti di difficoltà. Se tutto ciò che la scuola positivista ha da offrire in tali momenti è l'osservazione che, comunque si scelga di definire il diritto, questo resta sempre qualche cosa di diverso dalla morale, i suoi insegnamenti non ci sono molto utili.

Ritengo, allora, che la tesi di Hart, così com'è posta ora, sia essenzialmente incompleta e che prima di conseguire gli scopi prefissati dovrà confrontarsi più da vicino con una definizione del diritto che dia un senso all'obbligo di fedeltà al diritto.

---

[*] N.d.t. Si tratta degli Stati Uniti d'America.

[3] Costituzione degli Stati Uniti d'America, art. V.

II. *La definzione di morale*

È una caratteristica che accomuna coloro che condividono il punto di vista di Hart che il loro interesse primario sia quello di preservare l'integrità del concetto di diritto. Di conseguenza, essi hanno di solito cercato una definizione precisa di diritto, ma non si sono curati di enunciare ciò che intendono escludere con le loro definizioni. Essi sono come uomini che costruiscono delle mura per difendere un villaggio, i quali debbono conoscere cosa desiderano proteggere, ma non hanno bisogno di sapere, ed invero non possono sapere, quali forze di invasione quelle mura debbono respingere.

Quando Austin e Gray distinguono il diritto dalla morale, la parola "morale" si riferisce in maniera indiscriminata pressoché a qualsiasi standard diverso dal diritto per mezzo del quale è possibile giudicare la condotta umana. La voce interiore della coscienza, le nozioni di giusto e sbagliato basate su credenze religiose, le concezioni comuni di decenza e correttezza (*fair play*), i pregiudizi culturalmente condizionati vengono raggruppati insieme sotto l'etichetta di "morale" ed esclusi dal dominio del diritto. Hart segue in gran parte la tradizione dei suoi predecessori. Quando parla di morale egli sembra in generale avere in mente qualsiasi tipo di nozione extragiuridica su "ciò che deve essere", senza riguardo alle sue fonti, pretese e valore intrinseco. Ciò emerge soprattutto quando viene trattato il tema dell'interpretazione, ove le nozioni non codificate di ciò che deve essere sono viste come caratterizzanti la sola zona di penombra del diritto, lasciando intatto il suo nucleo.

Tuttavia, verso la fine del saggio l'argomentazione di Hart prende una piega che pare allontanarsi dal tenore prevalente del suo pensiero. Mi riferisco al fatto che Hart ci ricorda che esiste qualche cosa come una morale immorale e che esistono molti criteri di "ciò che deve essere" che difficilmente possono essere chiamati morali[4]. Riconosciamo, egli dice, che il giudice può, correttamente ed inevitabilmente, legiferare nella zona di penombra di una norma (*legal enactment*), e che tale legislazione (in mancanza di ogni altro criterio) deve essere guidata dalle idee del giudice su ciò che deve essere. Nondimeno, questo sarebbe vero anche in una società votata alle finalità più malvagie, dove il giudice supplirebbe alle carenze della legge con l'iniquità che gli fosse sembrata adeguata all'occasione. Ammettiamo, dice Hart intorno alla fine del suo saggio, che a volte nel ragionamento giudiziale vi sia qualcosa che sembra una scoperta, ad esempio quando un giudice, nel riaffermare un principio, rende con maggior chiarezza ciò che effettivamente si cercava sin dall'inizio. Ed ancora, egli ci rammenta, questo potrebbe accadere in una società votata alla più alta cura del peccato, dove le richieste implicite di norme malvagie possono riconoscere uno spazio alla scoperta nel caso in cui si tratti di applicare la regola ad una situazione non consapevolmente contemplata al momento della sua emanazione.

Ritengo che tutto ciò sia un avvertimento indirizzato a coloro che intendono "infondere più morale all'interno del diritto". Hart rammenta che se il loro programma fosse adottato, la morale effettivamente infusa potrebbe non rivelarsi di loro gradi-

---

[4] HART, *op. cit.*, p. 74.

mento. Se questa è la sua idea, si tratta sicuramente di un'idea valida, sebbene sarebbe stato desiderabile che l'avesse espressa in maniera più esplicita; essa solleva, infatti, la questione fondamentale del suo intero argomento. Dato che il punto è trattato in maniera indiretta, ed io posso averlo frainteso, nel commentarlo debbo accontentarmi di poche sommarie osservazioni e obiezioni.

Innanzi tutto, Hart sembra assumere che le finalità malvagie possano avere la medesima coerenza e la medesima logica intrinseca di quelle buone. Mi rifiuto di accettare questo assunto. Sono consapevole di sollevare, o forse di scansare, qui, questioni che confluiscono nei più complessi problemi dell'epistemologia della morale. Anche se fossi competente nell'intraprendere una digressione in tale direzione, non sarebbe questo il luogo per farlo. Debbo basarmi sull'assunzione di una credenza che può apparire ingenua, vale a dire che coerenza e bontà hanno più affinità di quanta non ne abbiano coerenza e malvagità. Accettando questa credenza credo pure che quando le persone sono obbligate a spiegare e giustificare le proprie decisioni, generalmente l'effetto sarà di spingere tali decisioni verso il bene, qualunque sia il criterio ultimo del bene. Accettando questa credenza, trovo una considerevole incongruità in ogni concezione che immagina un possibile futuro nel quale la *common law* "lavori scientificamente di caso in caso" verso una sempre più perfetta realizzazione dell'iniquità.

In secondo luogo, se c'è un serio pericolo nella nostra società che un indebolimento della distinzione tra diritto e morale permetterebbe una immissione "di moralità immorale", permane la domanda: qual è la protezione più efficace contro il pericolo? Non credo che la risposta possa essere trovata nella posizione positivista esposta da Austin, Gray, Holmes e Hart. Mi sembra che questi scrittori alterino il problema in una semplicità ingannevole che non consente di affrontare le difficili questioni sulle quali il pericolo riposa.

In terzo luogo, supponiamo che un giudice fosse deciso a realizzare attraverso le sue decisioni un obiettivo che la maggior parte dei comuni cittadini considererebbe sbagliato o cattivo. Tale giudice, potrebbe verosimilmente sospendere la lettera della legge e invocare apertamente un "diritto superiore"? O potrebbe, in maniera più verosimile, rifugiarsi dietro la massima "il diritto è diritto" e spiegare la sua decisione in modo tale che essa appaia necessitata dal diritto stesso?

In quarto luogo né Hart né io apparteniamo a nulla che possa essere detto in un senso pregnante "un gruppo minoritario" nei nostri rispettivi paesi*. Questo ha i suoi vantaggi e svantaggi per chi aspiri ad una visione filosofica del diritto e dello stato. Ma supponiamo di essere trasportati entrambi in un paese ove le nostre credenze sono considerate anatemi e dove, noi, di converso, consideriamo la morale prevalente profondamente malvagia. Senza dubbio in questa situazione avremmo ragione di temere che il diritto possa essere nascostamente manipolato a nostro svantaggio; mi domando se ci preoccuperemmo dell'eventualità che gli ordini giuridici fossero messi da parte per ricorrere ad una moralità superiore al diritto. Se avessimo percepito che

* N.d.t. Gli Stati Uniti d'America e l'Inghilterra.

il diritto stesso era il nostro rifugio più sicuro, non sarebbe forse accaduto perché anche nel regime più perverso c'è una certa esitazione nel rendere giuridiche (*writing into the law*) crudeltà, intolleranza e barbarie? E non è forse chiaro che questa titubanza deriva essa stessa, non dalla separazione del diritto dalla morale, ma, esattamente, da un'identificazione del diritto con quelle richieste di moralità più urgenti e più agevolmente giustificabili che nessun uomo deve vergognarsi di esprimere?

In quinto luogo, per le aree nelle quali la giurisdizione (*judicial process*) funziona, il pericolo della immissione di una moralità immorale, e non gradita, non rappresenta a mio avviso un pericolo effettivo. Qui il pericolo è esattamente l'opposto. Per esempio, nell'ambito del diritto commerciale le corti inglesi in anni recenti sono cadute, se così posso dire, nel formalismo de "il diritto è diritto" che costituisce una sorta di controrivoluzione tardiva contro tutto ciò che era stato compiuto da Mansfield[5]. La vicenda ha raggiunto uno stadio prossimo alla crisi tanto che le questioni di diritto commerciale sono state decise sempre più in via arbitrale. La ragione principale di tale sviluppo è che gli arbitri sono tenuti a prendere in considerazione i bisogni del commercio e gli standard comuni della correttezza commerciale. Capisco il ripudio del "formalismo" da parte di Hart, ma nel prosieguo cercherò di mostrare perché penso che la sua teoria conduca necessariamente in quella direzione[6].

In sesto luogo, nel pensiero di molti c'è una questione predominante in ogni discussione sulla relazione tra diritto e morale, al punto da investire tutto ciò che viene detto o sostenuto sull'argomento. Mi riferisco al tipo di questioni sollevate dalla solenne dichiarazione del Papa sul dovere dei giudici cattolici nelle cause di divorzio[7]. Questa dichiarazione, infatti, solleva problemi seri. Essa, però, non presenta un problema di relazione tra diritto, da un lato, e visioni di condotta giusta generalmente condivise e sviluppatesi spontaneamente attraverso la discussione e l'esperienza, dall'altro. Il punto è, piuttosto, che si ha il conflitto tra due dichiarazioni, le quali ambiscono entrambe ad essere autoritative; per così dire, c'è un tipo di diritto contro l'altro. Quando questo genere di questioni è assunto come la chiave dell'intero problema del diritto e della morale, la discussione è così snaturata e distorta che uno scambio costruttivo diviene impossibile. Nel menzionare quest'ultimo aspetto della disputa intorno al "positivismo" non voglio sostenere che la discussione fatta da Hart sia dominata da alcun *arrière pensée*; so che non è così. Allo stesso tempo sono abbastanza sicuro di aver indicato in maniera accurata la questione che per prima verrà alla mente di molti che abbiano letto il suo saggio.

Mostrandomi soddisfatto di queste scarne osservazioni, non intendo semplificare il problema nella direzione opposta a quella intrapresa da Hart. I problemi sollevati

---

[5] Per un esempio saliente, si veda *G. Scammel* e *Nephew, Ltd.* v. *Ouston*, 1941. Personalmente sarei incline a ricondurre sotto la medesima rubrica *Victoria Laundry, Ltd.* v. *Newman Industries, Ltd.*, 1949.

[6] Si veda HART, *op. cit.*, pp. 65-68.

[7] Si veda N.Y. Times, 8 novembre 1949, p. 1, col. 4 (resoconto di un discorso tenuto il 7 novembre 1949 al *Central Committee of the Union of Catholic Italian Lawyers*).

dalla "moralità immorale" necessitano una più attenta analisi di quella che sia io, sia Hart, abbiamo offerto in queste pagine.

III. *I fondamenti morali di un ordine giuridico*

Hart rifiuta con enfasi "la teoria del diritto come comando", per la quale il diritto è semplicemente un comando sostenuto dalla forza sufficiente a renderlo efficace. Egli osserva che un comando siffatto può essere dato da un uomo armato di pistola, e "il diritto non è di certo la situazione del bandito riprodotta su ampia scala"[8]. Non c'è bisogno qui di soffermarsi sui profili di inadeguatezza della teoria del diritto come comando; Hart, infatti, ne ha già rivelati i difetti in maniera più chiara e succinta di quanto possa fare io. La sua conclusione è che il fondamento del sistema giuridico non è il potere coercitivo, ma determinate "fondamentali e accettate regole procedurali che disciplinano la produzione giuridica"[9].

Quando ho raggiunto questo punto nel suo saggio, ho percepito che Hart era vicino a riconoscere una importante specificazione (*qualification*) della sua tesi. Ero fiducioso che avrebbe proseguito col dire qualcosa del genere: ho insistito dall'inizio alla fine sull'importanza di tenere nettamente distinti diritto e morale. La questione può essere ora sollevata, quindi, riguardo alla natura di queste regole fondamentali che forniscono lo schema entro il quale si realizza lo sviluppo del diritto. Per un verso, esse non paiono norme giuridiche, ma morali. Derivano la loro efficacia dalla generale accettazione, la quale si basa, in definitiva, sulla percezione delle stesse come giuste e necessarie. Difficilmente possono essere chiamate diritto allo stesso modo di una solenne dichiarazione autoritativa; la loro funzione consiste, infatti, nello statuire quando una solenne dichiarazione è autoritativa. Per altro verso, nel funzionamento quotidiano dei sistemi giuridici esse vengono trattate ed applicate come le altre norme giuridiche. Dobbiamo confessare, allora, che qui c'è qualche cosa che può essere chiamata "fusione" tra diritto e morale, per la quale il termine "intersezione" è poco appropriato.

Ho scoperto, con mia grande sorpresa, che Hart, anziché continuare su questa linea di pensiero, non ha per nulla affrontato la questione della natura delle norme fondamentali che rendono possibile l'esistenza del diritto stesso, spostando la propria attenzione, invece, su ciò che egli considera una tesi confusa dei critici del positivismo. Tralasciando la sua discussione sulla *analytical jurisprudence*, il suo argomento si articola come segue: ai nomi di Bentham e Austin sono associate due tesi. Una è la teoria del diritto come comando, l'altra è l'insistenza sulla separazione del diritto dalla morale. I critici di questi autori si sono accorti – secondo Hart "confusamente" – che la teoria del diritto come comando è indifendibile. Ma attraverso una libera associazione di idee hanno erroneamente creduto che adducendo ragioni contro la teoria

---

[8] HART, *op. cit.*, p. 57.

[9] *Ibidem*.

del diritto come comando essi avessero anche confutato l'opinione che diritto e morale debbono essere nettamente distinti. Si trattava di un "errore comprensibile", ma pur sempre di un chiaro errore.

Non credo che vi sia alcun errore nel ritenere che lo sbaglio di Bentham e Austin nel formulare in maniera impropria e semplicistica il problema della relazione tra diritto e morale sia parte di uno sbaglio più grande che conduce alla teoria del diritto come comando. Credo che la connessione tra questi due errori possa essere chiarita se ci chiediamo cosa sarebbe accaduto al sistema di Austin se egli avesse abbandonato la teoria del diritto come comando.

Chi legga le *Lectures* V e VI di Austin [10] non può fare a meno di restare colpito dal modo in cui egli inclini tenacemente verso la teoria del diritto come comando, nonostante ogni sforzo del suo acuto ingegno andasse verso l'abbandono della stessa. Nel caso in cui il sovrano sia un monarca, il diritto è dato dai comandi del monarca. Ma cosa si può dire riguardo alle leggi di "successione" che ci dicono chi è il monarca "legittimo"? Fa parte dell'essenza di un comando l'essere impartito da un superiore ad un inferiore, tuttavia nel caso di un "sovrano collettivo", ad esempio un parlamento, il sovrano sembra impartire comandi a sé stesso dal momento che un membro del parlamento può essere condannato in base ad una legge che abbia egli stesso redatto e votato. Il sovrano non deve essere limitato nel proprio potere, poiché chi potrebbe decidere riguardo ai vincoli giuridici di un potere supremo? Eppure un "sovrano collettivo" deve accettare i limiti imposti dalle norme prima di poter produrre diritto. Tale corpo può acquisire il potere di emanare comandi solo agendo come "ente competente"; e ciò può accadere solo procedendo "in accordo con modi e forme" stabiliti e accettati per la produzione del diritto. I giudici esercitano un potere delegato loro dal potere giuridico supremo e sono incaricati di realizzare i suoi "comandi diretti o indiretti". In un sistema federale, ciò nonostante, sono le corti a dover risolvere i conflitti di competenza tra la federazione e i suoi componenti.

Austin vede tutti questi problemi con vari gradi di chiarezza, e combatte strenuamente con essi. Più e più volte egli è stato sul punto di abbandonare la teoria del diritto come comando a favore di quella che Hart ha descritto come la tesi per la quale il fondamento del sistema giuridico è costituito da "fondamentali e accettate regole procedurali che disciplinano la produzione giuridica". Tuttavia, Austin non ha saltato il fosso. Non l'ha fatto perché aveva ben compreso che così sarebbe andata perduta la distinzione tra diritto e morale, intesa in termini nero/bianco, distinzione che costituiva l'intero tema delle sue *Lectures*, anzi, per meglio dire, il tema permanente di una vita scrupolosa. Se il diritto è reso possibile da "regole fondamentali accettate" – che per Austin sono regole non giuridiche, ma di moralità positiva – cosa dire delle regole che il potere in grado di produrre norme emana per regolare la sua capacità di produrre norme? Ci sono leggi sui procedimenti elettorali, sulla distribuzione della rappresentanza legislativa tra le diverse aree geografiche, norme sulle procedure parlamentari, sulla capacità degli elettori, e molte altre leggi e norme di simile natura.

---

[10] AUSTIN, *Lectures on Jurisprudence*, 5th edn, 1885, pp. 167-341.

Queste non restano immutate e modellano in vari modi il processo di produzione normativa. E allora come possiamo distinguere tra quelle regole basilari che devono la loro validità all'accettazione, e quelle che sono propriamente giuridiche, valide anche quando le persone generalmente le considerano cattive o sconsiderate? In altre parole, come possiamo definire le parole "fondamentale" e "essenziale" nella stessa formulazione di Hart: "determinate fondamentali e accettate regole procedurali che disciplinano la produzione giuridica"?

La soluzione di questo problema proposta nella teoria di Kelsen è istruttiva. Kelsen, infatti, compie quel salto del fosso che Austin aveva esitato a fare. Kelsen ben comprende che prima che si possa distinguere tra ciò che è diritto e ciò che non lo è, bisogna che vi sia l'accettazione di qualche fondamentale procedura dalla quale il diritto promana. In ogni sistema giuridico deve esserci una qualche norma fondamentale che statuisce senza ambiguità le fonti dalle quali le leggi traggono la capacità di essere leggi. Con le sue parole:

> La norma fondamentale non è valida in quanto è stata creata in una data maniera, ma la sua validità è presupposta in ragione del suo contenuto. È valida, allora, come una norma di diritto naturale ... L'idea di un diritto puramente positivo, al pari dell'idea di diritto naturale, ha delle limitazioni [11].

Si noterà che Kelsen non parla, diversamente da Hart, di "regole fondamentali" che regolano la produzione giuridica, ma di una sola norma o regola. Di certo, non v'è una tale singola norma in ogni società moderna. La nozione di norma fondamentale è per ammissione un simbolo e non un fatto. È un simbolo che rappresenta la ricerca positivista di un chiaro e non ambiguo test del diritto per una nitida e netta linea di demarcazione tra le norme che devono la loro validità alle fonti e quelle che devono la loro validità all'accettazione o ad un valore intrinseco. Le difficoltà che Austin ha schivato aderendo alla teoria del diritto come comando, Kelsen le schiva attraverso una finzione che semplifica la realtà in una forma compatibile col positivismo.

Un'analisi completa di tutti i problemi che emergono quando si riconosce che il diritto diviene possibile grazie a delle norme che non sono giuridiche, richiederebbe di prendere in considerazione l'effetto della presenza o dell'assenza di una costituzione scritta. Tale costituzione in qualche maniera semplifica il problema che ho discusso, ma per altra via lo complica. Una costituzione scritta, dal momento che disciplina le fondamentali procedure della produzione giuridica, può rimuovere le perplessità che sorgono quando il parlamento delimita il proprio potere. Al medesimo tempo un legislatore che operi sotto una costituzione scritta può emanare leggi che modificano radicalmente le procedure della produzione giuridica ed i suoi prevedibili esiti. Se queste leggi sono redatte con sufficiente abilità possono restare all'interno

---

[11] KELSEN, *General Theory of Law and State*, 1945, p. 401 trad. it. di S. Cotta e G. Treves, *Teoria generale del diritto e dello stato*, Edizioni di Comunità, Milano, 1952, 6ª ed., Etas Kompass, Milano, 1994, trad. it. mod. p. 408.

del quadro costituzionale e al contempo minare l'istituzione che si intende creare. Se la proposta degli anni trenta del "*court packing*" * non pone in rilievo senza equivoci questo pericolo, almeno suggerisce che i timori riguardo ad essa non sono infondati. Una costituzione non scritta può essere di diretta applicazione. Per essere effettiva essa necessita non solo della rispettosa deferenza che si ha verso qualsiasi legge ordinaria, ma che vi sia un convergente sforzo di volontà verso i principi morali nei quali crediamo fattivamente. Ci si può adoperare per la modifica della costituzione, ma fino a quando essa resta immutata si deve lavorare con essa, non contro o intorno ad essa. Tutto ciò equivale a dire che per essere effettiva una costituzione scritta deve essere accettata, pur se provvisoriamente, non solo come diritto, ma come buon diritto.

Che cosa hanno a che vedere queste considerazioni con l'ideale della fedeltà al diritto? Credo che abbiano molto a che vedere con quest'ultimo, e credo che esse rivelino l'essenziale incapacità della prospettiva positivista di servire quell'ideale efficacemente. Credo che la realizzazione di quell'ideale sia qualche cosa da progettare, ma è proprio questo che il positivismo si rifiuta di fare.

Consentitemi di spiegare cosa intendo con "progettare" la realizzazione dell'ideale della fedeltà al diritto. Supponiamo di redigere una costituzione scritta per un paese che sia appena venuto fuori da un periodo di violenza e disordine, nel quale qualsiasi legame di continuità giuridica con il precedente governo è stato interrotto. Ovviamente tale costituzione non può divenire senza alcun sostegno un documento giuridico. Non può essere considerata diritto per il semplice fatto che dice di esserlo. Dobbiamo considerare che l'efficacia del nostro lavoro dipenderà dalla generale accettazione e che per ottenere tale accettazione deve esserci una credenza generale che la costituzione è necessaria, giusta, buona. Le norme della costituzione dovrebbero essere, dunque, semplici e comprensibili non solo nel linguaggio, ma anche nel fine. I preamboli e ogni altra spiegazione di ciò che si sta tentando di fare, la cui presenza sarebbe biasimevole in una legge ordinaria, potrebbero trovare un'appropriata collocazione nella nostra costituzione. Dovremmo pensare alla nostra costituzione come a qualcosa che stabilisce la struttura delle procedure fondamentali della futura azione del governo nell'emanare ed amministrare le leggi. Le limitazioni sostanziali del potere governativo dovrebbero essere mantenute al minimo e dovrebbero essere confinate a quelle la cui necessità può essere generalmente apprezzata. Per quanto possibile, le finalità sostanziali dovrebbero essere raggiunte in via procedurale, sulla base del principio che se le persone sono costrette ad agire nel modo giusto, esse di solito fanno la cosa giusta.

Queste considerazioni pare siano state del tutto ignorate dalle costituzioni prodotte dopo la seconda guerra mondiale. Di solito queste costituzioni contengono un gran numero di misure economiche e politiche del tipo di quelle che di solito si considerano proprie di una legge. È difficile ritenere che queste misure siano state inserite nella costituzione in quanto rappresentano finalità generalmente condivise. Si po-

---

* N.d.t. Il sintagma *court packing* fa riferimento ad una politica roosveltiana della fine degli anni trenta del novecento volta a ridurre il potere dei giudici a favore di una distribuzione più equa del potere stesso e delle funzioni tra le varie istituzioni.

trebbe sospettare che la ragione per la loro inclusione sia proprio quella opposta, e cioè il timore che esse non siano in grado di sopravvivere alle vicende dell'ordinario esercizio del potere parlamentare. Così le divergenze d'opinione che di regola accompagnano l'attività legislativa sono scritte nel documento che rendono il diritto stesso possibile. Questa è, ovviamente, una procedura che contiene seri pericoli per la futura realizzazione dell'ideale della fedeltà al diritto.

Mi sono avventurato in queste osservazioni sulla stesura delle costituzioni non perché creda che esse possano essere considerate particolarmente profonde, ma perché desideravo illustrare cosa intendo con progettare le condizioni che rendono possibile la realizzazione dell'ideale della fedeltà al diritto. Pur entro i limiti dei miei modesti scopi, quello che ho detto può essere chiaramente errato. Se è così, non spetta a me dire se ho anche errato in modo chiaro. Mi permetterò tuttavia di affermare che se sono in errore, commetto un errore su una questione saliente. Quel che mi infastidisce della scuola del positivismo giuridico è che essa non solo si rifiuta di confrontarsi con i problemi come quelli da me discussi, ma li bandisce per principio dall'ambito della filosofia del diritto. Nel suo intento di assegnare le giuste etichette alle cose che le persone fanno, questa scuola sembra perdere ogni interesse a chiedersi se le persone stiano facendo le cose giuste.

IV. *La moralità del diritto in quanto tale*

Molte delle questioni sollevate dal saggio di Hart possono essere espresse nei termini della distinzione tra un ordine ed un buon ordine [*]. Il diritto può essere definito come ordine *simpliciter*. Un buon ordine è il diritto che corrisponde alle richieste di giustizia, o di moralità, o a ciò che le persone ritengono debba essere. Questa riformulazione della questione è utile per portare alla luce la natura ambiziosa dell'impresa di Hart; e di certo concordiamo tutti che non è cosa semplice distinguere un ordine da un buon ordine. Quando è stato detto, per esempio, che il diritto rappresenta semplicemente quel sistema pubblico che ottiene sotto qualsiasi governo – democratico, fascista, o comunista [12] – l'ordine desiderato, questo non è certamente l'ordine di un obitorio o di un cimitero. Dobbiamo pensare ad un ordine che funzioni, e tale ordine deve essere in ultima analisi sufficientemente buono da poter essere considerato funzionante secondo un parametro o un altro. Ricordare che un ordine funzionante di regola richiede un certo margine di manovra, e quindi non può essere molto ordinato, è sufficiente per rivelare alcune delle complessità coinvolte in ogni tentativo di delineare una netta distinzione tra un ordine e un buon ordine.

---

[*] N.d.t. Traduciamo in questo modo *order* e *good order* poiché l'autore non si riferisce al sistema o all'ordinamento giuridico in quanto tali bensì alla capacità del diritto di raggiungere e mantenere l'ordine sociale.

[12] Cfr. ad esempio FRIEDMANN, *The Planned State and the Rule of Law*, in "Austr. L. J.", 22, 1948, p. 207.

Per il momento, comunque, supponiamo di poter distinguere con chiarezza il concetto di ordine da quello di buon ordine. Anche in questa irreale e astratta forma la nozione di ordine contiene quello che può essere chiamato un elemento morale. Consentitemi di illustrare questa "moralità dell'ordine" nella sua forma più grezza ed elementare. Immaginiamo un monarca assoluto le cui parole siano l'unica legge conosciuta dai suoi sudditi. Possiamo ulteriormente immaginare che egli sia assolutamente egoista e che nelle relazioni intrattenute con i suoi sudditi egli persegua solo il proprio interesse. Questo monarca di volta in volta emana comandi, promettendo ricompense per l'obbedienza e sanzioni per la disobbedienza. Egli è, comunque, un individuo dissoluto e noncurante e non si preoccupa di fare ciò che serve ad accertare chi abbia seguito le sue direttive e chi non l'abbia fatto. Il risultato è che di solito egli punisce i sudditi fedeli e premia i disobbedienti. È evidente che questo monarca non raggiungerà mai nemmeno le sue finalità egoistiche finché non accetti quel minimo di autocontrollo che consenta di creare una relazione sensata tra le sue parole e le sue azioni.

Supponiamo ora che il nostro monarca muti atteggiamento e inizi a prestare attenzione a ciò che egli ha detto ieri quando oggi ha l'opportunità di distribuire premi o di ordinare il taglio delle teste. Sotto la tensione di questa nuova responsabilità, comunque, il nostro monarca allenta la propria attenzione riguardo ad altre direzioni e diviene terribilmente pigro nell'emettere i suoi comandi. I suoi ordini divengono così ambigui e sono emessi con un tono tanto impercettibile che i sudditi non hanno la minima idea di ciò che egli vuole che facciano. Anche qui è chiaro che se il nostro monarca per il suo egoistico interesse volesse creare nel suo regno qualcosa che appaia come un sistema giuridico dovrà riunire i propri sforzi e assumersi ancora un'altra responsabilità.

Il diritto, considerato come un mero ordine, contiene, allora, una propria moralità implicita. Questa moralità dell'ordine deve essere rispettata se stiamo creando qualcosa che possa essere chiamata diritto, pur se cattivo diritto. Il diritto non è in grado di per sé di portare ad esistenza tale moralità. Fino a quando il nostro monarca non è realmente pronto a farsi carico delle responsabilità connesse alla propria condizione, non sarà un bene per lui emanare ancora un altro futile comando, questa volta rivolto a sé stesso e che minaccia una punizione auto-inferta se non cambia i suoi modi.

C'è un duplice senso nel quale è vero che il diritto non può fondarsi sul diritto. Prima di tutto l'autorità di produrre diritto deve essere sostenuta da giudizi morali che gli accordano la competenza che pretende. Qui stiamo trattando di una moralità esterna al diritto che rende il diritto possibile. Ma questa soltanto non è sufficiente. Possiamo stabilire che nella nostra monarchia la "norma fondamentale" accettata designa il monarca come l'unica fonte del diritto possibile. Non avremo ancora diritto sino a quando il monarca non è pronto ad accettare la moralità interna del diritto.

Nella vita di una nazione la moralità esterna e quella interna al diritto si influenzano reciprocamente l'un l'altra; un deterioramento dell'una produrrà quasi inevitabilmente un deterioramento dell'altra. Sono così strettamente connesse che quando l'antropologo Lowie parla di "postulati etici generalmente accettati caratterizzanti le nostre ... istituzioni giuridiche quale loro ultima autorizzazione e che garantiscono il loro armonioso funzionamento" [13] si può pensare che egli le avesse in mente entrambe.

Quella che ho chiamato "la moralità interna del diritto" pare essere quasi totalmente trascurata da Hart. Egli fa un breve cenno alla "giustizia nell'amministrazione del diritto", la quale consiste nell'eguale trattamento dei casi eguali, da qualsiasi criterio, nobile o cattivo, la parola "eguale" possa essere definita [14]. Ma egli abbandona rapidamente questo profilo del diritto ritenendolo di scarsa rilevanza per il suo intento principale.

In ciò credo che egli sia profondamente in errore. È la negligenza nell'analisi della richiesta di una moralità dell'ordine che lo conduce attraverso la sua indagine a trattare il diritto come un dato che si proietta nell'esperienza umana e non come un oggetto dello sforzo umano. Quando comprendiamo che l'ordine stesso è qualche cosa che deve essere costruito, diviene chiaro che l'esistenza di un sistema giuridico, anche di un sistema giuridico pessimo o malvagio, è sempre una questione di grado. Quando riconosciamo questo semplice fatto dell'esperienza giuridica quotidiana, diventa impossibile liquidare i problemi posti dal regime nazista con la semplice affermazione: "sotto il nazismo esisteva il diritto, per quanto un pessimo diritto". Dobbiamo indagare piuttosto quanto di un sistema giuridico sopravvivesse alla generale abiezione e alla generale perversione di tutti i tipi di ordine sociale esistiti sotto il regime nazista, e quali implicazioni morali questo sistema mutilato avesse per il cittadino coscienzioso costretto a viverci.

Non è necessario, ad ogni modo, restare su tali sconvolgimenti morali del regime nazista per vedere come la filosofia positivista sia incapace di porsi al servizio dell'alto ideale morale che professa: la fedeltà al diritto. L'incapacità di servire questo ideale diviene effettivamente più chiara, credo, nei problemi quotidiani di coloro che si mostrano ardentemente desiderosi di soddisfare le pretese morali di un sistema giuridico, ma che hanno grandi responsabilità da assolvere in relazione all'ordine rispetto al quale si deve professare lealtà.

Immaginiamo il caso di un giudice che abbia avuto un'ampia esperienza in questioni commerciali e di fronte al quale sono discusse un gran numero di cause. Come soggetto posto su un livello inferiore nella gerarchia giudiziaria, il nostro giudice ha il dovere di seguire il diritto stabilito dalla corte superiore. Il nostro immaginario Scrutton ha la sfortuna, comunque, di vivere sottoposto ad una corte superiore che egli considera colpevolmente ignorante riguardo ai bisogni ed all'organizzazione del commercio. Nella sua mente molte delle sentenze della corte nel campo del diritto commerciale sono semplicemente insensate. Se un giudice coscienzioso preso da questo dilemma si rivolgesse alla filosofia positivistica quale aiuto potrebbe attendersi? Di certo non gli farà ricordare che egli ha un obbligo di fedeltà al diritto. Egli è già dolorosamente conscio di ciò, poiché si tratta della fonte del suo imbarazzo. Non lo

[13] Lowie, *The Origin of the State*, 1927, p. 113.

[14] Hart, *op. cit.*, pp. 74-75.

aiuterà dire che se egli legifera, deve essere in via "interstiziale", o che il suo contributo deve essere "confinato tra il movimento molare e quello molecolare"[15]. Questo tipo di enunciati possono essere congeniali a quelli cui piace pensare al diritto, non come ad una cosa che ha un suo fine, ma come ad una espressione delle dimensioni e delle direzioni del potere statale. Ma non posso credere che l'idea essenzialmente banale che sta dietro questo modo di vedere possa essere innalzata con eloquenza letteraria sino al punto ove non può essere di alcun aiuto al nostro giudice; intanto potrebbe essere impossibile per lui sapere se la corte superiore considererebbe ogni suo specifico contributo ampio o minimo.

È improbabile che la distinzione tra nucleo e penombra sarebbe di aiuto. L'imbarazzo del nostro giudice potrebbe derivare, non da specifici precedenti, ma da un'errata concezione della natura del commercio presente in molte sentenze e penetrata nelle stesse in diverso grado. Per quanto il suo problema sorga dall'uso di specifiche parole, egli può ben constatare che la corte superiore spesso usa i termini comuni del commercio in significati estranei agli affari commerciali. Se egli interpretasse quelle parole come un dirigente d'azienda o un ragioniere, egli potrebbe agevolmente trasformare i precedenti da cui è vincolato in un assurdo logico. Per altro verso egli potrebbe incontrare grandi difficoltà nel discernere l'esatto significato attribuito dalla corte superiore a quelle parole, dal momento che a suo avviso quel significato è esso stesso frutto di confusione.

Non è forse chiaro che è proprio l'insistenza del positivismo sulla rigida separazione del diritto com'è dal diritto come si vorrebbe che fosse che rende la filosofia positivistica incapace di aiutare il nostro giudice? E non è altrettanto chiaro che il nostro giudice non può mai raggiungere una soluzione soddisfacente del suo dilemma se non vedendo il proprio dovere di fedeltà al diritto in un contesto che ricomprenda anche la sua responsabilità di produttore di diritto così come dovrebbe essere?

Il caso da me immaginato può apparire estremo, ma il problema che esso solleva pervade interamente il sistema giuridico. Se la divergenza di vedute tra il nostro giudice e la corte superiore fosse meno drastica, sarebbe più difficile rendere il suo disagio in modo vivido, ma la perplessità della sua posizione potrebbe in effetti crescere. Perplessità di tal fatta si accompagnano normalmente all'adempimento della funzione giudicante; tali perplessità raggiungono la loro intensità più acuta nel campo del diritto amministrativo.

Si può immaginare il caso – caso certo non probabile nel paese di Hart o nel mio – di un giudice che aderisca a delle convinzioni morali che sono esattamente agli antipodi di quelle cui aderisce, con eguale attaccamento, la sua corte superiore. Egli potrebbe anche essere convinto che i precedenti che è tenuto ad applicare siano il

---

[15] Cfr. *Southern Pac. Co v. Jensen*, 244 U.S. 205, 221 (1917). Holmes nell'opinione dissenziente, citando *Storti v. Commonwealth*, 178 Mass., 549, 554, 60 N. E. 210, 211 (1901), caso nel quale si è sostenuto che una legge che introduceva la sedia elettrica quale modalità di inflizione della pena di morte non poteva essere considerata una pena crudele o inusuale alla luce del *Massachusetts Declaration of Rights* (Mass. Const., pt. First, art. XXVI), per il solo fatto di raggiungere il suo scopo attraverso movimenti molecolari anziché molari.

prodotto diretto della morale che considera ripugnante. Se tale giudice non trova la soluzione al proprio dilemma nel rassegnare le dimissioni dal proprio ufficio, egli potrebbe essere spinto verso una rigida e letterale applicazione dei precedenti che egli non potrebbe altrimenti applicare per l'incapacità di comprendere la filosofia che li ha ispirati. Ma dubito che un giudice in questa situazione avrebbe bisogno del positivismo giuridico per trovare tali malinconiche scappatoie dalla sua condizione. Non penso che questa situazione si presenti in una nazione dove sia il diritto sia il buon diritto sono considerati come imprese umane frutto di collaborazione e bisognose di costante rinnovamento, dove i giuristi sono ancora interessati alla domanda "Che cos'è buon diritto?", almeno quanto alla domanda "Che cos'è diritto?".

V. *Il problema della reintegrazione del rispetto del diritto e della giustizia dopo il collasso di un regime che non li rispettava entrambi*

Dopo la caduta del regime nazista, le corti tedesche erano alle prese con una situazione veramente terribile. Era impossibile per loro dichiarare illegale l'intera dittatura o trattare come invalida qualsiasi decisione o legge emanata dal governo di Hitler. Da una tale considerazione all'ingrosso di illegalità di tutto ciò che era accaduto nell'arco di dodici anni sarebbe derivato uno stato di confusione insostenibile. Per altro verso, era egualmente impossibile riportare nel nuovo governo gli effetti di ogni perversità nazista che era stata commessa in nome del diritto; una scelta siffatta avrebbe contaminato a tempo indeterminato il futuro con i veleni del nazismo.

Questa situazione – che era, in effetti, pervasiva riguardando tutti gli ambiti del diritto – diveniva drammatica in una serie di casi concernenti gli informatori che avevano approfittato del terrore nazista per sbarazzarsi di nemici personali o di coniugi indesiderati. Se tutte le leggi e le sentenze naziste erano da considerare in maniera indiscriminata "diritto", allora quelle spregevoli creature erano innocenti, avendo fatto processare le loro vittime in accordo con ciò che i nazisti consideravano diritto. Eppure era intollerabile, specialmente per i parenti e gli amici sopravvissuti delle vittime, che quelle persone dovessero restare impunite, mentre le vittime del loro rancore erano morte, oppure erano state liberate dopo anni di prigionia, o, cosa ancor più dolorosa, risultavano semplicemente scomparse.

L'urgenza di affrontare questa situazione non sfugge ad Hart. Egli, invero, propone un espediente di certo non privo di una certa aria di disperazione. Egli suggerisce che una legge penale retroattiva sarebbe stata la soluzione del problema meno ripugnante. Questa legge avrebbe punito l'informatore e lo avrebbe marchiato come criminale, per un'azione che Hart considera essere stata perfettamente legale nel momento in cui fu commessa[16].

Per altro verso, Hart condanna senza riserve le sentenze nelle quali le corti si sono assunte la responsabilità di dichiarare invalide alcune delle leggi naziste in base alle

---

[16] Si veda HART, *op. cit.*, pp. 71-72.

quali le vittime dell'informatore furono condannate. Non può essere di ausilio a questo punto sollevare la domanda se la questione dibattuta da Hart sia veramente quella della fedeltà al diritto. Di certo è un'implicazione necessaria di una legge penale retroattiva contro gli informatori che, almeno per gli scopi di quella legge, le leggi naziste applicate agli informatori o alle loro vittime dovevano essere considerate nulle. Posta in questi termini la questione non è più se ciò che era diritto possa essere dichiarato oggi non esserlo mai stato, ma piuttosto chi dovrebbe fare lo sporco lavoro, se le corti o il legislatore.

Come suggerisce lo stesso Hart, tuttavia, le questioni in gioco sono molto serie per rischiare di perderle in un groviglio semantico. Anche se l'intera questione fosse terminologica, dovremmo ricordare a noi stessi che ci troviamo in un ambito dove le parole hanno un considerevole effetto sulle azioni umane. Preferisco, quindi, intraprendere una difesa delle corti tedesche, e prospettare le ragioni perché, secondo la mia opinione, le loro decisioni non rappresentano il tradimento di un principio giuridico come ritiene, invece, Hart. Per comprendere lo sfondo di queste decisioni dobbiamo avvicinarci all'odore che proviene dal calderone delle streghe un po' di più rispetto al punto in cui, sino ad ora, ci ha condotto Hart. Dobbiamo anche considerare un aspetto del problema ignorato nel suo saggio, vale a dire, il livello di rispetto da parte dei nazisti di quella che ho definito la moralità interna del diritto.

Nel corso dell'intera sua disamina Hart pare sostenere che l'unica differenza tra il diritto nazista e quello inglese sia che i nazisti utilizzavano le proprie leggi per raggiungere finalità odiose per gli inglesi. Questo assunto è, credo, gravemente errato, ed il fatto che Hart lo ritenga corretto mi pare che renda la sua disamina inadeguata rispetto al problema che pretende di risolvere.

Durante il periodo del loro dominio i nazisti trassero seri vantaggi da un espediente non del tutto sconosciuto ai legislatori americani, la legge retroattiva tesa a sanare passate irregolarità giuridiche. L'uso più drammatico del potere di sanatoria di tali leggi si è realizzato il 3 luglio del 1934, dopo "l'epurazione di Roehm". Terminata questa resa dei conti interna al partito dopo che più di settanta Nazisti furono – sarebbe difficile metterla diversamente – "fatti fuori", Hitler tornò a Berlino e si fece fare dal suo esecutivo una legge che ratificasse e confermasse le misure adottate tra il 30 giugno e l'1 luglio del 1934, senza menzionare i nomi di coloro che, da quel momento, si poteva dire che fossero stati legittimamente eliminati [17]. Qualche tempo dopo Hitler dichiarò: durante l'epurazione di Roehm "la corte suprema del popolo tedesco ero io" [18]; sicuramente non era un'esagerazione della sua capacità di agire se si prende sul serio la disposizione che conferisce giuridicità in via retroattiva "alle misure adottate".

Adesso in Inghilterra ed in America nessuno direbbe mai "è nella natura del diritto non essere retroattivo", sebbene, si sa, la costituzione possa proibire in certi casi la retroattività. Diremmo che è normale per una legge rivolgersi al futuro, e che si può

---

[17] N.Y. Times del 4 luglio 1934, p. 3, col. 3 (ultima edizione cittadina).

[18] Si veda N.Y. Times del 14 luglio 1934, p. 5, col. 2 (ultima edizione cittadina).

sostenere che non dovrebbe mai operare altrimenti, ma ci sarebbe una certa implausibilità strisciante in ogni affermazione che la retroattività viola la reale natura del diritto. Eppure dobbiamo solo immaginare un paese ove *tutte* le leggi sono retroattive per vedere che la retroattività presenta un serio problema per la moralità interna del diritto. Se ipotizziamo un monarca assoluto che permette al suo regno di vivere in piena anarchia, diremmo con grande difficoltà che egli potrebbe creare un regime di natura giuridica solo emanando delle leggi di sanatoria che rendono legale ogni cosa accaduta prima di quella data ed annunciando l'intenzione di emanare leggi simili in futuro ogni sei mesi.

Un diffuso incremento del ricorso a leggi che sanano passate irregolarità giuridiche rappresenta un deterioramento in quella forma di moralità giuridica senza la quale il diritto stesso non potrebbe esistere. La minaccia di tali leggi incombe sull'intero sistema giuridico, e sottrae al *law on the books* parte del suo valore. E di certo una minaccia generale di tal fatta è sottesa allorquando un governo aspira ad usare una legge di questo tipo per trasformare in una esecuzione legale ciò che quando accadde era semplicemente un omicidio.

Sotto il regime nazista vi erano ripetute chiacchiere riguardanti "leggi segrete". Nell'articolo criticato da Hart, Radbruch menziona una voce per la quale gli omicidi su vasta scala avvenuti nei campi di concentramento erano resi "legali" da una legge segreta[19]. Ora di certo non v'è mostruosità giuridica più grande di una legge segreta. Qualcuno potrebbe seriamente suggerire che dopo la guerra le corti tedesche avrebbero dovuto cercare le leggi non pubblicate tra gli archivi lasciati dal governo di Hitler così che i diritti dei cittadini potessero essere stabiliti in base a quelle?

L'ampiezza dell'obbligo del legislatore di rendere le sue leggi conoscibili ai destinatari è, di certo, un problema di moralità giuridica che è stato seriamente discusso almeno dalla rivolta della plebe. Probabilmente non v'è stato moderno che non sia stato afflitto in un modo o nell'altro da questo problema. Nelle società moderne è più probabile che il problema si presenti con riguardo agli atti amministrativi non pubblicati. Spesso chi li ha prodotti li considera, in buona fede, atti riguardanti soltanto questioni di organizzazione interna. Tuttavia dal momento che le procedure seguite da un organo amministrativo, pur nella sua azione "interna", possono incidere sui diritti e gli interessi dei cittadini, questi atti non pubblicati o "segreti" sono spesso ragione di doglianza. Ma, come nel caso della retroattività, ciò che in molte società è tenuto sotto controllo da una tacita moderazione di decenza giuridica esplode in forma mostruosa sotto Hitler. Invero, l'intera moralità del diritto nazista era così dissoluta che non risulta semplice sapere cosa dovrebbe essere considerato come diritto non pubblicato o segreto. Dal momento che le direttive non pubblicate rivolte a coloro che amministrano il diritto potrebbero annichilire la lettera di qualsiasi legge

[19] RADBRUCH, *Die Erneuerung des Rechts*, "Die Wandlung", in 2, 1947, pp. 8-9. Una utile discussione della prassi nazista con riferimento alla pubblicità delle leggi si può trovare in GIESE, *Verkündung und Gesetzeskraft*, *Archiv des öffentlichen Rechts*, 76, 1951, pp. 464, 471-472. Per le considerazioni che seguono nel testo ho fatto riferimento a questo articolo.

pubblicata imponendo su di essa un'interpretazione oltraggiosa, v'era un senso nel quale il significato di ogni legge era "segreto". Anche un ordine verbale di Hitler per il quale un centinaio di prigionieri dei campi di concentramento fu ucciso era, in sostanza, una direttiva amministrativa ed una legittimazione di tutto ciò che veniva realizzato in conformità ad esso come "legale".

Ma le offese più gravi alla moralità del diritto fatte dal governo hitleriano non riguardano tali forme sottili come quelle esemplificate nelle bizzarre ricostruzioni da me discusse. In primo luogo, quando le forme giuridiche divengono scomode, era sempre possibile per i nazisti aggirarle completamente e "agire attraverso il partito nelle strade". Non c'era nessuno che osasse richiamarli alle loro responsabilità per le cose indegne che avevano potuto commettere. In secondo luogo, le corti dominate dai nazisti erano sempre pronte a non osservare la legge, anche quelle emanate dagli stessi nazisti, se ciò fosse stato per loro conveniente o se avessero temuto che un'interpretazione da giurista potesse suscitare disappunto "ai piani alti".

Questa estesa propensione dei nazisti nel non osservare anche le proprie leggi era un importante fattore che ha indotto Radbruch ad assumere la posizione presa nei suoi articoli così severamente criticati da Hart. Non credo che una valutazione equa del comportamento delle corti tedesche del dopo guerra sia possibile senza tener conto di tale elemento, cosa che Hart trascura di fare.

Queste osservazioni possono apparire inconcludenti nella loro generalità e collocate a livello di affermazioni più che provare fatti. Consentitemi di tornare sul caso effettivamente discusso da Hart[20].

Nel 1944 un soldato tedesco rende una breve visita alla propria moglie mentre era in viaggio per una nuova assegnazione. Durante l'unico giorno nel quale rimase a casa, egli confidò in via privata a sua moglie alcune delle sue opinioni sul governo di Hitler. Egli espresse disapprovazione nei confronti di Hitler (*sich abfällig geäussert über*) e di altre importanti personalità del partito nazista. Egli disse pure che era un gran male il fatto che Hitler non fosse rimasto ucciso nell'attentato del 20 luglio di quello stesso anno. Poco dopo la sua partenza la moglie, la quale durante la sua lunga assenza per assolvere ai doveri militari "si era interessata ad altri uomini" e che desiderava sbarazzarsi di lui, riferì le osservazioni del marito al *leader* locale del partito nazista, sostenendo che "un uomo che dice certe cose non merita di vivere". Il risultato fu un processo da parte di un tribunale militare ed una condanna a morte a carico del marito. Dopo un breve periodo di detenzione, senza essere giustiziato, egli fu inviato di nuovo al fronte. Successivamente al crollo del regime nazista, la moglie fu messa sotto processo per avere determinato la detenzione del marito. La difesa della moglie si basava sul fatto che le opinioni del marito su Hitler e sui nazisti a lei comunicate erano un reato in base alle leggi allora vigenti. In ragione di ciò, quando aveva fornito informazioni riguardo al marito, aveva semplicemente consegnato un reo alla giustizia.

Tale difesa si basava su due leggi, una approvata nel 1934, l'altra nel 1938. Consideriamo per prima la seconda di queste leggi, la quale era parte di una più ampia le-

---

[20] Sentenza del 27 luglio 1949, in "Harv. Law Rev.", 64, 1951, p. 1005.

gislazione istitutiva di una intera serie di speciali reati di guerra. Riproduco qui sotto la traduzione del solo articolo che ci interessa:

> Le seguenti persone sono colpevoli della distruzione del potere nazionale di resistenza e dovranno essere punite con la morte: chiunque sollecita o incita pubblicamente al rifiuto di obbedire agli obblighi di servire le forze armate della Germania, o le forze alleate della Germania, o chi altrimenti tenta pubblicamente di nuocere alla o annientare la volontà del popolo tedesco o dei suoi alleati di farsi valere con coraggio contro i propri nemici[21].

È quasi impensabile che una corte tedesca dei nostri giorni possa considerare le considerazioni fatte dal marito alla moglie, la quale era esclusa dal servizio militare in ragione del proprio sesso, come una violazione dell'ultimo frammento di questa legge, specie ove si rammenti che il testo sopra riportato era parte di una più ampia legislazione riguardante situazioni come dare asilo ai disertori, evitare gli obblighi militari mediante lesioni auto-inferte e simili. Una questione si pone, allora, circa la misura in cui i principi interpretativi applicati dalle corti del governo di Hitler debbano essere accettati nel determinare se le osservazioni del marito fossero giuridicamente illegittime (*unlawful*).

Tale questione si acuisce ove si noti che la legge si applica solo agli atti di espressione *pubblici*, laddove le osservazioni del marito erano state espresse nella riservatezza della propria abitazione. Ora sembra che le corti naziste abbiano abitualmente ignorato tale limitazione ed esteso la legge a tutte le dichiarazioni, private o pubbliche[22]. Hart è disposto a sostenere che il significato giuridico di questa legge debba essere determinato a partire da questo principio di interpretazione giudiziale?

Torniamo ora all'altra legge sulla quale Hart si basa per sostenere che le dichiarazioni del marito erano giuridicamente illegittime. Si tratta della legge del 1934, le cui parti salienti sono tradotte qui di seguito:

> (1) Chiunque pronunci pubblicamente espressioni malevole o offensive, o espressioni che fanno emergere un atteggiamento di avversione nei confronti delle principali personalità della nazione o del Partito nazionale socialista dei lavoratori tedeschi, o nei confronti di misure adottate o istituzioni da essi create, e tali da minare la fiducia della gente nei confronti della loro legittimazione politica, dovrà essere punito con la reclusione.
>
> (2) Espressioni malevoli non pronunciate in pubblico dovranno essere trattate al pari di quelle pronunciate in pubblico ove la persona che le ha pronunciate fosse consapevole, o avrebbe dovuto esserlo, che esse avrebbero raggiunto il pubblico.
>
> (3) Il Ministro nazionale della giustizia è l'unico che può perseguire tali espressioni; nel caso in cui l'espressione fosse rivolta contro una eminente personalità del Par-

---

[21] Il passaggio tradotto è il § 5 della legge istitutiva del *Kriegssonderstrafrecht*. Legge del 17 agosto 1938. La traduzione è mia.

[22] Si veda "Süddeutsche Juristen Zeitung", 5, 1950, pp. 207, 210.

tito nazionale socialista dei lavoratori tedeschi, il Ministro nazionale della giustizia dovrà procedere solo previo parere e assenso del Delegato del Capo dello Stato.

(4) Il Ministro nazionale della giustizia dovrà, ricevuto il parere e assenso del Delegato del Capo dello Stato stabilire chi appartiene alla categoria delle eminenti personalità per gli scopi del comma I di cui sopra[23].

Un commento articolato su questa mostruosità legislativa non è necessario, sovraccaricata e minata com'è da una incontrollata discrezionalità amministrativa. Possiamo limitarci a notare che in primo luogo essa non offre alcuna giustificazione per la pena capitale effettivamente stabilita per il marito, sebbene mai eseguita; in secondo luogo, che se è l'atto della moglie di riferire le dichiarazioni di suo marito a renderle "pubbliche", non v'è alcuna espressione che possa ritenersi privata ai sensi di questa legge. Mi piacerebbe chiedere al lettore se egli possa effettivamente condividere l'indignazione di Hart che, nelle incertezze della ricostruzione del dopoguerra, le corti tedesche ritennero conveniente decretare che questa cosa non fosse diritto. Si può seriamente sostenere che sarebbe stato più rispettoso delle regole del processo se le corti del dopoguerra avessero intrapreso uno studio "dei principi interpretativi" vigenti sotto Hitler ed avessero poi solennemente applicato quei "principi" per accertare il significato di questa legge? Per altro verso le corti avrebbero davvero mostrato rispetto per il diritto nazista se avessero interpretato le leggi in base ai propri canoni interpretativi completamente diversi?

Hart critica le corti tedesche e Radbruch, non tanto per ciò che essi credettero che si dovesse fare, quanto per il fatto che essi non capirono di dover fronteggiare un dilemma morale di un tipo tale che invece Bentham e Austin avrebbero colto immediatamente. Con il semplice espediente di dire "quando una legge è sufficientemente cattiva essa cessa di essere diritto" essi sfuggirono al problema che avrebbero dovuto porsi.

Ritengo questa critica priva di giustificazione. Per quanto riguardava le corti la questione non sarebbe andata meglio se, invece di dire, "questo non è diritto", avessero detto, "questo è diritto, ma è tanto cattivo che ci rifiuteremo di applicarlo". Di certo la confusione morale raggiunge il suo culmine quando una corte si rifiuta di applicare qualche cosa che ammette sia diritto, ed Hart non raccomanda alcuna "prospettazione della vera questione" da parte delle corti stesse. Egli avrebbe preferito una legge retroattiva. Curiosamente questa era anche la soluzione preferita da Radbruch[24]. Ma diversamente da Hart, le corti tedesche e Radbruch erano partecipi di una situazione di drastica emergenza. Il problema degli informatori era pressante, e se le istituzioni giuridiche in Germania dovevano essere riabilitate non si sarebbe dovuto permettere alle persone di cominciare a farsi giustizia da soli, come sarebbe potuto accadere mentre le corti fossero rimaste inerti in attesa di una legge.

---

[23] Quello tradotto è l'articolo II della Legge contro gli attacchi malevoli allo Stato ed al Partito e per la protezione del Partito nazional socialista, Legge del 20 dicembre 1934. La traduzione è mia.

[24] V. RADBRUCH, *Die Erneuerung des Rechts*, in "Die Wandlung", 2, 1947, pp. 8-10.

Per quanto riguarda Radbruch credo sia completamente sbagliato dire che egli non sapesse di confrontarsi con un dilemma morale. I suoi scritti del dopoguerra sottolineano ripetutamente le antinomie affrontate nello sforzo di ricostruire un governo decente e ordinato in Germania. Come per l'ideale della fedeltà al diritto, lascio illustrare alle stesse parole di Radbruch la sua posizione:

> Non si può disconoscere – proprio dopo l'esperienza di quei dodici anni – quali terribili pericoli per la certezza del diritto il concetto di "ingiustizia legale", la negazione della natura giuridica delle leggi positive è in grado di portare con sé[25].

Il fatto non è che il positivismo giuridico consente ad un individuo di sapere quando è di fronte ad un difficile problema di scelta, mentre le cose in cui crede Radbruch lo illudono di non avere alcun problema da risolvere. La vera questione che divide Hart e Radbruch è: come formulare la questione? Qual è la natura del dilemma del quale siamo preda?

Spero di non essere ingiusto verso Hart quando dico che non posso trovare alcun modo di descrivere il dilemma dal suo punto di vista se non usando parole come le seguenti: da un lato, abbiamo un dato immorale chiamato diritto, il quale ha la caratteristica specifica di creare un dovere morale di obbedirgli. Dall'altro lato abbiamo un dovere morale di fare ciò che pensiamo sia giusto e dignitoso. Quando abbiamo a che fare con una legge che riteniamo completamente malvagia, dobbiamo scegliere tra questi due doveri.

Se questa è la posizione positivista, allora non ho alcuna esitazione nel rifiutarla. Il "dilemma" che essa pone ha la formulazione verbale di un problema, ma il problema posto non è sensato. È come dire che io debbo scegliere se dare da mangiare ad un uomo affamato o essere frivolo con i cenciopi (*mimsy with the borogoves*)[*]. Non credo sia scorretto verso la filosofia positivista dire che essa non dà alcun significato sensato (*coherent*) all'obbligo morale di fedeltà al diritto. Questo obbligo pare essere concepito come *sui generis*, completamente sganciato da qualsivoglia fine comune ed extragiuridico della vita umana. Il postulato fondamentale del positivismo – che il diritto deve essere rigorosamente separato dalla morale – pare negare la possibilità di qualsiasi ponte tra l'obbligo di obbedire al diritto e gli altri obblighi morali. Nessun principio di mediazione può misurare ciò che rispettivamente esigono dalle coscienze, in quanto essi esistono in mondi separati.

Mentre non sottoscriverei tutte le tesi del Radbruch del dopoguerra – soprattutto quella del "diritto sovralegale" – credo che egli vedesse, molto più chiaramente di

---

[25] RADBRUCH, *Gesetzliches Unrecht und Übergesetzliches Recht*, in "Süddeutsche Juristen Zeitung", 1, 1946, pp. 105-107, trad. it. di E. Fittipaldi, *Ingiustizia legale e diritto sovralegale*, in A.G. CONTE, P. DI LUCIA, L. FERRAJOLI, M. JORI (a cura di), *Filosofia del diritto*, Cortina, Milano, 2002, p. 159.

[*] N.d.t. Si tratta di un *nonsense* contenuto in L. CARROLL, *Attraverso lo specchio*, trad. it., Edizioni Studio Tesi, Roma, 1990.

Hart, la vera natura del dilemma con cui la Germania ha dovuto fare i conti nel tentativo di ricostruire le sue istituzioni giuridiche ridotte in frantumi. La Germania doveva ripristinare sia il rispetto per il diritto, sia quello per la giustizia. Sebbene nessuno dei due avrebbe potuto essere ripristinato senza l'altro, il tentativo di ripristinarli entrambi allo stesso tempo poteva essere fonte di dolorose antinomie, come Radbruch aveva visto con molta chiarezza. Fondamentalmente Radbruch vedeva il dilemma come contrasto tra l'esigenza di ordine da un lato e di un buon ordine dall'altro. Di certo nessuna formula precisa può essere derivata da questo modo di porre il problema. Tuttavia, diversamente dal positivismo giuridico, essa non si presenta a noi con opposte esigenze che non hanno un profondo contatto l'una con l'altra, e che semplicemente urlano i loro contrasti nel vuoto. Così come ricerchiamo l'ordine, possiamo sensatamente ricordare a noi stessi che l'ordine medesimo non ci fa alcun bene a meno che esso non sia buono per qualche cosa. Così come cerchiamo di rendere il nostro ordine buono, possiamo ricordare a noi stessi che la stessa giustizia è impossibile senza ordine, e che non dobbiamo perdere l'ordine nel tentativo di renderlo buono.

VI. *Le implicazioni morali del positivismo giuridico*

Siamo giunti dunque alla questione se abbia un qualche fondamento la credenza di Radbruch che una generale accettazione della filosofia positivista nella Germania pre-nazista abbia spianato la strada alla dittatura. Comprensibilmente Hart considera quest'ultima la più oltraggiosa delle accuse rivolte al positivismo.

Qui, in effetti, ha inizio una pericolosa area di controversia, dove parole spiacevoli e accuse sgradevoli sono divenute usuali. Durante l'ultimo mezzo secolo in questo paese nessuna questione di filosofia del diritto ha generato maggior versamento di inchiostro ed adrenalina dell'affermazione che ci sono implicazioni "totalitarie" nelle tesi di Oliver Wendell Holmes. Anche la critica espressa con maggior cautela di questo grande vecchio contemporaneo di Darwin, Huxley e Haeckel sembra richiamare alla mente del lettore la memoria di acredini passate[26]. Non è bene insinuare che forse Holmes non si rendeva conto di tutte le implicazioni della sua filosofia, perché così non si fa altro che sostituire un insulto con un altro. Non è di maggior ausilio richiamare l'opinione di uno dei più cari amici di gioventù di Holmes – di certo non un osservatore di poca sagacia – che Holmes "racchiudeva in sé due differenti persone e mezzo mescolate in una, ed il modo in cui lui le teneva insieme in una pelle aderente, senza farle bisticciare più di quanto non accadesse, era ammirevole"[27].

Nell'avventurarsi in queste burrascose acque giurisprudenziali non si è rassicurati nel vedere anche un uomo così moderato come Hart indulgere in alcuni colpi di remo alquanto ampi. Radbruch ha mostrato "una buona dose d'ingenuità" nel valutare

---

[26] V. HOWE, *The Positivism of Mr. Justice Holmes*, in "Harv. L. Rev.", 64, 1951, p. 529.

[27] V. PERRY, *The Thought and Character of William James*, 1935, p. 297 (citando una lettera scritta da William James nel 1869).

l'indole della sua stessa professione in Germania e nel supporre che l'adesione al positivismo abbia aiutato i Nazisti al potere[28]. Il suo giudizio su questa e su altre questioni mostra che egli aveva "assimilato solo in parte il messaggio spirituale del liberalismo" che si illudeva di trasmettere i suoi connazionali[29]. Una forma di "isteria"[30] è rilevabile in coloro che vedono nelle decisioni giudiziali del tipo di quelle emesse nei casi degli informatori un salutare ri-orientamento del pensiero giuridico tedesco.

Mettiamo da parte perlomeno gli strumenti spuntati dell'invettiva ed occupiamoci con la maggior tranquillità possibile della questione se il positivismo giuridico, così come praticato e divulgato in Germania, abbia avuto, o possa aver avuto, qualche connessione causale con l'ascesa di Hitler al potere. Si dovrebbe rammentare che nei settantacinque anni precedenti al regime nazista la filosofia positivistica aveva raggiunto in Germania un'importanza superiore a quella raggiunta altrove. Austin lodava uno studioso tedesco per aver portato il diritto internazionale entro i vincoli generatori di chiarezza del positivismo[31]. Gray segnalava con soddisfazione che i "migliori" tra i giuristi tedeschi del suo tempo avevano "abiurato qualsiasi *nicht positivisches Recht*", e cita Bergbohm come esempio[32]. Si tratta di un esempio illuminante, poiché Bergbohm era una studioso la cui ambizione era di far sì che il positivismo tedesco tenesse fede alle sue promesse. Egli era preoccupato di incontrare tracce residuali del pensiero giusnaturalista in scritti che rivendicavano di essere positivisti. In particolare egli era disturbato dalla frequente ricomparsa di credenze quale quella che il diritto deve la sua efficacia ad un bisogno morale di ordine, o che è nella natura dell'uomo che egli richieda un ordine giuridico, etc. Bergbohm annunciò un programma, mai realizzato, di espellere dal pensiero positivista le ultime esalazioni del pantano del diritto naturale[33]. I giuristi tedeschi erano inclini a considerare la *common law* anglo-americana come un conglomerato confuso e non fondato su alcun principio di diritto e morale[34]. Il positivismo era l'unica teoria del diritto che potesse ambire ad essere "scientifica" in un'epoca di scienza. Chi dissentiva rispetto a tal modo di vedere era bollato dai positivisti con l'epiteto che l'uomo moderno teme più di ogni altro: "näive". Il risultato fu quello che almeno a partire dal 1927 "essere trovati colpevoli di adesione alle teorie giusnaturaliste è una forma di vergogna sociale"[35].

A questo quadro dobbiamo aggiungere l'osservazione che i tedeschi sembra che

---

[28] HART, *op. cit.*, p. 69.

[29] *Ibidem*, p. 70.

[30] *Ibidem*, p. 71.

[31] AUSTIN, *Lectures on Jurisprudence*, 5th edn., 1885, p. 173, *Lecture V*. Ndt. Il giurista tedesco è il Prof. von Martens di Göttingen.

[32] GRAY, *The Nature and the Sources of Law*, 2nd edn., 1921, p. 96.

[33] BERGBOHM, *Jurisprudenz und Rechtsphilosophie*, 1892, pp. 355-552.

[34] V. HELLER, *Die Krisis der Staatslhere*, in "Archiv für Sozialwissenschaft und Sozialpolitik", 55, 1926, pp. 289 e 309.

[35] VOEGELIN, *Kelsen's Pure Theory of Law*, in "Pol. Sci Q.", 42, 1927, pp. 268 e 269.

non abbiano mia conquistato quella singolare capacità posseduta dagli inglesi, ed in qualche misura dagli americani, di tenere la loro logica sotto stretto controllo. Quando un tedesco definisce il diritto, si aspetta che la sua definizione venga presa sul serio. Se un autore tedesco fosse incappato nello slogan del realismo giuridico americano, "il diritto è semplicemente ciò che fanno i giudici e gli altri pubblici ufficiali", egli non l'avrebbe considerato come un interessante piccolo punto d'avvio della discussione. Egli avrebbe creduto e dato seguito allo slogan.

Il positivismo giuridico tedesco non solo ha bandito dalla scienza giuridica ogni considerazione circa le finalità morali del diritto, ma si è anche mostrato indifferente a ciò che ho chiamato la moralità interna del diritto. Il giurista tedesco era, dunque, particolarmente predisposto ad accettare come "diritto" qualsiasi cosa si autoappellasse con quel nome, fosse scritta a spese del governo, sembrasse venire *"von oben herab"*.

Alla luce di queste considerazioni non riesco a vedere alcuna assurdità o perversione nella affermazione che i modi di pensare prevalenti degli operatori giuridici tedeschi furono di sostegno al nazismo. Hitler non andò al potere con una rivoluzione violenta. Fu cancelliere prima di divenire Capo supremo. Lo sfruttamento delle forme giuridiche iniziò cautamente e divenne sfrontato solo quando il potere fu consolidato. I primi attacchi all'ordine costituito furono ai bastioni che, ove fossero stati presidiati da qualcuno, erano presidiati da giuristi e giudici. Queste difese caddero quasi senza alcuna resistenza.

Hart ed altri sono rimasti comprensibilmente interdetti per il riferimento ad un "diritto sovralegale" (*higher law*) contenuto in alcune sentenze riguardanti gli informatori ed in alcuni scritti di Radbruch del dopoguerra. Ritengo che se la giurisprudenza tedesca si fosse preoccupata maggiormente della moralità interna del diritto, non sarebbe stato necessario invocare alcuna nozione di tal fatta per dichiarare invalide le leggi naziste più indecenti.

Per me non v'è nulla di sconvolgente nel dire che una dittatura che si ammanta di una sgargiante veste giuridica possa allontanarsi così tanto dalla moralità dell'ordine, dalla moralità interna del diritto, da cessare di essere un sistema giuridico. Quando un sistema che si autodefinisce giuridico si fonda su una disapplicazione generalizzata da parte dei giudici della lettera delle leggi che essi asseriscono di applicare, quando questo sistema abitualmente sana le proprie irregolarità giuridiche, anche le più evidenti, con leggi retroattive, quando non può ricorrere ad altro che a scorrerie di terrore nelle strade, che nessuno osa sfidare, al fine di evitare anche gli esigui vincoli imposti dalla finta legalità – quando tutte queste cose si realizzano nel corso di una dittatura, non è difficile, almeno per me, negare a tale sistema il nome di diritto.

Credo che l'invalidità delle leggi coinvolte nei casi degli informatori si sarebbe potuta basare su considerazioni quali quelle che ho appena delineato. Ma se uno fosse cresciuto con una generazione che asseriva "il diritto è diritto" volendo intendere proprio questo, potrebbe ritenere che l'unico modo di sfuggire ad un diritto è di individuarne un altro ad esso contrapposto, e questo deve essere inevitabilmente un "diritto superiore". Dunque, queste nozioni di "diritto superiore", che costituiscono una plausibile ragione di preoccupazione, possono essere esse stesse un frutto tardivo del positivismo giuridico tedesco.

Si dovrebbe sottolineare a questo punto che è principalmente negli scritti cattolici che la teoria del diritto naturale viene in risalto, non solo come la ricerca di quei principî che rendono gli uomini capaci di vivere assieme con successo, ma come la ricerca di qualche cosa che possa essere chiamato "diritto sovralegale". Questa identificazione del diritto naturale con un diritto che è al di sopra delle leggi umane sembra richiesta, infatti, da ogni dottrina che affermi la possibilità di dichiarare in via solenne ed autoritativa le pretese del diritto naturale. In quelle aree interessate da tali dichiarazioni così come sino ad ora formulate, il conflitto tra la dottrina cattolica e le prospettive che ad essa si contrappongono a me pare che sia un conflitto tra due forme di positivismo. Fortunatamente, sulla gran parte dell'area di interesse dei giuristi non esistono dichiarazioni di tal fatta. In queste aree penso che quelli di noi che non aderiscono a quel credo religioso possano essere grati alla chiesa cattolica per aver tenuto in vita la tradizione razionalista in etica.

Non affermo che la soluzione da me proposta per i casi degli informatori non avrebbe comportato delle difficoltà, in particolare quella, nota, del sapere dove arrestarsi. Ma credo sia dimostrabile che il deterioramento più serio della moralità giuridica sotto Hitler sia avvenuto nei settori del diritto quali quelli coinvolti nei casi degli informatori; nessun deterioramento comparabile fu realizzato nelle aree del diritto privato. Fu in quelle aree ove le finalità del diritto furono più odiose in base ai normali parametri di correttezza che la stessa moralità interna del diritto venne ignorata palesemente. In altre parole, ove si fosse stati maggiormente tentati di dire, "questo è tanto malvagio che non può essere diritto", di solito si sarebbe potuto dire, invece, "ciò è il prodotto di un sistema tanto ignaro della moralità del diritto da non avere titolo per essere chiamato diritto". Credo che questo sia qualche cosa di più di un caso, in quanto la sovrapposizione suggerisce che la moralità giuridica non può vivere quando è allontanata dalla lotta per la giustizia e la dignità.

Ma come effettiva soluzione dei casi degli informatori, io, al pari di Hart e Radbruch, avrei preferito una legge retroattiva. La mia ragione per questa preferenza non è che questa è la maniera più vicina alla legalità per rendere illegale ciò che una volta era diritto. Piuttosto io vedrei tale legge come un modo per simboleggiare una netta rottura col passato, come una maniera per separare un'operazione di pulizia profonda dal normale funzionamento della macchina giudiziale. Con questa separazione diverrebbe possibile per il potere giudiziario ritornare più rapidamente ad una condizione nella quale può essere riconosciuto l'adeguato rispetto alle esigenze di moralità giuridica. In altre parole, si rende possibile progettare più efficacemente il recupero, per l'ideale della fedeltà al diritto, del suo significato normale.

VII. *Il problema dell'interpretazione: il nucleo e la penombra*

È essenziale essere il più chiari possibile riguardo al significato della dottrina di Hart del "nucleo e della penombra" [36] perché credo che un lettore superficiale è pro-

[36] HART, *op. cit.*, pp. 60-61.

babile fraintenda ciò che Hart vuole dire. Un tale lettore è portato a supporre che Hart stia soltanto descrivendo qualche cosa che fa parte dell'esperienza quotidiana dei giuristi, vale a dire che nell'interpretazione delle norme giuridiche si verifica tipicamente il caso (sebbene non sia sempre così) che vi sono alcune situazioni che parranno ricadere piuttosto chiaramente nell'ambito della norma, mentre per altre ci saranno dubbi maggiori. La tesi di Hart non assume tale forma scialba. La sua ampia discussione del nucleo e della penombra non è solo un modo complicato di riconoscere che certi casi sono difficili, mentre altri sono facili. Piuttosto, sulla base di una teoria generale del significato, egli propone una teoria dell'interpretazione giudiziale che è, ritengo, del tutto originale. Di certo essa non è mai stata proposta prima in una versione così netta.

Per come intendo la tesi di Hart (se ci aggiungiamo alcune assunzioni tacite implicate dalla stessa, oltre ad alcune precisazioni che senza dubbio Hart avrebbe gradito fornire al lettore) una sua presentazione compiuta procederebbe più o meno nel modo seguente: il compito dell'interpretazione è di regola quello di determinare il significato delle singole parole di una norma giuridica, come "veicolo" in una norma che esclude i veicoli da un parco. Più in particolare, il compito dell'interpretazione è di determinare l'ambito di riferimento di tale parola, o il complesso di cose che indica. La comunicazione è possibile solo perché le parole hanno un "caso paradigmatico", o un "nucleo di significato" che resta relativamente costante, qualunque sia il contesto nel quale la parola può ricorrere. Ad eccezione di circostanze inusuali, sarà sempre appropriato ritenere che una parola come "veicolo" abbracci il suo "caso paradigmatico", vale a dire il complesso di cose che includerebbe in ogni contesto ordinario, all'interno o all'esterno del diritto. Questo significato la parola lo avrà in ogni norma giuridica, qualunque sia il suo scopo. Nell'applicare la parola al suo "caso paradigmatico" il giudice non svolge alcun ruolo creativo. Egli sta semplicemente applicando il diritto "com'è".

In aggiunta ad un nucleo costante, tuttavia, le parole hanno anche una penombra di significato, la quale, a differenza del nucleo, varierà da contesto a contesto. Quando l'oggetto in questione (un triciclo, ad esempio) cade nell'area di penombra, il giudice è obbligato a svolgere un ruolo creativo. Ora egli deve impegnarsi, per la prima volta, in un'interpretazione della norma alla luce dei suoi scopi e delle sue finalità. Avendo in mente cosa si voleva perseguire con la disciplina riguardante i parchi, i tricicli devono essere considerati vietati? Quando domande di tal fatta sono risolte c'è almeno una "intersezione" tra "ciò che è" e "ciò che deve essere", dal momento che il giudice, nel decidere qual "è" la regola, fa riferimento, per portare a termine il suo compito, alle sue convinzioni su ciò che "dovrebbe essere".

Se ho interpretato correttamente la teoria di Hart in relazione a come essa tratta il "nucleo certo", allora credo che sia del tutto insostenibile. Il difetto più evidente della sua teoria si trova nell'assunto che i problemi di interpretazione si incentrino tipicamente sul significato delle singole parole. Di certo nessun giudice applicando una norma della *common law* ha mai seguito alcuna procedura come quella descritta (e, ritengo, prescritta) da Hart; in verità, normalmente nemmeno pensiamo al problema con cui si confronta il giudice come ad un problema di "interpretazione". Anche nel caso delle leggi, normalmente dobbiamo assegnare un significato, non ad una singola parola, ma ad una frase, o ad un insieme di frasi, o ad un'intera pagina del testo. Sicuramente un insieme di frasi non ha un "caso paradigmatico" che resta costante qualsiasi sia il contesto in cui ricorre. Se una legge sembra avere una sorta di "nucleo di significato" che possiamo applicare senza una puntuale indagine sul suo preciso scopo, ciò accade perché possiamo vedere che, comunque si possa formulare il puntuale obiettivo della legge, tuttavia *questo* caso ricadrebbe in essa.

Anche in situazioni ove le nostre difficoltà interpretative sembrano riguardare una singola parola, l'analisi di Hart mi pare non dia conto di ciò che in effetti accade o dovrebbe accadere. Nel suo esempio del veicolo, sebbene egli ci dica che questa parola ha un nucleo di significato che definisce in maniera inequivocabile in qualsiasi contesto una classe di oggetti da essa ricompresi, Hart non ci dice mai cosa possano essere questi oggetti. Se la norma che esclude i veicoli dal parco pare di facile applicazione in alcuni casi, suggerisco che ciò accada perché vediamo in maniera sufficientemente chiara ciò che la norma "persegue in generale" così che sappiamo che non v'è bisogno di preoccuparsi della differenza tra le Ford e le Cadillac. Se in alcuni casi ci sembra di saper applicare la norma senza chiederci qual è il suo scopo, non è perché si possa trattare una direttiva come se non avesse scopo. Piuttosto, ciò si realizza perché, per esempio, se la norma è intesa come rivolta a preservare la quiete nel parco, o a preservare da un danno chi passeggia spensierato, sappiamo, "senza pensarci", che una rumorosa automobile deve essere esclusa.

Cosa direbbe Hart se alcuni patrioti locali volessero mettere su un piedistallo nel parco un autocarro usato nella seconda guerra mondiale, mentre altri cittadini, considerando il monumento commemorativo sgradevole come un pugno in un occhio, sostenessero la loro posizione con la regola "nessun veicolo nel parco"? L'autocarro, in perfetto assetto da guerra, ricade nel nucleo o nella penombra?

Hart pare sostenere che se le parole non si riferissero a "casi paradigmatici" che rimangono costanti indipendentemente dal contesto, una comunicazione efficace non sarebbe realizzabile e diverrebbe impossibile costruire un sistema di "regole dotate di autorità"[37]. Se in ogni contesto le parole assumono un solo significato, peculiare di quel contesto, l'intero processo interpretativo diverrebbe così incerto e soggettivo che l'ideale della *rule of law* perderebbe il suo significato. In altre parole Hart sembra dire che se non siamo disposti ad accettare la sua analisi dell'interpretazione, dobbiamo abbandonare ogni speranza di dare un significato effettivo all'ideale della fedeltà al diritto. Invero questa è una prospettiva assai fosca, se si ritiene, come me, che non sia possibile accettare la sua teoria dell'interpretazione. Non ritengo che il futuro dell'ideale della fedeltà al diritto sia così tetro.

Un esempio ci aiuterà a mettere alla prova, non solo la teoria di Hart del nucleo e della penombra, ma anche la sua rilevanza per l'ideale della fedeltà al diritto. Supponiamo che dando un'occhiata ad alcune leggi, ci si imbatta nella seguente statuizione: "è vietato dormire nelle stazioni ferroviarie. Ai trasgressori verrà comminata una sanzione di cinque dollari". Non abbiamo difficoltà ad individuare la natura generale del

[37] HART, *op. cit.*, p. 61.

bersaglio verso il quale questa legge è rivolta. È probabile, infatti, che ci venga in mente l'immagine di un vagabondo arruffato, disteso in modo goffo in una delle panche della stazione che costringe i passeggeri stanchi a restare in piedi e riempie le loro orecchie con rantoli rauchi e alcolici. Si può convenire che questa immagine individui il "caso paradigmatico" contemplato dalla legge, sebbene sia sicuramente distante dal "caso comune" dello stato fisiologico chiamato "dormire".

Vediamo adesso come questo esempio si riflette sull'ideale della fedeltà al diritto. Supponiamo che io sia un giudice e che due uomini siano portati al mio cospetto per aver violato questa legge. Il primo è un passeggero che stava aspettando alle tre del mattino un treno in ritardo. Quando fu arrestato stava seduto in posizione eretta ed in modo ordinato, ma fu sentito russare leggermente dall'agente che lo trasse in arresto. Il secondo aveva portato una coperta ed un cuscino alla stazione e si era chiaramente disteso per trascorrere la notte. Egli fu arrestato, ad ogni modo, prima che si fosse addormentato. Quali di questi due casi rappresenta il "caso paradigmatico" della parola "dormire"? Se trascuro questa domanda e decido di punire il secondo uomo e assolvere il primo ho violato il dovere di fedeltà al diritto? Ho violato tale dovere se interpreto la parola "dormire" in questa legge nel senso di "distendersi su una panca o sul pavimento per passare la notte, ovvero se la interpreto nel senso di trascorrere la notte"?

Volendo mettere alla prova un altro aspetto della teoria di Hart mi chiedo se sia possibile interpretare una parola di una legge senza conoscerne la finalità. Supponiamo di imbatterci nel seguente enunciato incompleto: "tutti i miglioramenti devono essere tempestivamente riferiti a ...". La teoria di Hart sembra affermare che anche se abbiamo a disposizione solo questo frammento possiamo interpretare senza problemi la parola "miglioramento" e applicarla al suo "caso paradigmatico", sebbene dovremmo conoscere il resto dell'enunciato per poter affrontare in maniera opportuna i "problemi di penombra". Eppure è innegabile che nell'enunciato incompleto da me riportato la parola "miglioramento" è quasi sprovvista di significato al pari del simbolo "X".

La parola "miglioramento" acquisterà immediatamente significato se completiamo l'enunciato con le parole "capo infermiera" o "autorità per la pianificazione urbanistica" sebbene i due significati che ci vengono in mente siano radicalmente differenti. Sarebbe arduo sostenere che questi due significati rappresentano una qualche forma di accrescimento della penombra del "significato paradigmatico" della parola. E ci si può chiedere, incidentalmente, quanto sarebbe di aiuto la teoria del nucleo e della penombra nel decidere se, quando il rapporto deve essere fatto all'autorità per la pianificazione, la parola "miglioramento" includa un orribile edificio non ipotecabile che abbassa il valore di mercato del terreno sul quale è costruito.

Sarà istruttivo, penso, considerare l'effetto di altri modi di completare l'enunciato. Supponiamo di aggiungere a "tutti i miglioramenti devono essere tempestivamente riferiti ..." le parole "al Preside del settore laureati". Qui non ci sembra più come prima di cercare a tastoni nel buio; piuttosto adesso abbiamo la sensazione di avere in mano una scatola vuota. Riusciremmo ad orientarci un poco meglio se le parole conclusive fossero "al Direttore della scuola" e saremmo del tutto a nostro agio se le parole divenissero "al Presidente della Commissione 'rapporti con i genitori dei bambini delle elementari'".

Si dovrebbe notare che nello stabilire cosa significa la parola "miglioramento" in tutti questi casi, non procediamo semplicemente collocando la parola in qualche contesto generale, quali la prassi ospedaliera, la pianificazione urbanistica, o l'istruzione. Se fosse così, il "miglioramento" nell'ultimo esempio potrebbe essere sia quello dell'insegnante, sia quello dell'alunno. Piuttosto ci chiediamo: qual è il fine di questa norma? Quale danno intende scongiurare? Quale bene intende promuovere? Quando a ricevere il rapporto è la "capo infermiera" siamo portati a chiederci "esiste, forse, una penuria di spazio nell'ospedale, così che i pazienti che hanno un certo miglioramento vengono mandati a casa o assegnati ad un reparto ove ricevono minore attenzione? Se "direttore" offre un miglior orientamento di "Preside del settore laureati" ciò deve essere perché sappiamo qualche cosa riguardo alle differenze tra un'istruzione elementare ed un livello di istruzione universitaria per i già laureati. Bisogna avere una qualche minima cognizione dei modi in cui queste due attività educative sono guidate, e dei problemi affrontati in entrambe, affinché qualsiasi distinzione tra "direttore" e "Preside del settore laureati" sia in grado di incidere sulla nostra interpretazione di "miglioramento". In altre parole, dobbiamo essere sufficientemente capaci di metterci nella condizione di coloro che hanno redatto la norma per sapere cosa pensavano che essa "dovesse essere". È alla luce di questo "dover essere" che dobbiamo decidere cosa la norma "è".

Passando al fenomeno che Hart chiama "preoccupazione per la penombra", dobbiamo chiederci quale sia effettivamente il contributo apportato al processo interpretativo dalla pratica comune di immaginare svariate situazioni "limite". Hart sembra dire, "ma insomma, non c'è alcun problema, a meno che non si abbia a che fare con problemi di penombra". Se questo è ciò che intende, trovo la sua prospettiva incomprensibile, in quanto resta ancora non spiegato perché, secondo la sua teoria, se ci si sta confrontando con un problema di penombra, potrebbe essere utile pensare ad altri problemi di penombra.

In tutta la sua analisi dell'interpretazione, Hart sembra ritenere che vi sia una specie di procedura di catalogazione. Un giudice di fronte ad una nuova fattispecie è come un bibliotecario che debba decidere dove riporre un nuovo libro. Ci sono dei casi facili: la *Bibbia* va sotto la voce "religione", *La ricchezza delle nazioni* sotto "economia", etc. Poi ci sono casi difficili, quando il bibliotecario deve esercitare una sorta di scelta creativa, come decidere se *Il capitale* vada sotto "politica" o "economia", *I viaggi di Gulliver* sotto "racconti fantastici" o "filosofia". Ma sia che la decisione sul dove riporli sia facile o difficile una volta presa al bibliotecario non resta che riporre il libro. E così è per i giudici, pare dire Hart, per quel che riguarda tutti i particolari essenziali. Di certo il processo giudiziale è qualche cosa di più di una procedura di catalogazione. Il giudice non adempie alla propria responsabilità quando attacca una adeguata etichetta classificatoria alla fattispecie. Egli deve fare qualche cosa riguardo ad essa, deve trattarla, se vogliamo dir così. È questa responsabilità più ampia che spiega perché i problemi interpretativi quasi mai riguardano una singola parola, ed anche perché i giuristi per generazioni hanno trovato utile concepire casi "limite" immaginari, non solo per quel che concerne "la penombra", ma al fine di conoscere dove inizi la "penombra".

Questi punti possono essere resi chiari, credo, tornando al nostro esempio del frammento legislativo che recita "tutti i miglioramenti devono essere tempestivamente riferiti a ...". Qualsiasi possa essere la frase conclusiva, il giudice non ha risolto i suoi problemi semplicemente decidendo di quale tipo di miglioramento si tratta. Quasi tutte le parole dell'enunciato possono richiedere interpretazione, ma è ovvio che sia così specie per "tempestivamente" e "riferiti". Con quale modalità bisogna riferire i miglioramenti: una nota scritta, una chiamata all'ufficio, una annotazione nell'archivio dell'ospedale? Quanto bisogna essere dettagliati? Sarà sufficiente dire "molto meglio", o "una grande casa con un balcone".

A questo punto dovrebbe essere evidente ad ogni giurista che nell'interpretare parole quali "miglioramento", "tempestivamente", e "riferire" non è di alcun aiuto chiedersi come alcuni "usi comuni" di natura non giuridica potrebbero contribuire alla determinazione del significato di tali parole. Ma, cosa ancora più importante, quando queste parole sono tutte parte di una singola struttura di pensiero, nel processo interpretativo interagiscono l'una con l'altra. "Cos'è un 'miglioramento'? Bene, deve essere qualche cosa che possa essere fatta oggetto di un rapporto. Così per gli scopi di questa legge "miglioramento" significa effettivamente "miglioramento riferibile". In che modo si deve "riferire"? Bene, ciò dipende dal tipo di 'miglioramento' riguardo al quale si desidera ricevere informazioni e dalle ragioni per le quali le informazioni si desiderano".

Quando andiamo oltre le singole parole per guardare alla legge nel suo insieme, diviene chiaro come il concepire casi ipotetici accompagni di regola l'attività interpretativa. Nello spingere la nostra mente prima in una direzione, poi in un'altra, questi casi ci aiutano a comprendere la struttura di pensiero di fronte a noi. Questa struttura è qualche cosa che tentiamo di comprendere, così che possiamo conoscere veramente ciò che è, ma è anche qualche cosa che contribuiamo a creare quando ci impegniamo (in conformità al nostro obbligo di fedeltà al diritto) a rendere la legge un insieme coerente e funzionante.

Avrei considerato tutte queste osservazioni troppo banali per riportarle qui se esse non fossero richieste come risposta alla teoria dell'interpretazione di Hart, una teoria alla quale egli annette una tale importanza da implicare che non si possa avere fedeltà al diritto in nessun significato plausibile a meno che non la si accetti. Può essere possibile che la filosofia positivista richieda che si abbandoni un'idea di interpretazione che veda come suoi profili centrali, non le parole ma lo scopo e la struttura? Se è così, allora le poste in gioco in questa battaglia di scuole sono davvero alte.

Sono perplesso per l'originalità che Hart scorge nelle conclusioni che ho tentato di trarre in un saggio a partire dall'esempio di Wittgenstein riguardante l'insegnare un gioco ai bambini [38]. Stavo semplicemente tentando di mostrare il ruolo svolto dalla riflessione nel decidere cosa deve essere fatto. Stavo cercando di esplicitare alcuni semplici concetti come quello che le decisioni riguardo a ciò che deve essere fatto so-

---

[38] FULLER, *Human Purpose and Natural Law*, in "J. Philos", 53, 1956, pp. 697, 700.

no migliori se frutto di riflessione, di uno scambio di punti di vista con altri che condividono i medesimi problemi, e se presuppongono uno sforzo per immaginare alcune possibili situazioni che potrebbero presentarsi. Stavo assumendo che tutte queste misure semplici e familiari potessero servire ad acuire la nostra percezione di quello che stavamo provando a fare, e che il risultato dell'intero processo potesse essere, non solamente una scelta più accurata dei mezzi idonei a raggiungere il fine voluto, ma una chiarificazione del fine stesso. Avevo pensato che un famoso giudice della magistratura inglese avesse qualche cosa come questa in mente quando parlava della *common law* come di "un'opera pura" [39]. Se questa idea del *judicial process* non è stata più presa in considerazione nel paese in cui ha avuto origine posso solo dire che, qualunque possano essere le vicende della reputazione di Lord Mansfield in Inghilterra, egli resterà sempre in questo paese una figura eroica della *jurisprudence*.

Ho sottolineato qui le carenze della teoria di Hart con riguardo al modo in cui tratta dell'interpretazione giudiziale. Ritengo, comunque, che i suoi difetti siano più gravi e dipendano in ultima analisi da una errata teoria riguardo al significato del linguaggio in generale. Hart sembra sottoscrivere ciò che si può chiamare "teoria ostensiva del significato" (*pointer theory of meaning*) [40], una teoria che ignora o minimizza gli effetti che sul significato delle parole hanno lo scopo del parlante e la struttura del linguaggio. Significativamente questa scuola di pensiero abbraccia la nozione di "uso comune". La ragione è, ovviamente, che solo con l'ausilio di questa nozione sembra possibile ottenere il dato inerte del significato cercato, un significato isolato dagli effetti dello scopo e della struttura.

---

[39] *Omychund v. Baker*, in "Eng. Rep.", 1744, pp. 15, 22-23 (opinione del procuratore generale Murray, successivamente Lord Mansfield): le fattispecie non si presentano tutte nello stesso momento; ... assai di rado una legge può includere tutti i casi, di conseguenza la *common law, che procede pura in se stessa* sulla base di regole tratte dalla fonte della giustizia, è per questa ragione superiore rispetto ad una legge promulgata dal Parlamento.

[40] Mi riferisco alla teoria linguistica che sembra essere presupposta nel saggio discusso qui. Nella brillante lezione inaugurale di HART, *Definition and Theory in Jurisprudence*, in "L. Q. Rev.", 1954, 37, il punto più importante è che termini come "regola", "diritto soggettivo" e "persona giuridica" non possono essere definiti indicando le cose o le azioni corrispondenti nel mondo esterno, ma possono essere compresi soltanto nei termini della funzione assolta dagli stessi nel sistema, così come non si può capire la decisone dell'arbitro "sei fuori!" senza avere almeno una conoscenza di base delle regole del *baseball*. Anche nell'analisi presentata nella lezione inaugurale Hart, comunque, sembra pensare che la dipendenza del significato dalla funzione e dal contesto sia una (peculiarità) caratteristica dei sistemi formali ed istituzionalizzati, quali un gioco o un sistema giuridico. Egli non sembra ritenere che ciò che predica dei sistemi istituzionalizzati sia estendibile anche agli innumerevoli e sovrapposti sistemi informali che attraversano il linguaggio nel suo insieme. Questi elementi sistematici o strutturali impliciti presenti nel linguaggio spesso ci consentono di capire al volo il significato di una parola usata in un significato totalmente nuovo, come nell'enunciato "gli esperti considerano il canale inglese come la nuotata più difficile al mondo". Nel saggio qui discusso Hart sembra ora riconoscere che una norma o una legge possiede una qualità strutturale o sistematica che si riflette in una certa misura sul significato di tutti i termini principali in essa contenuti.

Non vorrei intraprendere qui una estesa digressione sulla teoria linguistica. Dovrò accontentarmi di sottolineare che la teoria del significato presupposta nel saggio di Hart mi pare sia stata respinta da tre persone che rappresentano l'espressione più avanzata della logica moderna: Wittgenstein, Russell, e Whitehead. Le *Ricerche filosofiche* di Wittgenstein, pubblicate postume, costituiscono una sorta di analisi sul campo del modo in cui le parole mutano e trasformano il proprio significato da un contesto all'altro. Russell ripudia il culto "dell'uso comune" e si chiede quale "caso" della stessa parola "parola" non presupponga qualche specifica intenzione nell'uso della stessa [41]. Whitehead spiega il fascino che "l'illusoria identità delle parole ripetute" ha per i moderni filosofi; solo assumendo qualche costante linguistica (come "il nucleo di significato") si può sostenere la validità di procedure logiche le quali necessariamente spostano una parola da un contesto ad un altro [42].

VIII. *Il fondamento morale ed emotivo del positivismo*

Se ignoriamo le specifiche teorie del diritto associate alla filosofia positivistica, credo si possa dire che il tono dominante del positivismo sia il timore di una interpretazione finalistica del diritto e delle istituzioni giuridiche, o almeno il timore che tale interpretazione possa spingersi troppo lontano. Credo si possano trovare tracce che confermano tale paura in tutti gli autori classificati da Hart come "positivisti", con la significativa eccezione di Bentham che rappresenta in tutto un caso a parte e che era anni luce lontano da qualsiasi cosa che potesse essere chiamata positivismo *etico*.

Ora la credenza che molti di noi hanno che questa paura dello scopo prenda una piega patologica nel positivismo, non deve trarci in inganno nel credere che la paura sia del tutto ingiustificata, o che essa rifletta problemi poco rilevanti nell'organizzazione della società.

La fedeltà al diritto *può* divenire impossibile se non accettiamo le più ampie responsabilità (esse stesse con uno scopo come tutte le responsabilità sono e debbono essere) che accompagnano una interpretazione teleologica del diritto. Si può immaginare un ragionamento che possa svilupparsi come segue: questa legge dice che l'assenzio non deve essere venduto. Qual è il suo scopo? Promuovere la salute. Ora, come tutti sanno, l'assenzio è una bevanda buona, salutare e benefica. Quindi, interpretando la legge secondo il suo scopo io la intendo in un modo tale da legittimare la vendita generalizzata ed il consumo di questa bevanda molto salutare, l'assenzio.

Se il rischio che avvengano cose di questo tipo è implicito in una interpretazione secondo lo scopo, quali misure possiamo adottare per eliminarlo, o per ridurlo a proporzioni sopportabili? Si è tentati di dire "insomma, basta usare il senso comune".

---

[41] RUSSELL, *The Cult of "Common Usage"*, in "Portraits From Memory and Other Essay", 1956, pp. 166, 170-171.

[42] WHITEHEAD, *Analysis of Meaning*, in "Essay in Science and Philosophy", 1947, pp. 122, 127.

Ma ciò vorrebbe dire eludere la questione, ed equivarrebbe a dire che sebbene si conosca la risposta, non possiamo dire quale essa sia. Per offrire una risposta migliore, temo che dovrò allontanarmi da questi livelli eccelsi di chiarezza che Hart giustamente apprezza e di solito rappresenta. Dovrò sostenere che la risposta si trova nel concetto di *struttura*. Una legge o una norma di *common law* possiede, o esplicitamente, o in virtù della sua relazione con altre regole, qualcosa che può essere chiamata integrità strutturale. Questo abbiamo in mente quando parliamo "dell'intenzione di una legge", sebbene sappiamo che sono gli uomini ad avere intenzioni e non le parole messe sulla carta. Entro i limiti di tale struttura la fedeltà al diritto non solo permette ma richiede un ruolo creativo al giudice; quel che non gli permette è di andare oltre la struttura. Di certo, la struttura della quale parlo presenta i propri "problemi di penombra". Ma la penombra in questo caso circonda qualcosa di reale, qualcosa che ha un significato ed una integrità di per sé. Non è una collocazione senza scopo delle parole che prende a prestito il significato dall'uso comune.

Uno dei meriti maggiori del saggio di Hart è quello di esplicitare l'interesse del positivismo per l'ideale della fedeltà al diritto. Inoltre credo, sebbene non possa provarlo, che la ragione di fondo delle remore del positivismo rispetto ad un'interpretazione teleologica non è che essa possa condurre all'anarchia, ma che possa spingerci troppo in là nella direzione opposta. Il positivismo vede nell'interpretazione teleologica spinta troppo in là una minaccia per la libertà e la dignità dell'uomo.

Lasciatemi spiegare cosa voglio dire immaginando di essere un uomo senza credenze religiose che vive in una comunità di ardenti protestanti. Una legge in questa comunità mi vieta di giocare a golf la domenica. Trovo questa legge una seccatura e ne accetto le limitazioni con molta riluttanza. Ma il fastidio che provo non è molto diverso da quello che potrei sperimentare se, anche ove fosse permesso giocare a golf la domenica, un black out elettrico mi impedisse di prendere il tram che di norma userei per raggiungere il percorso. In parole povere "sono cose che capitano".

L'intera questione assumerebbe un aspetto ben diverso se una legge mi obbligasse ad andare in chiesa o, peggio ancora, ad inginocchiarmi e recitare preghiere! Questa situazione potrei viverla come un oltraggio evidente alla mia integrità di essere umano. Eppure lo scopo di entrambe le norme potrebbe essere quello di accrescere la partecipazione alle funzioni ecclesiastiche. Si potrebbe anche pensare che la differenza risieda nel fatto che la prima legge tenta di raggiungere lo scopo in maniera astuta ed indiretta, la seconda in maniera onesta e aperta. Tuttavia questo è sicuramente un caso in cui la via indiretta ha i suoi pregi e l'onestà è un prezzo troppo pesante per la dignità umana.

Ora credo che il positivismo tema che un'interpretazione troppo esplicita in termini teleologici possa spingere il primo tipo di legge nella direzione della legge del secondo tipo. Se questa è una delle preoccupazioni di fondo della filosofia positivista, si tratta certo di un problema reale, per quanto inadeguata appaia la soluzione proposta dal positivismo. Per questo il problema dell'individuazione degli scopi stabiliti è cruciale nella nostra società. Si pensi all'obbligo di contrattare in "buona fede" imposta dal *National Labor Relations Act*[43]. Qualcuno richiama l'attenzione sul fatto

[43] Si veda il NLRA § 8.

che punire un criminale è un affronto minore alla sua dignità di quanto non lo sia emendarlo e migliorarlo. Viene in mente il preambolo della legge: l'incremento del suo uso, il suo buon senso legislativo, la rilevanza che dovrebbe essergli accordata nell'interpretazione giudiziale. I casi del saluto alla bandiera [44] sono ben noti a tutti. Ricordo la splendida analisi di Von Hippel volta ad individuare ciò che del nazismo fosse profondamente sbagliato e la sua conclusione che la perversione più indecente di tutte fossero gli atti coercitivi, come l'esporre le bandiere e dire "Heil Hitler!", che hanno senso se fatti volontariamente, o più precisamente, che quando sono imposti hanno un senso che è del tutto parassitario a passate espressioni volontarie [45].

Questioni di questo tipo diventano senza dubbio più gravi ove lo stato assuma un ruolo più attivo riguardo alle attività economiche. Nessuna significativa attività economica può fondarsi solo su "divieti". Per sua natura la produzione economica richiede uno sforzo cooperativo. In campo economico c'è una ragione speciale, dunque, per temere che "questo non si può fare" venga trasformato in "questo si deve fare, volontariamente". Come si sa, l'opportunità più allettante di compiere questa trasformazione è presentata da ciò che nella prassi amministrativa è chiamata "consultazione preliminare" (*prehearing conference*) nella quale la minaccia contraria rappresentata dalle sanzioni previste dalla legge può essere sfruttata dagli amministratori per indurre quello che essi considerano, in perfetta buona fede, l'"atteggiamento corretto".

Sono ansioso di vedere il giorno in cui la filosofia del diritto possa accostarsi seriamente a questioni di questo tipo, e non semplicemente utilizzarle per segnare punti a favore di una posizione già assunta. Il saggio di Hart mi pare apra la via per tale discussione, per eliminare dalla filosofia positivista una pretesa che ha finora oscurato ogni questione da essa affrontata. Mi riferisco alla pretesa di neutralità etica del positivismo. Questa è la ragione per la quale posso dire in tutta sincerità che, a dispetto del disaccordo pressoché su ogni punto delle tesi espresse nel suo saggio, credo che Hart abbia dato un contributo duraturo alla filosofia del diritto.

---

[44] *Minersville School Dist v. Gobitis* (1940), *overruled West Virginia State Bd of Educ. v. Barnette* (1943).

[45] VON HIPPEL, *Die Nationalsozialistische Herrschaftsordnung als Warnung und Lehre*, 1946, pp. 6-7.

RONALD M. DWORKIN

*Il modello delle regole**

I. *Domande difficili*

I giuristi fanno un uso massiccio dei concetti, tra loro collegati, di diritto soggettivo (*legal right*) ed obbligo giuridico (*legal obligation*) *. Diciamo che qualcuno ha un diritto soggettivo o un obbligo giuridico, e riteniamo che questa affermazione rappresenti un valido sostegno per avanzare pretese e richieste, e per criticare gli atti dei funzionari pubblici. Tuttavia, la nostra comprensione di questi concetti è molto approssimativa, e ci troviamo in difficoltà quando proviamo a dire che cosa sono i diritti soggettivi e gli obblighi giuridici. Affermiamo con disinvoltura che per stabilire se qualcuno sia soggetto ad un obbligo giuridico bisogna guardare al modo in cui "il diritto" si applica ai fatti specifici del suo caso giudiziario; questa risposta, tuttavia, non ci aiuta, dal momento che incontriamo le medesime difficoltà con il concetto di diritto.

Siamo soliti compendiare le nostre difficoltà nelle classiche domande che si pone la *jurisprudence*: che cos'è "il diritto"?; quando due parti sono in disaccordo, come accade spesso, su una "proposizione giuridica", su cosa stanno dissentendo?; e come possiamo stabilire quale parte ha ragione?; perché noi trattiamo ciò che "il diritto" prescrive nei termini di "obblighi" giuridici?; in questo caso, "obbligo" è nulla più di un termine tecnico che significa soltanto "ciò che il diritto prescrive"?; ovvero l'obbligo giuridico ha qualcosa a che fare con l'obbligo morale?; possiamo affermare, almeno in linea di principio, che abbiamo le medesime ragioni per adempiere ai nostri obblighi giuridici rispetto a quelle che abbiamo per adempiere ai nostri obblighi morali?

Questi non sono i tipici indovinelli da tenere nella credenza, e da tirare fuori per scansare la noia nei giorni piovosi. Queste domande sono fonte di persistenti difficoltà, e richiamano insistentemente la nostra attenzione. Ci mettono in difficoltà quando affrontiamo problemi specifici che dobbiamo risolvere in un modo o nell'altro. Si immagini che un caso innovativo riguardante il diritto alla *privacy* giunga di fronte ad un giudice, e che non vi sia alcuna legge né alcun precedente giudiziale che riconosca o neghi lo specifico diritto all'anonimato richiesto dall'attore. Quale ruolo, nella decisione del giudice, deve rivestire il fatto che la maggior parte dei membri della comu-

---

* Traduzione italiana di ALDO SCHIAVELLO.

* N.d.t. Al fine di evitare fraintendimenti, tradurrò sempre '*legal right*' con 'diritto soggettivo', '*legal obligation*' con 'obbligo giuridico', '*law*' e '*the law*' con 'diritto'

nità ritenga che i privati cittadini abbiano "moralmente" diritto ad una *privacy* di quel genere? Si immagini che la *Supreme Court* ordini di mettere in libertà alcuni detenuti in quanto la polizia ha seguito delle procedure che adesso la Corte ritiene essere proibite dalla Costituzione, per quanto si tratti di procedure avallate da decisioni precedenti della stessa Corte. La Corte, per essere coerente, deve ordinare la liberazione di tutti i detenuti giudicati in precedenza colpevoli attraverso queste stesse procedure[1]? Le perplessità concettuali sul "diritto" e sugli "obblighi giuridici" palesano la loro gravità quando un giudice è chiamato a risolvere questioni di questa natura.

Questi esantemi sono indice di una malattia cronica. Ogni giorno c'è gente che viene mandata in prigione, a cui viene portato via del denaro, o che viene costretta con la forza a fare cose che non desidera fare, e tutto ciò viene giustificato dicendo che queste persone hanno infranto la legge o non hanno ottemperato ai loro obblighi giuridici, o hanno interferito con l'esercizio dei diritti soggettivi di altre persone. Anche nei casi chiari (una rapina in banca o un inadempimento contrattuale intenzionale), quando siamo certi che qualcuno era soggetto ad un obbligo giuridico e che si è sottratto ad esso, non siamo in grado di fornire una spiegazione soddisfacente di ciò che questo significa, o del perché ciò autorizza lo Stato a punirlo o a costringerlo all'adempimento. Possiamo essere sicuri di fare la cosa giusta, ma sino a quando non siamo in grado di identificare i principi che seguiamo, non possiamo essere certi che essi siano sufficienti, né possiamo essere certi di applicare tali principi in modo coerente. Nei casi meno chiari, quando è per qualche ragione controverso che un obbligo non sia stato adempiuto, aumenta la rilevanza di queste fastidiose domande, e con essa la nostra responsabilità di trovare le risposte.

Alcuni giuristi (possiamo chiamarli "nominalisti") suggeriscono che questi problemi si risolvono ignorandoli. Dal loro punto di vista, i concetti di "obbligo giuridico" e di "diritto" sono miti, inventati e corroborati dai giuristi per uno squallido miscuglio di motivi coscienti e subcoscienti. Le confusioni che si annidano in questi concetti non sono altro che sintomi del fatto che si tratta di miti. Esse non possono essere dipanate perché sono irreali, e la sollecitudine con cui ce ne occupiamo non è che un tratto del nostro asservimento. Faremmo meglio a sbarazzarci delle difficoltà e, in generale, dei concetti, ed a perseguire i nostri importanti obiettivi sociali senza questa eccedenza di bagaglio.

Questa è una proposta allettante, ma che presenta dei difetti fatali. Prima di poter stabilire che i nostri concetti di diritto e di obbligo giuridico sono miti, dobbiamo stabilire quali essi siano. Dobbiamo essere in grado di determinare, almeno approssimativamente, che cos'è che noi tutti crediamo essere sbagliato. Tuttavia, l'aspetto saliente del nostro problema è che noi incontriamo grandi difficoltà a fare esattamente questo. Invero, quando chiediamo che cos'è il diritto e che cosa sono gli obblighi giuridici, siamo alla ricerca di una teoria circa il nostro uso di questi concetti e circa i vincoli concettuali implicati dal nostro uso. Non possiamo concludere, prima di avere una teoria generale di questo tipo, che le nostre pratiche sono stupide o superstiziose.

---

[1] Cfr. *Linkletter v. Walker*, 381 U. S. 618 (1965).

I nominalisti ritengono di sapere, ovviamente, come gli altri usano questi concetti. Ritengono che quando noi parliamo del "diritto" facciamo riferimento ad un insieme di regole eterne accumulate in qualche deposito concettuale in attesa di essere scoperte dai giudici, e che quando noi parliamo dell'obbligo giuridico facciamo riferimento alle catene invisibili che queste regole misteriose ci avvolgono intorno in qualche modo. Essi denominano "*jurisprudence* meccanica" la teoria secondo la quale tali regole e catene esistono, e fanno bene a mettere alla berlina i suoi sostenitori. Sino ad ora hanno avuto scarsa fortuna nel catturare e nell'esibire sostenitori della *jurisprudence* meccanica (tutti gli esemplari catturati – anche Blackstone e Joseph Bale – hanno meritato la liberazione dopo una lettura attenta dei loro testi).

In ogni caso, è evidente che la maggior parte dei giuristi non ha in testa nulla di simile a questo quando parla del diritto e dell'obbligo giuridico. Per mostrarlo, basta un'analisi superficiale delle nostre pratiche; parliamo infatti di leggi che cambiano e si evolvono, e di obblighi giuridici la cui esistenza talvolta è dubbia. In questi ed in altri modi ancora mostriamo di non essere dei fautori della *jurisprudence* meccanica.

Nondimeno, usiamo i concetti di diritto e di obbligo giuridico, e riteniamo che ciò che autorizza la società a punire e ad usare metodi coercitivi abbia a che fare con tali concetti. È possibile, una volta che i dettagli di questa pratica siano esplicitati, che i concetti che usiamo risulteranno essere altrettanto ridicoli ed inseparabili dall'illusione rispetto a quelli inventati dai nominalisti. In questo caso, dovremo trovare altri modi per descrivere ciò che facciamo e, o fornire altre giustificazioni, ovvero modificare le nostre pratiche. Tuttavia, finché non saremo pervenuti a tali conclusioni e non avremo posto in essere queste correzioni, non possiamo raccogliere il prematuro invito dei nominalisti ad ignorare i problemi che accompagnano i nostri concetti attuali.

Certamente, il suggerimento di smettere di parlare di "diritto" e di "obbligo giuridico" è per lo più una provocazione. Questi concetti sono radicati troppo profondamente nella struttura delle nostre pratiche politiche – non vi possiamo rinunciare come se si trattasse di sigarette o cappelli. Alcuni nominalisti lo hanno quasi ammesso, ed hanno precisato che i miti che essi condannano devono essere pensati come miti platonici e devono essere mantenuti per indurre le masse all'ordine. Questo suggerimento forse non è così cinico come appare; forse si tratta di una copertura nascosta per una scommessa avventata.

Se smontiamo del tutto la provocazione, l'attacco nominalista si risolve in un attacco alla *jurisprudence* meccanica. Nelle pieghe dell'attacco, ed a dispetto degli eroici annunzi della morte del diritto, i nominalisti stessi hanno presentato un'analisi di come bisogna usare i termini "diritto" ed "obbligo giuridico" che non si discosta di molto da quella proposta da filosofi più tradizionali. I nominalisti presentano la loro analisi come un modello del modo in cui le istituzioni giuridiche (in particolare gli organi giudiziari) "operano effettivamente". Tuttavia, è principalmente una differenza di toni a rendere il loro modello differente rispetto alla teoria che è stata per la prima volta resa celebre da John Austin, filosofo del diciannovesimo secolo, e che adesso è accolta dalla maggior parte dei giuristi pratici e degli accademici che hanno opinioni a livello teorico generale. Con qualche approssimazione storica, chiamerò questa teoria "positivismo"*. Mi interessa valutare la fondatezza del positivismo, in particolare nella autorevole versione avanzata da H.L.A. Hart, professore ad Oxford. Ho scelto di concentrare l'attenzione sulla sua posizione non soltanto per la chiarezza e l'eleganza che la contraddistingue, ma anche perché, in relazione ai temi che qui si discutono, come anche in relazione a quasi tutti i temi che ricadono nell'ambito della filosofia del diritto, un'analisi propositiva deve prendere le mosse da un esame delle sue tesi.

II. *Positivismo*

L'ossatura del positivismo è costituita da poche tesi centrali e portanti, e sebbene non ogni filosofo che viene considerato positivista sottoscriverebbe queste tesi nella versione da me proposta, esse delineano la prospettiva generale che mi interessa esaminare. Questi principi chiave possono essere formulati nel modo seguente:

(a) il diritto di una comunità è un insieme di regole particolari, utilizzate direttamente o indirettamente dalla comunità al fine di determinare quali comportamenti saranno puniti o imposti dal potere pubblico. Queste regole particolari possono essere identificate e distinte da altre regole per mezzo di specifici criteri, che non riguardano il loro contenuto ma il loro *pedigree* ovvero il modo in cui esse sono state prodotte o perfezionate. Questi criteri che vertono sul *pedigree* possono essere utilizzati per distinguere le regole giuridiche valide dalle false regole giuridiche (regole che avvocati e parti in causa erroneamente ritengono essere regole giuridiche) ed anche dalle regole sociali di altro tipo (generalmente raggruppate sotto l'etichetta di "regole morali"), regole che la comunità segue ma che non sono fatte rispettare attraverso il potere pubblico;

(b) l'insieme di queste regole giuridiche valide esaurisce il "diritto", cosicché se un caso giudiziale non è chiaramente riconducibile ad una regola di questo tipo (perché nessuna di esse sembra essere appropriata, o perché quelle che sembrano appropriate sono vaghe, o per qualche altra ragione), allora tale caso non può essere deciso "applicando il diritto". Deve essere deciso da qualche funzionario, ad esempio da un giudice, "esercitando la sua discrezionalità", cioè ricercando fuori dal diritto qualche altro tipo di *standard* che lo indirizzi nel creare una nuova regola giuridica o nell'integrarne una vecchia;

(c) affermare che qualcuno ha un "obbligo giuridico" significa affermare che il suo caso ricade sotto una regola giuridica valida che gli impone, o gli proibisce, di fare qualcosa. (Affermare che qualcuno ha un diritto soggettivo, o ha un potere giuridico di qualche tipo, o un privilegio giuridico o un'immunità, significa asserire, in modo stringato, che altri hanno effettivamente o in via ipotetica degli obblighi giuridici di agire o di non agire in determinati modi che investono la sua sfera personale).

* N.d.t. Qui il termine 'positivismo', con cui traduco il termine inglese, utilizzato da Dworkin, '*positivism*', denota il positivismo giuridico e non il positivismo *tout-court*.

In assenza di una regola giuridica valida di questo tipo, non c'è obbligo giuridico; da ciò segue che quando il giudice decide una questione esercitando la sua discrezionalità, non sta facendo osservare un obbligo giuridico relativo a tale questione.

Questa è soltanto l'ossatura del positivismo. La "carne" intorno ad essa è modellata in modo diverso dai diversi positivisti, alcuni dei quali tentano anche di incidere sull'ossatura. Le diverse versioni differiscono principalmente per il modo in cui esse descrivono il criterio fondamentale di *pedigree* che una regola deve soddisfare per essere considerata una regola giuridica.

Austin, ad esempio, ha strutturato la sua versione del criterio fondamentale come una serie di definizioni e distinzioni interdipendenti[2]. Egli ha definito "avere un obbligo" come la situazione in cui si è sottoposti ad una regola, una regola come un comando generale, ed un comando come un'espressione del desiderio che altri si comportino in un determinato modo, sostenuto dal potere e dalla volontà di fare rispettare tale espressione di desiderio in caso di disobbedienza. Egli ha distinto diverse classi di regole (giuridiche, morali o religiose) a seconda di quale persona o gruppo fosse l'autore del comando generale espresso attraverso la regola. Egli riteneva che, per ogni comunità politica, sarebbe stato possibile individuare un sovrano – una persona o un gruppo determinato a cui la restante parte degli individui obbedisce abitualmente, ma che non ha l'abitudine di ubbidire a nessun altro. Le regole giuridiche di una comunità sono i comandi generali del suo sovrano. La definizione di Austin dell'obbligo giuridico segue dalla sua definizione del diritto. Egli riteneva che qualcuno fosse soggetto ad un obbligo giuridico se era tra i destinatari di un ordine generale del sovrano, e se correva il rischio di subire una sanzione qualora non avesse obbedito a quell'ordine.

Evidentemente, il sovrano non può tenere conto di tutte le eventualità attraverso un sistema di ordini, ed alcuni dei suoi ordini saranno inevitabilmente vaghi o avranno margini incerti. Dunque (secondo Austin) il sovrano concede a coloro che applicano il diritto (i giudici) la discrezionalità di avanzare nuovi ordini quando si presentano casi nuovi o difficili. I giudici creano dunque nuove regole o modificano regole vecchie, ed il sovrano o invalida le loro creazioni, o le avalla tacitamente quando omette di invalidarle.

Il modello di Austin è piuttosto bello nella sua semplicità. Esso sostiene il primo principio cardine del positivismo, quello secondo il quale il diritto è un insieme di regole espressamente selezionate per garantire l'ordine pubblico, e presenta un semplice criterio fattuale – cosa ha comandato il sovrano? – come l'unico criterio per identificare queste particolari regole. Col tempo, tuttavia, coloro che hanno studiato ed hanno tentato di applicare il modello di Austin lo hanno trovato troppo semplice. Molte sono state le obiezioni sollevate e, tra queste, due sono apparse fondamentali. In primo luogo, l'assunto centrale di Austin secondo il quale è possibile rinvenire in

---

[2] J. AUSTIN, *Delimitazione del campo della giurisprudenza* (1832; trad. it. dalla edizione del 1954, a cura di H.L.A. HART), trad. di G. Gjylapian, a cura di M. BARBERIS, Il Mulino, Bologna, 1995.

ogni comunità un determinato gruppo o istituzione che mantiene il controllo supremo su tutti gli altri gruppi, non sembra che possa reggere in relazione ad una società complessa. Il controllo politico in una nazione moderna è pluralistico e mobile, è una questione di "più o meno", di compromesso, cooperazione ed alleanza, così che è spesso impossibile affermare che una persona o gruppo gestisce quel controllo pervasivo che è necessario per assurgere al ruolo di sovrano austiniano. Si è portati a dire, negli Stati Uniti ad esempio, che il "popolo" è sovrano. Ma questa affermazione non significa pressoché nulla, e presa da sola non ci fornisce alcun criterio per determinare che cosa è stato comandato dal "popolo", e per distinguere i comandi del popolo che sono giuridici da quelli sociali o morali.

In secondo luogo, i critici hanno cominciato a realizzare che l'analisi di Austin è del tutto incapace di spiegare, e addirittura di riconoscere, alcuni fatti evidenti che riguardano i nostri atteggiamenti nei confronti del "diritto". Noi operiamo un'importante distinzione tra il diritto e gli ordini – persino quelli generali – di un bandito. Avvertiamo che i vincoli imposti dal diritto – e le sue sanzioni – sono differenti in quanto sono obbligatori in un modo in cui non lo sono i comandi illegali. Nell'analisi di Austin non c'è spazio per una tale distinzione, in quanto là l'obbligo è definito come soggezione alla minaccia dell'uso della forza, e dunque l'autorità del diritto si fonda esclusivamente sull'abilità del sovrano e sulla sua volontà di arrecare danno a chi disubbidisce. Forse la distinzione che facciamo è illusoria – forse la nostra impressione che vi sia una qualche autorità speciale che caratterizza il diritto dipende da strascichi di pensiero religioso o da qualche altro tipo di auto-inganno di massa. Tuttavia Austin non si preoccupa di dimostrarlo, e noi siamo dunque autorizzati ad insistere che un'analisi del nostro concetto di diritto o riconosce e spiega i nostri atteggiamenti, o mostra perché essi sono errati.

La versione del positivismo di H.L.A. Hart è più complessa rispetto a quella di Austin sotto due aspetti. In primo luogo, Hart riconosce, a differenza di Austin, che le regole sono di tipi logici differenti (Hart distingue due tipi, che chiama regole "primarie" e "secondarie"). In secondo luogo, egli respinge la tesi di Austin secondo la quale una regola è un tipo di comando, sostituendola con una più elaborata analisi generale di ciò che le regole sono. Dobbiamo soffermarci su ciascuno di questi punti, e poi osservare come si fondono nel concetto di diritto di Hart.

La distinzione di Hart tra regole primarie e secondarie è di grande importanza[3]. Le regole primarie sono quelle che riconoscono diritti o impongono obblighi ai membri della comunità. Le regole del diritto penale che ci vietano di compiere rapine, di commettere omicidi, di guidare troppo velocemente, sono buoni esempi di regole primarie. Le regole secondarie sono quelle che specificano come, e da chi, tali regole primarie possono essere create, riconosciute, modificate o abrogate. Le regole che specificano la composizione del Congresso, ed il modo in cui esso promulga le leggi, sono esempi di regole secondarie. Anche le regole sulla formazione dei contrat-

[3] Si veda H.L.A. HART, *Il concetto di diritto* (1961), trad. di M. Cattaneo, Einaudi, Torino, 1965, pp. 108-117.

ti e sulla esecuzione dei testamenti sono regole secondarie perché stabiliscono come si producono e si modificano regole molto specifiche che disciplinano specifici obblighi giuridici (ad es. le clausole di un contratto o di un testamento).

Anche l'analisi generale delle regole proposta da Hart è di grande importanza[4]. Austin sosteneva che ogni regola è un comando generale, e che una persona è soggetta ad un obbligo prodotto da una regola se è passibile di subire una punizione qualora disubbidisca ad essa. Hart rileva che ciò cancella la distinzione tra essere "costretto" ed essere "obbligato" a fare qualcosa. Se qualcuno è soggetto ad una regola, allora è obbligato, non semplicemente costretto, a fare ciò che essa dispone, e dunque essere soggetto ad una regola deve essere diverso dall'essere nella condizione di subire un danno nel caso in cui si disubbidisca ad un ordine. Una regola differisce da un ordine, tra le altre cose, per il fatto di essere "normativa", di fissare, cioè, un criterio di comportamento che produce un richiamo su chi è ad essa soggetto che travalica la minaccia che può rafforzarla. Una regola non può mai essere vincolante soltanto perché una qualche persona che detiene un potere fisico desidera che lo sia. Quella persona deve avere "autorità" per emanare la regola o non si tratterà di una regola; e tale autorità può provenire soltanto da un'altra regola che sia già vincolante per coloro nei cui confronti la persona in questione si rivolge. Questa è la differenza tra una legge valida e gli ordini di un bandito.

Hart dunque propone una teoria generale delle regole che non fa dipendere l'autorità di queste ultime dal potere fisico dei loro autori. Secondo Hart, se esaminiamo il modo in cui regole differenti vengono ad esistenza, e se poniamo attenzione alla distinzione tra regole primarie e secondarie, osserviamo che vi sono due possibili fonti dell'autorità di una regola[5].

(a) Una regola può divenire vincolante per un gruppo di persone a causa del fatto che quel gruppo, attraverso le sue pratiche, *accetta* le regola come un criterio di condotta per i suoi membri. Non è sufficiente che il gruppo si limiti a conformarsi ad un modello di comportamento: anche se la maggioranza degli inglesi è solita andare a cinema il sabato sera, ciò non significa che gli inglesi abbiano accettato una regola che richiede che essi si comportino in questo modo. Una pratica costituisce l'accettazione di una regola solo quando coloro che seguono quella pratica trattano la regola come vincolante, e considerano la regola come una ragione o una giustificazione per il proprio comportamento e come una ragione per criticare il comportamento di coloro che non ubbidiscono ad essa.

(b) Una regola può divenire vincolante in un modo affatto differente, e cioè essendo promulgata in conformità con qualche regola *secondaria* che stabilisca che le regole promulgate in questo modo sono vincolanti. Se lo statuto di un club stabilisce, ad esempio, che i regolamenti interni possono essere approvati a maggioranza, allora gli specifici regolamenti votati in questo modo sono vincolanti per tutti i membri, non a causa di una pratica di accettazione di questi regolamenti specifici, ma a causa

[4] H.L.A. HART, *op. ult. cit.*, pp. 98-108.

[5] H.L.A. HART, *op. ult. cit.*, pp. 118-130.

del fatto che ciò è stabilito dallo statuto. In questo caso noi usiamo il concetto di *validità*: le regole che sono vincolanti perché sono state prodotte in modo conforme a quanto stabilito da una regola secondaria diciamo che sono regole "valide". Possiamo dunque sintetizzare questa fondamentale distinzione proposta da Hart nel modo seguente: una regola può essere vincolante (a) perché è accettata o (b) perché è valida.

Il concetto di diritto di Hart è una costruzione a partire da queste molteplici distinzioni[6]. Le comunità primitive hanno soltanto regole primarie, le quali sono vincolanti esclusivamente per le pratiche di accettazione. Di tali comunità non si può dire che abbiano "diritto", in quanto non c'è modo di distinguere un insieme di regole giuridiche da altre regole sociali, come richiede la prima tesi del positivismo. Tuttavia, una volta che una determinata comunità ha prodotto una regola secondaria fondamentale che stabilisce come devono essere identificate le regole giuridiche, l'idea di un insieme distinto di regole giuridiche, e dunque l'idea di diritto, è presente.

Hart chiama "regola di riconoscimento" una tale regola secondaria fondamentale. La regola di riconoscimento di una determinata comunità può essere relativamente semplice ("è diritto ciò che è stato promulgato dal sovrano") o assai complessa (la Costituzione degli Stati Uniti, con tutte le sue difficoltà interpretative, può essere considerata un'unica regola di riconoscimento). La dimostrazione che una regola determinata è valida può dunque richiedere di ripercorrere a ritroso una complessa catena di validità che parte dalla regola in questione per giungere infine alla regola fondamentale. Pertanto, un'ordinanza municipale della città di New Haven che disciplina il parcheggio è valida in quanto approvata da un consiglio comunale, seguendo le procedure e rispettando la competenza stabilite dalla legge approvata dallo Stato del Connecticut, in conformità con le procedure e rispettando la competenza previste dalla Costituzione dello Stato del Connecticut, la quale è stata a sua volta adottata in conformità con i requisiti previsti dalla Costituzione degli Stati Uniti.

Ovviamente, una regola di riconoscimento non può essere a sua volta valida, in quanto è, in ipotesi, la regola suprema, e dunque non può passare al vaglio di criteri stabiliti da una regola ancora superiore. La regola di riconoscimento è l'unica regola in un sistema giuridico la cui forza vincolante dipende dalla sua accettazione. Se vogliamo sapere quale regola di riconoscimento è stata adottata o è seguita da una determinata comunità, dobbiamo osservare il comportamento posto in essere dai suoi cittadini, ed in particolare dai suoi funzionari. Dobbiamo osservare quali sono gli argomenti ultimi che essi accettano come prova della validità di una regola specifica, e quali sono gli argomenti ultimi cui essi ricorrono per criticare altri funzionari o istituzioni. Non possiamo adoperare un criterio meccanico, ma non corriamo il rischio di confondere la regola di riconoscimento di una comunità con le sue regole morali. La regola di riconoscimento è identificata dal fatto che la sua sfera di competenza è delimitata dall'attività dell'apparato governativo degli organi legislativi, giudiziari, amministrativi, degli organi di polizia e così via.

In questo modo, Hart mette al riparo i principi basilari del positivismo dagli erro-

---

[6] H.L.A. HART, *op. ult. cit.*, *passim*, in particolare il cap. VI.

ri di Austin. Hart concorda con Austin che le regole giuridiche valide possono essere prodotte dagli atti di funzionari ed istituzioni pubbliche. Tuttavia, Austin riteneva che l'autorità di queste istituzioni riposasse esclusivamente sul fatto che esse detengono il monopolio del potere. Hart rinviene la loro autorità nello sfondo dei criteri sanciti dalla Costituzione in base ai quali esse svolgono le loro funzioni; criteri sanciti dalla Costituzione che sono stati accettati, nella forma di una regola fondamentale di riconoscimento, dalla comunità governata da tali istituzioni. Questo sfondo legittima le decisioni del governo ed attribuisce loro l'aspetto e l'attrattiva di obblighi, di cui invece erano privi i semplici comandi del sovrano austiniano. La teoria di Hart è diversa da quella di Austin anche per il fatto di riconoscere che comunità differenti utilizzano differenti criteri ultimi di validità, alcuni dei quali autorizzano modi di produzione del diritto ulteriori rispetto agli atti deliberati di una istituzione legislativa. Hart menziona la "lunga pratica consuetudinaria" e la "relazione [di una regola] con le decisioni giudiziali" come altri criteri che sono spesso utilizzati, per quanto in genere insieme con la legislazione, ed in via subordinata rispetto ad essa.

La versione del positivismo di Hart è dunque più complessa rispetto a quella di Austin, ed il suo test di validità per le regole giuridiche è più sofisticato. Sotto un aspetto, tuttavia, i due modelli sono molto simili. Hart, come Austin, riconosce che le regole giuridiche hanno margini incerti (egli afferma che le regole hanno una "struttura aperta") e, ancora come Austin, affronta la questione dei casi problematici dicendo che i giudici hanno ed esercitano la discrezionalità di decidere questi casi creando nuovo diritto[7]. In seguito, tenterò di mostrare perché chi ritiene che il diritto si risolva in un insieme determinato di regole debba quasi inevitabilmente dirimere la questione dei casi difficili ricorrendo all'esercizio di discrezionalità da parte di qualcuno.

III. *Regole, principi e* policy

Desidero muovere un attacco di portata generale contro il positivismo, e quando sarà necessario eleggere un bersaglio determinato, utilizzerò come bersaglio la versione di H.L.A. Hart. La mia strategia insisterà sul fatto che quando i giuristi ragionano o discutono intorno a diritti soggettivi ed obblighi giuridici, in particolare in relazione a quei casi difficili ove i nostri problemi con tali concetti si manifestano in modo più virulento, sembra che essi facciano uso di *standard* che non funzionano come regole, ma operano in modo differente, come principi, *policy*, ed altri tipi di *standard*. Sosterrò che il positivismo è un modello di e per un sistema di regole, e che la sua tesi centrale secondo cui c'è un unico criterio fondamentale per la validità del diritto ci impedisce di cogliere l'importanza del ruolo ricoperto da questi *standard* che non sono regole.

Ho appena parlato di "principi, *policy*, ed altri tipi di *standard*". Più spesso utilizzerò il termine "principio" in modo generico, intendendo riferirmi all'insieme di que-

[7] H.L.A. HART, *op. ult. cit.*, cap. VII.

sti *standard* ulteriori rispetto alle regole; talvolta, tuttavia, sarò più preciso, e distinguerò tra principi e *policy*. Sebbene non vi sia alcun aspetto dell'argomento che mi accingo a svolgere che verta su tale distinzione, è mio dovere spiegare chiaramente in che modo la intendo. Chiamo "*policy*" quel tipo di *standard* che individua un obiettivo da perseguire, di solito un miglioramento relativo a qualche aspetto economico, politico o sociale della comunità (sebbene alcuni obiettivi siano negativi, nel senso che stabiliscono che una certa caratteristica della comunità così come è attualmente meriti di essere protetta da cambiamenti sfavorevoli). Chiamo "principio" uno *standard* che deve essere osservato non perché promuove o protegge uno stato di cose economico, politico, o sociale che è reputato auspicabile, ma perché esprime un'esigenza di giustizia, di imparzialità o di qualche altra dimensione della morale. Di conseguenza, lo *standard* in base al quale bisogna ridurre gli incidenti automobilistici è una *policy*, e lo *standard* in base al quale nessuno può trarre vantaggio dal proprio illecito è un principio. La distinzione può essere elisa interpretando un principio come l'affermazione di un obiettivo sociale (ad es., l'obiettivo di una società in cui nessuno tragga vantaggio dal suo illecito), o interpretando una *policy* come l'affermazione di un principio (ad es., il principio in base al quale l'obiettivo perseguito dalla *policy* è un obiettivo degno), ovvero accogliendo la tesi utilitarista secondo la quale i principi di giustizia sono espressioni camuffate di obiettivi (assicurare la maggior felicità al maggior numero di persone). In alcuni contesti tale distinzione riveste dei significati che si perdono se essa è aggirata in questo modo [8].

Il mio scopo immediato, tuttavia, è quello di distinguere i principi, intesi nell'accezione generica, dalle regole, ed inizierò mettendo insieme alcuni esempi dei primi. Gli esempi che presento sono scelti a casaccio; quasi ogni caso raccolto nei repertori di giurisprudenza delle Università di diritto potrebbe fornire esempi altrettanto appropriati. Nel 1889, una Corte di New York doveva decidere, nel famoso caso *Riggs* v. *Palmer* [9], se un discendente nominato nel testamento del proprio nonno potesse ereditare in base a quel testamento, anche se egli aveva ucciso il proprio nonno a questo scopo. La Corte cominciò il suo ragionamento con la seguente ammissione: "è senza dubbio vero che le leggi che regolano la redazione e gli effetti dei testamenti, e la successione della proprietà *mortis causa*, se interpretate in modo letterale, e se la loro efficacia e gli effetti da esse prodotti non possono essere circoscritti o modificati in alcun modo ed in nessuna circostanza, attribuiscono questa proprietà all'omicida" [10]. Tuttavia, la Corte continuò osservando che: "tutte le leggi, così come tutti i contratti, possono essere limitati, per quel che riguarda la loro efficacia e gli effetti prodotti, alla luce delle generali e fondamentali massime della *common law*. A nessuno deve essere permesso di trarre profitto dalla propria frode, o vantaggio dal pro-

---

[8] Cfr. R. DWORKIN, *Wasserstrom: The Judicial Decision*, in "Ethics", LXXV, 47, 1964, ripubblicato col titolo *Does Law Have a Function? A Comment on the Two-Level Theory of Decision*, in "Yale Law Journal", LXXIV, 1965, pp. 640-651.

[9] 115 N. Y. 506, 22 N.E. 188 (1889).

[10] *Ibidem*, p. 509, 22 N.E., p. 189.

prio illecito, o fondare una pretesa su un proprio atto iniquo, o acquisire una proprietà grazie alla commissione di un reato"[11]. L'omicida non ricevette la sua eredità.

Nel 1960, una Corte del New Jersey dovette affrontare, nel caso *Henningsen* v. *Bloomfield Motors, Inc.*[12], l'importante questione del se (o quanto) un produttore di automobili possa limitare la sua responsabilità nel caso in cui un'automobile da lui prodotta sia difettosa. Henningsen aveva comprato un'auto, ed aveva sottoscritto un contratto in cui si diceva che la responsabilità del produttore per gli eventuali difetti era limitata alla "riparazione" delle componenti difettose e che "questa garanzia era espressamente prevista in luogo di tutte le altre garanzie, obblighi o responsabilità". Henningsen sostenne che, almeno per quel che concerneva le circostanze del suo caso, il produttore non dovesse essere protetto da questa limitazione della responsabilità, e che dovesse rispondere per le spese, mediche e di altra natura, poste in essere dalle persone ferite in un incidente. Egli non fu in grado di indicare alcuna legge, o alcuna regola giurisprudenziale (*rule of law*) prestabilita, che vietasse al produttore di rinviare al contratto. Nondimeno, la Corte accolse la sua richiesta. In vari passaggi dell'argomento avanzato dai giudici è possibile rinvenire i seguenti rimandi a *standard*: (a) "dobbiamo prestare attenzione al principio generale in base al quale, in assenza di dolo, colui che non ha scelto di leggere un contratto prima di sottoscriverlo, non può in seguito liberarsi dai fardelli imposti dal contratto"[13]; (b) "quando si applica questo principio, la nozione di fondo della autonomia contrattuale delle parti capaci di agire è un fattore che merita di essere considerato"[14]; (c) "l'autonomia contrattuale non è una regola giurisprudenziale così immutabile da non consentire alcuna modificazione in relazione alla questione di cui ci stiamo occupando"[15]; (d) "in una società come la nostra, in cui l'automobile è un accessorio diffuso e necessario della vita di ogni giorno, ed in cui il suo uso è così irto di pericoli per guidatore, passeggeri e terzi, il produttore ha un obbligo particolare che riguarda la costruzione, la promozione e la vendita delle sue vetture. Di conseguenza, i giudici devono esaminare attentamente le clausole del contratto di vendita al fine di stabilire se il consumatore e gli interessi pubblici siano trattati equamente"[16]; (e) "'esiste un principio che sia più familiare e maggiormente radicato nella storia del diritto anglo-americano della fondamentale regola giurisprudenziale in base alla quale i giudici non consentiranno di essere utilizzati come strumenti di iniquità ed ingiustizia?'"[17]; (f) "'più esattamente, i giudici in generale rifiutano di prestarsi a dare esecuzione ad una 'contrattazione'

[11] *Ibidem*, p. 511, 22 N. E., p. 190.

[12] 32 N. J. 358, 161 A.2d 69 (1960).

[13] *Ibidem*, p. 386, 161 A.2d, p. 84.

[14] *Ibidem*.

[15] *Ibidem*, p. 388, 161 A.2d, p. 86.

[16] *Ibidem*, p. 387, 161 A.2d, p. 85.

[17] *Ibidem*, p. 389, 161 A.2d, p. 86 (citando il giudice Frankfurter, in *United States* v. *Bethlehem Steel*, 315 U. S. 289, 326 [1942]).

(*bargain*) in cui una parte si è ingiustamente avvantaggiata delle necessità economiche dell'altra ...'" [18].

Gli *standard* cui si fa riferimento in queste citazioni non sono del tipo che noi consideriamo regole giuridiche. Essi sembrano molto diversi da proposizioni quali "la velocità massima consentita in autostrada è di sessanta miglia all'ora" o "un testamento è invalido se non è sottoscritto da tre testimoni". Essi sono differenti perché sono principi giuridici piuttosto che regole giuridiche.

La differenza tra principi giuridici e regole giuridiche è una distinzione di tipo logico. Entrambi i tipi di *standard* indirizzano verso decisioni specifiche relative alla sussistenza di obblighi giuridici in circostanze determinate; tuttavia, il modo in cui tali *standard* esercitano la funzione di guida è diverso. Le regole sono applicabili in un modo "tutto-o-niente". Se si danno i fatti specificati in una regola, allora o la regola è valida, ed in questo caso deve essere accolta la risposta che essa fornisce, o non lo è, ed in questo caso non contribuisce per nulla alla decisione.

Questa modalità di applicazione tipo "tutto-o-niente" può essere osservata più chiaramente se guardiamo al modo in cui le regole operano, non nel diritto, ma in qualche ambito di esperienza in cui il loro ruolo è preponderante – ad esempio, in un gioco. Nel *baseball*, una regola stabilisce che se il battitore subisce tre *strike*, è eliminato. Un arbitro non può in modo coerente riconoscere che questa è una formulazione accurata di una regola del *baseball* e, al contempo, decidere che un battitore che ha subito tre *strike* non è eliminato. Ovviamente, una regola può prevedere delle eccezioni (un battitore che ha subito tre *strike* non è eliminato se il ricevitore si lascia sfuggire di mano il terzo *strike*). Tuttavia, una formulazione accurata della regola metterebbe in evidenza questa eccezione, ed una formulazione che non lo facesse sarebbe dunque incompleta. Se la lista delle eccezioni è molto ampia, esplicitarle ogni volta che si cita la regola potrebbe risultare eccessivamente fastidioso; tuttavia, in linea teorica non v'è ragione perché esse non possano tutte essere inserite, e quanto più lo saranno, tanto più la formulazione della regola sarà accurata.

Se utilizziamo le regole del *baseball* come modello, troviamo che le regole giuridiche, come la regola secondo la quale un testamento è invalido se non è sottoscritto da tre testimoni, si approssimano bene al modello. Se il requisito dei tre testimoni è una regola giuridica valida, allora non potrà accadere che un testamento sia sottoscritto soltanto da due testimoni e sia valido. La regola potrebbe prevedere delle eccezioni, ma, se così fosse, formulare la regola in questo modo così semplice, senza enumerare le eccezioni, sarebbe impreciso ed incompleto. Almeno in teoria, le eccezioni potrebbero essere tutte esplicitate, e quante più eccezioni saranno esplicitate, tanto più la formulazione della regola sarà completa.

Tuttavia, non è questo il modo in cui operano i principi esemplificativi contenuti nelle citazioni. Anche quelli che somigliano maggiormente alle regole, non esprimono conseguenze giuridiche che seguono automaticamente al verificarsi delle condizioni previste. Diciamo che il nostro diritto recepisce il principio secondo cui nessuno può

---

[18] *Ibidem.*

trarre profitto dal proprio illecito; tuttavia, con questo non intendiamo che il diritto non consente in nessun caso di trarre profitto dagli illeciti commessi. In effetti, gli individui traggono spesso profitto, in modo perfettamente legale, dai propri illeciti giuridici. Il caso più noto è la *adverse possession*: se entro senza permesso (*to trespass*) per un tempo sufficientemente lungo nel terreno di qualcuno, ad un certo punto conquisterò il diritto di attraversare quel terreno a mio piacimento. Vi sono molti esempi meno drammatici. Se qualcuno abbandona un lavoro, rompendo un contratto, per ottenere un altro lavoro con un salario assai più alto, questi può dovere pagare un risarcimento al suo primo datore di lavoro, ma di solito ha il diritto di ricevere il nuovo salario. Se qualcuno si dà alla latitanza dopo il rilascio su cauzione e travalica i confini dello stato per fare un brillante investimento in un altro stato, può essere rispedito in prigione, ma conserverà i suoi profitti.

Noi non consideriamo questi contro-esempi – così come gli innumerevoli altri che possono agevolmente immaginarsi – una prova del fatto che il principio relativo al trarre profitto dai propri atti illeciti non sia un principio del nostro sistema giuridico, o del fatto che si tratti di un principio incompleto che debba essere precisato mediante l'esplicitazione di eccezioni. Non consideriamo i contro-esempi come eccezioni (almeno non eccezioni nel senso in cui è un'eccezione il ricevitore che si lascia sfuggire di mano il terzo *strike*) perché non potremmo sperare di individuare questi contro-esempi semplicemente attraverso una più articolata formulazione del principio. Essi non sono, neanche in teoria, passibili di enumerazione, perché dovremmo includere non soltanto questi casi (come l'*adverse possession*) in relazione ai quali qualche istituzione ha già stabilito che un profitto può essere ricavato da un atto illecito, ma anche gli infiniti casi immaginari in relazione ai quali sappiamo in anticipo che il principio non si applicherebbe. Elencarne qualcuno potrebbe affinare la nostra percezione del peso del principio (accennerò a questa dimensione fra breve), tuttavia ciò non contribuirà ad una formulazione più accurata o completa del principio.

Un principio come "nessuno può trarre profitto dal proprio illecito" nemmeno pretende di presentare le condizioni che rendono necessaria la sua applicazione. Piuttosto, esso esprime una ragione che va in una direzione, ma che non esige una determinata decisione. Se una persona ha qualcosa (o è sul punto di riceverla), come risultato diretto di qualcosa di illegale che ha commesso al fine di ottenere quella determinata cosa, allora questa è una ragione che il diritto prenderà in considerazione al fine di decidere se la persona in questione debba avere tale cosa. È possibile che vi siano altri principi o *policy* che vanno nella direzione opposta – una *policy* che tutela il titolo di proprietà, ad esempio, o un principio che limiti la pena ai comportamenti espressamente vietati dal legislatore. In questo caso, il nostro principio non prevarrà, ma ciò non significa che non è un principio del nostro sistema giuridico; in un caso successivo, infatti, qualora queste considerazioni contrarie siano assenti o meno pesanti, il principio potrà essere determinante. Tutto ciò che intendiamo quando diciamo che un determinato principio è un principio del nostro diritto, è che si tratta di un principio che, se rilevante, deve essere preso in considerazione dai funzionari come un argomento che spinge verso questa o quella direzione.

La distinzione logica tra regole e principi si manifesta più chiaramente quando guardiamo a quei principi che neanche sembrano regole. Si consideri l'affermazione, presentata al punto "(d)" nella presentazione di stralci della motivazione della decisione nel caso *Henningsen*, secondo la quale "il produttore ha un obbligo particolare che riguarda la costruzione, la promozione e la vendita delle sue vetture". Tale principio non pretende neppure di definire i doveri specifici implicati da questo obbligo particolare, né di dirci quali diritti siano di conseguenza acquisiti dai proprietari di automobili. Esso stabilisce soltanto – e si tratta di un passaggio essenziale nella motivazione della decisione del caso *Henningsen* – che i produttori di automobili devono rispettare parametri più rigorosi di quelli richiesti agli altri produttori, e che essi hanno meno diritto a fare affidamento sul principio confliggente della libertà contrattuale. Non significa che essi non possono in nessun caso fare affidamento su quest'ultimo principio, o che i giudici possono riscrivere a loro piacimento i contratti di acquisto di automobili; significa soltanto che se una determinata clausola appare iniqua o eccessivamente onerosa, i giudici hanno meno ragioni per fare rispettare la clausola di quelle che avrebbero qualora essa fosse inserita in un contratto relativo all'acquisto di cravatte. L'"obbligo particolare" è un argomento in grado di sostenere – ma, da solo, non di imporre – una decisione che si rifiuti di fare rispettare le clausole di un contratto di acquisto di un'automobile.

Questa prima differenza tra regole e principi ne implica una seconda. I principi hanno una dimensione che manca alle regole: la dimensione del peso o dell'importanza. Quando i principi si intersecano (ad esempio, la *policy* di tutelare chi acquista un'automobile si interseca con i principi della libertà contrattuale), chi è chiamato a risolvere il conflitto deve prendere in considerazione il peso relativo di ciascuno. Ovviamente, non può trattarsi di una misurazione esatta, ed il giudizio secondo cui un determinato principio o *policy* è più importante di un altro/a sarà spesso controverso. Ciononostante, è parte integrante del concetto di principio il fatto che esso abbia questa dimensione, che faccia senso domandare quanto esso sia importante o pesante.

Le regole sono prive di questa dimensione. Delle regole possiamo dire che sono più o meno importanti da *un punto di vista funzionale* (la regola del *baseball* in base alla quale dopo tre *strike* si è fuori, è più importante della regola in base alla quale i *runner* possono avanzare a seguito di un fallo del lanciatore, in quanto il gioco risulterebbe modificato in misura assai maggiore se venisse alterata la prima regola piuttosto che la seconda). In questo senso, una regola giuridica può essere più importante di un'altra perché riveste un ruolo maggiore o più importante come guida del comportamento. Tuttavia, non si può dire che una regola è più importante di un'altra all'interno del sistema di regole, cosicché qualora due regole confliggessero, l'una prevarrebbe sull'altra in virtù del suo maggior peso. Se due regole confliggono, una di esse non può essere una regola valida. La decisione di quale sia quella valida, e di quale debba essere abbandonata o riformulata, deve essere presa sulla base di considerazioni ulteriori rispetto alle regole stesse. Un sistema giuridico può regolamentare tali conflitti mediante altre regole, che considerano prevalente la regola promulgata da un'autorità superiore, o quella promulgata successivamente, o la regola più specifica, e via di questo passo. Un sistema giuridico può anche ritenere prevalente la regola che è sostenuta dai principi più importanti. Il nostro sistema giuridico utilizza entrambe queste tecniche.

Non è sempre chiaro, dalla forma di uno *standard*, se si tratti di una regola o di un principio. "Un testamento è invalido se non è sottoscritto da tre testimoni" non è molto diverso, per quel che riguarda la forma, da "nessuno può trarre profitto dal proprio illecito", ma chi ha qualche conoscenza del diritto americano sa che deve considerare la prima formulazione come una regola, mentre la seconda come un principio. In molti casi, operare la distinzione è difficile – può non essere stato stabilito in che modo lo *standard* debba funzionare, e questa questione può essere in se stessa causa di controversia. Il primo emendamento della Costituzione degli Stati Uniti contiene la norma secondo la quale il Congresso non può limitare la libertà di parola. Si tratta di una regola, cosicché se una qualche legge limita la libertà di parola ne segue che essa è incostituzionale? Coloro che sostengono che il primo emendamento è "un assoluto" affermano che deve essere inteso in questo modo, cioè come una regola. Ovvero esso esprime soltanto un principio, cosicché quando si individua una limitazione della libertà di parola, tale limitazione è incostituzionale a meno che il contesto non consenta di richiamare qualche altra *policy* o principio che nelle circostanze date sia sufficientemente pesante da consentire la limitazione? Questa è la posizione di coloro che difendono il criterio del "pericolo manifesto ed attuale"[*] o qualche altra forma di "bilanciamento".

Talvolta una regola ed un principio possono ricoprire praticamente lo stesso ruolo, e la differenza tra essi è quasi esclusivamente una questione di forma. Il primo articolo dello *Sherman Act* stabilisce che ogni contratto che prevede restrizioni del commercio è nullo. La *Supreme Court* fu chiamata a decidere se tale norma dovesse essere considerata come una regola stringente (che annulla ogni contratto che "prevede restrizioni del commercio ", cosa che quasi ogni contratto fa) o come un principio, che fornisce una ragione per annullare un contratto in assenza di *policy* che vanno nella direzione opposta. La Corte considerò tale norma una regola, ma interpretò questa regola come se contenesse la parola "irragionevole" e come se proibisse soltanto le irragionevoli restrizioni del commercio[19]. Questo fece sì che la norma, da un punto di vista logico, funzionasse come una regola (ogniqualvolta un giudice ritiene che la restrizione è "irragionevole", è obbligato a considerare il contratto non valido) e, da un punto di vista sostanziale, come un principio (un giudice deve considerare una molteplicità di altri principi e *policy* al fine di stabilire se un determinato vincolo in determinate condizioni economiche sia "irragionevole").

Parole quali "ragionevole", "negligente", "iniquo" e "significativo" ricoprono spesso questa funzione. Ciascuno di questi termini fa sì che l'applicazione della regola che lo contiene dipenda in qualche misura da principi o *policy* soggiacenti alla regola, ed

---

[*] N.d.t. Questa dottrina è stata introdotta per la prima volta dal giudice Holmes nel caso *Schenck* v. *United States* del 1919 nei seguenti termini: "la questione da valutare ogni volta è se le parole usate siano usate in frangenti tali, e abbiano una natura tale, da generare il pericolo manifesto ed attuale della sopravvenienza di quei mali che il Congresso ha il diritto di prevenire". Cfr. L.H. TRIBE, *American Constitutional Law*, 2nd ed., The Foundation Press, Mineola, New York, 1988, pp. 841-861, in particolare p. 841.

[19] *Standard Oil* v. *United States*, 221 U.S. 1, 60 (1911); *United States* v. *American Tobacco Co.*, 221 U.S. 106, 180 (1911).

in questo modo rende la regola in questione più simile ad un principio. Tuttavia, essi non trasformano del tutto la regola in un principio, in quanto anche quello tra questi termini a cui può essere attribuito il significato meno determinato circoscrive il *tipo* di altri principi e *policy* su cui poggia la regola. Se siamo sottoposti ad una regola che stabilisce che i contratti "irragionevoli" sono nulli, o che non si darà esecuzione ai contratti manifestamente "iniqui", c'è assai più da ponderare di quanto vi sarebbe qualora i termini evidenziati fossero stati omessi. Si immagini tuttavia un caso in cui considerazioni di *policy* o di principio suggeriscono che si dovrebbe dare esecuzione ad un contratto anche se la restrizione del commercio ivi prevista non fosse ragionevole, o anche se il contratto in questione fosse manifestamente iniquo. Dare esecuzione a questi contratti sarebbe proibito dalle nostre regole, e dunque sarebbe permesso solo a condizione che queste regole venissero abbandonate o modificate. Se tuttavia avessimo a che fare non con una regola ma con una *policy* che si oppone all'esecuzione dei contratti irragionevoli, o con un principio secondo cui i contratti iniqui non dovrebbero essere fatti rispettare, si potrebbe dare esecuzione a questi contratti senza modificare il diritto.

IV. *I principi e il concetto di diritto*

Una volta che identifichiamo i principi giuridici come *standard* di un tipo particolare, diversi dalle regole giuridiche, ci rendiamo improvvisamente conto della loro presenza intorno a noi. I professori di diritto ne fanno oggetto del loro insegnamento, i libri di ambito giuridico li citano, gli storici del diritto li celebrano. Essi tuttavia sembrano entrare in scena in modo più deciso, sostenendo un peso maggiore, nei casi giudiziali difficili come *Riggs* e *Henningsen*. In casi come questi, i principi ricoprono una parte essenziale negli argomenti che sostengono le decisioni relative a specifici diritti soggettivi ed obblighi giuridici. Dopo che la decisione per il caso è presa, si può dire che il caso esprima una regola determinata (ad es. la regola che un omicida non è legittimato ad ereditare dalla sua vittima). La regola tuttavia non esiste prima che il caso sia deciso; i giudici rinviano a principi al fine di giustificare l'adozione e l'applicazione di una nuova regola. Nel caso *Riggs*, la Corte ha citato il principio secondo cui nessuno può trarre profitto dal proprio illecito come uno *standard* di sfondo attraverso il quale leggere la disciplina testamentaria e, in questo modo, ha giustificato una interpretazione nuova della legge in questione. Nel caso *Henningsen*, la Corte ha citato vari principi e *policy* tra loro connessi quali autorità che avallavano la creazione di una nuova regola relativa alla responsabilità del produttore per i difetti di un'automobile da lui prodotta. Una analisi del concetto di obbligo giuridico deve dunque render conto dell'importante ruolo ricoperto dai principi per pervenire ad una decisione giudiziale. Potremmo seguire due strade molto diverse.

(a) Potremmo trattare i principi giuridici nel modo in cui trattiamo le regole giuridiche ed affermare che alcuni principi sono giuridicamente vincolanti e debbono essere presi in considerazione da giudici e giuristi che prendono decisioni relative ad obblighi giuridici. Se imbocchiamo questa strada, dovremmo ammettere che, almeno per quel che riguarda gli Stati Uniti, il "diritto" è composto da principi oltre che da regole.

(b) Alternativamente, potremmo negare che i principi possano essere vincolanti così come lo sono le regole. Diremmo piuttosto che nei casi come *Riggs* o *Henningsen* il giudice va oltre le regole che è tenuto ad applicare (va cioè oltre il "diritto") per pervenire a principi extra-giuridici che egli è libero di seguire se lo desidera.

Si potrebbe pensare che tra queste due strategie di attacco non vi sia molta differenza, che si tratti soltanto di una questione verbale relativa a come si vuole usare la parola "diritto". Questo tuttavia è un errore, in quanto la scelta tra queste due spiegazioni produce conseguenze rilevanti in relazione ad un'analisi dell'obbligo giuridico. Si tratta di una scelta tra due *concetti* di principio giuridico, scelta che si può chiarire a partire da una comparazione con una scelta che potremmo compiere tra due concetti di regola giuridica. Talvolta di qualcuno diciamo che "prende a regola" (*makes it a rule*) il fare una determinata cosa, quando intendiamo che questi ha scelto di seguire una certa pratica. Ad esempio, potremmo dire che qualcuno ha preso a regola il correre un miglio prima di colazione perché vuole essere in forma e crede ad un programma di esercizi fisici. Nel dire ciò, non intendiamo che egli è *tenuto* al rispetto della regola che gli impone di correre un miglio prima di colazione e neanche che egli ritiene che tale regola lo vincoli. Accettare una regola come vincolante è qualcosa di diverso dal prendere a regola il fare qualcosa. Per usare ancora l'esempio di Hart, c'è differenza tra dire che gli inglesi prendono a regola guardare un film a settimana, e dire che gli inglesi hanno una regola in base alla quale si deve guardare un film a settimana. Questa seconda affermazione implica che se un inglese non segue la regola, è passibile di critica o di censura, mentre la prima non contiene la medesima implicazione. La prima affermazione non esclude la possibilità di una qualche *specie* di critica – possiamo dire che chi non guarda film sta trascurando la sua formazione; tuttavia, attraverso essa non intendiamo lasciar intendere che vi sia qualcosa di sbagliato *semplicemente* nel non seguire la regola[20].

Se pensiamo ai giudici di una comunità come ad un gruppo, potremmo descrivere le regole giuridiche che essi seguono in questi due diversi modi. Potremmo dire, ad esempio, che in un certo Stato i giudici prendono a regola il non dare esecuzione ai testamenti, a meno che non siano stati sottoscritti da tre testimoni. Questo non implicherebbe che l'unico giudice che desse esecuzione ad un testamento non sottoscritto da tre testimoni farebbe, solo per questa ragione, qualcosa di sbagliato. Alternativamente, possiamo dire che in quello Stato una regola giuridica impone ai giudici di non dare esecuzione a testamenti siffatti; ciò implica che un giudice che dà esecuzione a tali testamenti sta facendo qualcosa di sbagliato. Hart, Austin ed altri positivisti sosterrebbero, ovviamente, quest'ultima spiegazione delle regole giuridiche; essi non sarebbero per nulla soddisfatti dalla spiegazione del "prendere a regola". Stabilire quale sia la spiegazione corretta non è una questione verbale. La questione consiste

---

[20] Nella sostanza, la distinzione corrisponde a quella proposta in J. RAWLS, *Two Concepts of Rules*, in "The Philosophical Review", 64, 1955, pp. 3-32.

nello stabilire quale spiegazione descrive la situazione sociale in modo più accurato. Altre importanti questioni dipendono dalla descrizione che si accetta. Ad esempio, se i giudici si limitano a "prendere a regola" il non dare esecuzione a determinati contratti, allora non si può dire, prima della decisione, che qualcuno "ha diritto" a quel risultato, ed una affermazione di questo tipo non può fare parte di nessuna giustificazione che potremmo avanzare a sostegno della decisione.

Le due strategie di attacco relative ai principi procedono in parallelo a queste due spiegazioni delle regole. Il primo approccio ritiene che i principi siano vincolanti sui giudici; di conseguenza, questi ultimi sbagliano se non applicano i principi quando è il caso. Il secondo approccio considera i principi come compendi di ciò che la maggior parte dei giudici "prende a regola" di fare quando sono costretti ad andare oltre gli *standard* che li vincolano. La scelta tra questi due approcci avrà delle ricadute sulla (e, forse, addirittura determinerà la) risposta che possiamo dare alla domanda circa il fatto se il giudice in un caso difficile come *Riggs* o *Henningsen* si sforzi di dare esecuzione a diritti soggettivi ed obblighi giuridici preesistenti. Se adottiamo il primo approccio, possiamo ancora sostenere che, dal momento che questi giudici stanno applicando *standard* giuridici vincolanti, essi stanno dando esecuzione a diritti soggettivi ed obblighi giuridici. Se tuttavia optiamo per la seconda alternativa, in situazioni del genere siamo privi di tutela giudiziale, e dobbiamo riconoscere che la famiglia dell'omicida nel caso *Riggs* ed il produttore nel caso *Henningsen* sono stati privati della loro proprietà mediante un atto di discrezionalità giudiziale *ex post facto*. Questo può non turbare molti lettori – la nozione di discrezionalità giudiziale si è diffusa nella comunità giuridica – tuttavia evidenzia uno tra i più spinosi rompicapo che suggeriscono ai filosofi di guardare con circospezione all'obbligo in ambito giuridico. Se in casi come questi non è possibile giustificare la sottrazione della proprietà rinviando ad un obbligo preesistente, bisogna trovare un'altra giustificazione e, sino ad ora, non è stato proposto nulla di convincente.

Nella mia schematica ricostruzione del positivismo, presentata in precedenza, ho enucleato la dottrina della discrezionalità giudiziale come seconda tesi. I positivisti ritengono che quando un caso non è coperto da una regola chiara, un giudice è chiamato ad esercitare la sua discrezionalità per decidere quel caso attraverso qualcosa che corrisponde alla creazione di un nuovo documento legislativo. È possibile rilevare una importante connessione tra questa dottrina e la questione relativa alla scelta tra i due approcci ai principi giuridici. Ci domanderemo dunque se questa dottrina sia corretta, e se essa implichi il secondo approccio, come sembra di primo acchito. In vista di affrontare tali questioni, tuttavia, dobbiamo perfezionare la nostra comprensione del concetto di discrezionalità. Tenterò di mostrare come alcune confusioni relative a tale concetto e, in particolare, l'incapacità di distinguere tra diversi sensi in cui tale concetto è usato, contribuiscano alla popolarità della dottrina della discrezionalità. Sosterrò che nella versione in cui tale dottrina produce delle conseguenze sul nostro modo di intendere i principi, essa non è per nulla avvalorata dagli argomenti cui i positivisti ricorrono per difenderla.

V. *Discrezionalità*

Il concetto di discrezionalità è stato preso di peso dai positivisti dal linguaggio ordinario; per comprendere tale concetto, dunque, è opportuno reinserirlo per un momento nel suo *habitat*. Cosa si intende, nella vita di tutti i giorni, quando si dice che qualcuno "ha discrezionalità"? La prima cosa da rilevare è che il concetto, se si eccettuano alcuni contesti molto particolari, è fuori posto in tutti gli altri. Ad esempio, voi non direste che io ho o non ho la discrezionalità di scegliere una casa per la mia famiglia. Non è vero che io "non ho discrezionalità" nel fare questa scelta, e tuttavia sarebbe quasi altrettanto fuorviante affermare che io ho discrezionalità. Il concetto di discrezionalità è appropriato soltanto in un contesto di un certo tipo: quando qualcuno è di regola incaricato di prendere decisioni soggette a *standard* stabiliti da una determinata autorità. Ha senso parlare della discrezionalità di un sergente che è soggetto agli ordini dei superiori, o della discrezionalità di un arbitro o di un giudice di gara i quali sono soggetti al rispetto di un manuale di regole o delle condizioni stabilite per la gara. La discrezionalità, così come il buco in una ciambella, non esiste se non in un'area lasciata aperta da una cintura avvolgente di restrizioni. Si tratta dunque di un concetto relativo. È sempre opportuno domandare: "discrezionalità in relazione a quali *standard*?", oppure: "discrezionalità rispetto a quale autorità?". In genere, la risposta a questo tipo di domande sarà resa semplice dal contesto; tuttavia, in alcuni casi un funzionario può avere discrezionalità sotto un aspetto ma non sotto un altro.

Come avviene in relazione a quasi tutti i termini, il significato corretto di "discrezionalità" è determinabile a partire dalle caratteristiche del contesto. Un termine è sempre influenzato dallo sfondo di informazioni sottintese in relazione alle quali esso è utilizzato. Sebbene le sfumature siano molteplici, ai nostri fini sarà utile riconoscere alcune distinzioni chiave.

Talvolta usiamo "discrezionalità" in un senso debole, soltanto per indicare che, per qualche ragione, gli *standard* che un funzionario deve applicare non possono essere applicati in modo meccanico, ma richiedono l'uso di giudizio. Questa accezione debole ricorre quando il contesto non consente di chiarire il punto preliminarmente, quando le informazioni di sfondo possedute dal nostro uditorio mancano di un pezzo. Potremmo dunque dire: "gli ordini hanno lasciato al sergente ampia discrezionalità" a coloro che non sanno quali fossero gli ordini rivolti al sergente o che non conoscono qualcosa che rende tali ordini vaghi o difficili da portare a termine. Sarebbe assolutamente sensato aggiungere, a mo' di precisazione, che il tenente aveva ordinato al sergente di prendere di pattuglia i suoi cinque uomini più esperti, ma che era difficile stabilire quali fossero i più esperti.

Talvolta usiamo il termine in un'accezione anch'essa debole, ma in senso diverso, per indicare soltanto che un funzionario esercita l'autorità definitiva di prendere una decisione, la quale quindi non può essere sottoposta a revisione o revocata da nessun altro funzionario. Ci esprimiamo in questo modo quando il funzionario fa parte di una gerarchia di funzionari strutturata in modo tale che alcuni hanno un'autorità più elevata, ma in cui i tipi di autorità sono diversi in relazione a classi diverse di decisioni. Potremmo dire, quindi, che, nel *baseball*, alcune decisioni, come quella relativa a chi tra la palla o il *runner* ha raggiunto prima la seconda base, sono lasciate alla discrezionalità dell'arbitro della seconda base, se vogliamo dire che su questa questione l'arbitro principale non ha il potere, in caso di disaccordo, di far valere il suo giudizio.

Chiamo deboli entrambi questi sensi di discrezionalità per distinguerli da un senso più forte. Talvolta usiamo "discrezionalità" non soltanto per indicare che un funzionario deve esercitare il suo giudizio nell'applicare gli *standard* impostigli dall'autorità, o che nessuno riconsidererà il suo atto di esercizio di giudizio, ma per indicare che su una qualche questione egli semplicemente non è vincolato da *standard* predisposti dall'autorità in questione. In questa accezione, diciamo che ha discrezionalità un sergente a cui è stato chiesto di formare una pattuglia con cinque uomini a sua scelta o che un giudice in una mostra canina ha la discrezionalità di giudicare gli airedale terrier prima dei boxer qualora le regole non prevedano un ordine degli eventi. Usiamo "discrezionalità" in questa accezione non per sottolineare la vaghezza o la complessità degli *standard*, né per individuare chi ha l'ultima parola nell'applicazione di questi ultimi, ma per evidenziare l'estensione degli *standard* e le decisioni che pretendono di controllare. Se al sergente viene chiesto di scegliere i cinque uomini con maggiore esperienza, egli non esercita discrezionalità in questo senso forte perché quell'ordine si propone di guidare la sua decisione. Per la stessa ragione, l'arbitro di pugilato che deve stabilire quale pugile è stato più combattivo non ha discrezionalità in senso forte[21].

Se qualcuno sostiene che in questi casi il sergente o l'arbitro hanno esercitato discrezionalità, dovremmo interpretare questa sua affermazione, se il contesto lo consente, come se egli usasse il termine "discrezionalità" in uno dei sensi deboli. Si immagini, ad esempio, che il tenente abbia ordinato al sergente di scegliere i cinque uomini che egli avesse reputato di maggiore esperienza, e che dopo avesse aggiunto che il sergente aveva la discrezionalità di scegliere questi uomini. O che le regole dispongano che l'arbitro debba assegnare la ripresa al pugile più combattivo, lasciandogli la discrezionalità di stabilire chi sia tale pugile. Dovremmo interpretare queste affermazioni nella seconda accezione debole, cioè come affermazioni relative alla revisione della decisione. Il primo senso debole – in base al quale le decisioni richiedono l'esercizio di giudizio – sarebbe superfluo ed il terzo, il senso forte, è escluso dalle affermazioni stesse.

Dobbiamo evitare un equivoco allettante. Il senso forte di discrezionalità non è equivalente alla libertà assoluta (*license*), e non esclude la possibilità di muovere delle

[21] Non ho parlato della discrezionalità "limitata" – cara ai giuristi – in quanto questo concetto non presenta particolari difficoltà se solo si richiama alla mente che la relatività è una caratteristica della discrezionalità. Si immagini che al sergente sia richiesto di scegliere "tra" gli uomini esperti, o "di tenere in considerazione l'esperienza". Si potrebbe dire o che egli esercita una discrezionalità (limitata) nel formare la sua pattuglia, ovvero che egli ha (piena) discrezionalità di scegliere tra gli uomini esperti o di decidere quale ulteriore requisito prendere in considerazione.

critiche. Quasi ogni circostanza in cui una persona agisce (incluse quelle circostanze in cui non si tratta di prendere decisioni sotto un'autorità particolare e che dunque non presentano alcuna questione collegata alla discrezionalità) rende rilevanti determinati *standard* di razionalità, equità ed efficienza. Noi valutiamo reciprocamente le nostre azioni sulla base di questi *standard*, e non c'è ragione per non farlo quando le azioni sono all'interno del centro piuttosto che al di là del perimetro della ciambella di un'autorità particolare. Così possiamo dire che il sergente al quale era stata attribuita la discrezionalità (in senso forte) di formare una pattuglia, abbia adempiuto al suo compito in modo stupido o in malafede o in modo sconsiderato, o che il giudice che aveva la discrezionalità di stabilire l'ordine di presentazione dei cani abbia commesso un errore per avere dato la precedenza ai boxer nonostante vi fossero solo tre airedale e molti più boxer. Affermare che un funzionario ha discrezionalità non corrisponde ad affermare che egli è libero di decidere senza ricorrere a *standard* di buon senso ed equità, ma soltanto che la sua decisione non è controllata da uno *standard* previsto da quella particolare autorità che abbiamo in mente quando solleviamo la questione della discrezionalità. Questo ultimo tipo di libertà è senza dubbio importante; è per questo che abbiamo il senso forte di discrezionalità. Qualcuno che esercita discrezionalità in questa terza accezione può essere criticato, ma non per avere disobbedito, come nel caso del soldato. Si può dire che egli abbia commesso un errore, ma non che abbia privato una parte in causa di una decisione cui aveva diritto, come nel caso di un arbitro o di un giudice di gara.

Possiamo adesso ritornare, con il bagaglio di queste osservazioni, alla dottrina positivista della discrezionalità giudiziale. Questa dottrina sostiene che se un caso non è controllato da una regola statuita, il giudice deve deciderlo esercitando discrezionalità. Desideriamo esaminare questa dottrina e valutare la sua influenza sul nostro modo di trattare i principi; tuttavia, dobbiamo prima chiederci quale accezione di discrezionalità dobbiamo ricollegare a questa dottrina.

Alcuni nominalisti sostengono che i giudici esercitano sempre discrezionalità, anche quando hanno a disposizione una regola chiara, in quanto i giudici, in definitiva, sono gli arbitri finali del diritto. Questa dottrina della discrezionalità usa il secondo senso debole del termine, perché pone l'accento sul fatto che nessuna autorità superiore può modificare le decisioni della corte suprema. Questa dottrina dunque non rileva in relazione alla discussione su come noi trattiamo i principi più di quanto rilevi in relazione a come rendiamo conto delle regole.

I positivisti non intendono la loro dottrina in questo modo, in quanto sostengono che un giudice non ha discrezionalità quando è disponibile una chiara regola espressa. Se prestiamo attenzione agli argomenti avanzati dai positivisti a sostegno della loro dottrina, potremmo azzardare che essi usino 'discrezionalità' nel primo senso debole per rilevare soltanto che i giudici talvolta debbono esercitare il giudizio nell'applicazione degli *standard* giuridici. I loro argomenti richiamano l'attenzione sul fatto che alcune regole giuridiche sono vaghe (il professor Hart, ad esempio, afferma che tutte le regole giuridiche hanno una "struttura aperta"), e che si presentano alcuni casi (come il caso *Henningsen*) in relazione ai quali sembra che non vi siano regole espresse idonee a risolverli. I positivisti sottolineano il fatto che i giudici talvolta debbono tormentarsi su questioni di diritto, e che due giudici egualmente preparati ed intelligenti saranno spesso in disaccordo.

Sostenere queste tesi è facile; si tratta di luoghi comuni per chiunque abbia una certa familiarità con il diritto. Invero, sta proprio in ciò la difficoltà di ritenere che i positivisti intendano usare "discrezionalità" in questo senso debole. L'affermazione che in assenza di una regola chiara bisogna ricorrere alla discrezionalità nel senso dell'esercizio del giudizio, è una tautologia. Essa inoltre non rileva per il problema di come render conto dei principi giuridici. È perfettamente coerente affermare ad esempio che il giudice nel caso *Riggs* dovesse esercitare il giudizio e che fosse tenuto al rispetto del principio che nessuno può trarre profitto dal proprio illecito. I positivisti si esprimono come se la loro dottrina della discrezionalità giudiziale fosse un'intuizione originale piuttosto che una tautologia, e come se essa rilevasse rispetto al modo di considerare i principi. Hart, ad esempio, afferma che quando entra in gioco la discrezionalità del giudice, non possiamo più dire che questi sia vincolato da *standard*, ma dobbiamo piuttosto guardare a quali *standard* egli "di solito usa"[22]. Hart ritiene che quando i giudici hanno discrezionalità, i principi che essi citano devono essere considerati così come sono considerati nel nostro secondo approccio, cioè come ciò che i giudici "prendono a principio" di fare.

Sembra dunque che i positivisti, almeno talvolta, intendano la loro dottrina nel terzo senso (quello forte) di discrezionalità. In questo senso, tale dottrina rileva in relazione al modo di considerare i principi; in verità, in questo senso non si tratta di null'altro che una formulazione diversa del nostro secondo approccio. Sostenere che quando un giudice va oltre le regole ha discrezionalità – nel senso che non è vincolato da nessuno *standard* dotato di autorità giuridica – corrisponde a sostenere che i giudici non sono vincolati dagli *standard* giuridici diversi dalle regole.

Dobbiamo dunque esaminare la dottrina della discrezionalità giudiziale nel senso forte (da ora in poi userò il termine "discrezionalità" in questa accezione). I principi citati dai giudici in casi come *Riggs* o *Henningsen* controllano le loro decisioni, così come gli ordini rivolti al sergente di scegliere gli uomini con maggiore esperienza ed il dovere dell'arbitro di scegliere il pugile più combattivo controllano le decisioni di questi funzionari? Quali argomenti potrebbero essere avanzati da un positivista per mostrare che i principi non controllano le decisioni?

(1) Un positivista potrebbe sostenere che i principi non possono essere vincolanti o obbligatori. Questo sarebbe un errore. Bisogna certamente valutare di volta in volta se un determinato principio sia *di fatto* vincolante per un certo funzionario. Ma non c'è nulla tra le caratteristiche logiche dei principi che li rende inidonei ad essere vincolanti. Si immagini che il giudice nel caso *Henningsen* non avesse preso in considerazione il principio che i produttori di automobili hanno un obbligo rafforzato nei confronti dei propri clienti, o il principio che i giudici tentano di proteggere coloro la cui posizione contrattuale è più debole, ma avesse preso una decisione favorevole al convenuto semplicemente citando il principio della libertà contrattuale, senza ag-

---

[22] H.L.A. HART, *Il concetto di diritto*, cit., p. 173.

giungere altro. I suoi critici non si sarebbero accontentati di rilevare che egli non aveva tenuto conto di fattori che altri giudici si erano preoccupati di valutare ormai da qualche tempo. I più avrebbero detto che era suo dovere valutare opportunamente questi principi e che l'attore aveva diritto a che egli facesse questo. Quando affermiamo che una *regola* è vincolante per un giudice, non intendiamo niente di più che quest'ultimo la deve seguire se si applica, e che, se non lo fa, proprio per questo avrà commesso un errore.

Non sarà sufficiente dire che in un caso come *Henningsen* la Corte è obbligata solo "moralmente" a prendere in considerazione determinati principi, o che essa è "istituzionalmente" obbligata, o obbligata per una questione di "abilità" giudiziale, o qualcosa di questo tipo. Il problema rimarrebbe ancora in piedi perché questo tipo di obbligo (in qualunque modo lo denominiamo) è diverso dall'obbligo che le regole impongono sui giudici, e perché ci autorizza ad affermare che i principi e le *policy* non fanno parte del diritto ma sono meri *standard* extra-giuridici che "i giudici di solito utilizzano".

(2) Un positivista potrebbe sostenere che anche qualora alcuni principi fossero vincolanti, nel senso che il giudice è tenuto a prenderli in considerazione, essi non sono in grado di determinare un risultato specifico. Questo è un argomento più difficile da valutare perché non è chiaro cosa significhi, per uno *standard*, "determinare" un risultato. Forse significa che lo *standard impone* il risultato ogni volta che si applica, cosicché non conta nient'altro. Se è così, allora è indubbiamente vero che i singoli principi non determinano risultati, ma questo è solo un altro modo per dire che i principi non sono regole. Solo le regole impongono risultati, accada quel che accada. Se si è pervenuti ad un risultato contrario, significa che la regola è stata abbandonata o modificata. I principi non funzionano in questo modo; essi spingono verso una direzione, seppure in modo non conclusivo, e sopravvivono intatti quando non prevalgono. Questa non sembra una ragione per concludere che i giudici che devono fare i conti con i principi esercitino discrezionalità, in quanto un insieme di principi *può* imporre un risultato. Se un giudice ritiene che i principi, che egli è tenuto a riconoscere, indichino una direzione e che i principi che indicano l'altra direzione, se vi sono, non hanno un egual peso, allora deve decidere di conseguenza, così come egli è tenuto a seguire quella che ritiene essere una regola vincolante. Senza dubbio, egli può sbagliare nella sua valutazione dei principi; tuttavia, egli può sbagliare anche nel ritenere che una regola sia vincolante. Il sergente e l'arbitro, potremmo aggiungere, sono spesso sulla stessa barca. Non c'è un unico indice che ci dice quali soldati sono quelli con più esperienza o quale pugile è il più combattivo. Questi funzionari devono valutare i pesi relativi di molteplici indici; in considerazione di ciò, essi non esercitano discrezionalità.

(3) Un positivista potrebbe sostenere che i principi non possono essere considerati come facenti parte del diritto perché la loro autorità, ed ancor di più il loro peso, sono congenitamente *controversi*. È vero che in generale non possiamo *dimostrare* l'autorità o il peso di un principio specifico così come talvolta possiamo dimostrare la validità di una regola individuandola in una disposizione del Parlamento o in un'opinione che produce un precedente. Al contrario, argomentiamo a favore di un princi-

pio, e del suo peso, facendo riferimento ad un amalgama di prassi ed altri principi in cui le implicazioni della storia legislativa e giudiziaria vanno di pari passo con i riferimenti alle pratiche ed ai giudizi della comunità. Non c'è una cartina di tornasole che consenta di valutare la fondatezza di un'argomentazione di questo tipo – è una questione che richiede l'esercizio di giudizio, e persone ragionevoli possono dissentire. Ma, di nuovo, ciò non differenzia il giudice da altri funzionari che non hanno discrezionalità. Il sergente non ha una cartina di tornasole per l'esperienza, né l'arbitro per la combattività. Nessuno di questi ha discrezionalità, in quanto sono tenuti a pervenire ad un'interpretazione, controversa o meno, di ciò che gli ordini o le regole richiedono, e di agire sulla base di tale interpretazione. Questo è anche il dovere del giudice.

Naturalmente, se i positivisti hanno ragione riguardo ad un altro dei loro principi cardine – la teoria secondo cui in ogni sistema giuridico c'è un *test* supremo per il diritto vigente, quale la regola di riconoscimento del professor Hart – segue che i principi non sono diritto vigente. Tuttavia, l'incompatibilità dei principi con la teoria dei positivisti difficilmente può essere considerata un argomento a sostegno della tesi che i principi debbano essere trattati in qualche modo particolare. Questo aggira il problema; ci interessa sapere qual è lo *status* dei principi perché vogliamo valutare il modello dei positivisti. Il positivista non può difendere la sua teoria della regola di riconoscimento per partito preso; se i principi non sono individuabili attraverso un *test*, egli deve addurre qualche ragione ulteriore a sostegno della tesi che i principi non possano fare parte del diritto. Dal momento che i principi sembrano avere un ruolo negli argomenti relativi agli obblighi giuridici (lo testimoniano, di nuovo, i casi *Riggs* ed *Henningsen*), un modello che renda conto di questo ruolo ha un qualche vantaggio iniziale rispetto ad uno che neghi tale ruolo, e quest'ultimo non può essere opportunamente utilizzato come argomento a sostegno di sé medesimo.

Questi sono gli argomenti più prevedibili che un positivista potrebbe usare a sostegno della dottrina della discrezionalità in senso forte e del secondo approccio ai principi. Menzionerò un solido contro-argomento contro tale dottrina ed a favore del primo approccio. A meno che non si riconosca che almeno alcuni principi sono vincolanti per i giudici – in quanto impongono, nell'insieme, che essi pervengano a determinate decisioni – bisogna concludere che neanche le regole, o soltanto pochissime regole, possano essere vincolanti nei loro confronti.

Nella maggior parte delle giurisdizioni americane, e adesso anche in Inghilterra, non di rado le corti superiori rifiutano di applicare regole vigenti. Le regole giurisprudenziali – quelle sviluppatesi attraverso precedenti decisioni giudiziali – sono talvolta invalidate (*overruled*) direttamente, e talvolta alterate radicalmente mediante modifiche successive. Le regole di produzione legislativa sono soggette ad interpretazione e a re-interpretazione, talvolta anche quando l'obiettivo non è quello di individuare la cosiddetta "intenzione del legislatore"[23]. Se i giudici hanno la discrezionalità

[23] Cfr. H.H. Wellington, L. Albert, *Statutory Interpretation and the Political Process: A Comment on Sinclair* v. *Atkinson*, in "Yale Law Journal", 72, 1963, p. 1547.

di modificare regole vigenti, allora, ovviamente, queste regole non sono vincolanti per loro, e dunque non sono diritto secondo il modello dei positivisti. Il positivista deve quindi mostrare che vi sono *standard*, questi sì vincolanti per i giudici, che determinano quando un giudice può abrogare o modificare una regola vigente, e quando non può.

Quando, dunque, un giudice può modificare una regola giuridica vigente? I principi entrano nella risposta in due modi. In primo luogo, è necessario, sebbene non sufficiente, che il giudice ritenga che la modifica promuova qualche *policy* o sia utile alla difesa di qualche principio, *policy* o principio che, dunque, giustificano il cambiamento. Nel caso *Riggs*, la modifica (una nuova interpretazione della disciplina testamentaria) è stata giustificata attraverso il principio che nessuno può trarre vantaggio dal proprio illecito; nel caso *Henningsen*, le regole sulla responsabilità dei produttori di automobili vigenti sino a quel momento sono state modificate sulla base dei principi e delle *policy* che ho citato dalla motivazione della decisione della corte.

Tuttavia, non ogni principio giustificherà un cambiamento; in caso contrario, nessuna regola sarebbe mai al sicuro. Debbono esservi alcuni principi che valgono ed altri che non valgono, e debbono esservi principi che contano più di altri. Non potrebbe dipendere dalle preferenze personali del giudice tra una grande quantità di rispettabili *standard* extra-giuridici, ognuno in linea di principio ammissibile; se dipendesse dalle preferenze personali, infatti, di nessuna regola si potrebbe dire che è vincolante. Si potrebbe sempre immaginare un giudice le cui preferenze tra gli *standard* extra-giuridici siano tali da giustificare un mutamento o una re-interpretazione radicale anche della regola più consolidata.

In secondo luogo, un giudice che propone di modificare un orientamento giurisprudenziale (*doctrine*) deve tenere in considerazione alcuni importanti *standard* che si oppongono all'abbandono di regole giurisprudenziali vigenti, e anche questi *standard* sono, per la maggior parte, principi. Essi comprendono l'orientamento giurisprudenziale della "primazia del potere legislativo del Parlamento", che consiste in un insieme di principi e di *policy* che impone ai giudici di tributare una particolare deferenza agli atti del Parlamento. Essi comprendono anche l'orientamento giurisprudenziale del precedente, un altro insieme di principi e di *policy* che esprime il valore morale ed i vantaggi della coerenza. Le dottrine giurisprudenziali della primazia del potere legislativo e del precedente, ognuna nel proprio ambito, vanno nella direzione del mantenimento dello *status quo*, ma non lo impongono. I giudici non sono liberi, tuttavia, di scegliere a piacimento tra i principi e le *policy* che formano queste regole giurisprudenziali – se lo fossero, di nuovo, non si potrebbe dire di nessuna regola che è vincolante.

Consideriamo, dunque, che cosa intende dire chi afferma che una determinata regola è vincolante. Egli può voler dire che la regola è positivamente sostenuta da principi che i giudici non possono ignorare, e che nel complesso tali principi sono più pesanti di altri principi che sostengono un cambiamento. Se non è questo, egli intende dire che ogni cambiamento sarebbe condannato dalla combinazione dei principi conservatori della primazia del potere legislativo e del precedente, principi che i giudici non possono ignorare. Molto spesso, colui che sostiene la vincolatività di una regola intenderà dire entrambe le cose; i principi conservatori, infatti, proprio perché sono principi e non regole, di solito non sono sufficientemente potenti da salvare una regola giurisprudenziale o una vecchia legge che siano completamente prive del sostegno di principi positivi che i giudici sono tenuti a rispettare. Entrambe queste assunzioni, evidentemente, considerano un corpo di principi e di *policy* come diritto nel medesimo senso in cui sono diritto le regole; li considerano come *standard* che vincolano i funzionari di una comunità, e che controllano le loro decisioni relative a diritti soggettivi ed obblighi giuridici.

Ci rimane ancora da trovare una risposta per la seguente domanda. Se la teoria della discrezionalità giudiziale avanzata dai positivisti è banale, perché utilizza "discrezionalità" in un senso debole, o priva di sostegno, perché i diversi argomenti che si possono avanzare in sua difesa si sgretolano al primo attacco, perché vi sono tanti giuristi meticolosi ed intelligenti che la accolgono? Non possiamo ritenerci soddisfatti del modo in cui abbiamo affrontato questa teoria sino a quando non siamo in grado di rispondere a questa domanda. Non basta rilevare (sebbene forse contribuisca alla spiegazione) che 'discrezionalità' sopporta diversi significati che possono essere confusi. Non confondiamo questi significati quando non riflettiamo sul diritto.

Parte, almeno, della spiegazione riposa sulla tendenza naturale del giurista di associare diritto e regole, e di pensare al "diritto" come ad una collezione o ad un sistema di regole. Roscoe Pound, che ha diagnosticato questa tendenza molto tempo fa, riteneva che i giuristi di lingua inglese fossero indotti a compiere questa assimilazione dal fatto che la lingua inglese usa la stessa parola '*law*', cambiando soltanto l'articolo, per 'legge' (*a law*) e 'diritto' (*the law*)[24]. (Altre lingue, al contrario, usano due parole: '*loi*' e '*droit*', ad esempio, e '*Gesetz*' e '*Recht*'). Ciò può avere avuto il suo peso, con i positivisti di lingua inglese, perché l'espressione '*a law*' (una legge) fa certamente pensare a '*a rule*' (una regola). Tuttavia, la ragione principale che induce ad associare diritto e regole è più profonda e riposa, ritengo, sul fatto che lo studio del diritto è consistito per lungo tempo nell'insegnamento e nell'analisi di queste regole positive che formano la parte più riconoscibile del diritto.

In ogni modo, se un giurista considera il diritto come un sistema di regole, ed in più riconosce, come deve, che i giudici cambiano le vecchie regole e ne introducono di nuove, perverrà naturalmente alla teoria della discrezionalità giudiziale nel senso forte. Negli altri sistemi di regole di cui egli ha esperienza (come i giochi), le regole sono le uniche autorità tipiche che indirizzano le decisioni dei funzionari, così che se un arbitro di *baseball* potesse cambiare una regola, egli avrebbe la discrezionalità di stabilire il contenuto di quella regola. Qualsiasi principio fosse menzionato dagli arbitri nel cambiare le regole rispecchierebbe semplicemente le loro "peculiari" preferenze. I positivisti trattano il diritto come il *baseball* emendato in questo modo.

Vi è un'altra conseguenza, più sottile, dell'assunto iniziale secondo cui il diritto è un sistema di regole. Quando i positivisti prendono in considerazione i principi e le *policy*, li trattano come regole *manquées*. Assumono che *se* sono *standard* giuridici

---

[24] R. POUND, *An Introduction to the Philosophy of Law* (rev. ed.), Yale University Press, New Haven, 1954, p. 56, trad. di G. Tarello, *Introduzione alla filosofia del diritto*, Sansoni, Firenze, 1963.

debbono essere regole, e così li trattano come *standard* che stanno tentando di divenire regole. Quando un positivista sente qualcuno che sostiene che i principi giuridici sono parte del diritto, intende questa affermazione come un argomento a sostegno di ciò che egli denomina teoria del "diritto superiore", secondo la quale questi principi sarebbero le regole che compongono un diritto sul diritto[25]. Egli rifiuta questa teoria rilevando che queste "regole" talvolta sono seguite e talvolta no, e che per ogni "regola" del tipo "nessuno può trarre vantaggio dal proprio illecito" c'è un'altra "regola" confliggente quale, ad esempio, "il diritto privilegia la garanzia del titolo", e che non c'è modo di verificare la validità di "regole" di questo genere. Egli conclude che questi principi e *policy* non sono regole valide di un diritto sul diritto, il che è vero, in quanto non si tratta affatto di regole. Egli conclude inoltre che essi sono *standard* extra-giuridici che ciascun giudice seleziona in base al personale modo di intendere l'esercizio della sua discrezionalità, il che è falso. È come se uno zoologo avesse provato che i pesci non sono mammiferi, ed avesse allora concluso che essi allora non sono altro che piante.

VI. *La regola di riconoscimento*

La discussione condotta sino ad ora è stata prodotta dalla nostra presentazione di due concezioni concorrenti dei principi giuridici. Abbiamo approfondito la seconda concezione, che i positivisti sembrano accogliere attraverso la loro dottrina della discrezionalità giudiziale, ed abbiamo rilevato in essa serie difficoltà. È giunto il momento di tornare al bivio della strada. Cosa accade se optiamo per il primo approccio? Quali sarebbero le conseguenze per la struttura essenziale del positivismo se adottassimo questo approccio? Ovviamente, dovremmo rinunciare alla seconda tesi, la dottrina della discrezionalità giudiziale (o, in alternativa, mettere in chiaro che la dottrina deve essere intesa semplicemente nel senso di dire che i giudici debbono spesso esercitare il proprio giudizio). Dovremmo anche abbandonare o modificare la prima tesi, secondo la quale il diritto è individuato attraverso criteri del tipo di quelli che possono essere previsti in una regola fondamentale come la regola di riconoscimento del professor Hart? Se i principi del tipo di quelli che abbiamo riscontrato nei casi *Riggs* ed *Henningsen* devono essere considerati diritto, e ciononostante dobbiamo preservare la nozione di una regola fondamentale per l'individuazione del diritto, dobbiamo escogitare qualche criterio che consenta di individuare tutti (e soltanto) i principi che fanno parte del diritto. Cominciamo dai criteri proposti da Hart per l'identificazione delle *regole* giuridiche valide, e valutiamo se questi possano funzionare anche con i principi.

Secondo Hart, la maggior parte delle regole giuridiche sono valide perché sono state emanate da un'istituzione competente. Alcune sono state create da un organo

[25] Cfr., ad es., J. DICKINSON, *The Law Behind Law* (parti 1 & 2), in "Columbia Law Review", 1929, p. 112 e p. 254.

legislativo, nella forma di leggi scritte. Altre sono state create dai giudici che le hanno formulate per decidere casi particolari, rendendole così precedenti per il futuro. Tuttavia, questo criterio che verte sul *pedigree* non funzionerà per i principi dei casi *Riggs* ed *Henningsen*. La loro origine come principi giuridici non riposa in una specifica decisione di un organo legislativo o di una corte di giustizia, ma nella percezione della loro adeguatezza che si è andata diffondendo nel corso del tempo tra i professionisti del diritto e tra la gente comune. Il loro persistente potere dipende dal fatto che questa percezione di adeguatezza continui ad essere diffusa. Qualora non sembrasse più iniquo consentire alle persone di trarre profitto dagli illeciti commessi, o equo fissare oneri specifici a carico degli oligopoli che producono macchine potenzialmente pericolose, questi principi non ricoprirebbero più un gran ruolo per la risoluzione di nuovi casi, anche se non fossero mai stati abrogati o annullati. (In effetti, è difficile comprendere in che senso, in relazione a questi principi, si potrebbe parlare di "abrogazione" o "annullamento". Quando questi principi tramontano, essi vengono intaccati poco a poco, non silurati).

Invero, se ci venisse richiesto di avanzare argomenti a sostegno della nostra affermazione che un certo principio è parte del diritto, noi menzioneremmo casi precedenti in cui quel principio era citato o figurava nella motivazione della decisione. Menzioneremmo altresì una legge che potesse essere considerata una esemplificazione di quel principio (ancora meglio se il principio fosse citato nel preambolo della legge, o nei lavori preparatori o in altri documenti legislativi che l'accompagnano). A meno di non individuare un sostegno istituzionale di questo tipo, noi probabilmente non riusciremmo a perorare la causa del nostro principio; maggiore sostegno saremo in grado di trovare e maggiore sarà il peso che potremo rivendicare per il nostro principio.

Tuttavia, non potremmo escogitare una formula per stabilire quanto e quale sostegno istituzionale è necessario per far sì che un principio possa essere considerato un principio giuridico, e tantomeno una formula che ci consentisse di fissare il suo peso ad un particolare ordine di importanza. Per difendere un determinato principio ci confrontiamo con un ampio insieme di *standard* (a loro volta principi piuttosto che regole) mutevoli, in evoluzione e che interagiscono reciprocamente, relativi alla responsabilità istituzionale, all'interpretazione della legge, alla forza persuasiva di vari tipi di precedente, alla connessione di tutto questo con le pratiche morali contemporanee, e con schiere di altri *standard* di questo tipo. Non è possibile mettere insieme tutte queste cose in un'unica "regola", neppure in una regola complessa, e qualora fosse possibile, il risultato avrebbe ben poco a che fare con la descrizione hartiana di una regola di riconoscimento, che è la descrizione di una regola fondamentale alquanto stabile che specifica "alcune caratteristiche, il cui possesso da parte di una certa regola è considerato come un'indicazione affermativa e decisiva circa la sua qualificazione come regola ..."[26].

Inoltre, i criteri che vengono utilizzati per argomentare a favore di un principio

---

[26] H.L.A. HART, *Il concetto di diritto*, cit., p. 112.

non si trovano (a differenza da come è pensata la regola di riconoscimento di Hart) ad un livello del tutto differente rispetto a quello dei principi che essi sostengono. La netta distinzione hartiana tra accettazione e validità non tiene. Se stiamo argomentando a favore del principio che nessuno deve trarre vantaggio dal proprio illecito, potremmo citare i provvedimenti giudiziari e legislativi ispirati da questo principio, ma questo riguarda tanto l'accettazione del principio quanto la sua validità. (Sembra del tutto fuori luogo parlare della validità di un principio, forse perché la validità è un concetto "tutto-o-niente", adatto alle regole, ma inadeguato alla dimensione del peso che caratterizza i principi). Se ci venisse richiesto (come potrebbe ben accadere) di difendere la specifica dottrina del precedente, o la specifica tecnica dell'interpretazione della legge, che abbiamo usato in questo argomento, senza dubbio dovremmo citare il modo in cui altre persone usano questa dottrina o questa tecnica. Ma dovremmo citare anche altri principi generali che riteniamo sostengano questo uso, e ciò introduce un richiamo alla validità in un contesto che ha a che fare con l'accettazione. Potremmo argomentare, ad esempio, che il nostro uso di casi giudiziali e leggi precedenti sia sostenuto da una determinata analisi della funzione della prassi legislativa o della dottrina del precedente, o dai principi della teoria democratica, o da un determinato punto di vista su quale sia l'opportuna divisione di poteri tra istituzioni nazionali ed istituzioni locali, o da qualcos'altro di questo genere. Questa strategia argomentativa a sostegno dei principi non è una strada a senso unico che conduce a qualche principio supremo che si fonda soltanto sull'accettazione. I nostri principi della legislazione, del precedente, della democrazia, o del federalismo potrebbero a loro volta essere messi in questione; e se lo fossero, dovremmo addurre argomenti a loro sostegno, non soltanto rilevando il loro ruolo nella pratica, ma anche rilevando il modo in cui interagiscono l'un con l'altro ed il modo in cui essi influenzano orientamenti di decisioni giudiziali e legislative, sebbene quest'ultimo aspetto implicherebbe il ricorso a quelle stesse dottrine dell'interpretazione che abbiamo giustificato attraverso i principi che adesso stiamo provando a sostenere. A questo livello di astrazione, in altre parole, i principi si sostengono a vicenda piuttosto che essere meramente collegati.

Così, dunque, sebbene i principi traggano sostegno dagli atti ufficiali delle istituzioni giuridiche, la connessione di tali principi con questi atti non è sufficientemente semplice o diretta da poter essere formulata nei termini di criteri stabiliti da una regola di riconoscimento definitiva e fondamentale. C'è qualche altra rotta che potrebbe consentire di ricondurre i principi ad una regola di questo tipo?

Hart sostiene che una regola fondamentale potrebbe individuare come diritto non soltanto le regole prodotte da specifiche istituzioni giuridiche, ma anche regole *consuetudinarie*. Egli ha in mente un problema di cui si sono occupati altri positivisti, incluso Austin. Molte tra le nostre regole giuridiche più antiche non sono state esplicitamente create da un organo legislativo o giurisdizionale. Quando apparvero per la prima volta nelle motivazioni delle sentenze o nelle opere dottrinali, sono state trattate come già facenti parte del diritto in quanto espressione della pratica consuetudinaria della comunità, o di qualche settore specialistico di tale pratica, come la comunità di chi svolge un'attività commerciale (gli esempi che vengono di solito addotti sono regole della pratica mercantile, come le regole che determinano quali diritti scaturiscono in vigenza di un accordo commerciale con caratteristiche tipiche[27]). Dal momento che per Austin tutto il diritto si risolveva nel comando di un sovrano determinato, egli riteneva che queste pratiche consuetudinarie non diventassero diritto sino a quando le corti di giustizia (in qualità di agenti del sovrano) non le avessero riconosciute, e che i giudici, nel sostenere il contrario, stessero di fatto assecondando una finzione. Tuttavia, questa tesi fu ritenuta arbitraria. Se tutti pensano che la consuetudine in quanto tale possa essere diritto, il fatto che la teoria di Austin sostenga cose diverse non è convincente.

Hart ha sconfessato Austin su questo punto. La regola fondamentale, egli sostiene, potrebbe stabilire che una consuetudine venga considerata diritto anche prima che i giudici la riconoscano. Tuttavia, egli non si confronta con la difficoltà che ciò comporta per la sua teoria generale; egli infatti non tenta di esplicitare i criteri che una regola fondamentale potrebbe utilizzare a questo fine. Essa non può utilizzare, come unico criterio, la condizione che la comunità consideri la pratica in questione come *moralmente* dovuta, in quanto in questo modo non sarebbe possibile distinguere le regole consuetudinarie giuridiche dalle regole consuetudinarie morali, e, ovviamente, non tutti gli antichi obblighi morali consuetudinari della comunità sono recepiti dal diritto. Se, d'altro canto, il criterio fosse che la comunità considera la pratica consuetudinaria come *giuridicamente* vincolante, verrebbe compromessa la funzione stessa della regola di riconoscimento, almeno in relazione a questa classe di regole giuridiche. La regola fondamentale, sostiene Hart, segna il passaggio da una società primitiva ad una società che ha il diritto, in quanto questa regola fornisce un criterio per individuare le regole sociali che fanno parte del diritto, diverso dalla mera misurazione del grado della loro accettazione. Tuttavia, se la regola fondamentale ci dicesse soltanto che qualsiasi altra regola la comunità accetta come giuridicamente vincolante è giuridicamente vincolante, allora essa non ci fornirebbe affatto questo criterio ulteriore rispetto al criterio che noi dovremmo usare in assenza di una regola fondamentale. La regola fondamentale diviene (in relazione a queste situazioni) una non-regola di riconoscimento; altrimenti, sarebbe altrettanto corretto sostenere che ogni società primitiva è dotata di una regola secondaria di riconoscimento, precisamente la regola che prevede che tutto ciò che è accettato come vincolante è vincolante. Lo stesso Hart, nella sua analisi del diritto internazionale, ridicolizza l'idea secondo la quale una regola di questo genere potrebbe essere una regola di riconoscimento descrivendo la presunta regola come "una vuota ripetizione del mero fatto che la società in questione ... osserva certi criteri di condotta come norme obbligatorie"[28].

---

[27] Cfr. NOTE, *Custom and Trade Usage: Its Application to Commercial Dealings and the Common Law*, in "Columbia Law Review", 55, 1955, pp. 1192 ss. e, in particolare, le informazioni ivi contenute a p. 1193, n. 1. Come risulta in modo chiaro da questa nota, le pratiche effettive delle corti nel riconoscere le consuetudini commerciali seguono il metodo di applicare un gruppo di principi e *policy* generali piuttosto che un criterio che potrebbe essere raffigurato come parte di una regola di riconoscimento.

[28] H.L.A. HART, *Il concetto di diritto*, cit., p. 273. Una regola fondamentale potrebbe indi-

L'analisi che Hart fa della consuetudine equivale in verità ad ammettere che vi sono almeno alcune regole giuridiche che sono vincolanti non perché sono valide alla luce dei criteri stabiliti da una regola fondamentale, ma che sono vincolanti – come la regola fondamentale – perché sono accettate dalla comunità come vincolanti. Questo intacca l'elegante struttura piramidale che abbiamo ammirato nella teoria di Hart: non è più possibile dire che soltanto la regola fondamentale è valida perché vincolante, mentre tutte le altre regole sono valide alle condizioni da essa stabilite.

Si tratta forse di una semplice scheggiatura, in quanto le regole consuetudinarie a cui pensa Hart non rappresentano più una parte rilevante del diritto. Ciò tuttavia suggerisce che Hart sarebbe riluttante ad accrescere il danno riconducendo alla "consuetudine" tutti quei principi e quelle *policy* fondamentali di cui abbiamo parlato. Se egli dovesse considerare questi e quelle come parte del diritto ed anche ammettere che l'unica prova della loro forza risiede nel grado della loro accettazione come diritto da parte della comunità nel suo complesso o di una sua frazione, ridurrebbe di molto l'area del diritto sulla quale domina la sua regola fondamentale. Non si tratta soltanto del fatto che i principi e le *policy* sfuggirebbero al controllo di tale regola, per quanto già questo sarebbe sufficientemente grave. Una volta che questi principi e queste *policy* sono accettati come diritto, e, dunque, come *standard* che i giudici debbono tenere in considerazione nel determinare gli obblighi giuridici, segue che le *regole* come quelle proclamate per la prima volta nei casi *Riggs* ed *Henningsen* debbono la loro forza, almeno in parte, all'autorità di principi e *policy* e, dunque, non esclusivamente alla regola fondamentale di riconoscimento.

Dunque non possiamo adattare la versione hartiana del positivismo modificando la sua regola di riconoscimento in modo da renderla capace di individuare i principi. Non esiste alcun criterio che verta sul *pedigree* che consenta di equiparare i principi alla legge scritta; e neppure la nozione hartiana di diritto consuetudinario – a sua volta un'eccezione al primo principio cardine del positivismo – può essere utilizzata a questo fine senza abbandonare completamente questo primo principio. C'è tuttavia un'altra possibilità da considerare. Se una regola di riconoscimento non è in grado di fornire un criterio per individuare i principi, perché non dire che i principi sono supremi, e *formano* la regola di riconoscimento del nostro diritto? La risposta alla domanda generale "Qual è il diritto valido in una giurisdizione americana?" richiederebbe dunque che si indicassero tutti i principi (come anche le regole costituzionali

---

care una determinata caratteristica di una consuetudine che è indipendente dall'atteggiamento della comunità; potrebbe stabilire, ad esempio, che tutte le consuetudini molto antiche, o che tutte le consuetudini che riguardano i titoli di credito negoziabili, fanno parte del diritto. Tuttavia, non riesco a pensare a criteri del genere tra quelli che in effetti individuano le consuetudini che sono state riconosciute come diritto in Inghilterra o America. Alcune consuetudini che non sono giuridicamente vincolanti sono più antiche di altre che lo sono, alcune pratiche relative ai titoli di credito negoziabili sono vincolanti ed altre no, e così via. In ogni caso, anche se si rinvenisse una caratteristica distintiva che identificasse tutte le regole giuridiche consuetudinarie, rimarrebbe improbabile trovare un criterio di questo genere per principi che variano notevolmente per materia ed origine e che, in alcuni casi, sono molto recenti.

supreme) in vigore, in quel tempo in quella giurisdizione, unitamente alla corretta indicazione del peso di ciascuno. In tal caso, un positivista potrebbe considerare l'insieme completo di questi *standard* come la regola di riconoscimento della giurisdizione. Questa soluzione presenta l'attrattiva del paradosso, ma naturalmente si tratta di una resa incondizionata. Se definiamo la nostra regola di riconoscimento semplicemente come "l'insieme completo dei principi in vigore", conseguiamo come risultato la tautologia che il diritto è diritto. Se invece tentassimo effettivamente di elencare tutti i principi in vigore, falliremmo. I principi sono controversi, il loro peso è di cruciale importanza, sono innumerevoli, si evolvono e mutano così rapidamente che la sommità della nostra lista sarebbe obsoleta prima che raggiungessimo la metà. Anche qualora riuscissimo nel nostro intento, non otterremmo la chiave per individuare il diritto, in quanto non rimarrebbe nulla che la nostra chiave dovrebbe aprire.

Concludo dicendo che se consideriamo i principi come parte del diritto dobbiamo respingere la prima tesi dei positivisti, secondo la quale il diritto di una comunità è distinguibile da altri *standard* sociali attraverso un criterio che assume la forma di una regola fondamentale. Abbiamo già stabilito che bisogna anche rinunziare alla seconda tesi – la dottrina della discrezionalità giudiziale – ovvero trasformarla in una banalità. Che dire della terza tesi, la teoria positivista dell'obbligo giuridico?

Questa teoria ritiene che un obbligo giuridico-positivo esista quando (e solo quando) tale obbligo sia previsto da una regola giuridica vigente. Da ciò segue che in un caso difficile – quando non è possibile rinvenire alcuna regola di questo tipo – non esiste alcun obbligo giuridico positivo sino a quando il giudice non crei una nuova regola per il futuro. Il giudice può applicare la nuova regola alle parti in causa, ma questa è legislazione retroattiva, non il riconoscimento di un obbligo preesistente.

La dottrina positivista della discrezionalità (nel senso forte) presuppone questa concezione dell'obbligo giuridico, in quanto, se un giudice ha discrezionalità, non può esistere alcun diritto soggettivo o obbligo giuridico – nessun titolo – a cui egli debba dare esecuzione. Una volta che prendiamo le distanze da tale dottrina, tuttavia, e trattiamo i principi come parte del diritto, aumentano le probabilità che un obbligo giuridico possa essere prodotto tanto da un gruppo di principi quanto da una regola vigente. Potremmo arrivare a sostenere che un obbligo giuridico positivo esiste ogniqualvolta gli argomenti a favore di tale obbligo, nei termini di principi giuridici vincolanti di diverso tipo, sono più forti degli argomenti contrari.

Ovviamente, bisognerebbe rispondere a molte domande prima di poter accogliere questa concezione dell'obbligo giuridico. Se non c'è la regola di riconoscimento, nessun criterio per l'individuazione del diritto in questa accezione, come stabiliamo quali principi contano, e quanto, come argomenti a favore o contro l'esistenza di un certo obbligo giuridico? Come decidiamo se un argomento è migliore di un altro? Se l'esistenza di un obbligo giuridico si fonda su un giudizio indimostrabile di questo tipo, come può quest'ultimo fornire una giustificazione per una decisione giudiziale che stabilisce che una parte aveva un obbligo giuridico? Questa concezione dell'obbligo si concilia con il modo in cui si esprimono giuristi, giudici e profani, ed è compatibile con i nostri atteggiamenti circa l'obbligo morale? Questa analisi ci aiuta ad affrontare i classici rompicapo teorico-giuridici circa la natura del diritto?

Bisogna confrontarsi con queste domande; tuttavia, anche le stesse domande sono più promettenti di quanto non lo sia il positivismo. Il positivismo, per sua natura, si arresta ben presto proprio di fronte a questi casi intricati, difficili, che ci sfidano ad andare alla ricerca di teorie del diritto adeguate. Quando ci imbattiamo in questi casi, il positivista ci rimanda ad una dottrina della discrezionalità che non ci conduce da nessuna parte e non ci spiega nulla. La sua immagine del diritto come un sistema di regole ha esercitato una forte presa sul nostro immaginario, forse per la sua estrema semplicità. Se ci affranchiamo da questo "modello delle regole", possiamo riuscire a costruire un modello più adeguato alla complessità e sofisticatezza delle nostre pratiche.

PARTE III

EVOLUZIONI DEL POSITIVISMO GIURIDICO

INTRODUZIONE

GIUSPOSITIVISMO O GIUSPOSITIVISMI? UN BILANCO SUL POSITIVISMO GIURIDICO DEGLI ULTIMI VENTI ANNI

di Aldo Schiavello

1. *Premessa: una storia plausibile ed un modo plausibile di raccontarla*[1]

Una stessa storia può essere narrata in molti modi diversi, variando la prospettiva e/o lo stile. Così, il litigioso passeggero di un autobus, protagonista di un breve racconto, può essere introdotto, in modo stringato e impersonale, come "*un type dans le vingt-six ans, chapeau mou avec cordon remplaçant le ruban, cou trop long comme si on lui avait tiré dessus. [...] Le type en question s'irrite contre un voisin*", ovvero, in modo più immaginifico e volto a far risaltare le sensazioni dell'osservatore più che le caratteristiche dell'osservato, come "*... un jeune homme assez ridicole: cou indigo, cordelière au chapeau. Tout d'un coup, il proteste contre un monsieur bleu*" o ancora, stando almeno alla fantasia ed alla abilità di Raymond Queneau, in altri novantasette modi[2].

Giunti all'ultima sezione di questa antologia, è opportuno riconoscere che anche la storia del positivismo giuridico contemporaneo poteva essere raccontata altrimenti rispetto a come abbiamo tentato di fare qui attraverso una selezione, necessariamente parziale ed opinabile, di autori e di scritti. Quel che ci auguriamo è che l'esito dei nostri sforzi appaia come un racconto plausibile e

---

[1] Riprendo il titolo di questo paragrafo da L.J. WINTGENS, *A Plausibile Story and a Plausibile Way of Telling it. Some Comments on Dworkin's Philosophy of Law*, in "Rechtstheorie", 23, 1992, pp. 429-444. A parte il titolo, non vi è altro che accomuni il saggio indicato in nota ed il primo paragrafo di questa introduzione.

[2] I riferimenti sono tratti da R. QUENEAU, *Exercices de style* (1947), Éditions Gallimard, Paris, 1976, *passim*.

coerente di un avvenimento complesso, controverso e per molti versi sfuggente quale è la nascita, l'ascesa e la crisi di un movimento di pensiero, e non invece come un puzzle formato da tasselli che non si incastrano tra loro.

La funzione principale delle introduzioni alle diverse parti di questa raccolta antologica è proprio quella di offrire una chiave di lettura dei vari saggi e di esplicitare ciò che, in qualche misura, li accomuna. Per riassumere, brevemente, le ragioni delle scelte sin qui compiute, si può dire che, nella prima parte, dedicata ad una presentazione dei "padri nobili" del giuspositivismo contemporaneo, abbiamo privilegiato gli autori i quali, oltre a proporre una teoria del diritto riconducibile al positivismo giuridico, hanno compiuto uno sforzo meta-teorico per delineare lo statuto del positivismo giuridico, scoraggiando così i tentativi dei propri avversari di rappresentare la prospettiva giuspositivista in modo distorto o banalizzato. Nella seconda parte, dedicata alle prospettive giusfilosofiche critiche rispetto al positivismo giuridico, abbiamo invece circoscritto la nostra scelta a due autori, Lon Fuller e Ronald Dworkin, che sono accomunati sia dal fatto di non essere agevolmente catalogabili come giusnaturalisti, sia dal fatto di eleggere come proprio obiettivo critico privilegiato il positivismo giuridico di Herbert Hart che, a partire dai primi anni '60 del secolo scorso con la pubblicazione de *Il concetto di diritto*, ha dato nuova linfa alla tradizione giuspositivista.

Questo per quel che riguarda il riepilogo del tragitto già percorso; sull'ultimo tratto di strada ancora da fare è necessario spendere qualche parola di più.

In questa terza ed ultima parte, nel selezionare i contributi da inserire, abbiamo seguito un criterio di carattere generale e due sotto-criteri. Il criterio di carattere generale è stato quello di riprendere la narrazione lì dove l'avevamo interrotta, evitando pericolose digressioni. Fuor di metafora, ciò significa che abbiamo selezionato (alcuni tra) gli autori che, sia pure in modo diverso, hanno comunque preso parte da protagonisti alla disputa tra Hart e Dworkin. In altri termini, abbiamo tentato di mostrare come i giuspositivisti post-hartiani (ma anche lo stesso Hart) hanno replicato alle critiche dell'anti-giuspositivismo contemporaneo più aggressivo e *à la page*[3].

A partire da questo criterio generale, abbiamo idealmente suddiviso questa ultima parte in due sezioni; la prima sezione, che è costituita dai saggi di Hart e di Mackie, esprime una strategia di risposta del positivismo giuridico rispetto alle critiche che si potrebbe definire, in attesa di spiegarla meglio, "difensi-

[3] Le ragioni dell'insuccesso del giusnaturalismo "procedurale" di Fuller sono state esplicitate in *La crisi del positivismo giuridico: l'"anti-giuspositivismo" di Lon Fuller e Ronald Dworkin*, *supra*.

va" o "conservativa". In breve, sia Hart sia Mackie, si preoccupano di mostrare, ciascuno a suo modo, come la portata delle critiche di Dworkin al positivismo giuridico sia stata esagerata; alcune delle obiezioni di Dworkin nascono infatti da una ricostruzione errata e semplicistica del positivismo giuridico, mentre altre sono il frutto di proposte teoriche a prima vista interessanti, ma che, ad un'analisi più accurata, risultano sostanzialmente incoerenti o prive di giustificazione.

Hart sottolinea, in particolare, come l'intrigante tesi dworkiniana dell'unica soluzione interpretativa corretta non rappresenta affatto quello che i giudici fanno (o potrebbero fare) nei casi difficili, né è compatibile con altri aspetti della teoria dell'interpretazione di Dworkin, in particolare con la tesi secondo la quale i giudici esercitano discrezionalità.

Mackie mostra invece come la "promessa" di una teoria del diritto che sia alternativa tanto al giuspositivismo quanto al giusnaturalismo è indice di una certa confusione concettuale piuttosto che di una concezione del diritto realmente originale (o, meglio, così originale, da sfuggire alla dicotomia giusnaturalismo/giuspositivismo).

Il limite di questa strategia difensiva è quello di lasciare per via anche le intuizioni e le osservazioni di Dworkin che, invece, avrebbero meritato di essere prese maggiormente sul serio. Bisogna dire che parte della responsabilità di questa negligenza va comunque attribuita allo stesso Dworkin il quale, adottando uno stile poco analitico ed essendo incapace di resistere alle affermazioni ad effetto, ha contribuito parecchio ad intorbidare le acque.

La seconda sezione ideale di questa ultima parte è composta dai saggi di Joseph Raz e Jules Coleman. Questi ultimi autori hanno invece proposto due diverse (e, per molti versi, antitetiche) versioni del positivismo giuridico con l'obiettivo di rendere quest'ultima concezione del diritto impermeabile alle critiche di Dworkin. Si può anticipare che nessuno dei due autori riesce a raggiungere in pieno questo obiettivo. Le ragioni del loro parziale fallimento sono però differenti. Nel caso di Raz, il difetto principale è quello di difendere una versione ortodossa del positivismo giuridico, tenendo sullo sfondo una concezione dell'autorità legittima troppo esigente e, proprio per questo, poco convincente. Nel caso di Coleman, invece, la sensazione è quella di un autore disposto a concedere così tanto a Dworkin da provocare l'involontaria autodistruzione – una sorta di implosione – del positivismo giuridico.

2. *Il positivismo giuridico di Hart tra l'"incubo" ed il "nobile sogno"*

Uno dei tratti distintivi dell'opera complessiva di Hart è la ricerca di posizioni intermedie ed il rifiuto di qualsiasi forma di estremismo teorico o concettuale. Da questo punto di vista, il saggio riprodotto in questa sezione dell'antologia non fa eccezione. Hart, infatti, si prefigge l'obiettivo di rintuzzare le esagerazioni delle due concezioni del diritto più in voga negli Stati Uniti a cavallo degli anni '70 ed '80 del Novecento.

La prima, che egli chiama l'"incubo", coincide con il giusrealismo estremo e sostiene che i giudici "a dispetto di quello che affermano di fare, creano il diritto che applicano alle parti in causa e non sono dicitori imparziali ed obiettivi del diritto esistente"[4]. Per questa concezione del diritto, dunque, le differenze tra il legislatore ed il giudice sarebbero nulle; il fatto che i giudici affermino di prendere le loro decisioni sulla base del diritto preesistente è un modo per deresponsabilizzarsi e per aggirare la questione relativa al fondamento della legittimità del ruolo "politico" da loro di fatto ricoperto.

Riguardo a questa concezione estrema del diritto, dell'interpretazione giudiziale e del ruolo dei giudici, Hart sottolinea come, al di là degli *slogan* provocatori – quali, ad esempio, "il diritto coincide con le profezie di ciò che faranno i giudici" o "il diritto è ciò che i giudici fanno in relazione alle controversie" o gli ancor più caustici "il diritto dipende da quello che i giudici hanno mangiato a colazione" e "le norme non sono altro che ninnoli vistosi" – gli stessi giusrealisti mostrano di non credere sino in fondo alle tesi da loro sostenute: "... la strada che conduce alla visione da incubo del processo giudiziale come atto di produzione legislativa non controllato dal diritto, è stata ampiamente percorsa dalla teoria del diritto americana, *anche se gli scrittori che si sono messi sulla via, posti di fronte a fatti recalcitranti, hanno spesso fatto marcia indietro*"[5].

Hart inoltre riconosce due significativi meriti al realismo giuridico americano e, più in generale, alle concezioni del diritto anti-formaliste. Il primo è quello di avere contribuito alla presa di coscienza, da parte dei giuristi, che i vincoli rappresentati dalle norme giuridiche non sempre sono in grado di guidare il giudice verso una decisione in modo certo ed oggettivo. Ciò significa che, talvolta, i giudici, dovendo ricorrere a considerazioni extra-giuridiche, esercitano discrezionalità. Il secondo merito, che può essere considerato una

---

[4] H.L.A. HART, *La* jurisprudence *americana vista da un inglese: l'incubo e il nobile sogno*, *infra*, p. 233.

[5] H.L.A. HART, *La* jurisprudence *americana vista da un inglese ...*, *infra*, p. 234, corsivo aggiunto.

conseguenza o un corollario di quello precedente, è l'aver favorito uno stile giudiziale caratterizzato dal fatto che le convinzioni personali dei giudici, elemento spesso non eliminabile nell'iter argomentativo che conduce alla decisione, vengano presentate in modo esplicito e non surrettizio.

La seconda concezione del diritto – il "nobile sogno", nel lessico hartiano – coincide, almeno nella sua versione più raffinata, con la teoria del diritto di Dworkin. Se il realismo giuridico sostiene che i giudici creano sempre e comunque diritto nel momento in cui decidono un caso concreto, la teoria del diritto di Dworkin si caratterizza, tra le altre cose, per la tesi secondo la quale l'attività giudiziale consiste sempre nell'applicazione del diritto preesistente. Non a caso, a proposito della teoria dell'interpretazione di Dworkin c'è chi parla di neo-formalismo[6]. Del formalismo interpretativo che caratterizza il positivismo giuridico del XVIII secolo, Dworkin riprende la tesi secondo la quale il compito dell'interprete è quello di scoprire – e non di inventare – ciò che il diritto prescrive in relazione ad ogni caso giudiziale concreto. A differenza del formalismo interpretativo tradizionale, Dworkin riconosce che in alcuni casi – i cosiddetti "casi difficili" – l'individuazione del diritto non si risolve in un'attività meramente meccanica, ma richiede, da parte dell'interprete l'esercizio di una certa discrezionalità. Per Dworkin, in breve, c'è sempre un'unica soluzione interpretativa corretta, ma questo non significa negare agli interpreti, ed ai giudici in particolare, (una certa) discrezionalità.

È proprio su questa duplice affermazione – "esiste un'unica risposta giusta" e "i giudici esercitano discrezionalità" – che si appuntano le principali critiche di Hart al "nobile sogno"; ed è essenzialmente di tale questione che ci occuperemo nel prosieguo del paragrafo[7]. Ciò ci consentirà di considerare *Il modello delle regole* da una prospettiva trascurata nella precedente introduzione.

La tesi dell'unica risposta giusta sembra escludere, a prima vista, qualsiasi forma di discrezionalità giudiziale, almeno se si intende "discrezionalità" nel significato ordinario di potere di prendere una decisione senza avere l'obbligo di pervenire ad un esito predeterminato[8]. Ad esempio, se A è l'unica soluzione corretta di un caso giudiziale, i giudici non possono che decidere A. Il fatto

---

[6] Cfr. M. BARBERIS, *Filosofia del diritto. Un'introduzione teorica*, Giappichelli, Torino, 2003, pp. 216-218.

[7] Per una ricostruzione più articolata di questo dissidio teorico tra Hart e Dworkin rinvio a A. SCHIAVELLO, *Il positivismo giuridico dopo Herbert L.A. Hart. Un'introduzione critica*, Giappichelli, Torino, 2004, pp. 83-89.

[8] Cfr. T. ENDICOTT, *Raz sulle lacune: una tesi sorprendente*, in "Ars Interpretandi", 6, 2001, pp. 367-393, in particolare p. 385.

che l'individuazione della soluzione corretta non sia sempre agevole, non significa che i giudici esercitino discrezionalità. I giudici possono sbagliare, ma sbagliare non significa avere discrezionalità, almeno nell'accezione ordinaria del termine. Questa conclusione, tuttavia, non è condivisa da Dworkin. Egli infatti, a partire da una distinzione tra tre diversi significati di "discrezionalità", ritiene che la tesi dell'unica risposta giusta sia compatibile con l'esercizio di una discrezionalità debole da parte dei giudici[9].

In una prima accezione debole, "discrezionalità" individua le situazioni in cui qualcuno è chiamato ad agire sulla base di direttive che non possono essere applicate meccanicamente, ma richiedono l'uso di discernimento. In relazione a questo significato di "discrezionalità", Dworkin immagina la situazione in cui un tenente ordina al sergente di formare una pattuglia con i cinque uomini più esperti del battaglione, assumendo come condizione che sia difficile stabilire chi siano i cinque uomini effettivamente più esperti. Come abbiamo già evidenziato, tuttavia, la mera difficoltà di pervenire alla soluzione giusta non consente di affermare che un individuo esercita discrezionalità, almeno alla luce del significato ordinario di "discrezionalità". Quindi, tornando al nostro esempio, o vi sono criteri oggettivi che consentono di determinare chi siano i cinque uomini più esperti, e allora il sergente non esercita alcuna discrezionalità, ovvero si nega che criteri stringenti di questo tipo esistano e allora, non essendoci un'unica soluzione corretta, il sergente ha il potere di scegliere tra diverse opzioni.

In una seconda accezione, anch'essa debole, "discrezionalità" si riferisce alle situazioni in cui qualcuno ha il potere di prendere una decisione definitiva. Anche in questo caso, tuttavia, non è del tutto appropriato ricostruire la situazione nei termini di esercizio di discrezionalità. Una regola del gioco del calcio stabilisce ad esempio che per segnare un *goal* è necessario che il pallone abbia interamente oltrepassato la linea di porta. Ora, se un arbitro, per errore, attribuisse un *goal* quando il pallone palesemente non ha oltrepassato la linea di porta, non sarebbe corretto dire che egli sta esercitando la sua discrezionalità. Una decisione definitiva può essere considerata una decisione discrezionale solo se si nega, ancora una volta, che vi sia un'unica soluzione corretta preesistente rispetto alla decisione in questione.

Infine, in un'accezione forte, "discrezionalità" denota quelle situazioni in cui le decisioni di un individuo non sono vincolate da nessun criterio esplicitamente previsto da un'autorità determinata. Vi sono tuttavia criteri impliciti

[9] R. DWORKIN, *Il modello delle regole*, *supra*, pp. 189-197.

– quali razionalità, giustizia, efficacia e così via – che consentono di distinguere una decisione discrezionale in senso forte da una decisione arbitraria. La differenza tra discrezionalità forte e discrezionalità debole consiste nel fatto che chi esercita una discrezionalità forte può essere criticato per aver commesso degli errori, ma non per avere disobbedito all'autorità, come nei casi di discrezionalità debole. Ad esempio, nel caso, visto in precedenza, in cui un tenente ordina al sergente di selezionare i cinque uomini più esperti, l'eventuale errore di scelta da parte del sergente priva chi non è stato selezionato, pur essendo uno tra i cinque soldati più esperti, del diritto ad essere selezionato. Al contrario, nel caso in cui il sergente dovesse selezionare cinque uomini a sua scelta ("discrezionalità forte"), un suo eventuale errore non potrebbe essere considerato una violazione del diritto di alcuno: in questo caso, nessun soldato ha diritto ad essere selezionato.

Alla luce di questa ricostruzione, possiamo finalmente introdurre i termini della disputa tra Hart e Dworkin a proposito della discrezionalità giudiziale.

Secondo Dworkin, il positivismo giuridico hartiano, riducendo il diritto ad un sistema di regole[10], è costretto, nei casi difficili, in quei casi cioè che devono essere decisi sulla base di principi, ad attribuire ai giudici una discrezionalità forte e, di conseguenza, deve negare che una delle parti in causa possa avere un diritto preesistente a vincere la causa.

A questa osservazione di Dworkin è agevole replicare; essa infatti presuppone erroneamente che i principi giuridici e, in particolare, i principi giuridici impliciti, non possano essere individuati dalla regola di riconoscimento. Come abbiamo mostrato, tra principi giuridici e regola di riconoscimento c'è una relazione, sia pure di tipo indiretto e, di conseguenza, l'affermazione di Dworkin che nei casi difficili il positivismo giuridico attribuisce ai giudici una discrezionalità forte appare come una esagerazione[11].

Detto questo, non bisogna trascurare la ragione principale della controversia tra Dworkin ed il positivismo giuridico a proposito dell'interpretazione giudiziale: i giuspositivisti, ed Hart nel caso di specie, negano ciò che Dworkin afferma, vale a dire che per ogni caso giudiziale esista un'unica soluzione corretta.

La disputa tra Dworkin ed i suoi critici riguardo alla tesi dell'unica risposta giusta presenta profili particolarmente complessi ed intricati sui quali non è il

---

[10] Cfr. *La crisi del positivismo giuridico: l'"anti-giuspositivismo" di Lon Fuller e Ronald Dworkin*, *supra*, pp. 131-135.

[11] Cfr. *La crisi del positivismo giuridico: l'"anti-giuspositivismo" di Lon Fuller e Ronald Dworkin*, *supra*, pp. 133-135.

caso di soffermarsi in questa sede. Ancor meno opportuno sarebbe cimentarsi qui in un esercizio di esegesi del pensiero di Dworkin al fine di mostrare le mutazioni subite da questa tesi nel corso degli anni. Tuttavia, riteniamo che il saggio di Hart accolto in questa ultima sezione dell'antologia individui in modo molto chiaro gli argomenti principali che il positivismo giuridico avanza contro la tesi della *one right answer*. Questi argomenti meritano una breve disamina. Le valutazioni e le conclusioni di chi scrive – valutazioni e conclusioni che il rispetto nei confronti del lettore suggerisce di anticipare – sono facilmente riassumibili: Hart ha chiaramente ragione e, di conseguenza, Dworkin ha chiaramente torto. Quel che stupisce è che proprio la tesi dell'unica risposta giusta abbia avuto un ruolo decisivo nell'affermazione, nel "mercato delle idee", dell'anti-giuspositivismo dworkiniano. Avventurandoci in psicologismi, potremmo azzardare l'ipotesi che, in questo caso, abbia giocato un ruolo decisivo la tendenza degli esseri umani e, quindi, anche dei giuristi, ad indulgere in visioni edulcorate, rassicuranti e consolatorie della realtà. Dopotutto, un sogno, tanto più se si tratta di un sogno nobile, è sempre meglio non soltanto di un incubo ma anche della "dura" realtà.

Le critiche di Hart alla *one right answer* sono due, collegate fra loro.

La prima, consiste nel rilevare che questa tesi presuppone l'accoglimento dell'oggettivismo etico; in relazione all'interpretazione giudiziale, ciò significa presupporre che, per ogni caso giudiziale concreto, sia possibile stabilire quale principio debba prevalere. Ora, l'oggettivismo etico è una posizione meta-etica molto impegnativa e, nella filosofia contemporanea, minoritaria. Ciò avrebbe richiesto un certo sforzo argomentativo da parte di Dworkin per difendere tale posizione e metterla al riparo dalle critiche. Tale sforzo, almeno negli scritti di Dworkin a cavallo tra gli anni '70 e '80 del secolo scorso, manca e questo consente di affermare che la tesi dell'unica risposta giusta non sia adeguatamente fondata. Inoltre, anche qualora Dworkin avesse difeso in modo adeguato una prospettiva meta-etica oggettivista, rimarrebbe il problema, su cui peraltro ci siamo già soffermati, della impossibilità di sostenere che c'è sempre un'unica risposta corretta e, al contempo, che l'interprete esercita discrezionalità.

La seconda critica, a nostro avviso decisiva, verte sull'affermazione di Dworkin secondo la quale chi rifiuta la *one right answer thesis* commette l'errore di ritenere che una proposizione di cui non si può dimostrare la verità o la falsità, non possa essere né vera né falsa. Secondo Dworkin questo argomento – che egli denomina "argomento dell'indimostrabilità" e che presuppone l'accoglimento di una epistemologia rigidamente empirista e di una teoria della verità come corrispondenza – deve essere respinto per una serie di ragioni che qui non è necessario esplicitare [12]. Supponiamo tuttavia che le ragioni addotte da Dworkin siano buone ragioni e, quindi, che una proposizione (ad esempio: "X ha diritto a vincere la causa contro Y") possa essere vera o falsa anche se non è dimostrabile che sia vera o falsa; in altri termini, possiamo concedere a Dworkin che per ogni caso giudiziale vi sia una risposta giusta anche se non è possibile dimostrare in modo conclusivo quale essa sia.

La domanda, a questo punto, è la seguente: qual è la rilevanza pratica per una teoria del ragionamento giuridico di postulare l'esistenza di un'unica soluzione corretta e, al tempo stesso, negare che esistano criteri conclusivi per la sua individuazione? [13].

La risposta di Dworkin è che "... i giudici, per dare un senso a ciò che fanno, debbono credere che esista un'unica teoria corretta, per quanto complessa, ed un'unica soluzione corretta per il caso da decidere che possa essere ricavata da tale teoria" [14].

Hart osserva invece che "se un giudice si è conformato, prima di decidere, a tutti quei vincoli che consentono di distinguere la produzione di diritto per via giudiziale dalla produzione di diritto per via legislativa e, soprattutto, se [...] è giunto ad una conclusione su quale tra le alternative che gli si prospettano innanzi sia la più equa o la più giusta, *non ha alcuna utilità insistere* sul fatto che se un giudice suo collega arriva, dopo il medesimo scrupoloso processo, ad una conclusione differente, c'è un'unica risposta corretta che mostrerà quale tra i due giudici, sempre che ve ne sia uno, ha ragione, per quanto questa risposta sia nascosta in un paradiso del giurista e nessuno sia in grado di dimostrare quale essa sia" [15].

Come anticipato, propendiamo per la tesi che un giudice e, più in generale, un interprete del diritto, possa compiere sino in fondo il proprio dovere senza bisogno di inforcare delle lenti dotate di "filtri rosa" [16].

---

[12] Su questo punto, cfr. R. DWORKIN, *Objectivity and Truth: You'd Better Believe It*, in "Philosophy & Public Affairs", 25, 1996, pp. 87-139.

[13] Per una disanima di più ampio respiro di tale questione, cfr. E. DICIOTTI, *Verità e certezza nell'interpretazione della legge*, Giappichelli, Torino, 1999, pp. 214-218.

[14] H.L.A. HART, *La* jurisprudence *americana vista da un inglese: l'incubo e il nobile sogno*, *infra*, pp. 243.

[15] H.L.A. HART, *La* jurisprudence *americana vista da un inglese: l'incubo e il nobile sogno*, *infra*, pp. 244, corsivo aggiunto.

[16] Riprendo questa espressione da A.C. HUTCHINSON, *Indiana Dworkin and Law's Empire*, in "The Yale Law Yournal", 96, 1987, pp. 637-665, in particolare, p. 653.

3. *La terza teoria del diritto, ovvero: esiste una alternativa a giusnaturalismo e giuspositivismo?*

Al saggio di John Leslie Mackie *La terza teoria del diritto*, pubblicato originariamente nel 1977, vanno riconosciuti almeno due meriti importanti.

Il primo è quello di avere individuato una tra le principali ragioni dell'enorme ed indiscutibile successo della teoria del diritto di Dworkin. Questa ragione consiste nell'ambizione della proposta teorica del filosofo del diritto americano. Dworkin, in breve, non si accontenta di optare per una delle due tradizioni di ricerca giusfilosofica che, da sempre, in modo più o meno consapevole, si contrappongono nella descrizione e ricostruzione del fenomeno giuridico, vale a dire il giusnaturalismo ed il giuspositivismo, ma avanza la pretesa che la sua proposta teorica sia qualitativamente alternativa rispetto ad entrambe. Tale pretesa ha evidentemente suscitato un grande interesse in un periodo storico, la seconda metà avanzata del XX secolo, caratterizzato da una certa insoddisfazione nei confronti di molte delle tradizionali categorie e dicotomie giusfilosofiche – e, tra queste ultime, va segnalata, in particolare quella che a noi qui interessa tra giusnaturalismo e giuspositivismo[17] – e, più in generale, da una non sempre commendevole tendenza al sincretismo.

Il secondo merito del saggio di Mackie è parassitario rispetto al primo e consiste nell'aver gettato acqua sul fuoco degli improvvidi entusiasmi di coloro che avevano condiviso il progetto dworkiniano di sollevare dall'imbarazzo chi si fosse imbattuto nella scelta tra giusnaturalismo e giuspositivismo, indicando una "terza via" che coniugasse gli elementi positivi di entrambe queste tradizioni di ricerca e, al contempo, fosse immune dai loro eventuali limiti o difetti.

Secondo Mackie, la "terza via" al diritto, almeno nella versione dworkiniana, è un'illusione o, per dirla con Hart, un nobile sogno in cui è opportuno non indulgere eccessivamente, almeno se si ritiene che il compito dello studioso del diritto sia quello di evidenziare problemi e questioni piuttosto che quello di seppellire gli uni e le altre sotto una coltre di *slogan* tanto rassicuranti quanto poco fondati.

---

[17] L'anelito ad un superamento di tale contrapposizione è ad esempio riscontrabile nell'osservazione di Neil MacCormick che «le forme migliori di giuspositivismo conducono, per molti importanti aspetti, a conclusioni simili a quelle delle versioni più plausibili di giusnaturalismo» [N. MACCORMICK, *Diritto, morale e positivismo giuridico*, ora in N. MACCORMICK, O. WEINBERGER, *Il diritto come istituzione* (1986), trad. e cura di M. La Torre, Giuffrè, Milano, 1990, pp. 157-179, la citazione è a p. 178].

Vale la pena di presentare, sia pur brevemente, la "terza teoria del diritto" di Dworkin, seguendo la ricostruzione fattane da Mackie, e, di seguito, individuare i principali argomenti che consentono a Mackie di affermare che tale teoria non riesce, a dispetto delle intenzioni del suo autore, a trasformare la dicotomia tra giusnaturalismo e giuspositivismo in una tricotomia.

Ciò che Dworkin rifiuta della dottrina del diritto naturale è la duplicazione dell'oggetto-diritto che può essere osservata anche a partire dalla citazione di Blackstone ripresa da Mackie: "Il diritto di natura essendo coevo al genere umano e dettato da Dio ha una forza vincolante superiore agli altri. Esso è vincolante in tutto il globo, in ogni paese ed in ogni tempo. Nessuna delle leggi create dagli uomini è valida se in contrasto con il diritto di natura ed esse sono valide poiché derivano la loro forza e la loro autorità, in via mediata ed immediata, da questo diritto originario"[18]. È possibile distinguere, in modo più analitico, quattro "assunti fondamentali e non separabili" del giusnaturalismo tradizionale: 1) l'esistenza di un diritto meta-positivo, 2) che è intrinsecamente valido, a prescindere cioè dall'eventuale riconoscimento da parte del legislatore, 3) ed assiologicamente superiore rispetto al diritto positivo e, quindi, 4) che è dotato di una forza obbligatoria superiore rispetto al diritto positivo[19].

Ciò che Dworkin rifiuta, secondo Mackie, del giusnaturalismo è proprio la credenza nell'esistenza di un diritto meta-positivo. Tutto il diritto, per Dworkin, è diritto positivo. Egli dunque, a differenza del giusnaturalismo tradizionale, sostiene che tutto il diritto è un prodotto umano contingente e che alla domanda "qual è il diritto?" si può rispondere in modo appropriato soltanto a partire da un'analisi delle istituzioni e degli *standard* giuridici effettivamente vigenti all'interno di un determinato territorio.

Su questo punto mi limito a rilevare che l'idea secondo la quale esisterebbe un diritto ultra-positivo non è, in effetti, una tesi che può essere attribuita al giusnaturalismo (contemporaneo) nella sua interezza. È stato rilevato, al riguardo, che la condizione concettuale minimale del giusnaturalismo non richiede che si sostenga la tesi che esista un diritto o una legge naturale. Un giusnaturalista può infatti limitarsi a difendere la tesi secondo la quale il diritto positivo deve avere un fondamento etico oggettivo, sottratto alla contingenza delle decisioni e dei comportamenti umani storicamente determinati. Un diritto positivo che non si conformasse a questi ideali etici a carattere og-

---

[18] J. MACKIE, *La terza teoria del diritto*, *infra*, p. 249. Sulle differenze tra la concezione del diritto di Dworkin ed il giusnaturalismo tradizionale, cfr. B. PASTORE, *Dworkin giusnaturalista?*, in "Rivista internazionale di filosofia del diritto", IV serie, 61, 1984, pp. 66-82.

[19] Così F. D'AGOSTINO, *Filosofia del diritto*, Giappichelli, Torino, 2000, p. 61.

gettivo non verrebbe più considerato dai giusnaturalisti contemporanei come totalmente mancante dell'attributo della giuridicità, ma come una istanza periferica o deviante del diritto positivo, lontana dalle istanze considerate come paradigmatiche o centrali.

Ciò che caratterizza il giusnaturalismo, in ultima analisi, è il rifiuto della tesi della radicale contingenza, dal punto di vista etico, del diritto positivo[20]. Come rileva John Finnis, probabilmente il più influente tra i giusnaturalisti contemporanei, "sebbene il diritto degli uomini sia un artefatto ed un artificio, e non una conclusione a partire da premesse morali, l'attività di porlo così come il riconoscimento della sua positività (da parte dei giudici, dei professionisti, dei cittadini e pertanto degli studiosi interessati alla descrizione o alla critica del diritto) non possono essere compresi senza fare riferimento ai principi morali che fondano e confermano l'autorità del diritto ovvero sfidano la sua pretesa di essere autoritativo"[21].

Ebbene, se è corretto ricostruire in questo modo il nucleo concettuale del giusnaturalismo (contemporaneo), allora è discutibile che la concezione del diritto di Dworkin non possa essere ricondotta a questa tradizione del pensiero giuridico.

Passando all'altro corno della questione, vale a dire alle critiche di Dworkin al positivismo giuridico, la replica di Mackie evidenzia, nel discorso dworkiniano, le medesime falle rispetto a quelle da noi rilevate in precedenza[22]; dunque, su questo punto possiamo glissare. Se tuttavia volessimo individuare almeno il leitmotiv del discorso di Mackie, potremmo dire che, secondo questo autore (ma, come abbiamo visto in precedenza, non si tratta certo di un caso isolato), il rifiuto del positivismo giuridico da parte di Dworkin poggia sull'argilla, vale a dire, fuor di metafora, su una ricostruzione banalizzata ed ingenerosa di questa concezione del diritto.

---

[20] Questa ricostruzione del giusnaturalismo è condivisa, da prospettive diverse, ad esempio da V. VILLA, *"Inclusive legal positivism" e neo-giusnaturalismo: lineamenti di un'analisi comparativa*, in "Persona y Derecho. Revista de fundamentación de las Instituciones Jurídicas y de Derechos Humanos", 43, 2000, pp. 33-97, in particolare pp. 38-53; F. VIOLA, *Ragion Pratica e diritto naturale: una difesa analitica del giusnaturalismo*, in "Ragion Pratica", 1, 1993, pp. 61-81; F. VIOLA, G. ZACCARIA, *Le ragioni del diritto*, Il Mulino, Bologna, 2003, pp. 105-117.

[21] J. FINNIS, *The Truth in Legal Positivism*, in R.P. GEORGE (ed. by), *The Autonomy of Law. Essays on Legal Positivism*, Clarendon Press, Oxford, 1996, pp. 195-214, la citazione è a p. 209; cfr. anche J. FINNIS, *Legge naturale e diritti naturali* (1992), trad. di F. Di Blasi, cura di F. VIOLA, Giappichelli, Torino, 1996, pp. 397-401.

[22] Cfr. *La crisi del positivismo giuridico: l'"anti-giuspositivismo" di Lon Fuller e Ronald Dworkin*, *supra*, pp. 131-135 e, *supra*, pp. 210-215.

A tal riguardo, ci sia concesso di aprire una breve parentesi. Il fatto che Dworkin non abbia applicato, ai suoi avversari, il "principio di carità" è, paradossalmente, una tra le ragioni – certo, non la più commendevole – del suo enorme successo: i giuspositivisti, non essendo stati presi sul serio da Dworkin, si sono visti costretti a prendere loro sul serio Dworkin, quantomeno per rettificare la sua ricostruzione distorta del positivismo giuridico.

Per non macchiarci della stessa colpa di Dworkin, cioè quella di banalizzare le tesi altrui, concludiamo questo paragrafo evidenziando un elemento di reale interesse della sua concezione del diritto; si tratta di un aspetto che possiamo cogliere a partire dall'analisi di un passaggio de *La terza teoria del diritto*. Mackie scrive:

> La terza teoria del diritto mescola elementi descrittivi e prescrittivi. Per un verso, Dworkin aspira a fornire la miglior spiegazione teoretica della prassi e del ragionamento operanti nei sistemi giuridici, in particolare in quelli inglese e statunitense. Per altro verso, egli considera tale spiegazione come qualche cosa che deve essere accettato e consapevolmente seguito. [...] Ne segue che la discussione di questa teoria deve essere compiuta su più di un livello. Dobbiamo occuparci sia del profilo della sua verità quale teoria descrittiva, sia del suo valore quale teoria prescrittiva[23].

Ciò che colpisce in questa osservazione di Mackie è la fiducia circa la possibilità di distinguere in modo netto gli elementi descrittivi della teoria da quelli prescrittivi. Tale fiducia nasce dall'adesione ad una concezione "oggettualistica" del diritto, tipica del giuspositivismo metodologico il quale, a sua volta, si fonda su una ingenua epistemologia neo-positivista.

Dworkin accomuna tutte le concezioni oggettualistiche del diritto sotto la dizione "teorie semantiche"[24]. Si tratta di teorie per le quali il diritto è, di volta in volta, o un insieme di norme, o un insieme di fatti, o un insieme di valori, la cui esistenza prescinde completamente sia dall'intervento dello studioso e/o dell'interprete sia dagli atteggiamenti di coloro i cui comportamenti il diritto si propone di regolare. Queste teorie escludono ingiustificatamente la possibilità di un "disaccordo teoretico" sul diritto; esse negano, cioè, che la domanda "che cos'è il diritto?" possa ammettere una pluralità di risposte, proprio per-

---

[23] J. MACKIE, *La terza teoria del diritto*, *infra*, p. 252.

[24] Cfr. R. DWORKIN, *L'impero del diritto* (1986), trad. di L. Caracciolo di San Vito, Il Saggiatore, Milano, 1989, pp. 9-12.

ché il diritto è in qualche modo un oggetto descrivibile in modo neutrale. Tali teorie sono quindi accomunate dalla tesi secondo cui il diritto, visto come un oggetto, è un presupposto necessario dell'attività conoscitiva, piuttosto che l'esito, non definitivo, ma perennemente mutevole, di una pratica interpretativa.

A tali teorie Dworkin contrappone "le teorie interpretative". Queste ultime rimarcano l'insufficienza di tutte quelle ricostruzioni del fenomeno giuridico che, appunto, guardano al diritto come ad un oggetto passibile di conoscenza prettamente teorica, mettendo tra parentesi il "punto di vista pratico", il punto di vista, cioè, di chi considera il diritto come una ragione per l'azione. L'aspetto di maggiore novità delle teorie del diritto interpretative è rappresentato dalla presa di coscienza che tra l'attività del descrivere e l'oggetto da descrivere – cioè il diritto – non vi è soluzione di continuità.

Da questo punto di vista, la teoria del diritto di Dworkin – che, certamente, è una teoria interpretativa – rappresenta un elemento di reale novità rispetto al positivismo giuridico. Purtroppo, il positivismo giuridico più recente non ha colto la centralità di questo aspetto delle critiche di Dworkin e, in linea di massima, ha preferito non mettere in questione il dogma della neutralità della scienza giuridica.

4. *Il positivismo giuridico "puro" e "senza compromessi" di Joseph Raz*

Due sono le tesi meta-teoriche che caratterizzano il positivismo giuridico, in particolare nella versione hartiana. La prima nega che vi sia una connessione necessaria tra diritto e morale e, dunque, difende la possibilità di distinguere concettualmente l'ambito giuridico da quello morale (*separability thesis*); la seconda tesi si risolve nell'affermazione che l'individuazione del diritto dipende da determinati fatti sociali (*social thesis*).

Come abbiamo visto, la fondatezza di tali tesi è stata apertamente sfidata da Dworkin. L'esigenza di replicare a questa sfida ha indotto gli allievi di Hart ad un approfondito ripensamento di entrambe queste tesi. Tale ripensamento ha prodotto due versioni del positivismo giuridico: il "positivismo giuridico esclusivo" ed il "positivismo giuridico inclusivo" o "incorporazionismo". Il positivismo giuridico esclusivo, di cui la teoria del diritto di Joseph Raz è una delle versioni più significative, interpreta la tesi sociale in modo rigoroso e stringente: il valore morale di una norma non può in nessun caso essere considerato un criterio per l'identificazione del diritto (*sources thesis*). Quindi, per Raz una teoria del diritto è accettabile solo se i criteri da essa proposti per identificare il contenuto del diritto e per determinare la sua esistenza riposano esclusivamente su fatti relativi al comportamento umano suscettibili di essere descritti in modo avalutativo e solo se, inoltre, i suddetti criteri vengono applicati senza bisogno di ricorrere ad un argomento morale.

Il positivismo giuridico inclusivo, di cui parleremo più diffusamente nel prossimo paragrafo, adotta una strategia basata sulle concessioni piuttosto che sull'intransigenza. Ridotta ai minimi termini, questa versione del positivismo giuridico sostiene due tesi. La prima è che in alcuni casi, ad esempio negli stati costituzionali contemporanei che si caratterizzano per l'incorporazione della morale nel diritto attraverso l'esplicitazione di principi fondamentali, è possibile sostenere che vi sia una connessione necessaria tra diritto e morale senza violare la tesi della separabilità. Quest'ultima infatti richiede soltanto che sia concettualmente possibile immaginare un sistema giuridico in cui diritto e morale siano separati (non a caso si parla di "tesi della separabilità" e non di "tesi della separazione"). Per dirla con Jules Coleman: "La tesi della separabilità si risolve nell'affermazione secondo la quale esiste almeno una regola di riconoscimento possibile (e, dunque, un sistema giuridico possibile) che non indica la 'verità come principio morale' tra le condizioni di verità per qualsivoglia proposizione giuridica"[25]. La seconda tesi del positivismo giuridico inclusivo si risolve nell'affermazione, che approfondiremo in seguito, secondo cui la presenza di criteri morali tra i criteri per l'individuazione del diritto e del suo contenuto non viola la tesi sociale.

All'alternativa tra positivismo giuridico esclusivo e positivismo giuridico inclusivo si attaglia la "grande divisione" tra teorie del diritto essenzialmente nomodinamiche e teorie del diritto essenzialmente nomostatiche[26].

Le teorie del diritto nomodinamiche individuano la caratteristica saliente del diritto nel fenomeno dell'autorità. Gli aspetti del fenomeno giuridico che esse prendono in considerazione riguardano le procedure che consentono di produrre, eliminare, o applicare norme e atti giuridici e quelle che consentono di istituire e di individuare gli organi preposti alla produzione ed applicazione di norme ed atti giuridici. Le teorie nomostatiche considerano il diritto come un sistema di norme derivabili da alcuni principi generali di giustizia,

---

[25] J.L. COLEMAN, *Positivismo giuridico "negativo" e positivismo giuridico "positivo"*, *infra*, p. 262.

[26] Riprendo questa distinzione da B. CELANO, *Giustizia procedurale pura e teoria del diritto*, in "Quaderni della Rivista internazionale di filosofia del diritto", 3. *Giustizia e procedure. Dinamiche di legittimazione tra stato e società internazionale* (a cura di M. BASCIU), atti del XXII Congresso nazionale della Società Italiana di Filosofia Giuridica e Politica (Trieste, 27-30 settembre 2000), Giuffrè, Milano, 2002, pp. 101-142, in particolare pp. 101-102.

ovvero come una pratica sociale che può essere compresa soltanto alla luce dei principi e dei valori intorno ai quali la pratica si è costituita.

Nel passato, la distinzione tra teorie del diritto dinamiche e teorie del diritto statiche consentiva di segnare il confine tra il positivismo giuridico, che era una concezione "nomodinamica" del diritto, ed il giusnaturalismo che, viceversa, era una concezione "nomostatica". Adesso, essendosi complicato il quadro teorico di riferimento, la distinzione in questione può essere applicata alla contrapposizione, interna alla tradizione giuspositivistica, tra positivismo giuridico esclusivo, che, ergendosi a difensore dell'ortodossia giuspositivista, preserva la "nomodinamicità" del positivismo giuridico tradizionale, ed il positivismo giuridico inclusivo che, invece, può essere considerato – così come il giusnaturalismo e la concezione del diritto di Dworkin – una concezione del diritto essenzialmente nomostatica.

L'idea che il diritto sia un fenomeno essenzialmente autoritativo è, in effetti, la tesi di fondo del saggio di Raz *Autorità, diritto e morale*. Una significativa differenza della teoria del diritto di Raz rispetto alla maggior parte delle teorie del diritto nomodinamiche risiede nella recisa distinzione tra autorità *de facto* ed autorità legittima e, a partire da questa distinzione, nell'affermazione secondo cui il diritto – che esercita certamente una autorità *de facto* – non può fare a meno di avanzare la pretesa di essere *anche* una autorità legittima (*to claim legitimate authority*). La versione del positivismo giuridico difesa da Raz presuppone dunque una determinata concezione dell'autorità legittima su cui in questa sede possiamo soprassedere[27]. Il passaggio dell'argomento di Raz che qui è importante evidenziare è il seguente: il fatto che il diritto avanzi necessariamente la pretesa di essere una autorità legittima, pur non implicando che esso sia effettivamente tale, tuttavia richiede il soddisfacimento di alcune condizioni.

Tra queste condizioni, merita di essere discussa quella che prevede che "deve essere possibile identificare la direttiva emanata dalla presunta autorità senza fare affidamento sulle ragioni o sulle considerazioni in relazione alle quali la direttiva si propone di deliberare"[28]. Questa condizione è collegata all'idea di Raz che il compito di una autorità è quello di dire a coloro che sono soggetti ad essa come debbono comportarsi in una determinata circostanza, sostituendosi quindi alle valutazioni personali degli agenti. Se qualcuno è indeciso se trascorrere le ferie al mare o in montagna e si risolve a demandare la

[27] Cfr. tuttavia J. RAZ, *Autorità, diritto e morale*, *infra*, pp. 288-291.

[28] J. RAZ, *Autorità, diritto e morale*, *infra*, p. 295.

scelta all'impiegato dell'agenzia di viaggio sotto casa, la decisione dell'agente di viaggio si sostituirà alle ragioni, pro o contro entrambe le possibilità, che avevano confuso il protagonista del nostro esempio. Alla domanda: "perché hai deciso di andare in vacanza al mare (o in montagna)?", egli risponderà quindi: "perché me lo ha consigliato il mio agente di viaggio". Se il compito dell'autorità è effettivamente quello – sostenuto da Raz – di rimpiazzare le ragioni per le azioni degli individui che all'autorità sono sottoposti, allora è evidente che una (pre-)condizione indispensabile è che le sue direttive siano identificabili senza fare riferimento "alle ragioni o alle considerazioni in relazione alle quali la direttiva si propone di deliberare". Se l'agente di viaggio dell'esempio avesse consigliato all'indeciso di optare per la vacanza che davvero preferiva, egli non avrebbe svolto il ruolo che spetta all'autorità, proprio perché la sua direttiva, rimandando alle ragioni dell'indeciso, evidentemente non sarebbe stata in grado di rimpiazzarle.

Per Raz, questa condizione della legittimità di un'autorità implica, in relazione al diritto, l'accoglimento della *sources thesis*, secondo la quale, come si è detto, "una teoria del diritto è accettabile solo se i criteri da essa proposti per identificare il contenuto del diritto e per determinare la sua esistenza riposano esclusivamente su fatti relativi al comportamento umano suscettibili di essere descritti in modo avalutativo e solo se, inoltre, i suddetti criteri vengono applicati senza bisogno di ricorrere ad un argomento morale". Ovvero: "tutto il diritto è prodotto da qualche fonte. [...] Una norma è prodotta da una fonte se la sua esistenza ed il suo contenuto possono essere identificati attraverso il riferimento esclusivo a fatti sociali, senza il ricorso ad alcun argomento valutativo[29].

Attraverso questo argomento Raz spiega perché il positivismo giuridico esclusivo è l'unica concezione del diritto in grado di render conto della pretesa del diritto di essere un'autorità legittima.

Molte sono le obiezioni contro le concezioni dell'autorità e del diritto di Raz che sarebbe interessante discutere[30]. Qui, tuttavia, dobbiamo limitarci a fare emergere quelli che possono essere considerati i due rilievi più frequenti che vengono mossi a Raz.

Il primo pone l'accento sul fatto che la concezione raziana dell'autorità è troppo esigente; in fin dei conti – si osserva – perché una direttiva, per essere

---

[29] J. RAZ, *Autorità, diritto e morale*, *infra*, p. 287.

[30] Al riguardo mi permetto di rinviare a A. SCHIAVELLO, *Autorità legittima e diritto nel pensiero di Joseph Raz*, in "Materiali per una storia della cultura giuridica", XXXIV, n. 2, 2004, pp. 363-384.

autoritativa, dovrebbe rimpiazzare le altre ragioni per l'azione e non invece sommarsi a queste ultime?

Il secondo rilievo si risolve nell'osservazione che, se si adotta una concezione dell'autorità come quella di Raz, la *sources thesis* non è in grado, da sola, di rendere conto della pretesa del diritto di essere un'autorità legittima. In breve, la *sources thesis* esclude soltanto che il diritto possa essere individuato attraverso criteri morali. Ciò tuttavia non sembra sufficiente a garantire che le direttive di un'autorità siano in grado di rimpiazzare tutte le altre ragioni per l'azione. Una direttiva, infatti, per ricoprire il ruolo di unica guida per l'azione dovrebbe essere pienamente determinata. Le norme giuridiche, come è noto, contengono termini generali e, dunque, sono parzialmente indeterminate; ciò implica che una norma giuridica, anche se individuata senza ricorrere a criteri morali non è in grado di rimpiazzare del tutto le ragioni per l'azione degli individui.

Raz tenta di replicare a queste obiezioni attraverso l'introduzione di alcune dubbie distinzioni e, più in generale, attraverso una strategia argomentativa tendente al barocchismo.

Ciò induce a rivolgere a Raz la critica – analoga rispetto a quella che Hart muove all'imperativismo[31] – che la "piacevole uniformità" del modello di diritto proposto dal positivismo giuridico esclusivo è ottenuta ad un prezzo troppo alto, vale a dire quello di semplificare artificialmente, sulla scorta di distinzioni opinabili ed artificiose i rapporti tra diritto e morale e tra teoria del diritto e teoria dell'interpretazione giuridica. A conclusioni simili perviene anche Dworkin, il quale assimila – forse ingenerosamente, ma non del tutto pretestuosamente – il positivismo giuridico esclusivo al "dogma tolemaico": "[il positivismo giuridico esclusivo] dispiega concezioni artificiali del diritto e dell'autorità la cui unica finalità sembra essere quella di mantenere in vita ad ogni costo il positivismo"[32].

5. *Il positivismo giuridico (troppo) debole di Jules Coleman*

Il problema principale di Hart e, più in generale, del positivismo giuridico, di fronte alle critiche di Dworkin, è rappresentato da quello che abbiamo de-

[31] Cfr. H.L.A. HART, *Il concetto di diritto* (1961), trad. it. M. Cattaneo, Einaudi, Torino, 1991, pp. 48-51.

[32] R. DWORKIN, *Thirty Years On* (*The Practice of Principle. In Defense of a Pragmatist Approach to Legal Theory, by J. Coleman, reviewed by R. Dworkin*), in "Harvard Law Review", 115, 2002, pp. 1655-1687, la citazione è a p. 1656.

nominato "argomento della controversia" [33]. Il diritto, per il giuspositivismo, è un prodotto convenzionale; ciò significa che la sua esistenza ed il suo contenuto dipendono da determinati fatti sociali (*social thesis*) e, più in particolare, dai comportamenti e dagli atteggiamenti convergenti dei partecipanti o, almeno, di alcuni tra questi, cioè i giudici. Quel che l'argomento della controversia si propone di mostrare è che questi comportamenti ed atteggiamenti convergenti sotto-determinano l'oggetto diritto; dunque, non è possibile rispondere in modo esaustivo alla domanda "qual è il diritto nel paese X nel tempo Y?" limitandosi a descrivere i comportamenti e gli atteggiamenti convergenti dei partecipanti.

In generale, il positivismo giuridico inclusivo, per replicare all'argomento della controversia, adotta una strategia che prevede una distinzione concettuale tra due livelli di discorso.

Il primo livello riguarda la questione dell'individuazione dei criteri per l'identificazione del diritto: quali siano i criteri per l'identificazione del diritto dipende, effettivamente, da fatti sociali suscettibili di essere descritti in modo avalutativo.

Il secondo livello implica invece una riflessione sul "contenuto" dei criteri di riconoscimento. Per il positivismo giuridico inclusivo è possibile che, di fatto, alcuni di questi criteri di identificazione – che sono criteri di identificazione soltanto perché convenzionalmente accettati – consistano nel soddisfacimento di certe esigenze morali. Per dirla con Juan Carlos Bayón, "ciò che ha necessariamente natura convenzionale [per il positivismo giuridico inclusivo] è l'identificazione dei criteri di identificazione del diritto, non necessariamente questi ultimi" [34].

Questa strategia comune consente sviluppi differenti, i quali producono conseguenze diverse. È quindi opportuno distinguere almeno due versioni del positivismo giuridico inclusivo.

La prima, della quale uno degli esponenti principali è Jules Coleman, sostiene l'assoluta compatibilità, a livello concettuale, tra il positivismo giuridico ed una norma di riconoscimento che preveda come criterio *necessario e sufficiente* di individuazione del diritto la correttezza morale. Secondo questa ver-

---

[33] Cfr. *La crisi del positivismo giuridico: l'"anti-giuspositivismo" di Lon Fuller e Ronald Dworkin*, *supra*, pp. 133-135.

[34] J.C. BAYÓN, *El contenido mínimo del positivismo jurídico*, in V. ZAPATERO (ed.), *Horizontes de la Filosofía del Derecho: Homenaje a Luis García San Miguel*, vol. II, Servicio de Publicaciones de la Universidad de Alcalá, Alcalá de Henares, 2002, pp. 33-54, la citazione è a p. 46.

sione del positivismo giuridico inclusivo una norma di riconoscimento convenzionale che stabilisse, ad esempio, che "le controversie giudiziali debbono essere decise secondo giustizia" sarebbe, da una prospettiva giuspositivista, perfettamente ammissibile.

La seconda versione del positivismo giuridico inclusivo afferma, in modo più prudente rispetto alla precedente, che la conformità di una norma a valori o principi morali può tutt'al più rappresentare, da una prospettiva giuspositivista, una condizione *meramente necessaria* di validità giuridica. Ciò non significa, ovviamente, che la conformità alla morale è *necessariamente* una condizione di validità giuridica (il che contraddirebbe una delle tesi di fondo del positivismo giuridico inclusivo e, cioè, quella secondo la quale, da un punto di vista concettuale, è possibile immaginare un sistema giuridico la cui regola di riconoscimento non incorpori, tra i criteri di validità giuridica, criteri morali[35]), ma che, *qualora* una norma di riconoscimento preveda, tra i criteri di validità, la conformità a valori morali, quest'ultima può rappresentare, da una prospettiva giuspositivista, una tra le condizioni di validità e non l'unica condizione di validità[36].

La scelta di includere in questa antologia il saggio di Coleman *Positivismo giuridico "negativo" e positivismo giuridico "positivo"*, saggio che può essere considerato quasi una sorta di manifesto della versione più estrema del positivismo giuridico inclusivo, è stata ben ponderata. Da un lato, non si può negare che la versione moderata del positivismo giuridico inclusivo è più plausibile e ragionevole rispetto alla versione più estrema; dall'altro, bisogna tuttavia considerare che attraverso una analisi della versione estrema è possibile evidenziare in modo molto chiaro i limiti o difetti del positivismo giuridico inclusivo nel suo complesso.

In breve, il pericolo da cui il positivismo giuridico inclusivo deve guardarsi è quello di edulcorare talmente il positivismo giuridico da renderlo indistinguibile dalle concezioni del diritto anti-giuspositiviste. In particolare, è abbastanza evidente che la recisa distinzione tra il contenuto di una regola di riconoscimento e le sue concrete applicazioni sia profondamente sospetta e, in fin dei conti, si risolva nella banale osservazione secondo la quale qualsiasi disaccordo pratico può essere tramutato in accordo ad un livello superiore di

---

[35] Cfr. *supra*, p. 221.

[36] Per una difesa di questa prospettiva, cfr., ad esempio, W. WALUCHOW, *Inclusive Legal Positivism*, Clarendon Press, Oxford, 1994 ed anche W. WALUCHOW, *Authority and the Practical Difference Thesis: A Defense of Inclusive Legal Positivism*, in "Legal Theory", 6, 2000, pp. 45-81.

astrattezza. Inoltre, la strategia adottata dai giuspositivisti inclusivi impedisce di mantenere quello che, per il positivismo giuridico, è uno dei principali tratti distintivi del diritto rispetto alla morale critica. In breve, secondo il giuspositivismo, mentre il diritto avrebbe natura convenzionale, la morale no. Tuttavia, la recisa distinzione tra il contenuto e le concrete applicazioni di una convenzione consente di ricostruire le pratiche morali – anche nel caso di società radicalmente pluraliste quali sono le nostre – in termini convenzionalistici. In fin dei conti, tutti gli esseri umani che non siano amorali o consapevolmente immorali, condividono il principio secondo cui bisogna comportarsi bene, o in modo corretto e/o giusto. Dunque, anche nel caso della morale sembra possibile ricondurre quelle che appaiono come posizioni contrapposte, se non anche antitetiche, ad una convenzione condivisa da tutti o da quasi tutti[37].

Alternativamente, i limiti ed i difetti di questa versione del positivismo giuridico possono essere compendiati ed evidenziati in modo particolarmente efficace ricorrendo all'"argomento della differenza pratica". È indubbio che uno dei compiti o delle funzioni delle norme individuate attraverso i criteri previsti dalla regola di riconoscimento sia quello di guidare la condotta umana. Ora, secondo l'argomento della differenza pratica "un principio che soddisfa una regola sociale di riconoscimento *semplicemente in virtù* del suo contenuto morale non è in grado di guidare la condotta così come guida la condotta una norma giuridica"[38]. Il limite di una regola di riconoscimento che preveda come unico criterio di validità la conformità alla morale non è quello di fornire una guida troppo debole o vaga ma, al contrario, quello di guidare la condotta in modo troppo forte; infatti, se un agente è guidato da una regola di riconoscimento secondo la quale "è diritto tutto ciò che è moralmente corretto", allora egli non può essere guidato dai principi morali apparentemente resi validi da tale regola.

Riassumendo, i limiti o difetti principali di questa versione del positivismo giuridico sono due. In primo luogo, la recisa distinzione tra "contenuto" e "applicazioni concrete" della regola di riconoscimento, trasforma il convenzionalismo, che è uno dei tratti distintivi del positivismo giuridico, in una tesi così generica e banale da non poter essere distinto dall'anti-convenzionalismo. Per dirla con Dworkin, il positivismo giuridico inclusivo, che egli denomina

[37] Cfr. R. DWORKIN, *Thirty Years On (The Practice of Principle. In Defense of a Pragmatist Approach to Legal Theory by J. Coleman, reviewed by R. Dworkin)*, in "Harvard Law Review", 115, 2002, cit., in particolare pp. 1660-1661.

[38] S.J. SHAPIRO, *On Hart's Way Out*, in "Legal Theory", 4, 1998, pp. 469-507, la citazione è a p. 476, corsivo aggiunto.

"convenzionalismo flessibile", "... è piuttosto una forma minore e molto astratta del diritto come integrità"[39].

In secondo luogo, il positivismo giuridico inclusivo (in particolare, quello estremo), se preso sul serio, richiede che si sia disposti a sostenere la tesi – francamente paradossale – che il diritto non produce alcuna differenza pratica e che le norme giuridiche *non* sono ragioni per l'azione.

Per concludere, desideriamo evitare un possibile fraintendimento. In ciascuno dei saggi che introducono le tre sezioni di questa antologia si è cercato non soltanto di offrire al lettore una visione d'insieme del positivismo giuridico, ma anche di metterne in evidenza i difetti ed i limiti. Non è un caso, peraltro, che una intera sezione dell'antologia, la seconda, sia interamente dedicata all'anti-giuspositivismo. Ciò tuttavia non va inteso come un rifiuto o come una critica radicale alla tradizione del positivismo giuridico. Si tratta soltanto di uno stile filosofico ed argomentativo che, peraltro, riteniamo tanto più opportuno quanto più le idee e le prospettive che presentiamo e commentiamo corrispondano al nostro modo di vedere le cose.

---

[39] R. DWORKIN, *L'impero del diritto* (1986), trad. di L. Caracciolo di San Vito, Il Saggiatore, Milano, 1989, p. 124.

HERBERT L.A. HART

La jurisprudence *americana attraverso gli occhi di un inglese: l'incubo ed il nobile sogno* *

È con una certa audacia che mi accingo a parlare ad un uditorio americano sul tema della *jurisprudence* americana. È legittimo pensare che forse non sia possibile rendere giustizia ad un argomento così ampio nello spazio di una sola lezione, ed anche che per trattare questo argomento in modo compiuto vi sia bisogno di un americano piuttosto che di un inglese in visita. Confesso di non disporre di una risposta pienamente convincente a questa obiezione, per quanto si possa osservare che vi sono profili rilevanti di montagne, anche molto estese, che non possono essere visti da coloro che vi abitano ma che da lontano possono essere colti facilmente con una semplice occhiata.

Certamente riconosco che ci vuole prudenza. Ne *La scena americana*, il più grande tra i romanzieri del vostro paese, Henry James, nota: "chi osserva una grande città – lo so bene – può incorrere in un facile errore, nel momento in cui crede che questo o quello scorcio, colto al volo, possa essere in assoluto il più significativo ..." [1]. Questo è un monito contro le generalizzazioni e le semplificazioni affrettate, e di certo il monito è opportuno, poiché l'America – che è enorme e varia – ha spesso indotto gli osservatori europei a caratterizzare alcuni ambiti della vita o del pensiero americani enfatizzando un'unica caratteristica rilevante che individua una differenza notevole rispetto all'Europa. Confesso di essere io stesso fortemente propenso a cedere proprio a questa tentazione ed a caratterizzare la *jurisprudence* americana, cioè la riflessione teorica americana sulla natura generale del diritto, raccontandovi senza mezze misure che il suo marchio è l'attenzione, che rasenta l'ossessione, nei confronti del processo giudiziale, vale a dire nei confronti di ciò che fanno e devono fare i giudici, di come i giudici ragionano e di come devono ragionare nel decidere casi specifici. A sostegno di questa affermazione potrei citare i più importanti giuristi americani degli ultimi ottanta anni. Così, nel 1894 il giudice Oliver Wendell Holmes ha detto: "le profezie di ciò che le corti effettivamente faranno, e nulla di più pretenzioso, sono ciò che intendo per diritto" [2]. All'inizio del secolo, il grande giurista di Harvard John

---

* Traduzione italiana di ALDO SCHIAVELLO.

[1] H. JAMES, *La scena americana* (1907), ed. it. a cura di U. Rubeo, Mondadori, Milano, 2001, p. 111.

[2] O.W. HOLMES, *La via del diritto* (1897), in ID., *Opinioni dissenzienti*, trad. it. a cura di C. Geraci, Giuffrè, Milano, 1975, pp. 255-283, la citazione è a p. 260.

Chipman Gray ha scritto: "il diritto di uno Stato o di qualsiasi altro gruppo organizzato di uomini è composto dalle regole che le Corti, cioè gli organi giudiziali di quel gruppo, formulano per determinare diritti ed obblighi giuridici"[3]. Un giurista più recente, Karl Llewellyn, nel 1930 ha detto: "quello che questi funzionari [cioè, principalmente i giudici] fanno in relazione alle controversie è, secondo me, il diritto stesso"[4]. Solo pochi anni fa il professor Jaffe, di Harvard, nel corso di una conferenza tenuta da noi ad Oxford, ha detto che la questione relativa a quale fosse la funzione del potere giudiziario in uno Stato democratico aveva sfiancato le Facoltà americane di diritto[5]. Tuttavia bisogna evitare di valutare grandi tradizioni di pensiero attraverso aforismi sradicati dal loro contesto, e ricordando il monito di Henry James, nell'accingermi a dedicare buona parte di questa lezione all'attenzione che il pensiero americano tributa al processo giudiziale, sosterrò soltanto che questa è una caratteristica importante della *jurisprudence* americana che segna una differenza significativa rispetto a quella inglese.

La ragione elementare di questa attenzione risiede, senza dubbio, nel ruolo affatto straordinario che le Corti, e soprattutto la *Supreme Court* degli Stati Uniti, ricoprono nel sistema politico americano. Per usare le celebri parole di Tocqueville: "non c'è quasi questione politica, negli Stati Uniti, che non si risolva presto o tardi in una questione giudiziaria"[6]. Un giurista inglese osserva che due sono le cose che hanno garantito alla *Supreme Court* un ruolo ed uno status differenti da quelli di qualsiasi Corte inglese e, per la verità, differenti da quelli di qualsiasi altra Corte altrove. La prima è stata, ovviamente, la decisione della stessa *Supreme Court* di attribuirsi il potere di controllare e di dichiarare incostituzionali, e quindi invalide, le leggi del Congresso come anche quelle degli organi legislativi statali[7]. La seconda è stata il suo orientamento giurisprudenziale (*doctrine*) secondo il quale il principio del quinto emendamento – e del quattordicesimo, promulgato in seguito – che prevede che nessuno deve essere privato della vita, della libertà, o della proprietà senza un *due process*, si riferisce non soltanto a questioni di forma o di procedura ma anche al contenuto della legislazione, così che, con meraviglia di un giurista inglese, anche una legge del Congresso di impeccabile chiarezza, approvata da una maggioranza schiacciante rispettando tutti i requisiti procedurali specificati nella Costituzione, potrebbe ciononostante essere ritenuta invalida in quanto la sua interferenza con la libertà o la proprie-

---

[3] J.C. GRAY, *The Nature and Sources of the Law*, 2nd ed. by R. Gray, The Macmillan company, New York, 1921, p. 84.

[4] K. LLEWELLYN, *The Bramble Bush: on our law and its study*, Oceana, New York, 1930, p. 3. Tuttavia, si veda nella seconda edizione la ritrattazione di queste parole, considerate "infelici" e "nella migliore delle ipotesi una presentazione molto parziale dell'intera verità". *Ibidem*, 2nd ed., 1951, p. 9.

[5] L. JAFFE, *English and American Judges as Law Makers*, Clarendon Press, Oxford, 1969, p. 9.

[6] A. DE TOCQUEVILLE, *La democrazia in America* (1840), in ID., *Scritti politici*, a cura di N. Matteucci, vol. II, Utet, Torino, 1968, p. 318.

[7] Cfr. *McCulloch* v. *Maryland* (1819); *Marbury* v. *Madison* (1803).

tà individuale non ha soddisfatto i parametri di uno standard vago ed indefinito di ragionevolezza o desiderabilità; orientamento giurisprudenziale che ha preso il nome di "*substantive due process*" [8].

Questo orientamento, una volta adottato, ha assicurato al potere di revisione un ampio ambito di manovra ed ha portato i giudici americani a galleggiare in un mare di giudizi di valore controversi; è inoltre divenuto evidente a tutti che nell'esercitare questi ampi poteri di controllo sulla forma, sulle procedure della legislazione ed anche sul suo contenuto, i giudici fanno qualcosa di molto differente da quello che il pensiero giuridico convenzionale, in ogni luogo, considera la funzione tipica del potere giudiziario, vale a dire applicare in modo imparziale regole giuridiche preesistenti e determinate al fine di risolvere le controversie giudiziali. Ad un giurista inglese, quello che hanno fatto e continuano a fare i giudici sembra, almeno a prima vista, particolarmente difficile da giustificare in una democrazia.

In effetti, le decisioni più note della *Supreme Court* sono divenute, al tempo stesso, così importanti, così strutturalmente controverse e così diverse da ciò che i giudici ordinari fanno comunemente quando decidono i casi, che nessuna seria filosofia del diritto o *jurisprudence* potrebbe tralasciare di domandarsi con quale concezione generale della natura del diritto questi poteri giudiziali siano compatibili. Certamente la *jurisprudence* americana non ha eluso questa questione, ma nell'elaborare teorie in grado di spiegare – o di giustificare – questo straordinario fenomeno giudiziale, ha oscillato tra due estremi con molte fermate intermedie. Per ragioni che spero diverranno chiare, chiamerò questi due estremi, rispettivamente, l'incubo ed il nobile sogno.

I.

L'incubo è questo. Le parti giudiziali ritengono che i giudici debbano applicare alle controversie che le riguardano il diritto esistente, e non dirimere tali controversie creando nuovo diritto. Certamente bisogna concedere che la risposta alla domanda

---

[8] Per lo sviluppo di questo orientamento, cfr. *Allgeyer* v. *Luisiana* (1897) (la "libertà contrattuale" riconosciuta dal quattordicesimo emendamento inibisce lo Stato dal regolamentare le contrattazioni dei proprietari, relative ad assicurazioni marittime, con compagnie assicurative straniere); *Lochner* v. *New York* (1905) (la "libertà contrattuale" riconosciuta dal quattordicesimo emendamento inibisce lo Stato dallo stabilire il monte ore giornaliero o settimanale di un lavoratore dipendente in una panetteria); *Adair* v. *United States* (1908) (la "libertà contrattuale" riconosciuta dal quinto emendamento interdice la proibizione federale di contratti di lavoro *"yellow dog"* [*N.d.T.*: si tratta di contratti con i quali il lavoratore si impegna a non iscriversi ad un sindacato durante il corso del rapporto di lavoro] con riferimento ai lavoratori dipendenti delle ferrovie interstatali); *Coppage* v. *Kansas* (1915) (la "libertà contrattuale" riconosciuta dal quattordicesimo emendamento interdice la proibizione federale di contratti di lavoro *"yellow dog"*), *Adkins* v. *Children's Hosp.* (1923) (la "libertà contrattuale" riconosciuta dal quinto emendamento proibisce al *District of Columbia* di fissare salari minimi per le donne).

"quale *è* il diritto esistente?" non è necessariamente – e molto spesso non è – una risposta ovvia, e può essere richiesta l'esperienza qualificata del giurista per estrarre il diritto dalle fonti appropriate. Tuttavia, nel modo comune di pensare, l'immagine del giudice è, per usare le parole di un eminente giudice inglese, Lord Radcliffe, quella "dell'obiettivo, imparziale, dotto ed esperto dicitore del diritto"[9], e non va confusa con l'immagine molto diversa del legislatore. L'incubo è che questa immagine del giudice, che consente di distinguerlo dal legislatore, sia un'illusione, e che le aspettative che essa suscita siano destinate a non essere soddisfatte: sempre, secondo una concezione estrema; molto spesso, secondo una concezione moderata. Indubbiamente, un'analisi attenta dell'andamento delle decisioni americane su questioni di costituzionalità sembra supportare l'immagine di una realtà da incubo e suggerisce ad un inglese una interpretazione cinica dell'osservazione di Tocqueville che negli Stati Uniti le questioni politiche prima o poi si trasformano in controversie giudiziali. "Forse avviene questo", potrebbe osservare l'inglese, "ma il fatto che le questioni politiche vengano decise dai giudici nelle Corti di giustizia americane, non significa che lì esse non siano decise politicamente. Così, se la vostra Costituzione ha trasformato in diritto ciò che altrove è considerato politica, lo ha fatto a rischio di politicizzare le vostre Corti".

Pertanto, un inglese abituato alle meno spettacolari attività delle Corti inglesi ha la tentazione di convenire con i molti giuristi americani del tempo e di epoche successive che hanno accusato i giudici delle Corti superiori di agire come una terza Camera legislativa quando, nel primo grande periodo di attivismo della *Supreme Court*, tra la guerra civile ed il *New Deal*, hanno dichiarato incostituzionale ogni tipo di legislazione assistenziale in campo economico e sociale in base al principio del *due process*: leggi che stabilivano un tetto massimo di ore lavorative, minimi salariali, controlli dei prezzi, e molto altro[10]. I giudici di quel periodo si sono serviti, secondo molti tra coloro che li criticavano, dei consueti miti relativi al processo giudiziale per far passare la loro personale dottrina politica ed economica basata sul *laissez-faire*, e fissare una *Magna Carta* per la grande impresa americana, come se si trattasse dell'applicazione imparziale di specifiche disposizioni legislative, in qualche modo implicite nell'espressione "*due process*" ed apparentemente al di sopra del livello della politica o di un mero giudizio politico. Tuttavia le libertà economiche non rappresentano l'unica forma di libertà, e nel suo secondo periodo moderno di attivismo, ai giorni nostri, l'uso da parte dei giudici dei loro poteri di controllo di costituzionalità per realizzare importanti riforme del diritto, riforme che in altri paesi sono state compiute, qualora lo siano state, soltanto dopo aspre battaglie parlamentari, ha prodotto una nuova serie di esempi a sostegno della visione da incubo del processo giudiziale come mera criptolegislazione. Per un inglese, l'esempio moderno più evidente è la decisione della Corte del 1973 che ha spazzato via, su una questione in relazione alla quale l'opinione morale prevalente era contraria alla riforma, una legislazione centenaria

[9] G. RADCLIFFE, *The Path of the Law from 1967*, 1968, p. 14.

[10] Si veda n. 8, *supra*.

contro l'aborto in molti Stati dell'Unione[11]. Attraverso un singolo intervento giudiziale si è ottenuto più di quanto hanno ottenuto, in Inghilterra, le ultime otto battaglie parlamentari in un periodo di cinquanta anni. Ciò è stato fatto nel nome di un diritto della madre alla *privacy*, diritto che non è menzionato nella Costituzione, ma che era stato ricavato come libertà fondamentale dal principio del *due process*. Il giudice Oliver Wendell Holmes, in una famosa opinione dissenziente (*dissenting opinion*), ha criticato le decisioni del suo tempo improntate al *laissez-faire* osservando che il quattordicesimo emendamento non aveva promulgato *Social Statics* di Herbert Spencer e la sua filosofia del *laissez-faire*[12]. Se egli avesse continuato a vivere sino ai giorni nostri avrebbe potuto osservare che il quattordicesimo emendamento non aveva promulgato *On Liberty* di John Stuart Mill.

Su questo sfondo, non sorprende che un importante filone della *jurisprudence* americana si occupi di presentare questa visione da incubo dei giudici i quali, a dispetto di quello che affermano di fare, creano il diritto che applicano alle parti in causa e non sono dicitori imparziali ed obiettivi del diritto esistente. Tutto questo diviene comprensibile al giurista inglese dopo che si sia reso edotto degli aspetti salienti della storia costituzionale. Ciò che continua a sorprendere è che in alcune varianti di questo filone della *jurisprudence*, l'incubo sia presentato da seri giuristi americani non soltanto come una caratteristica di alcuni tipi di decisioni difficili – come ad esempio delle decisioni costituzionali in cui espressioni ampiamente generali come "*due process*" o "eguaglianza di fronte alla legge" (*equal protection of the laws*) debbono essere in qualche modo applicate a casi concreti – ma come se l'applicazione del diritto sia *essenzialmente* una forma di creazione del diritto, mai una questione di applicazione del diritto esistente, e con il suggerimento che finché questa verità non sia colta, e dissipati i miti convenzionali che la oscurano, la natura del diritto non possa essere compresa. Ho detto che seri giuristi hanno scritto *come se* le cose stessero così, non che essi ci credevano effettivamente; concordo con lo storico che di recente si è occupato di quello che è noto come il movimento realista americano degli anni '20 e '30 del Novecento – con cui la visione da incubo più si identifica – secondo il quale molti tra coloro che sembravano predicare questo messaggio e diffonderlo attraverso audaci *slogan* provocatori, molto spesso intendevano qualcosa di molto meno stravagante di quello che gli *slogan* sembravano dire[13]. Questo è senza dubbio vero della celebre affermazione di Holmes che "le profezie di ciò che le corti effettivamente faranno, e nulla di più pretenzioso, sono ciò che intendo per diritto"[14]. È anche senza dubbio vero della affermazione di Karl Llewellyn che "quello che i giudici fanno in relazione alle controversie è [...] il diritto stesso", sebbene sia difficile dire lo stesso

[11] *Roe* v. *Wade*, 410 U.S. 113 (1973); *Doe* v. *Bolton*, 410 U.S. 179 (1973).

[12] *Lochner* v. *New York*, 198 U.S. 45, 75 (1905) (Holmes J., dissenting).

[13] W. TWINING, *Karl Llewellyn and the Realist Movement*, Weidenfeld & Nicolson, London, 1973, p. 380.

[14] O.W. HOLMES, *La via del diritto*, cit.

in relazione a *Law and the Modern Mind* di Jerome Frank [15], acclamato come un classico negli anni '30, in cui la credenza che vi possano essere regole giuridiche vincolanti per i giudici e da questi ultimi applicate, piuttosto che create, nei casi concreti, è stigmatizzata come una forma immatura di feticismo o di ossessione del padre bisognosa di terapia psicoanalitica.

Holmes certamente non è mai arrivato a questi estremi. Sebbene egli abbia proclamato che i giudici, in certe situazioni, di fatto legiferino e debbano farlo, ha ammesso che una vasta area della legislazione e molte regole giurisprudenziali consolidate, come quella che prevede il requisito della *consideration* per i contratti, ed i vincoli imposti dalla sia pur comparativamente blanda teoria americana del precedente vincolante, sono sufficientemente determinati da rendere assurda una rappresentazione del giudice innanzitutto come un legislatore. Per Holmes dunque la funzione legislativa del giudice era "interstiziale" [16]. La teoria di Holmes non era una filosofia di "avanti tutta e abbasso i sillogismi".

Nondimeno, in un modo che ad un giurista inglese appare disorientante e senza equivalenti nella sua letteratura, in alcuni periodi, la strada che conduce alla visione da incubo del processo giudiziale come atto di produzione legislativa non controllato dal diritto, è stata ampiamente percorsa dalla teoria del diritto americana, anche se gli scrittori che si sono messi sulla via, posti di fronte a fatti recalcitranti, hanno spesso fatto marcia indietro. Un esempio particolarmente fulgido della influenza di questa teoria sul pensiero giuridico americano è rappresentato dal libro di John Chipman Gray *The Nature and Sources of the Law*, la cui prima edizione ha visto la luce nel 1909. Questo testo è molto più simile di qualsiasi altro libro americano ad un manuale inglese di *jurisprudence* nel quale vengono trattati molteplici temi, e l'autore, un eminente giurista di Harvard, riconosceva apertamente l'influenza di Bentham ed Austin sul suo pensiero. Come un libro inglese, questo libro affronta una grande varietà di temi – diritti ed obblighi giuridici, legislazione, precedenti giudiziali, *equity* *, diritto e morale – ma, passando attraverso questi temi, difende una tesi poco inglese: quella secondo cui il diritto consiste di regole prodotte dalle Corti per decidere casi concreti e che tutto il resto, leggi e precedenti inclusi, è una mera fonte del diritto. Per tre volte, a sostegno di questa teoria sono invocate le parole del vescovo Hoadly: "chiunque abbia un'*autorità assoluta* di *interpretare* una legge scritta o un precedente, *egli* è, a tutti gli effetti, il vero *legislatore*, e non la persona che per prima ha promulgato la legge o posto il precedente" [17]. È vero che anche nel libro di Gray questa tesi radicale è resa confusa da incoerenze e concessioni al modo comune di pensare e di

---

[15] Cfr. J. FRANK, *Law and the Modern Mind*, Coward-McCann, New York, 1930, pp. 175, 178, 193, 203, 244, 264.

[16] Southern Pacific Co. V. Jensen, 244 U.S. 205, 221 (1917) (Holmes J., dissenting).

* N.d.t. Questo termine denota un insieme di regole complementari ed integrative della *common law*. L'*equity* dunque è una fonte del diritto e non corrisponde alla nozione di "equità".

[17] J.C. GRAY, *The Nature and Sources of the Law*, cit., pp. 102, 125, 172.

esprimersi, quasi fosse inevitabile che il senso comune prevalga finanche in un lavoro di *jurisprudence*. Tuttavia il fatto che un giurista estremamente competente, di grande esperienza pratica ed accademica, si sia in prima persona compromesso sino a questo punto con tale modo di esprimere tesi generali sulla natura del diritto manifesta la profonda influenza sui giuristi americani di questa visione delle cose da incubo.

Intrecciata con l'incubo c'è un'altra tesi ricorrente. La più abusata citazione tratta da un giurista americano è forse l'osservazione di Holmes del 1884 che "la vita del diritto non ha a che fare con la logica, ma con l'esperienza" [18]. Questa osservazione, inserita nel suo contesto, era una protesta contro la superstizione razionalista (come la considerava Holmes) che lo sviluppo storico del diritto attraverso le decisioni giudiziali potesse essere considerato come il dispiegarsi delle conseguenze logicamente contenute nel diritto nelle sue fasi precedenti. I cambiamenti e lo sviluppo del diritto da parte della giurisprudenza sono, insisteva Holmes, l'espressione "delle preferenze istintive e delle convinzioni inarticolate" [19] dei giudici in risposta alle "percepite esigenze" [20] del tempo. E la sua protesta si proponeva di assicurare un riconoscimento consapevole, da parte dei giuristi, dei poteri legislativi delle Corti così che i cambiamenti e gli aggiustamenti del diritto posti in essere per via giudiziale fossero effettuati in base ad un esplicito bilanciamento di quelle che egli definì "considerazioni di utilità sociale" [21]. Tuttavia, uno storico e filosofo americano, il professor Morton White, ha indicato le osservazioni di Holmes sulla logica come esempio di un grande movimento di pensiero americano che egli chiama "Rivolta contro il formalismo"; Holmes, insieme a John Dewey in filosofia, a Thorsten Veblen in economia, e ad altri, è considerato come esempio di una grande reazione contro l'eccessiva fiducia in un pensiero deduttivo, formale, astratto, o scorporato in diverse discipline nettamente distinte fra loro [22]. La rivolta nacque dal desiderio di scavalcare le sterili ed arbitrarie divisioni accademiche e di rimpiazzare il formalismo con una vivida e realistica attenzione all'esperienza, alla vita, allo sviluppo, al progresso, al contesto, alla funzione. Quale che sia la veridicità di questo interessante pezzo di storia della cultura americana, gli attacchi contro la "logica" o contro "l'uso eccessivo" della logica si sono trasformati, nelle mani di alcuni giuristi americani che si occupavano del ragionamento giudiziale, in un'idea più ambigua e confusa, almeno agli occhi del giurista inglese che cerca di comprendere la scena americana. Così, l'interpretazione del principio costituzionale del *due process* improntata al *laissez-faire*, che ha trasformato la libertà contrattuale in un principio quasi assoluto ed ha abbattuto nel suo nome molta legislazione progressista che perseguiva il benessere sociale, è stata stigmatizzata come esempio dei vizi del formalismo, come interpretazione cieca del diritto, e come un

---

[18] O.W. HOLMES, *The Common Law* (1881), Little, Brown, Boston, 1963, p. 1.

[19] O.W. HOLMES, *op. ult. cit.*, p. 36.

[20] O.W. HOLMES, *op. ult. cit.*, p. 1.

[21] O.W. HOLMES, *La via del diritto*, cit., p. 268.

[22] M. WHITE, *La rivolta contro il formalismo*, Il Mulino, Bologna, 1956.

uso eccessivo della logica o come giurisprudenza meccanica o "*slot machine*"[23]. Tuttavia la logica non impone, ovviamente, una determinata interpretazione delle leggi o di qualsiasi altra cosa, e nessun affidamento su di essa, eccessivo o di altra natura, potrebbe spiegare come la *Supreme Court*, nel periodo in questione, leggesse nella Costituzione le dottrine del *laissez-faire*. Quello che i critici volevano colpire in questo modo confuso, tuttavia, non era in effetti il metodo attraverso il quale i giudici erano pervenuti alle loro interpretazioni della Costituzione, ma il congelamento di una singola interpretazione di una regola giuridica in una premessa fissa, immune da revisione, e da utilizzare in tutti gli ulteriori casi di sua applicazione. Essi quindi hanno censurato, sventolando il vessillo del formalismo, uno stile giurisprudenziale tutto rivolto al passato, in base al quale le decisioni specifiche in casi specifici dovevano la loro giustificazione giuridica esclusivamente al fatto di essere riconducibili al significato predeterminato di regole giuridiche vigenti; ed essi hanno raccomandato ai giudici uno stile giurisprudenziale rivolto al futuro, in base al quale le regole giuridiche sono considerate presunzioni sostituibili o ipotesi di lavoro, da modificare o respingere se le conseguenze prevedibili della loro applicazione in un contesto sociale che cambia si fossero rivelate insoddisfacenti[24].

Le tesi che ho ricostruito, sebbene sorte in precedenza, erano tutte condivise, negli anni Venti e Trenta del Novecento, dal movimento noto come realismo giuridico[25]. Ma in cosa consiste il realismo dei realisti? Mi riesce molto difficile rispondere a questa domanda perché all'interno di questo vivace gruppo di giuristi vi erano, tra coloro che ne facevano parte, tante differenze quante erano le similitudini. Tutti, senza dubbio, erano interessati ad enfatizzare le occasioni che i giudici hanno di legiferare e a demolire i miti del pensiero convenzionale che a loro avviso occultavano tale potere. Alcuni associavano a questo una insistenza pragmatica sul fatto che per conoscere il diritto tutto ciò che conta è ciò che fanno i giudici e la possibilità di predirlo, e non quello che prescrivono le regole "di carta" e le ragioni addotte dai giudici a sostegno delle loro decisioni. Alcuni sostenevano che la conoscenza dell'indole del giudice, delle sue abitudini di vita, delle sue convinzioni politiche, sociali, o economiche, ed anche dello stato della sua salute, è una base almeno altrettanto importante della conoscenza dell'orientamento giurisprudenziale per una predizione riuscita di una decisione. Altri avevano a cuore una concezione pragmatica, veramente scientifica, della *jurisprudence*, ispirata dalla credenza che l'unico studio opportuno, o addirittu-

---

[23] Cfr., ad es., R. POUND, *Mechanical Jurisprudence*, in "Colum. L. Rev.", 8, 1908, pp. 605, 609-10, 616.

[24] Cfr. J. DEWEY, *Logical Method and Law*, in "Cornell L. Rev.", 17, 1924.

[25] Per una presentazione generale del movimento giusrealista cfr. W. RUMBLE, *American Legal Realism*, Cornell University Press, Ithaca, N. Y., 1968; G. TARELLO, *Il realismo giuridico americano*, Giuffrè, Milano, 1962; W. TWINING, *Karl Llewellyn and the Realist Movement*, cit., p. 70 (ove la protesta di Llewellyn viene difesa dalla presunta interpretazione distorta di Pound ed altri cfr. K. LLEWELLYN, *Some Realism about Realism-Responding to Dean Pound*, in "Harvard Law Review", 44, 1930, pp. 1222 ss., ripubblicato in K. LLEWELLYN, *Jurisprudence: Realism in Theory and Practice*, University of Chicago Press, Chicago, 1962, pp. 42 ss.).

ra il solo razionale, del diritto si risolva in indagini, condotte con i metodi delle scienze naturali, circa l'andamento delle decisioni giudiziali ed i suoi effetti sul comportamento umano.

Quali sono state le conseguenze di tutto questo? Osservato da lontano, questo movimento, agli occhi di molti giuristi inglesi, sembra non aver fatto avanzare di molto la teoria del diritto o non aver aggiunto granché alla gamma delle tesi teorico-generali sul diritto degne di nota. Tuttavia le virtù e l'influenza benefica del movimento realista vanno ricercate altrove. Per il giurista inglese, il merito più grande dei realisti meno estremisti non si trova nelle tesi generali da questi esplicitamente sostenute sulla natura del diritto e dell'attività giurisdizionale, ma è spesso nascosto nei loro scritti dedicati a settori diversi del diritto sostanziale. Questo aspetto ha esercitato una influenza diffusa ed ancora visibile sullo stile argomentativo dei giudici americani e sulla cultura giuridica che, comunque, alcuni giuristi inglesi adesso invidiano parecchio. Il suo effetto principale è stato infatti quello di convincere molti giudici e giuristi, pratici ed accademici, di due cose: in primo luogo, che essi debbono sempre guardare con sospetto, anche se *non* sempre alfine rifiutare, ogni affermazione secondo la quale le regole giuridiche vigenti o i precedenti sono vincoli sufficientemente forti ed esaustivi al fine di determinare quale debba essere una decisione giudiziale senza bisogno di ricorrere ad altre considerazioni extra-giuridiche; in secondo luogo, che i giudici non debbono cercare di introdurre surrettiziamente nel diritto le loro personali convinzioni circa le finalità del diritto o circa la giustizia, le politiche pubbliche, o altri elementi extra-giuridici necessari alla decisione, ma debbono presentare tutto ciò in modo esplicito ed argomentato.

II.

Mi occupo adesso del polo opposto, che ho denominato il "nobile sogno". Come la sua antitesi, l'incubo, esso ha molte varianti, ma in ogni versione rappresenta la credenza, forse la fede, che, a dispetto delle superficiali apparenze contrarie ed anche a dispetto di interi periodi di aberrazioni e di errori giudiziali, sia ancora possibile fornire una spiegazione ed una giustificazione della comune aspettativa delle parti in causa che i giudici applichino ai casi che li riguardano il diritto vigente e non creino nuovo diritto per la risoluzione di tali casi, neanche quando la formulazione di specifiche disposizioni costituzionali, legislative, o dei precedenti rilevanti, sembra non essere in grado di fornire una guida precisa. A ciò si aggiunge la credenza nella possibilità di giustificare molte altre cose, come la forma degli argomenti degli avvocati i quali, nutrendo le medesime aspettative, indirizzano ai giudici, nel corso dei processi, argomenti che partono dal presupposto che questi vadano alla ricerca del diritto vigente piuttosto che proporsi di creare nuovo diritto; come il fatto che quando le corti modificano (*overrule*) decisioni passate, la nuova decisione che sostituisce le precedenti è di norma considerata come l'espressione di ciò che il diritto è sempre stato, come la correzione di un errore, e le viene attribuito un effetto retroattivo; ed infine, come il fatto che il linguaggio di una decisione giudiziale non è considerato, a differenza del linguaggio di una legge, come il canonico testo autoritativo di un atto verbale che produce diritto.

Certamente la Dichiarazione di indipendenza parla il linguaggio dei diritti naturali universali e di una legge naturale universale. E la concezione che dietro o sopra il diritto positivo c'è un diritto naturale universale che può essere riconosciuto dalla ragione umana e che è applicabile a tutti gli esseri umani in tutti i tempi ed in tutti i luoghi, ha senza dubbio avuto il suo posto nella *jurisprudence* americana, specialmente nei primi anni della repubblica. Per quanto si potrebbe aggiungere che la sua importanza non va valutata rilevando il fatto che la rivista che ha cominciato la sua vita sotto il nome di *Natural Law Forum* adesso si chiama *American Journal of Jurisprudence*. Tuttavia, forse sorprendentemente, il nobile sogno, secondo il quale anche quando una specifica disposizione del diritto positivo è indeterminata c'è nonostante tutto un diritto esistente da qualche parte che i giudici possono e debbono applicare per decidere il caso, *non* prende la forma, nelle opere dei più rinomati giuristi americani, di una invocazione di un diritto naturale universale. Il nobile sogno americano è stato generalmente quello di un qualcosa non di universale, ma di specificamente collegato agli interessi ed alla conformazione di un singolo sistema giuridico, ed alle specifiche finalità ed agli specifici valori perseguiti attraverso il diritto in una determinata società.

Questa idea particolarista, secondo la quale la guida di una società determinata deve, come ha sostenuto Llewellyn, "piantare i suoi piedi" [26] in quella società e nelle sue pratiche effettive, è una caratteristica comune a tutte le versioni del nobile sogno americano. Un'altra caratteristica comune è il rifiuto di una credenza che ha sostenuto la visione da incubo dell'attività giurisdizionale. Si tratta della credenza secondo la quale, se una certa regola giuridica si rivela indeterminata in relazione ad un caso dato, cosicché la Corte non è in grado di giustificare la sua decisione come la stringente conclusione deduttiva di un sillogismo di cui la regola in questione rappresenta la premessa maggiore, allora la decisione presa dalla Corte *non può che essere* una scelta del giudice priva di qualsiasi vincolo giuridico. Llewellyn ha attaccato questa credenza quando, nel perorare la causa di uno "stile di ampio respiro" (*grand style*) della decisione giudiziale, ha denunciato come un errore marchiano l'assunzione che se l'esito di un caso non è, per dirla con le sue parole, "predeterminato dalla logica" [27], allora non può che essere il prodotto della volontà incontrollata del giudice. Di conseguenza, un giudice che si imbatte nella indeterminatezza di una qualche regola giuridica non ha, come unica risorsa disponibile, quella che Holmes chiama "la sovrana prerogativa della scelta" [28]. Egli non è immediatamente chiamato a vestire i panni del legislatore, neanche quelli di un legislatore interstiziale. L'impressione erronea che

---

[26] K. LLEWELLYN, *Jurisprudence: Realism in Theory and Practice*, cit., p. 114.

[27] K. LLEWELLYN, *The Common Law Tradition. Deciding Appeals*, Little, Brown & Co., Boston, 1960, p. 4.

[28] O.W. HOLMES, *Diritto e scienza* (1899), in ID., *Opinioni dissenzienti*, cit., pp. 291-318, la citazione è a p. 315.

egli debba indossare tali panni è dovuta all'incapacità di attribuire il peso appropriato al fatto che l'attività decisionale in ambito giuridico non procede *in vacuo* ma sempre in connessione con lo sfondo di un sistema di regole, principi, *standard* e valori relativamente ben riconoscibili. In se stessa, una data disposizione giuridica, considerata nella sua formulazione linguistica, può non fornire una guida determinata, ma nell'intero sistema di cui la disposizione data è parte possono esservi, espressi o latenti, principi che, se applicati in modo adeguato, porterebbero ad un risultato determinato.

Entrambe le caratteristiche che ho menzionato – che potremmo denominare particolarismo e olismo – possono essere rintracciate, insieme a molto altro, nell'opera di Roscoe Pound, la cui gigantesca produzione, sviluppatasi in settant'anni di ricerca, è culminata nella pubblicazione, nel 1959, quando l'autore aveva 89 anni, di un lavoro di tremila pagine dedicato alla *jurisprudence*[29]. Negli anni Venti del Novecento, Pound ha introdotto la tesi, molto enfatizzata ed ulteriormente sviluppata da altri giuristi, che sarebbe troppo riduttivo rappresentare un sistema giuridico come contenente solo regole che associano conseguenze giuridiche rigorosamente definite a fattispecie rigorosamente definite nei dettagli e che consentono di adottare e giustificare decisioni attraverso la semplice sussunzione di casi particolari sotto tali regole[30]. Oltre a regole di questo tipo, i sistemi giuridici contengono principi generali di ampia portata; alcuni di essi sono esplicitamente riconosciuti o addirittura promulgati; altri invece devono essere desunti come le ipotesi più plausibili per spiegare l'esistenza di regole sicuramente vigenti. Tali principi non servono soltanto a spiegare le regole in cui essi si manifestano, ma costituiscono le linee-guida generali per la decisione quando le regole specifiche appaiono indeterminate o ambigue, ovvero quando non sembra essere disponibile alcuna regola vincolante, espressamente formulata. Le Corti non dovrebbero ritenersi libere di creare nuovo diritto in relazione a questi casi, neppure in conformità con le loro concezioni della giustizia o del bene sociale; esse dovrebbero invece ricercare nel sistema esistente un principio o dei principi che, singolarmente o collettivamente, siano in grado sia di spiegare le regole senza alcun dubbio vigenti, sia di condurre ad un risultato determinato per il caso da decidere.

Ad un giurista inglese, questo ricettario raccomandato per l'eliminazione della scelta giudiziale può sembrare esaltare troppo, o attendersi troppo da, un molto apprezzato stile argomentativo seguito da alcuni grandi giudici inglesi. Nel più famoso caso dell'epoca moderna, Lord Atkin, nella *House of Lords* inglese, ha affrontato la questione se un produttore fosse responsabile, nei confronti di un consumatore con il quale egli non intratteneva alcun tipo di rapporto contrattuale, per i danni causati da un bene prodotto in modo negligente. In questo famoso caso inglese, *Donoghue* v. *Stevenson*[31], il bene era una bottiglia di *ginger beer* contenente i resti tossici di una

[29] R. POUND, *Jurisprudence*, St. Paul, Minn., 1959.

[30] R. POUND, *The Theory of Judicial Decision*, in "Harvard Law Review", 36, 1923, pp. 641 ss.

[31] [1932] A.C. 562.

lumaca morta. Prima di questa decisione, i casi in cui qualcuno era responsabile per i danni causati dalla sua negligenza erano disciplinati da un certo numero di regole specifiche che precisavano i tipi di relazione necessari affinché si potesse predicare l'esistenza di quello che il giurista inglese chiama "obbligo giuridico di diligenza" (*legal duty of care*). Tali regole riconoscevano ad esempio la responsabilità dei proprietari o degli occupanti di immobili nei confronti dei loro visitatori, delle parti tra cui intercorrono rapporti contrattuali, e delle persone che usano le strade pubbliche, ma non riconoscevano, pur senza escluderla espressamente, la responsabilità di un produttore nei confronti di un consumatore con cui non aveva alcun rapporto di tipo contrattuale. Né c'era un chiaro principio esplicito che indicava in termini generali cosa vi fosse in comune tra tutti questi casi mostrando i fattori generali che facevano sì che un rapporto desse o meno origine ad un obbligo. Lord Atkin in relazione a questo nuovo caso ha stabilito il precedente che il produttore era responsabile in base all'ampio principio che chiunque intraprende un'attività che si può prevedere possa essere dannosa per coloro che è probabile siano interessati da tale attività, deve adottare una ragionevole diligenza al fine di evitare di infliggere un danno prevedibile a coloro che, nell'accezione data, rappresentano il suo prossimo. Questo principio generale, per quanto sia stato limitato e circoscritto in occasione di casi successivi, quando è stato enunciato per la prima volta da Lord Atkin ha consentito sia di definire le relazioni e, quindi, di spiegare le regole espresse vigenti, sia di approntare una soluzione per il nuovo caso giudiziale da decidere.

Questo stile argomentativo è il tratto saliente del generale atteggiamento di tipo olistico raccomandato da Pound e da giuristi successivi, le cui teorie sull'applicazione del diritto sono quantomeno una approssimazione del nobile sogno; inoltre, questo stile consente di rigettare le teorie superficiali secondo le quali quando una specifica regola giuridica si rivela essere indeterminata, il giudice, a quel punto, non può fare altro che accantonare le sue raccolte di leggi ed iniziare a legiferare. Ma, chiaramente, il solo ricorso a questo stile argomentativo non è di per sé sufficiente a scacciare l'incubo. Emergono molti interrogativi. Non è possibile che un sistema giuridico contenga principi confliggenti? Non è possibile che una data regola o un insieme di regole specifiche siano spiegate egualmente bene da molteplici ipotesi alternative? Se è così, non è forse necessario, a questi livelli ulteriori di astrattezza, che i giudici facciano una scelta? Se è così, non bisogna forse riconoscere che l'applicazione del diritto non sia all'altezza del nobile sogno, dal momento che una scelta di questo tipo corrisponderebbe ad un atto di produzione legislativa, piuttosto che ad una ulteriore scoperta di diritto esistente? Nella sua lunga vita, Pound si è confrontato con tali questioni in modo discontinuo, ed una delle soluzioni da lui proposte sembra risolversi nella tesi secondo cui, ai livelli ancora più alti del sistema giuridico, sopra il livello occupato dai principi, vi sono i valori o gli ideali diffusi del sistema, ancora una volta o esplicitamente riconosciuti o deducibili dalle regole e dai principi vigenti di tale sistema, e che il ricorso a questi valori ed ideali dovrebbe essere sufficiente al fine di determinare quale debba prevalere tra una molteplicità di principi confliggenti o alternativi. Ma ovviamente i medesimi problemi potrebbero essere proposti di nuovo. Gli stessi conflitti o scelte alternative non potrebbero riproporsi a questo livello ulteriore, rappresentato dai valori o dagli ideali diffusi? Quali sono le basi per pensare che per tali conflitti debba esservi un'unica soluzione che attende di essere scoperta dal giudice e che non richiede che quest'ultimo compia alcun tipo di scelta? Per essere corretti nei confronti di Pound, bisogna dire che egli probabilmente intendeva la tesi che un sistema giuridico nel suo complesso, con i suoi principi e valori diffusi, fosse in grado di fornire un'unica risposta determinata in assenza di regole giuridiche specifiche, non come una verità letterale sui sistemi giuridici, ma, piuttosto, come un ideale regolativo che i giudici debbono perseguire; questo processo favorirebbe uno stile giudiziale adeguato e funzionerebbe come un potente vincolo sulle scelte giudiziali, piuttosto che eliminare del tutto la necessità che scelte di questo tipo debbano essere compiute. Questa versione relativamente modesta del nobile sogno come vincolo sulla scelta giudiziale, piuttosto che come alternativa sempre disponibile a quest'ultima è, ritengo, in fin dei conti anche l'insegnamento trasmesso da Karl Llewellyn nella sua brillante ed appassionata difesa di quello che egli ha denominato stile di ampio respiro della argomentazione giudiziale. Questo insegnamento non viene trasmesso utilizzando il lessico tipico della teoria generale, lessico nei cui confronti egli provava una grande avversione, ma utilizzando la terminologia di un artigiano del diritto. Il giudice, nei casi in cui le regole rilevanti – "regole di carta" come talvolta vengono inopportunamente definite – si rivelano indeterminate, deve "modellare" la sua decisione assecondando la "venatura" (*grain*) del sistema nel suo complesso[32], cioè seguendo i principi generali ed i valori diffusi del sistema. Il giudice, messo di fronte alla indeterminatezza del diritto positivo, non è chiamato a decidere sulla scorta di ciò che egli ritiene essere la cosa migliore, senza dover più mostrare attenzione al sistema. Questo è il vincolo più importante sulla scelta giudiziale ed è ciò che spiega l'elevato grado di prevedibilità delle decisioni giudiziali di appello. Confesso di non riuscire a comprendere sino in fondo molto di quello che Llewellyn scrive su questo argomento, malgrado l'analisi paziente, lucida ed approfondita del professor Twining, il suo più simpatetico interprete inglese[33]. Ritengo comunque che nella versione del nobile sogno proposta da Llewellyn è sufficiente che quando i giudici scelgono, come possono essere chiamati a fare, al livello più alto dei principi o dei valori diffusi, le alternative che a questo livello si presentano loro avranno il sostegno di grandi aree del sistema giuridico che ricadono sotto di loro, e così, quale che sia l'alternativa per cui si opta, essa sarà fermamente radicata nel sistema vigente e potrà essere classificata come una decisione garantita perché controllata dal diritto.

---

[32] Cfr. K. LLEWELLYN, *The Common Law Tradition. Deciding Appeals*, cit., p. 222, ove, scrivendo su "Il giudizio di appello come scultura del diritto" (*Appellate Judging as a Craft of Law*), Llewellyn afferma: "ho tentato di esprimere questa idea nei termini di un lavoro che segue la venatura, piuttosto che attraversarla o procedere in senso contrario rispetto ad essa ... modellare assecondando la venatura ... al fine di rivelare ciò che è latente piuttosto che imporre una nuova forma o, ancora peggio, imporre una volontà esterna".

[33] Cfr. W. TWINING, *Karl Llewellyn and the Realist Movement*, cit.

La versione contemporanea del nobile sogno[34] proposta dal professor Dworkin non fa un compromesso di questo tipo su questi punti, e Dworkin è, se egli e Shakespeare mi consentono di dir così, il più nobile fra tutti i sognatori, con una base filosofica più ampia e più specialistica rispetto a quella dei suoi predecessori; egli inoltre fa convergere a sostegno della sua teoria argomenti dotati di forza formidabile. La sua teoria relativa all'applicazione del diritto si caratterizza per avere introdotto molte distinzioni nuove, come quella tra argomenti di principio, relativi a pretese giuridiche e diritti esistenti, argomenti che, secondo Dworkin, sono quelli che i giudici debbono utilizzare a sostegno delle decisioni, ed argomenti di *policy* sul benessere complessivo o sui fini collettivi, che debbono essere presi in considerazione non dal giudice ma dal legislatore. Nondimeno, la sua teoria è, nel senso che ho già spiegato, olistica e particolarista. Come Pound, egli rifiuta l'idea che un sistema giuridico sia composto soltanto da regole autoritative espresse, e sottolinea l'importanza dei principi impliciti; e come Llewellyn rifiuta l'idea, che egli attribuisce alla *jurisprudence* positivista, che il giudice debba, quando le regole esplicite si rivelano indeterminate, accantonare le sue raccolte di leggi e cominciare a legiferare seguendo la sua moralità personale e la sua concezione personale del bene sociale o della giustizia.

Per Dworkin, dunque, anche nel più difficile dei casi difficili, quando ciascuna delle due interpretazioni alternative di una legge o due regole confliggenti sembrano essere egualmente adeguate rispetto al diritto chiaramente vigente, il giudice non deve mai creare diritto. Dunque, Oliver Wendell Holmes sbagliava, ad avviso di Dworkin, a sostenere che in tali frangenti il giudice deve esercitare quella che egli chiama "la sovrana prerogativa della scelta"[35] e legiferare, anche se soltanto in modo "interstiziale". Secondo la nuova teoria, il giudice, per quanto difficile possa essere il caso, non deve mai determinare ciò che il diritto *deve* essere; egli deve limitarsi a dire ciò che egli ritiene che *sia* diritto prima della sua decisione, per quanto ovviamente egli possa sbagliarsi. Questo significa che egli debba sempre supporre che per ogni caso possibile c'è una qualche soluzione che è già diritto prima che egli decida il caso e che attende di essere da lui scoperta. Egli non deve presumere che il diritto sia sempre incompleto, incoerente, o indeterminato; se così appare, la colpa non va ricercata *nel diritto*, ma nelle limitate capacità umane di discernimento del giudice, così che non vi sono margini per un giudice per creare diritto scegliendo tra alternative relative a ciò che il diritto deve essere.

Ovviamente, secondo questa prospettiva il giudice è chiamato a presentare argomenti a sostegno di quello che egli ritiene essere il diritto. Molto spesso il suo ragionamento si presenterà proprio nella forma che ho illustrato a partire dal caso inglese sulla responsabilità del produttore. Il giudice deve quindi costruire un principio generale che, al tempo stesso, giustifichi e spieghi l'orientamento giurisprudenziale sulla

---

[34] Cfr. R. DWORKIN, *Hard Cases*, in "Harvard Law Review", 88, 1975, pp. 1057-1109, ripubblicato in ID., *Taking Rights Seriously*, Duckworth, London, 1977, pp. 81-130 (trad. it. di F. Oriana, *I diritti presi sul serio*, Il Mulino, Bologna, 1982, pp. 171-237).

[35] O.W. HOLMES, *Diritto e scienza*, cit., p. 315.

materia in esame e che, inoltre, fornisca una soluzione chiara per il nuovo caso. Tuttavia questo è, ovviamente, solo l'inizio della sua ricerca, in quanto può esservi una pluralità di principi di questo tipo che sono egualmente adeguati rispetto al diritto vigente, ma che indicano soluzioni differenti per il caso in questione. Questa situazione si è verificata nei tribunali inglesi quando il principio generale proclamato da Lord Atkin in relazione alla colpa ed alla negligenza, è stato applicato a casi di dichiarazioni erronee dovute a negligenza, fidandosi delle quali alcune persone avevano agito a loro detrimento[36]. Il professor Dworkin riconosce che ad ogni livello di indagine nel sistema e tra i principi generali di cui si può dire che fanno parte del diritto esistente, possono presentarsi questioni irrisolte di questo tipo. Per affrontarle, il giudice deve, quantomeno idealmente, confrontarsi con questioni di più ampio respiro concernenti la giustizia e la moralità politica. Per usare le parole del professor Dworkin, il giudice

> Deve sviluppare una teoria della costituzione, sotto forma di una complessa serie di principi e politiche che giustifichino quello schema di governo [...] egli deve sviluppare quella teoria facendo riferimento vicendevolmente alla filosofia politica e ai particolari istituzionali. Deve generare delle teorie possibili che giustifichino gli aspetti differenti dello schema e mettere alla prova le teorie contro una più ampia istituzione[37].

Quando la capacità di discernimento offerta da questo tipo di controllo si esaurisce, il giudice deve "elaborare i concetti controversi che impiega la teoria eletta"[38]. Il giudice deve dunque stabilire quale concezione dei valori fondamentali protetti dal sistema, quali la libertà, la dignità personale o l'eguaglianza, sia superiore. Questo è chiaramente un compito erculeo e, correttamente, il professor Dworkin chiama Ercole il giudice che egli immagina impegnato nella costruzione di una tale teoria. Egli riconosce che giudici diversi, con un differente retroterra culturale, possano costruire teorie erculee differenti e confliggenti e, quando ciò avviene, non è possibile dimostrare che soltanto una tra queste sia corretta e tutte le altre errate. In verità, possono essere *tutte* errate. Ciononostante, i giudici, per dare un senso a ciò che fanno, debbono credere che esista un'unica teoria corretta, per quanto complessa, ed un'unica soluzione corretta per il caso da decidere che possa essere ricavata da tale teoria.

Sono certo che la teoria di Dworkin entusiasmerà e stimolerà per molto tempo giuristi e filosofi su entrambe le sponde dell'Atlantico. Invero essa ha già di molto incrementato la gamma delle tesi teorico-generali sul diritto degne di nota. Tuttavia, se posso azzardare una profezia, ritengo che la critica principale che le sarà rivolta riguarderà la tesi che, anche se non c'è modo di dimostrare quale tra due soluzioni confliggenti, entrambe egualmente giustificate dal diritto esistente, sia quella corretta,

---

[36] *Mutual Life & Citizens Assurance Co.* v. *Evatt*, [1971].

[37] R. DWORKIN, *I diritti presi sul serio*, cit., p. 206.

[38] *Ibidem*.

vi deve pur sempre essere un'unica risposta corretta in attesa di essere scoperta. I giuristi potrebbero pensare che se un giudice si è conformato, prima di decidere, a tutti quei vincoli che consentono di distinguere la produzione di diritto per via giudiziale dalla produzione di diritto per via legislativa e, soprattutto, se ha preso in considerazione in modo scrupoloso ed imparziale ciò che il professor Dworkin chiama opportunamente la "forza gravitazionale"[39] del diritto chiaramente in vigore ed è giunto ad una conclusione su quale tra le alternative che gli si prospettano sia la più equa o la più giusta, non ha alcuna utilità insistere sul fatto che se un altro giudice arriva, dopo il medesimo scrupoloso processo, ad una conclusione differente, c'è un'unica risposta corretta che mostrerà quale tra i due giudici, sempre che ve ne sia uno, ha ragione, per quanto questa risposta sia nascosta in un paradiso dei giuristi e nessuno sia in grado di dimostrare quale essa sia.

In modo analogo, i filosofi potrebbero contestare l'affermazione che, da un punto di vista di coerenza logica, chiunque cerchi di rispondere ad una domanda sul valore di qualcosa, si tratti di una domanda relativa a quale fra due soluzioni giuridiche alle richieste di una parte processuale sia la più giusta o equa, o a quale tra due concorrenti di un concorso di bellezza sia più bella, o a quale commedia di Shakespeare sia la più divertente, deve, al fine di dare senso a tali domande, assumere che in tutti questi casi vi sia un'unica risposta oggettivamente corretta. Il corollario nel caso del diritto è che le parti processuali hanno sempre diritto di ricevere dal giudice la risposta corretta (per quanto non vi sia modo di dimostrare quale essa sia), esattamente come avrebbero diritto a ricevere la risposta corretta alla domanda su quale tra due edifici è il più alto, risposta la cui correttezza può evidentemente essere dimostrata attraverso una verifica pubblica ed oggettiva. Forse sia i filosofi che i giuristi potrebbero essere d'accordo con il professor Kent Greenawalt della *Columbia Law School* che, dopo un'analisi paziente dell'attacco del professor Dworkin all'idea che i giudici hanno discrezionalità nei casi difficili, conclude che "la discrezionalità esiste a condizione che non esista alcuna procedura pratica per determinare se un risultato è corretto, i giuristi siano in disaccordo su quale sia il risultato giusto, ed una decisione di un giudice in una direzione o nell'altra non venga diffusamente considerata come un fallimento nell'adempimento delle sue responsabilità giudiziali"[40].

La versione del nobile sogno proposta dal professor Dworkin sfida in due punti cruciali due tesi che hanno dominato la *jurisprudence* inglese sin da quando Jeremy Bentham, nell'anno dell'Indipendenza americana, ne ha posto le fondamenta con la pubblicazione del suo primo libro[41]. La prima tesi riguarda la questione appena discussa. Si tratta dell'insistenza sul fatto che, per quanto il diritto possa essere in certi casi incompleto o indeterminato, nella misura in cui è determinato è possibile dimo-

[39] *Ibidem*, p. 211.

[40] K. GREENAWALT, *Discretion and Judicial Decision: The Elusive Quest for the Fetters that Bind Judges*, in 75 "Columbia Law Review", 1975, p. 359 e ss., la citazione è a p. 386.

[41] J. BENTHAM, *Un frammento sul governo* (1776), a cura di Silvestro MARCUCCI, traduzione di Silvia e Silvestro Marcucci, Giuffrè, Milano, 1990.

strare quale esso sia facendo riferimento ai criteri di validità del sistema giuridico o alle sue disposizioni fondamentali relative alle fonti del diritto. Tutte le varianti della *jurisprudence* positivista inglese sottoscrivono questa tesi. La seconda tesi nettamente predominante nella *jurisprudence* inglese è la concezione utilitarista secondo la quale sia i giudici sia i legislatori, nel valutare come dovrebbe essere il diritto, possono, e anzi debbono, in molti passaggi prendere in considerazione l'utilità generale e ciò che accrescerà maggiormente il benessere generale. Anche un giudice, per quanto soggetto a molti vincoli dai quali il legislatore è libero, può legittimamente fare in modo che la sua scelta tra possibili alternative, ognuna della quali sostenuta dal diritto vigente, sia influenzata da considerazioni utilitariste di questo tipo. Cioè, egli non è vincolato a trovare la soluzione più equa o più giusta alla luce dei principi di giustizia distributiva. Tuttavia, per il professor Dworkin, un giudice che entra in questo modo nell'area di ciò che egli chiama *policy*, in contrapposizione ai principi che determinano i diritti individuali, sta invadendo un territorio proibito, riservato al legislatore eletto. Per Dworkin le cose stanno così non soltanto perché il diritto è un sistema privo di lacune, ma anche perché è un sistema privo di lacune che esprime i diritti o le pretese che indicano ciò che le persone sono autorizzate ad avere sulla base di considerazioni di giustizia distributiva, e mai ciò che dovrebbero avere perché sarebbe di pubblica utilità che avessero diritto a quella determinata cosa. Questa esclusione di "considerazioni di *policy*" andrà nuovamente contro, ritengo, la convinzione di molti giuristi che è perfettamente lecito ed in alcune situazioni addirittura necessario che i giudici considerino l'impatto della loro decisione sul benessere generale della comunità[42].

L'esclusione, da parte del professor Dworkin, di queste considerazioni dalla sfera di competenza del giudice è parte dell'ostilità generale nei confronti dell'utilitarismo che caratterizza la sua opera, e questo punto mi riporta al mio argomento generale. All'osservatore inglese sembra che, negli Stati Uniti, l'utilitarismo sia attualmente sulla difensiva nei confronti non soltanto dell'opera del professor Dworkin ma anche dei due contributi assai significativi alla filosofia politica rappresentati da *Una teoria della giustizia*[43] del professor Rawls e da *Anarchia, Stato ed Utopia*[44] del professor Nozick. Questi lavori hanno molte affinità con le dottrine del diciottesimo secolo dei diritti inalienabili dell'uomo. In ogni caso l'utilitarismo, come critica del diritto e della società, in America è stato generalmente messo in ombra dalle dottrine dei diritti individuali. Ciononostante è penetrato, sebbene non molto in profondità, nelle teorie americane del processo giudiziale. L'utilitarismo si è palesato essenzialmente in una

---

[42] Altri sono pervenuti alla medesima conclusione. Cfr. K. GREENAWALT, *Discretion and Judicial Decision: The Elusive Quest for the Fetters that Bind Judges*, cit., p. 391; J. UMANA, *Dworkin's "Rights Thesis"*, in "Michigan Law Review", 1976, pp. 1167 ss., in particolare pp. 1179-83.

[43] J. RAWLS, *Una teoria della giustizia* (1971), trad. it. di U. Santini, Feltrinelli, Milano, 1989 (ed. riv.).

[44] R. NOZICK, *Anarchia, Stato e Utopia* (1974), trad. it. di E. e G. Bona, Le Monnier, Firenze, 1981.

forma molto prossima ad un calcolo economico del benessere, dove l'utilità aggregata da massimizzare non è definita in termini di piacere, come per l'utilitarismo classico, ma in termini di soddisfacimento di bisogni espressi o di preferenze rivelate. In questa forma può essere individuato in allusioni sparse, buttate lì da Oliver Wendell Holmes, ove si sostiene che i giudici potrebbero presto avere a loro disposizione, come guida nello svolgimento della loro necessaria attività di produzione di diritto, una scienza giuridica che "stabilisca, per quanto è possibile, il valore relativo dei nostri differenti scopi sociali"[45] o, come egli pure dice, che stabilisca i postulati del diritto a partire da "desideri sociali accuratamente valutati"[46], e che questo rimpiazzerebbe gli attuali criteri, confusi ed intuitivi, di produzione del diritto per via giudiziale. In questo contesto Holmes parla dell'uomo del futuro come di un esperto di statistica ed economia[47].

Una concezione simile della scienza applicata al diritto sembra stare sullo sfondo della *jurisprudence* sociologica di Pound e del suo tentativo di analizzare i conflitti che il diritto è chiamato a risolvere nei termini di interessi sottostanti, cioè nei termini di bisogni o desideri espressi sotto forma di rivendicazioni di riconoscimento o di tutela giuridica. Molte delle pagine di questo scrittore enormemente prolifico sono dedicate alla classificazione di tali interessi come individuali, sociali e pubblici[48]. A questa analisi è tuttavia associata la concezione di una scienza di ingegneria sociale in grado di mostrare come gli interessi confliggenti potrebbero essere ordinati in modo tale da provocare quella che Pound chiama la minor frizione o perdita ovvero il minor sacrificio dello schema totale degli interessi nella sua interezza[49]. Pound riconosce che per ottenere questo risultato c'è bisogno di un metodo per soppesare e valutare le voci confliggenti, e dunque di una forma di quantificazione, che però la sua analisi non fornisce.

Se questi due esempi di un interesse superficiale nei confronti dell'idea di una scienza della produzione del diritto, sia legislativa sia giudiziaria, poggiano su una filosofia coerente, questa non può che essere l'utilitarismo. Tuttavia l'utilitarismo è riconosciuto, in modo del tutto esplicito, come l'ispiratore della attuale scuola fondata a Chicago dell'analisi economica del diritto[50], che adesso ha una grande influenza, in America, nell'insegnamento della responsabilità civile (*law of torts*). Questa scuola di pensiero sostiene di avere scoperto una relazione profonda tra il diritto e l'ordine economico. Come teoria esplicativa si risolve nella tesi che ampi settori della *common*

---

[45] O.W. HOLMES, *Diritto e scienza*, cit., p. 318.

[46] O.W. HOLMES, *Diritto e scienza*, cit., p. 304.

[47] O.W. HOLMES, *La via del diritto*, cit., p. 271.

[48] R. POUND, *Jurisprudence*, III, cit., pp. 16-324.

[49] R. POUND, *Jurisprudence*, I, cit., p. 545; R. POUND, *Jurisprudence*, III, cit., pp. 330-331; R. POUND, *Justice According to Law*, Yale University Press, New Haven, 1951, p. 3; R. POUND, *Social Control through Law* (1942), New Brunswick, London, 1997, pp. 64-65.

[50] R. POSNER, *Economic Analysis of Law* (1972), Brown and company, Boston and Toronto, 1986.

law possono essere proficuamente visti come una copia di un mercato economico, in quanto molte regole giuridiche vigenti sono espressione di una concezione del diritto come sistema di incentivi, utilizzati al fine di assicurare che le risorse economiche siano allocate agli usi più efficienti da un punto di vista economico, ove l'efficienza è definita come la massimizzazione del soddisfacimento di bisogni aggregati. Questa si ritiene che sia l'implicita logica economica del diritto. Tuttavia, nel suo versante critico o normativo, la teoria pretende di fornire un criterio razionale, imparziale ed oggettivo per la risoluzione delle dispute giuridiche in cui la questione è quella di stabilire chi deve sopportare una perdita. Dunque, per prendere uno dei suoi esempi più semplici, secondo questa teoria lo scopo di configurare una responsabilità giuridica per la negligenza che provoca danni a terzi è quello di incentivare gli individui a prendere precauzioni, economicamente giustificate e che contribuiscono alla massimizzazione dell'utilità, che evitino la produzione di tali danni; precauzioni, cioè, il cui costo sia minore rispetto alla perdita causata dalla loro omissione, al netto della probabilità del verificarsi di tale perdita. Questa teoria degli incentivi va nella direzione diametralmente opposta non soltanto della teoria del professor Dworkin secondo cui il giudice non deve fare valutazioni circa l'utilità generale, ma anche dell'idea tradizionale che la responsabilità per negligenza dipende, almeno in alcuni casi, da considerazioni di giustizia tra le parti, sulla scorta del principio che la vittima della negligenza altrui ha un *diritto* morale al risarcimento del danno da parte della persona che ha tenuto un comportamento negligente, per quel che un indennizzo economico è in grado di risarcire. Alla domanda relativa al perché, se il compito del diritto è esclusivamente quello di fornire incentivi, questo non debba essere fatto attraverso l'introduzione di ammende pagabili allo Stato, piuttosto che attraverso un risarcimento riconosciuto in processi civili alle vittime, la teoria rende la risposta, che forse è originale più che convincente, che quest'ultimo (il risarcimento pagato alla vittima) è a sua volta un incentivo affinché le vittime rendano pubblici i casi di negligenza, e ciò è un deterrente ben più efficace rispetto a quello che potrebbe essere rappresentato da un ente centrale repressivo che vada alla ricerca di condotte negligenti ed imponga ammende[51].

Chi abbia letto la raffinata e sofisticata opera del professor Posner e l'ampia letteratura che si è sviluppata intorno ad essa, che si propongono di determinare queste basi utilitariste del diritto, ne ha certamente tratto un beneficio. Questo non perché, ritengo, tale letteratura raggiunge il suo presunto obiettivo, ma perché la sua minuziosa creatività rappresenta un ottimo stimolo per pensare cosa altro ci voglia, oltre ad una teoria dell'utilità, per una convincente teoria, esplicativa e critica, della decisione giudiziale. Si vede distintamente che ciò di cui si avverte la necessità è una teoria dei diritti morali individuali e della relazione tra questi ultimi e gli altri valori perseguiti attraverso il diritto, una teoria che abbia un respiro ben più ampio e che presenti un'articolazione ben più dettagliata rispetto a tutte le teorie avanzate sino ad ora.

In conclusione lasciatemi dire questo. Ho ritratto la *jurisprudence* americana come

[51] Cfr. R. POSNER, *A Theory of Negligence*, in 1 "Journal of Legal Studies", 29, 1972, p. 48.

minacciata da due estremismi, l'incubo ed il nobile sogno: l'idea che i giudici creino sempre e mai scoprano il diritto che applicano alle parti processuali, e l'idea opposta che essi non si comportino mai in questo modo. Come ogni altro incubo ed ogni altro sogno, anche questi due sono, secondo me, illusioni, per quanto abbiano molto da insegnare al giurista nelle sue ore di veglia. La verità, forse non esaltante, è che i giudici fanno ora l'una cosa ora l'altra. Ovviamente non è indifferente ma, al contrario, di grande importanza, stabilire se essi stanno producendo o applicando diritto, e quando e come fanno l'una cosa e l'altra. Questo è un argomento per un'altra occasione.

JOHN L. MACKIE

La terza teoria del diritto *

Ho resistito alla tentazione di intitolare questo saggio "Prendere i diritti sul serio e giocare al *fast and loose* * con il diritto". In seguito apparirà chiaro perché sono stato tentato.

La teoria del diritto del Prof. Dworkin è ampiamente conosciuta, specialmente a partire dalla pubblicazione del suo libro *I diritti presi sul serio* [1]. È utile, tuttavia, ripercorrerne le tappe e mostrare come alcune delle tesi principali in essa contenute siano tra loro in armonia.

Chiamerò la teoria di Dworkin la terza teoria del diritto poiché si contrappone sia al positivismo giuridico, sia alla dottrina del diritto naturale, ed è in qualche modo intermedia tra le due. La posizione giusnaturalista è ben riassunta da Blackstone: "Il diritto di natura essendo coevo al genere umano e dettato da Dio ha una forza vincolante superiore agli altri. Esso è vincolante in tutto il globo, in ogni paese ed in ogni tempo. Nessuna delle leggi create dagli uomini è valida se in contrasto con il diritto di natura ed esse sono valide poiché derivano la loro forza e la loro autorità, in via mediata ed immediata, da questo diritto originario" [2]. Ciò comporta che un giudice, affidandosi alla sua conoscenza razionale del diritto naturale, può invalidare (*overrule*) perfino quello che appare come il diritto di quel territorio – leggi non ambigue e regolarmente emanate o precedenti chiaramente rilevanti e non contestati – e affermare che ciò che appare diritto non è diritto. Contro siffatta impostazione penso che Dworkin ammetterebbe che tutto il diritto è prodotto in qualche modo da esseri umani, e che la (specifica) domanda: "cos'è il diritto?" ha senso soltanto se formulata per chiedere: qual è in un momento determinato il diritto dell'Inghilterra, o della Francia, o degli Stati Uniti, o del Sud Dakota? La validità di una norma è totalmente correlata al sistema giuridico al quale appartiene. Di conseguenza, la scoperta di ciò che è diritto è una questione empirica e non una questione di ragionamento *a priori*. Ma ciò ammesso, Dworkin delinea una serie di differenze tra il suo punto di vista ed

---

* Traduzione italiana di VITO VELLUZZI.

* N.d.t. Cosa sia il gioco del *fast and loose*, formula non agevolmente traducibile in italiano, viene spiegato alla nota 8.

[1] R. DWORKIN, *Taking Rights Seriously*, London, 1977, trad. it. parziale di F. Oriana, a cura di G. REBUFFA, *I diritti presi sul serio*, Il Mulino, Bologna, 1982, d'ora in poi citato come *TRS*.

[2] *Commentaries*, riportato da J. STONE, *The Province and Function of Law*, Sydney, 1946, p. 227.

il positivismo giuridico, anche in relazione alla versione moderata del positivismo giuridico fornita dal Prof. Hart.

Innanzi tutto, Dworkin sostiene che il diritto non è composto soltanto da regole, ma anche da principi e che tale distinzione ha natura logica: "le regole sono applicabili alla maniera tutto o niente", mentre i principi hanno in più la dimensione del peso (*Il modello delle regole*, *supra,* pp. 179-186).

In secondo luogo, egli rifiuta la nozione giuspositivistica di un test unico, ultimo o fondamentale, per stabilire ciò che è diritto, come la "regola di riconoscimento" di Hart. Al posto di questa, Dworkin mette un tipo di ragionamento che attribuisce, nei "casi difficili", al suo giudice immaginario, Ercole. Alcune parti del diritto in una certa giurisdizione non sono controverse ma relativamente pacifiche, sia a livello costituzionale che legislativo o di precedente. Ercole usa queste parti come dei dati e si mette in cerca della teoria, in termini di diritti e principi ulteriori, che meglio spiega e giustifica questo diritto. Una volta sviluppata la teoria, la applica ai casi difficili (*TRS*, pp. 105-123, ed. it. pp. 203-226).

In terzo luogo, come conseguenza del metodo proposto, Dworkin sostiene che in ogni sistema giuridico sufficientemente ricco (in particolare in quello inglese non meno che in quello statunitense) la domanda: "qual è il diritto per questo caso?" ha sempre una risposta corretta, rinvenibile in un principio, ed è un dovere del giudice provare ad individuarla. Una delle parti in causa avrà sempre diritto ad ottenere una decisione a lei favorevole. "Le decisioni giudiziali attuano i diritti preesistenti". C'è la teorica possibilità di un risultato di pareggio tra gruppi di principi in competizione quando tutti gli argomenti rilevanti sono stati presi in considerazione, ma tale situazione è così improbabile da poter essere ignorata (si veda *TRS*, pp. 81, 279-290, specie 286-287, ed. it. pp. 171, 331-346, specie pp. 339-340).

Di conseguenza, ed è il quarto punto, i giudici nei casi difficili o controversi esercitano un giudizio discrezionale in senso debole; ciò significa che è chiesto loro di operare una scelta, in quanto non sono dotati di alcuna procedura decisionale compiutamente determinata, ma non hanno mai discrezionalità in senso forte, poiché quest'ultima escluderebbe il dovere di decidere in un modo piuttosto che in un altro (*Il modello delle regole, supra,* pp. 189-197, 154-157).

In quinto luogo, benché sia soltanto un altro modo di trattare la medesima questione, Dworkin sostiene che anche nei casi difficili non si arriva al punto in cui il diritto è già uscito di scena prima che sia adottata una decisione, ed il giudice deve creare nuovo diritto per affrontare un problema nuovo. Il giudice non ha mai bisogno di agire, nemmeno surrettiziamente, come se fosse il legislatore, sebbene Dworkin abbia ammesso che, di fatto, i giudici qualche volta si comportano da legislatori, cioè quando commettono un errore oppure annullano solo per il futuro un precedente chiaro[3].

Il sesto punto è una conseguenza ulteriore di quanto appena detto. Se i giudici agissero effettivamente da legislatori, sarebbe opportuno per loro porsi nella prospet-

[3] *TRS*, pp. 82-84, ed. it. pp. 172-175. Dworkin, ha fornito questo chiarimento rispondendo ad una domanda rivoltagli da Sir Rupert Cross al seminario sui casi difficili, tenutosi ad Oxford, il 12 maggio del 1976.

tiva di considerare gli argomenti di *policy* – in particolare l'utilità o il benessere generale della comunità o la volontà della maggioranza della popolazione. Ma se i giudici non stanno legiferando, bensì scoprendo il diritto preesistente, allora devono limitarsi a considerazioni basate su principi; se i giudici attribuiscono ad una *policy* maggior peso che ad un principio, giungono a sacrificare ingiustamente il diritto di qualcuno a beneficio di qualcun altro. V'è, in ogni modo, un'eccezione su questo punto. Dworkin sostiene che l'eccezione si manifesta con uniformità in ambito civile ed in modo asimmetrico in ambito penale. L'imputato può avere un diritto ad essere assolto, ma l'accusa non ha mai il diritto ad ottenere una condanna. Una corte può talvolta assolvere giustamente per ragioni di *policy* qualcuno che è, di fatto, colpevole (*TRS*, pp. 82-100, ed. it. pp. 172-197).

In settimo luogo, Dworkin rifiuta la tradizionale separazione, operata dal positivismo giuridico, del diritto dalla morale. Questo è un punto complesso. Il positivismo giuridico assunto esplicitamente come bersaglio principale è quello di Hart e quest'ultimo individua molteplici modi nei quali diritto e morale sono strettamente collegati. Hart, ad esempio, sostiene che "in alcuni sistemi, come gli Stati Uniti, il criterio finale (*ultimate*) della validità giuridica incorpora espressamente principi di giustizia o valori morali ... Le leggi possono essere dei meri gusci giuridici e richiedere in ragione della loro formulazione di essere riempite con l'ausilio di principi morali; la possibilità di far adempiere coattivamente i contratti può essere limitata da riferimenti a concezioni della morale e dell'equità ... Le decisioni giudiziali, specialmente su questioni d'elevato significato costituzionale, coinvolgono spesso una scelta tra valori morali." Ma un punto sul quale Hart si sofferma è che qualche volta possiamo affermare "questo è diritto, ma è troppo iniquo per essere obbedito o applicato", piuttosto che affermare "poiché è iniquo, questo non è diritto". Hart ritiene (in opposizione ai sostenitori del diritto naturale) maggiormente chiarificatore e moralmente preferibile sostenere che qualche cosa possa essere diritto valido ma cattivo[4]. Non mi è chiaro se Dworkin neghi tutto ciò; comunque sia, egli sviluppa il seguente importante ragionamento. Il compito assegnato al giudice Ercole in "*Casi difficili*"[*] consiste nel trovare la teoria che meglio spiega e giustifica il diritto e nell'usare questa teoria per decidere questioni controverse. Dworkin interpreta la frase "miglior spiegazione e giustificazione" come comprensiva di una dimensione morale; Ercole deve trovare la miglior giustificazione morale della costituzione, delle leggi, della prassi etc., non controverse. Nel fare ciò, Ercole deve esprimere giudizi morali e non semplicemente tener conto della morale convenzionale, cioè delle regole sociali generalmente accettate (ed. it. pp. 226-234).

---

[4] H.L.A. HART, *The Concept of Law*, London, 1961, pp. 181-207, specialmente 199-200 e 205-207, trad. it. di M.A. Cattaneo, *Il concetto di diritto*, Einaudi, Torino, 1965, pp. 216-246, 237-240, 241-246 (la traduzione italiana riportata nel testo è modificata).

[*] Ndt. Il riferimento non è ad un caso concreto ma al saggio *Is There really No Right Answer in Hard Cases?*, in "New York University Law Review", 1, 1978, trad. it. di R. GUASTINI, *Non c'è soluzione corretta?*, in "Materiali per una storia della cultura giuridica", 1983, pp. 469-501, ripubblicato in R. DWORKIN, *A Matter of Principle*, Cambridge Mass., 1985, pp. 119-145, trad. it. di E. D'ORAZIO, *Questioni di principio*, Il Saggiatore, Milano, 1990, pp. 147-178.

Questa terza teoria del diritto mescola elementi descrittivi e prescrittivi. Per un verso, Dworkin aspira a fornire la miglior spiegazione teorica della prassi e del ragionamento operanti nei sistemi giuridici, in particolare in quelli inglese e statunitense. Per altro verso, tuttavia, egli considera tale spiegazione come qualche cosa che deve essere accettata e consapevolmente seguita, vuole farne la vera descrizione di ciò che c'è già, mentre alcune prospettive che potrebbero valere come interpretazioni del modello positivista – per esempio la prospettiva della "stretta interpretazione" favorita dall'ex presidente Nixon – condurrebbero ad esiti deplorevoli (*TRS*, PP. 131-149, ed. it. pp. 239-264).

Ne segue che la discussione di questa teoria deve essere compiuta su più di un livello. Dobbiamo occuparci sia del profilo della sua verità quale teoria descrittiva, sia del suo valore quale teoria prescrittiva. Iniziamo dal profilo descrittivo della teoria. Dworkin sostiene che i giudici, di fatto, ricorrono ai principi come qualche cosa di diverso dalle regole e che una teoria che riconosce solo le regole quali elementi costitutivi del diritto, non fornisce una descrizione fedele della prassi. Questo credo lo si debba ammettere. Ma Dworkin sostiene, ulteriormente, che il modo nel quale i giudici ragionano nei casi difficili si avvicina al ragionamento compiuto dal suo giudice sovrumano, Ercole; quest'opinione è molto più controversa. Quest'ultimo aspetto, assieme ad altri della teoria descrittiva, deve essere controllato empiricamente ed in dettaglio, ma alcune considerazioni preliminari e generali possono essere compiute.

Innanzi tutto, v'è una distinzione – che potrebbe manifestarsi come una divergenza – tra ciò che i giudici dicono di fare, tra ciò che pensano di fare e la descrizione oggettiva più precisa di ciò che effettivamente fanno in un dato momento. I giudici possono dire e anche credere di scoprire e applicare il diritto già esistente, possono seguire procedure volte alla scoperta e all'applicazione del diritto esistente, eppure produrre, di fatto, diritto nuovo. Tale divergenza non è così improbabile, poiché anche laddove sia stato prodotto nuovo diritto, sembrerà più conveniente se questo fatto è occultato e la decisione è ritenuta attuare esclusivamente diritti preesistenti; ed anche perché la produzione di nuovo diritto è intesa, di solito, soltanto nel senso che le regole ed i principi sono estesi molto al di là del loro precedente campo di applicazione.

In secondo luogo, pur se il ragionamento giuridico coinvolge, nei casi difficili, il ricorso a principi e diritti ed è caratterizzato dalla "forza gravitazionale dei precedenti", non significa che esso sia la teoria completa, o che debba o dovrebbe operare in termini di teoria completa, del diritto di fondo, basilare (*underlying*) per la giurisdizione in questione. Il superuomo Ercole è, come indica il suo nome, una figura mitologica, mentre i giudici umani opereranno sempre in maniera più limitata. In ogni modo, la forza pratica della descrizione di Dworkin risiede nel fatto che essa consente ai giudici, ed anzi li incoraggia, a sostenere una decisione di un caso controverso con considerazioni e nozioni generali riguardanti i diritti sostenute da elementi nel sistema giuridico distanti dal caso in questione. Possiamo desiderare o non desiderare tutto ciò, ma a me preme sottolineare che questo trattamento olistico del diritto non è in alcun modo richiesto dalla constatazione che nel ragionamento giuridico si fa ricorso sia ai principi, sia alle regole. Questa constatazione consente un tale controllo a distanza, ma non lo richiede.

In terzo luogo, sebbene il ragionamento giuridico nei casi difficili si riferisca ai diritti, non significa che non si possa tener conto degli interessi, pur riconoscendo che prendere i diritti sul serio significa considerarli in certa misura resistenti agli interessi e riconoscendo, in particolare, che i diritti individuali giustificano spesso una decisione favorevole all'individuo ed in conflitto con l'interesse della comunità. Ad ogni modo, Dworkin stesso non considera tutti i diritti come assoluti, ma ammette che talvolta possano essere superati dall'interesse della comunità e ove un diritto sia in conflitto con un altro, l'interesse può essere d'aiuto a stabilire quale tra i due diritti è il più forte in quella particolare circostanza.

Non v'è dubbio che qualche volta i giudici ragionino in questo modo, come nel caso *Miller* v. *Jackson and Another*, esaminato dalla *British Court of Appeal* e riportato nel *The Times* del 7 aprile 1977. L'attore viveva in una casa costruita nel 1972 e vicina ad un terreno usato, da oltre settanta anni, come campo da cricket. L'attore tentò con una *injunction* * di impedire ai membri del club di giocare a cricket, nonostante questi avessero adottato le cautele adeguate per evitare che le palle finissero contro la casa o in giardino. In questo caso c'è un conflitto tra diritti: *prima facie* i membri del club hanno il diritto di giocare a cricket e l'attore ha il diritto di godersi la casa ed il giardino in condizioni di sicurezza. La Corte respinse la richiesta d'*injunction* due voti contro uno. I giudici di maggioranza menzionarono l'interesse pubblico e sottolinearono che l'*injunction* è una forma discrezionale di tutela. Lord Denning disse che l'interesse pubblico risiedeva nella protezione dell'ambiente, realizzata attraverso la conservazione dei campi di gioco di fronte allo sviluppo del territorio montuoso, e nel consentire ai nostri giovani di godere dei benefici dei giochi all'aperto, in contrasto con l'interesse privato che risiede nella sicurezza della *privacy*, senza intrusioni o interferenze, in casa o in giardino. Lord Justice Cumming-Bruce disse che nel decidere se accordare, in via discrezionale, l'*injunction*, la Corte aveva il dovere di considerare l'interesse pubblico. Così apparve loro che, mentre ciascuna parte aveva *prima facie* un diritto, quando questi diritti entrarono in conflitto l'importanza dell'interesse pubblico rese il diritto dei membri del club di cricket il diritto più forte. Dworkin giudicherebbe deplorevole tale ragionamento, ma difficilmente potrebbe negare che viene compiuto, né potrebbe sostenere che non viene compiuto solo perché nei casi difficili si ricorre ai principi ed ai diritti.

In quarto luogo, sarebbe una fallacia (dalla quale intendo esimermi, ma che non attribuisco a Dworkin) ricavare, dalla premessa che nei casi difficili si ragiona (in parte) in termini di diritti – inclusi quelli *prima facie*, vale a dire i diritti non assoluti – la conclusione che in tali casi una parte deve avere un (definitivo o conseguente) diritto ad una decisione a lei favorevole.

In quinto luogo, c'è una debolezza nella tesi che un esatto ed eguale equilibrio tra gli argomenti di ciascun polo è così improbabile da rendere quasi certo che una parte avrà un diritto antecedente a vincere (*TRS*, pp. 286-287, ed. it. 340-342). Questa tesi assume troppo semplicisticamente una metrica per la solidità, la forza degli argomen-

---

* N.d.t. Non è opportuno tradurre in italiano il termine *injunction*; non esiste, infatti, uno strumento perfettamente equivalente nella *Civil law*. In estrema sintesi, si tratta di una forma di tutela accordata discrezionalmente dal giudice e consiste in un ordine con il quale il giudice medesimo impone un obbligo di tenere o di non tenere un comportamento determinato.

ti, come se siffatta forza fosse commensurabile in una scala lineare, così che la forza del caso a vantaggio di una parte debba essere superiore, o inferiore, a quella dello stesso caso a vantaggio dell'altra parte, oppure che le forze si equivalgono, nel senso di essere così finemente bilanciate che anche una piccola forza aggiuntiva a favore di una parte la renderebbe la più forte. Ma, di fatto, gli argomenti possono essere imperfettamente commensurabili, così che nessuna delle pretese è più forte dell'altra e non risultano bilanciati con precisione. Consideriamo l'analoga questione riguardante tre fratelli: Peter somiglia più a James oppure a John? Può darsi che ci sia una risposta oggettivamente corretta e determinata a questa domanda, ma può darsi che non ci sia. Può darsi che la sola risposta corretta sia: Peter somiglia più a James per certi aspetti e più a John per altri e non esistono ragioni oggettive per attribuire maggior peso a quel profilo di somiglianza piuttosto che all'altro o viceversa. Mentre possiamo dire che la somiglianza di Peter con James è pari alla somiglianza con John (poiché nessuna è chiaramente più forte), ciò non significa che ogni piccola somiglianza aggiuntiva deciderebbe la questione; non significa, dunque, che questo risultato di parità esprime un equilibrio corretto ma improbabile.

In sesto luogo, è necessario porre in rilievo un'implicazione dell'inclusione, operata da Dworkin, di una dimensione morale nel ragionamento attribuito ad Ercole. Il giudizio di Ercole su ciò che è diritto dipende in modo specifico dalla teoria che secondo lui meglio spiega e giustifica il diritto vigente. Così, secondo Dworkin, ciò che è diritto può dipendere, in maniera decisiva, da ciò che è moralmente preferibile – preferibile e non ritenuto convenzionalmente preferibile in una determinata società. Adesso vorrei sostenere, pur non potendolo argomentare, che i giudizi morali di questo tipo presentano un irriducibile elemento soggettivo[5]. Se le cose stanno così, allora la teoria di Dworkin innesta automaticamente una corrispondente soggettività nelle proposizioni riguardanti ciò che è diritto. Certo, Dworkin è nel giusto quando sostiene che i giudizi morali espressi dalle persone – e questo può rivelarsi vero anche per i giudizi che si può presumere esprima Ercole – non sono, in generale, resoconti delle regole sociali o che tali resoconti si combinano con l'accettazione o l'approvazione di queste regole da parte di chi esprime il giudizio (*TRS*, pp. 45-58, ed. it. pp. 123-140). I giudizi morali includono tipicamente quella che io chiamo una pretesa d'oggettività e precisamente all'oggettività della loro autorità prescrittiva. Ma queste pretese, sono, secondo me, sempre false. I giudizi morali prescrittivi sono effettivamente soggettivi, sebbene coloro che li esprimono ritengano di solito che siano oggettivamente validi e li intendano come oggettivamente validi. Supponiamo che vi siano Ercole ed un altro giudice nella medesima giurisdizione e che, seguendo entrambi il metodo indicato da Dworkin, raggiungano esiti differenti riguardo a ciò che è diritto, poiché ciascuno ha ragionato coerentemente con le proprie visioni morali. Sebbene ciascuno di loro crederà, in maniera sincera e coerente, di aver individuato il diritto preesistente, ritengo che sbaglino entrambi. Le ragioni sulle quali essi fanno affidamento falliscono nel determinare il diritto

[5] Ho discusso questa prospettiva nel mio *Ethics: Inventing Right and Wrong*, Harmondsworth, 1977, trad. it. di B. De Mori, *Etica: inventare il giusto e l'ingiusto*, Giappichelli, Torino, 2001.

oggettivo preesistente. Qualsiasi opinione di un giudice che risulti vittoriosa in Corte d'appello diverrà diritto e sarà, da quel momento in poi, il diritto. Il giudice che avrà deciso un caso in ultima istanza avrà prodotto diritto, sebbene egli crederà, in maniera sincera, coerente e razionale di non averlo fatto. Compiendo una scelta determinata dai propri giudizi morali soggettivi per i quali avanzano, con onestà ma erroneamente, una pretesa di validità oggettiva, i giudici producono diritto su una questione non regolata in precedenza, questione per la quale non avevano un dovere preesistente di decidere in un modo piuttosto che in un altro e riguardo alla quale nessuna delle parti aveva diritto ad una decisione in proprio favore.

Questi sei punti generali gettano un dubbio su alcune parti della teoria descrittiva di Dworkin, ma devono essere messi alla prova assieme ad essa in riferimento ad esempi concreti di casi difficili. Adesso intendo abbandonare il profilo descrittivo e considerare il merito della terza teoria quale teoria prescrittiva. Ritengo sia meglio farlo attraverso l'esame di un caso concreto tratto dalla storia giuridica degli Stati Uniti. Dworkin, in una recensione al libro di Robert M. Cover *Justice Accused*, applica la sua teoria ai casi, sorti anteriormente alla guerra civile americana, regolati dai *Fugitive Slave Acts*[6].

Egli trova imbarazzante che alcuni giudici, come Joseph Story e Lemuel Shaw, sebbene strenuamente contrari alla schiavitù, applicassero queste norme espellendo gli schiavi dagli Stati nei quali la schiavitù non era consentita e rimandandoli negli Stati ove la schiavitù esisteva ancora, Stati dai quali gli schiavi erano fuggiti. Per quale ragione tutto ciò è imbarazzante? I giudici non stanno semplicemente, come essi stessi affermano, adempiendo il loro dovere e applicando il diritto esistente a dispetto del fatto che quest'ultimo contrasta con le loro convinzioni morali? Dworkin ritiene che la questione non è così semplice. Quale fosse il diritto rilevante per i casi in questione non era chiaro: i casi erano controversi. Benché i giudici lo negassero espressamente, nel profondo dei loro pensieri lo ammettevano. Essendo giuspositivisti, però, giungono alla conclusione di dover legiferare, di dover produrre nuovo diritto basandosi sulle proprie intuizioni. Per quale ragione, dunque, essi non producono nuovo diritto in accordo con le loro convinzioni morali ed il loro senso di giustizia? Perché, dice Dworkin, seguendo Cover, i giudici si consideravano assoggettati solo al legislatore, vincolati a produrre diritto in armonia con l'evidente intenzione del legislatore del Congresso e, primariamente, del legislatore Costituente. Entrambi i legislatori hanno creato e conservato, con le norme da loro emanate, un compromesso tra gli Stati nei quali era ancora ammessa la schiavitù e gli Stati ove la schiavitù non esisteva più; pertanto, riportare uno schiavo nello Stato dal quale era fuggito costituiva il naturale soddisfacimento di quel compromesso.

Secondo Dworkin, il ragionamento di questi giudici costituiva un "insuccesso della *jurisprudence*". Se avessero aderito, non al giuspositivismo, ma alla terza teoria del diritto, avrebbero trovato nell'architrave della Costituzione Americana "una concezione della libertà individuale antagonista alla schiavitù, una concezione della giustizia procedurale che condanna le procedure stabilite dai *Fugitive Slave Acts*, e una

---

[6] *The Times Literary Supplement*, 5 dicembre 1975.

concezione del federalismo incoerente con l'idea che lo Stato del Massachusetts non ha il potere di controllare la cattura di uomini e donne nel proprio territorio". Questi principi erano "più importanti per il diritto di quanto non lo fossero le particolari e contingenti *policy* del compromesso sulla schiavitù".

Non è in discussione il fatto che i giudici, ove avessero aderito alla dottrina del diritto naturale – come evidentemente non hanno fatto – non avrebbero dovuto applicare i *Fugitive Slave Acts*. In questa ipotesi, i giudici avrebbero sostenuto che pur trovandosi di fronte a diritto, nel senso di leggi chiare, non ambigue e regolarmente emanate, non si trattava di vero diritto, in quanto contrastante con principi di giustizia e diritti naturali precedenti ad ogni sistema giuridico creato dall'uomo. Il problema è se la terza teoria del diritto avrebbe prodotto il medesimo risultato.

Per prima cosa: davvero il diritto non era chiaro? Dworkin dice che i *Fugitive Slave Acts* (leggi federali) "lasciano aperte molte questioni procedurali, in particolare riguardo al potere degli Stati indipendenti di darsi delle limitazioni processuali nell'interesse del preteso schiavo". Il Massachusetts aveva previsto tali limitazioni, ma i giudici ritennero che fossero invalide poiché in contrasto con il diritto federale e tutto ciò sembrava derivabile da una chiara e semplice interpretazione dell'articolo VI della Costituzione degli Stati Uniti: "La presente Costituzione e le leggi degli Stati Uniti che verranno emanate in conseguenza di essa ... costituiranno la legge suprema del Paese; e i giudici di ogni Stato saranno tenuti a conformarsi ad essi, quali che possano essere le disposizioni della Costituzione o della legislazione di qualsiasi singolo Stato". Dworkin fa riferimento anche ad "argomenti letterali e strettamente legalistici" a favore dei pretesi schiavi, ma argomenti di tal fatta, troppo facilmente prodotti, non mostrano che il diritto non fosse, per ciò solo, chiaro. La sola ragione sulla base della quale egli può sostenere, in una maniera anche inizialmente plausibile, che il diritto non fosse chiaro, è che le procedure stabilite nelle leggi "contrastano con i significati ordinari di *due process*". Il funzionario federale che riconsegnava i supposti schiavi ai loro pretesi proprietari era "un semplice incaricato che riceveva un lauto compenso per riportare indietro il presunto schiavo, anche se quest'ultimo non fosse stato tale; non entrava in gioco un processo e non era consentito al soggetto contestare che egli non era uno schiavo, questione, quest'ultima, lasciata aperta e da decidere nello Stato di appartenenza dello schiavo dopo il suo ritorno".

Ma è lontano dall'esser pacifico che tali disposizioni contrastano con il *due process*. Esse possono essere difese sostenendo che si tratta di procedimenti meramente preliminari: la questione giuridica dello *status* del fuggitivo sarebbe stata decisa nello Stato di provenienza, ove, di certo, il soggetto avrebbe potuto produrre testimonianze sulle proprie identità e *status*. Il presunto schiavo non veniva privato di un *due process*; il *due process* avrebbe avuto luogo in Virginia. Questo argomento può essere rifiutato soltanto mettendo in dubbio la rispettabilità giuridica delle Corti della Virginia, e qualsiasi dubbio personale avessero avuto i giudici del Massachusetts riguardo a ciò, costituiva comunque una parte fondamentale del compromesso federale non farsi guidare da tali dubbi nell'adottare le proprie decisioni. L'articolo IV, comma I, della Costituzione dispone che "In ogni Stato saranno attribuiti piena fiducia e pieno credito agli atti, ai documenti pubblici e ai procedimenti giudiziari degli altri

Stati". I proprietari degli schiavi della Virginia avrebbero potuto sostenere che, se non fosse stato permesso loro di riportare indietro gli schiavi senza dover condurre un ampio numero di testimoni a cinquecento miglia di distanza per poter avanzare le proprie pretese di fronte alla giuria del Massachusetts, giuria ostile, con buona probabilità, all'istituto della schiavitù, essi sarebbero stati privati della loro proprietà (gli schiavi) senza un *due process*. L'articolo IV, comma II, della Costituzione è assai esplicito: "Nessuna persona sottoposta a prestazioni di servizio o di lavoro negli Stati, secondo le leggi ivi vigenti, che si sia rifugiata in un altro Stato, potrà, in virtù di qualsiasi legge o altra normativa quivi in vigore, essere esentata da tali prestazioni di servizio o di lavoro; ma verrà riconsegnata alla parte cui tali prestazioni sono dovute, su richiesta di questa".

Il fatto che di fronte a tutto ciò, Dworkin possa ritenere che il diritto non fosse chiaro, fa emergere un'importante caratteristica della sua teoria, particolarmente rilevante per la valutazione della stessa quale teoria prescrittiva: la terza teoria ritiene sovente controverse questioni che da una prospettiva giuspositivista appartengono senza dubbio al regno del diritto chiaro.

Supponiamo che il diritto non fosse chiaro, e che un giudice una volta abbia provato a decidere questi casi seguendo il metodo proposto da Dworkin. Quale conclusione avrebbe raggiunto? Ercole, essendo un prodotto dell'immaginazione di Dworkin, avrebbe senza dubbio ragionato come Dworkin. Consentiteci, però, di inventare un altro giudice mitologico, di nome Radamanto [7]. Egli avrebbe ragionato come segue:

> Quali tra i principi rilevanti per questo caso sono impliciti nel diritto vigente? Il fatto fondamentale è l'Unione in se stessa, come emerge dall'alleanza, contro il Regno Unito, di trenta colonie distinte e molto diverse tra loro. Sin dall'inizio si riconosceva che queste colonie, e gli Stati in cui si sono trasformate, possiedono istituzioni differenti e diversi stili di vita. L'Unione esiste e può sopravvivere soltanto attraverso compromessi sulle questioni dove le differenti istituzioni ed i diversi stili di vita entrano in conflitto. Un principio saliente, allora, conservato come una reliquia in maniera chiara come nient'altro nella Costituzione federale ed in varie leggi, è che i diritti posseduti dagli individui in virtù delle istituzioni degli Stati in cui vivono vanno protetti in tutta l'Unione. Il diritto di proprietà sui propri schiavi di un proprietario di schiavi della Virginia è uno di questi diritti; la chiara intenzione dell'articolo IV, comma II, della Costituzione e dei *Fugitive Slave Acts*, è di proteggere questo diritto. Pertanto, qualunque mero difetto tecnico vi possa essere trovato, il diritto, determinato secondo la terza teoria del diritto da me seguita, stabilisce che il presunto schiavo deve essere ricondotto dal Massa-

---

[7] Cfr. PLATONE, *Apologia di Socrate*, 40e-41a, trad. it. di M.M. Sassi, Rizzoli, Milano, 1993, p. 71: "Se cioè uno giunge nell'Ade, libero da costoro che si dichiarano giudici, e vi trova quelli che lo sono realmente, e si dice rendano giustizia in quel luogo, cioè Minosse e Radamanto, e Eaco e Trittolemo e gli altri semidei che sono stati giusti in vita, il viaggio, in questo caso, potrebbe mai dirsi futile?".

chusetts alla Virginia, ove può essere deciso, con l'acquisizione di molte testimonianze, se esso sia effettivamente lo schiavo della persona che lo reclama.

L'opposto punto di vista, secondo il quale la Costituzione presuppone una concezione della libertà antagonistica alla schiavitù, non può essere condiviso. Jefferson, il quale redasse la Dichiarazione d'Indipendenza, e successivamente fu tra i principali responsabili degli emendamenti che con forza valorizzano i diritti individuali, era anch'egli un proprietario di schiavi. La libertà individuale presupposta dalla Costituzione non era intesa come riguardante gli schiavi. Né le esigenze di giustizia procedurale, le quali possono essere viste come principi conservati come reliquie nel diritto vigente, consentono di sostenere una sentenza favorevole per i pretesi schiavi. Basandosi sulla presunzione che i proprietari di schiavi hanno un valido diritto di proprietà sui propri schiavi, la giustizia procedurale è meglio garantita rimandando indietro i pretesi schiavi. Il sistema del federalismo conferisce senza dubbio allo Stato del Massachusetts il potere di controllare la cattura di uomini e donne nel proprio territorio, ma tale potere deve essere esercitato in modo da rispettare le istituzioni della Virginia e i diritti dei cittadini della Virginia, specialmente se essi sono protetti dal diritto federale.

Anche se Josep Story e Lamuel Shaw avessero condiviso la teoria del diritto di Dworkin, avrebbero potuto seguire Radamanto piuttosto che Ercole e, senza abbandonare nemmeno per un momento la loro considerazione per i principi e per i diritti, avrebbero preso proprio quelle decisioni che hanno preso per mezzo di un percorso più giuspositivistico. Ciò fa emergere una seconda caratteristica della terza teoria, particolarmente importante per la considerazione del suo valore quale teoria prescrittiva: la *rights thesis*, come la dottrina del diritto naturale che in qualche modo le somiglia, è un'arma a doppio taglio. È particolarmente rischioso per un oppositore della schiavitù e della discriminazione razziale fare appello ai diritti degli Stati all'interno del sistema federale. La particolare importanza data da Dworkin, nei suoi studi sulla prassi giurisprudenziale, al principio d'uguaglianza (*TRS*, pp. 206-58) non è conseguenza necessaria della *rights thesis* in quanto tale.

Una terza caratteristica importante della teoria di Dworkin risiede nel fatto che la sua adozione renderebbe il diritto non solo meno certo, ma anche meno determinato di quanto accadrebbe adottando la rivale teoria giuspositivista. Certo, il diritto non è mai completamente determinato. Giudici ragionevoli possono essere in disaccordo nei casi difficili, qualsiasi teoria del diritto adottino. La terza teoria del diritto, però, introduce una ulteriore fonte d'indeterminatezza. È ben noto che l'inferenza da un precedente di una regola generale supposta implicita nel precedente non è a tenuta stagna, ma si presenta in un grado molto ampio di libertà se il giudice deve formulare ipotesi, non solo riguardo alle regole che applica direttamente ai casi, ma anche riguardo ai più generali e astratti principi di giustizia ed alle loro implicazioni.

Dworkin negherebbe tutto questo. Egli direbbe che è il positivismo giuridico a rendere indeterminato il diritto nei casi difficili, poiché prevede situazioni nelle quali il diritto nel suo insieme, e non soltanto il diritto chiaro, è uscito di scena. I giudici sono chiamati, allora, a produrre diritto, prendendo in considerazione sia *policy* sia la morale e ciò suggerisce ai giudici che così essi hanno discrezionalità in senso forte. La teoria di Dworkin, dall'altro lato, ritiene che per ogni questione vi sia una soluzione giuridica determinata ed in via di principio individuabile, sebbene forse poco chiara e incerta.

Questa è la ragione per la quale sono tentato di parlare di Dworkin come di una persona che gioca al *fast and loose* con il diritto[8]. La pretesa determinatezza del diritto nei casi difficili è un mito, e l'effetto pratico dell'accettazione di questo mito sarebbe di dare, in tre modi, un ampio spazio a quella che è in realtà la creatività giudiziale. Per prima cosa, la terza teoria fa oscillare i confini tra il diritto chiaro e quello che non lo è, essa fa di ciò che da un'altra prospettiva sarebbe un caso facile un caso difficile. In secondo luogo, questo approccio favorirebbe un trattamento olistico del diritto, consentendo a principi molto generali e a parti remote del diritto di essere usati per ogni specifica questione. In terzo luogo, incoraggerebbe i giudici ad affidarsi in questo trattamento olistico ai loro punti di vista necessariamente soggettivi, riguardo alla supposta morale oggettiva.

La terza teoria del diritto è dunque una scusa per una manipolazione del materiale giuridico più speculativa e intraprendente da parte dei giudici. Al pari della dottrina del diritto naturale, questa teoria permette alle coscienze ed alle congetture dei giudici di intervenire in maniera più significativa tra ciò che i poteri legislativo ed esecutivo provano a fare – o, per qualsiasi ragione, lasciano incompiuto – ed il diritto come opera effettivamente. Sappiamo bene che i pregiudizi della gente, la formazione e la posizione sociale – i movimenti ai quali hanno aderito e le ideologie a questi legate – influenzano fortemente le loro coscienze e le loro congetture. Se considerare questo un merito o un demerito, dipende dal nostro giudizio riguardo ai giudici, ed in particolare dal giudizio comparativo tra i giudici, il legislatore ed i membri del potere esecutivo. Quale di questi tre, con i loro metodi caratteristici e le influenze alle quali sono esposti o dalle quali sono protetti, sono i più degni di fiducia in relazione all'opportunità di adottare decisioni in parte indipendenti nel continuo sviluppo del diritto?

Dovremmo cedere un po' di certezza e di determinatezza riguardo a cosa è diritto, ed un po' della libertà del legislatore di decidere cosa lo sarà, in ragione del dare maggior peso a ciò che i giudici vedranno come diritti o giuste rivendicazioni? Io non so quale risposta dare, ma voglio sia chiaro che la scelta è questa.

---

[8] *Oxford English Dictionary*: "Fast and loose: gioco ingannevole, giocato con un bastone e una cintura o un laccio, sistemati in modo tale che uno spettatore possa pensare di realizzarlo anch'egli allacciando il bastone tra le pieghe intricate del laccio, mentre il giocatore può staccarlo in ogni momento".

JULES L. COLEMAN

Positivismo giuridico "negativo" e positivismo giuridico "positivo" *

Ogni teoria sulla natura o sull'essenza del diritto si propone di fornire un criterio, di solito nella forma di un'enunciazione che individua le condizioni necessarie e sufficienti, per determinare quali norme di una comunità costituiscano il suo diritto. Ad esempio, la versione ingenua del realismo giuridico sostiene che il diritto di una comunità è costituito dalle dichiarazioni ufficiali dei giudici. Per i primi giuspositivisti come John Austin il diritto consiste nei comandi di un sovrano così chiamato propriamente. Per la teoria "contenutistica" (*substantive*) del diritto naturale, l'essere un principio vero della morale è, in ogni sistema giuridico immaginabile, una condizione necessaria di validità *, almeno in relazione ad alcune norme. Il positivismo giuridico, nella versione riconducibile al pensiero di Herbert L.A. Hart, sostiene che, in ogni comunità dove c'è diritto, esiste un criterio che determina quali, tra le norme della comunità, sono norme giuridiche. Sulla scia di Hart, questo criterio è di solito chiamato "regola di riconoscimento". Se con "regola di riconoscimento" il giuspositivismo intendesse soltanto fare riferimento "al criterio, rinvenibile in ogni comunità, che consente di determinare quali sono le norme giuridiche", allora ogni teoria del diritto sarebbe riconducibile ad una qualche versione del positivismo giuridico. Il tipo di positivismo giuridico concretamente accolto da ciascuno dipenderebbe dalle specifiche condizioni sostanziali di validità disposte da ciascuna teoria. Dal momento che sarebbe impossibile immaginare una teoria del diritto che non soddisfacesse le condizioni minimali per l'esistenza di una regola di riconoscimento, il positivismo giuridico sarebbe analiticamente vero. Sfortunatamente, il tipo di verità rivelata in questo caso dal positivismo giuridico non sarebbe interessante.

Al fine di distinguere una regola di riconoscimento nell'accezione giuspositivista da altre affermazioni sulle condizioni di validità, e dunque distinguere il positivismo giuridico da concezioni alternative del diritto, bisogna imporre ulteriori vincoli sulla regola di riconoscimento. I candidati a ricoprire il ruolo di questi vincoli si suddividono in due categorie: restrizioni relative alle condizioni di validità esplicitate in una

---

* Traduzione italiana di ALDO SCHIAVELLO.

* N.d.t. Al fine di uniformarmi al lessico usuale dei giuristi e giusfilosofi "continentali", traduco così, qui ed in seguito, l'espressione inglese '*conditions of legality*'. Come si evince dal contesto, Coleman fa riferimento ai criteri che consentono di determinare l'appartenenza di una norma ad un dato sistema giuridico.

regola di riconoscimento e vincoli sulle fonti possibili dell'autorità (o della normatività) della regola di riconoscimento.

Un esempio di vincolo del primo tipo è palesato dall'esigenza che in ogni comunità le condizioni di validità riguardino il "*pedigree*" o la forma, e non la sostanza o il contenuto. Di conseguenza, affinché una regola che indichi le condizioni di validità in una società possa essere considerata una regola di riconoscimento nell'accezione giuspositivista, è necessario che, in vigenza di tale regola, la validità sia ad esempio ricondotta al fatto che una norma venga emanata nel modo stabilito da un'autorità appropriata.

L'affermazione secondo la quale l'autorità della regola di riconoscimento dipende dalla sua accettazione da parte dei funzionari, piuttosto che dalla sua verità come principio normativo, e l'affermazione, a questa collegata, secondo la quale, in vigenza di una regola di riconoscimento, il dovere giudiziale dipende dall'esistenza di una pratica convenzionale e non dalla morale critica, esprimono vincoli del secondo tipo.

Ronald Dworkin riconduce i vincoli di questo secondo tipo alla affermazione secondo la quale una regola di riconoscimento, nell'accezione giuspositivista, deve essere una regola sociale piuttosto che una regola normativa. Una regola sociale è una regola la cui autorità è una questione di convenzione; la natura e l'estensione del dovere che essa impone sono specificati o costituiti da una pratica sociale convergente effettivamente esistente. Al contrario, una regola normativa può imporre un obbligo o conferire un diritto in assenza di una pratica adeguata o andando contro ad una pratica esistente. Se una regola normativa impone un obbligo, lo fa perché esso riflette un principio morale corretto e non perché, in ipotesi, corrisponde ad una pratica accettata.

Dworkin, dal canto suo, ritiene che la regola di riconoscimento sia soggetta a vincoli di entrambi i tipi. Il suo punto di vista è che le regole di riconoscimento possono essere costituite soltanto da criteri di validità che riguardano il *pedigree*, e che una regola di riconoscimento deve essere una regola sociale[1]. Il positivismo giuridico è compromesso con la tesi secondo la quale la regola di riconoscimento è soggetta all'uno o all'altro tra questi vincoli o ad entrambi?

I. *Il positivismo giuridico "negativo"*

La discussione sui candidati a ricoprire il ruolo di vincoli sulla regola di riconoscimento è motivata dalla necessità di distinguere il positivismo giuridico da altre concezioni del diritto e, in particolare, dalla teoria del diritto naturale. Il positivismo

---

[1] L'affermazione di Dworkin secondo la quale il positivismo giuridico sostiene un criterio di validità che riguarda il *pedigree* è troppo perentoria. Credo che egli intenda affermare che il giuspositivismo sostiene uno tra i diversi criteri di validità che non prendono in considerazione il contenuto, tra i quali rientra anche il criterio del *pedigree*. Per la scorrevolezza dell'esposizione utilizzerò l'espressione "test di *pedigree*" per indicare genericamente ogni sorta di criterio di validità che non prende in considerazione il contenuto.

giuridico nega ciò che la teoria del diritto naturale afferma, cioè che vi sia una connessione necessaria tra diritto e morale. Chiamo "tesi della separabilità" (*separability thesis*) la tesi che nega che vi sia una relazione necessaria o costitutiva tra diritto e morale. Un modo di domandarsi se il giuspositivismo richieda un tipo particolare di vincolo sulla regola di riconoscimento è quello di domandarsi semplicemente se alcuni vincoli su tale regola siano imposti dall'accettazione della tesi della separabilità.

Per rispondere a tale domanda bisogna introdurre alcune osservazioni preliminari su quale sia il modo corretto di intendere tanto la regola di riconoscimento quanto la tesi della separabilità. La nozione di regola di riconoscimento è ambigua: essa ha sia un'accezione epistemica sia un'accezione semantica. Nella prima accezione, la regola di riconoscimento è un criterio che si può usare per identificare, rendere valido, o scoprire il diritto di una comunità. Nella seconda accezione, la regola di riconoscimento specifica le condizioni che una norma deve soddisfare per fare parte del diritto di una comunità. Non è detto che la medesima regola ricopra il ruolo di regola di riconoscimento in entrambe le accezioni; non è necessario, infatti, che la regola che si utilizza per determinare il diritto sia la stessa regola che rende il diritto determinato. Questa ambiguità tra l'interpretazione epistemica e l'interpretazione semantica della regola di riconoscimento pervade la letteratura ed è responsabile di molti fraintendimenti sulle tesi fondamentali del positivismo giuridico. Dal mio punto di vista, il positivismo giuridico presuppone la regola di riconoscimento almeno nell'accezione semantica; se esso presupponga anche la regola di riconoscimento come criterio per identificare il diritto (accezione epistemica) è una questione su cui torneremo in seguito.

Nel linguaggio che è in voga nella semantica formale, dire che la regola di riconoscimento è una regola semantica vuol dire che tale regola specifica le condizioni di verità per singole proposizioni giuridiche (*propositions of law*) che si presentano sotto la forma "è diritto in C che P", dove C sta per una comunità determinata e P per un presunto enunciato giuridico (*putative statement of law*). Domandarsi se la tesi della separabilità imponga vincoli significativi sulla regola di riconoscimento equivale a domandarsi se la tesi della separabilità restringa le condizioni di validità per le norme o le condizioni di verità per le proposizioni normative.

La tesi della separabilità si risolve nell'affermazione secondo la quale esiste almeno una regola di riconoscimento possibile (e, dunque, un sistema giuridico possibile) che non indica la "verità come principio morale" tra le condizioni di verità per qualsivoglia proposizione giuridica[2]. Di conseguenza, una determinata regola di riconoscimento può indicare la verità come principio morale come condizione di verità per alcune o tutte le proposizioni normative senza violare la tesi della separabilità: dal fat-

[2] La locuzione "verità come principio morale come condizione di validità" non è molto elegante. Tuttavia, ogni altra locuzione, quale "morale come condizione di validità" o "contenuti morali come condizione di validità", sarebbe ambigua, dal momento che non chiarirebbe se la tesi della separabilità è una tesi che riguarda la relazione tra il diritto e la morale critica o tra il diritto e la morale convenzionale. Io intendo la tesi della separabilità come negazione di una relazione costitutiva tra il diritto e la morale critica.

to che in una determinata comunità una norma, per essere una norma giuridica, debba essere un principio morale, non segue che l'essere un principio morale vero sia una condizione necessaria di validità in tutti i sistemi giuridici possibili.

Si può essere tentati di confondere la tesi della separabilità con l'affermazione molto diversa secondo la quale una cosa è il diritto di una comunità, un'altra cosa la sua morale. Quest'ultima affermazione è gravemente ambigua. In un senso, l'affermazione che il diritto di una comunità è una cosa e la sua morale un'altra, può corrispondere all'asserzione molto forte secondo cui non v'è convergenza tra le norme che costituiscono il diritto di una comunità e quelle che costituiscono la sua morale. Messa in questo modo si tratterebbe di una tesi empirica i cui limiti sono dimostrati dalle proibizioni, condivise dal diritto e dalla morale, relative all'omicidio, al furto, alle percosse, e così via.

Inoltre, tale affermazione può significare che è possibile individuare o scoprire il diritto di una comunità senza dover scoprire qual è la sua morale. Questa è una affermazione epistemica che riguarda il modo in cui, in una data comunità, è possibile intraprendere la conoscenza del diritto. È certamente possibile che in alcune comunità – anche in quelle in cui ogni norma giuridica è anche un principio morale – si possa sapere quali norme sono norme giuridiche senza bisogno di prendere in considerazione il loro *status* di principi morali. Se questo è il caso in ogni comunità, dipende dalle fonti di cognizione del diritto che sono disponibili, non dall'esistenza di una relazione concettuale, se c'è, tra diritto e morale.

Una terza interpretazione della tesi secondo la quale il diritto di una comunità è una cosa e la sua morale un'altra – che è proprio l'interpretazione che Dworkin desidera ascrivere al giuspositivismo – è quella secondo cui il fatto di essere un principio morale non è una condizione di verità per nessuna proposizione giuridica (in nessuna comunità). Messa in questo modo, tale affermazione sarebbe falsa solo nel caso in cui "è diritto in C che P" (per ogni comunità, C, ed ogni proposizione giuridica, P) fosse vera solo se P esprimesse un (vero) principio morale. Qualora la tesi della separabilità venisse intesa in questo modo, imporrebbe specifici vincoli sostanziali su ogni regola di riconoscimento; in altre parole, nessuna regola di riconoscimento potrebbe introdurre tra le sue condizioni di validità la verità come principio morale. Se il positivismo giuridico accogliesse sia la regola di riconoscimento sia questa interpretazione dell'affermazione secondo cui il diritto e la morale di una comunità sono distinti, gli argomenti avanzati da Dworkin ne *Il modello delle regole I* (MR I) sarebbero sufficienti a metterlo a riposo.

Tuttavia, se l'affermazione secondo la quale il diritto di una comunità è una cosa e la sua morale un'altra fosse intesa non nel senso che in ogni comunità il diritto e la morale sono distinti, ma nel senso che sono concettualmente distinguibili, allora essa sarebbe riducibile alla tesi della separabilità, in quanto asserirebbe soltanto la negazione di una relazione costitutiva tra diritto e morale.

In breve, "il diritto di una comunità è una cosa e la sua morale un'altra" produce o una falsa affermazione fattuale, o un'affermazione epistemica sulle fonti di cognizione del diritto, o ancora è riducibile alla tesi della separabilità. Tale affermazione non richiede in nessun caso che vi siano vincoli sostanziali su specifiche regole di riconoscimento.

La tesi della separabilità, correttamente intesa ed opportunamente distinta dall'affermazione secondo la quale il diritto e la morale di una comunità sono distinti, non richiede che vi siano vincoli sostanziali su alcuna specifica regola di riconoscimento. Non ne consegue, tuttavia, che la tesi della separabilità non imponga alcun vincolo su alcuna regola di riconoscimento. La tesi della separabilità impegna il positivismo giuridico ad accettare l'asserzione secondo la quale esiste almeno un sistema giuridico possibile in cui la regola di riconoscimento non indica "l'essere un principio morale" tra le condizioni di verità per nessuna proposizione giuridica. Il positivismo giuridico è vero, dunque, se solo è possibile immaginare un sistema giuridico in cui "l'essere un principio morale" non è una condizione di validità per nessuna norma; basta cioè che l'idea di un sistema giuridico in cui la verità morale non è una condizione necessaria di validità giuridica non sia auto-contradditoria.

Al fine di richiamare l'attenzione sia sulla sua natura sia sulla debolezza della tesi che avanza, chiamo positivismo giuridico "negativo" la forma di positivismo giuridico prodotta dall'accettazione della regola di riconoscimento, vincolata nel modo che abbiamo visto dalla tesi della separabilità[3]. A causa del fatto che il positivismo giuridico negativo si risolve essenzialmente in una tesi negativa, non può essere indebolito adducendo controesempi, ognuno dei quali mostrerebbe soltanto che, in questa o in quella comunità, la morale è una condizione di validità almeno per alcune norme.

II. *Il positivismo giuridico "positivo": il diritto come fatto bruto*

In MR I, Dworkin difende in modo convincente la tesi che in alcune comunità i principi morali hanno forza di diritto, anche se ciò che li rende diritto è la loro verità o la loro accettazione come criteri appropriati per risolvere controversie piuttosto che il fatto di essere stati promulgati nel modo corretto dalle autorità pertinenti. Tali argomenti sarebbero sufficienti ad indebolire il positivismo giuridico qualora esso sottoscrivesse l'affermazione secondo la quale la verità come principio morale non può in nessun caso rappresentare una condizione di verità per nessuna proposizione giuridica sotto nessuna regola di riconoscimento. Tali argomenti non consentono di indebolire la tesi della separabilità, la quale nulla dice circa le condizioni di verità di una particolare proposizione giuridica in una comunità determinata. Gli argomenti avanzati in MR I, dunque, non consentono di scalzare il positivismo giuridico "negativo".

Tuttavia, l'obiettivo di Dworkin in MR I, in realtà, non è il positivismo giuridico "negativo"; è quella versione del giuspositivismo che si otterrebbe congiungendo la regola di riconoscimento con l'assunto che le condizioni di verità previste per ogni proposizione giuridica non possono includere il riferimento alla moralità di una nor-

[3] Ritengo che questa sia la forma di positivismo giuridico presentata da David Lyons per replicare alle obiezioni di Dworkin al giuspositivismo. Cfr. D. LYONS, Review: *Principles, Positivism, and Legal Theory*, in "Yale Law Journal", 87, 1977, pp. 415 ss.

ma. Inoltre, per onestà verso Dworkin, bisogna considerare i suoi argomenti in un contesto più ampio. In MR I, Dworkin si preoccupa di mostrare non soltanto l'inadeguatezza della tesi della separabilità, ma anche quella di altre tesi cardine del giuspositivismo – o almeno di altre tesi che Dworkin considera tesi fondamentali del giuspositivismo.

Secondo Dworkin, il fatto che i principi morali abbiano forza di diritto in quanto sono appropriati, veri, o accettati ed anche se non sono formalmente promulgati, fa sì che: (1) la concezione giuspositivista del diritto come sistema di regole debba essere abbandonata; così come deve essere abbandonata (2) la tesi secondo cui i giudici esercitano discrezionalità – hanno cioè l'autorità di guardare oltre il diritto e di ricorrere a principi morali – per risolvere i casi controversi ed anche (3) la tesi secondo la quale il diritto di ogni comunità può essere identificato mediante un criterio non controverso di validità o un test di *pedigree*.

La prima tesi del giuspositivismo deve essere abbandonata perché i principi, così come le regole, sono norme giuridiche; la seconda perché, mentre i giuspositivisti ritengono che i giudici esercitino discrezionalità quando ricorrono ai principi morali, Dworkin ritiene correttamente che i giudici ricorrano a principi morali i quali, pur non essendo regole, possono nondimeno essere *standard* giuridici vincolanti. La terza tesi del giuspositivismo deve essere abbandonata perché, secondo Dworkin, la regola di riconoscimento deve consistere in un test di *pedigree*, cioè non può fare riferimento al contenuto o alla verità di una norma come a condizioni della sua validità; ed ogni sistema giuridico che include tra i suoi *standard* giuridici i principi morali non può avere come suo criterio dell'autorità un test di *pedigree*[4].

La domanda è, ovviamente, se il positivismo giuridico accoglie la tesi della discrezionalità giudiziale, il modello delle regole, o la tesi secondo cui il criterio di validità è un test di *pedigree* o comunque un criterio non controverso. Sappiamo almeno che esso accoglie la tesi della separabilità, da cui sembra discendere soltanto il positivismo giuridico "negativo". Il positivismo giuridico "negativo" non accoglie nessuna di queste tesi. Esiste qualche altra forma di positivismo giuridico che le accoglie?

Buona parte della controversia tra i giuspositivisti e Dworkin sembra piuttosto insensata, a meno che non vi sia una versione del giuspositivismo che renda le critiche di Dworkin, se non convincenti, quantomeno rilevanti. Questa versione del positivismo giuridico, qualunque essa sia, non può fondarsi soltanto sulla tesi della separabilità. La domanda quindi è se, nella ragion d'essere del giuspositivismo, vi sia qualcos'altro oltre alla negazione della tesi centrale della teoria del diritto naturale.

Una risposta semplice, ma in fin dei conti insoddisfacente, sarebbe quella di sostenere che le obiezioni di Dworkin sono rivolte alla versione hartiana del positivismo giuridico. Per quanto ciò sia senza dubbio vero, questa considerazione non ci fornisce alcuna indicazione di ciò che nella versione del giuspositivismo proposta da Hart

---

[4] Si veda tuttavia R. SARTORIUS, *Social Policy and Judicial Legislation*, in "American Philosophical Quarterly", 8, 1971, pp. 151 ss.; J. COLEMAN, Review, *Taking Rights Seriously*, in "California Law Review", 66, 1978, pp. 885 ss.

possa essere considerato una caratteristica essenziale del positivismo giuridico in generale. Dopotutto, Dworkin assume che le sue critiche ad Hart siano critiche al positivismo giuridico in generale, e, quindi, la questione rimane quella di stabilire se il giuspositivismo accolga necessariamente gli elementi essenziali della versione del positivismo giuridico proposta da Hart.

Una linea argomentativa più promettente è la seguente. Senza dubbio il positivismo giuridico accoglie la tesi della separabilità. Tuttavia, è possibile chiedersi se l'accoglimento della tesi della separabilità sia qualcosa che sta alla base ovvero derivi da qualche altra tesi, possibilmente di natura programmatica, accolta dal positivismo giuridico. In altri termini, è possibile guardare alla tesi della separabilità isolatamente o come ad una componente – forse anche come ad un elemento derivato – di un sistema teoretico giuspositivista[5]. Quando seguiamo la prima strada giungiamo al positivismo giuridico "negativo". Forse, se seguiamo la seconda, possiamo rinvenire nel mazzo una forma più interessante di giuspositivismo.

Certamente, una delle ragioni per cui alcuni giuspositivisti hanno insistito sulla distinzione tra diritto e morale è la seguente: per quanto sia il diritto sia la morale approntino criteri attraverso i quali devono essere regolate le faccende umane, la morale è intrinsecamente controversa. Gli individui sono in disaccordo su ciò che la morale prescrive, e c'è incertezza sui limiti della condotta lecita e sulla natura e sull'ambito di estensione degli obblighi morali di ciascuno nei confronti degli altri. Al contrario, almeno per questi giuspositivisti, il diritto è apparentemente definito e non controverso. Inoltre, quando insorge una controversia relativa alla questione se qualcosa sia o meno diritto, esiste una procedura per la decisione che, nella maggior parte dei casi, consente di dirimere il punto controverso. Il diritto è conoscibile ed accertabile, cosicché, mentre una persona può non conoscere l'estensione dei suoi obblighi morali, è informata (o può apprendere) ciò che il diritto si aspetta da lei. L'accoglimento dei tradizionali valori giuridici connessi al *Rule of law* richiede che il diritto sia costituito da fatti conoscibili e fondamentalmente non controversi; ed è questa la caratteristica del diritto su cui il positivismo giuridico richiama l'attenzione e che costituisce il suo fondamento.

È possibile pervenire alla medesima caratterizzazione del diritto come composto da fatti bruti non controversi, ascrivendo al positivismo giuridico l'imposizione dei vincoli epistemologici e semantici del positivismo logico sui fatti giuridici. Per i positivisti logici, i giudizi morali sono privi di significato perché non possono essere verificati mediante un test affidabile e essenzialmente non controverso. Per essere dotati di significato, gli enunciati normativi devono poter essere verificati attraverso un test di questo tipo (la concezione epistemica della regola di riconoscimento). Per essere dotato di significato, dunque, il diritto non può essere essenzialmente controverso.

---

[5] Ho sviluppato la seguente caratterizzazione del positivismo giuridico, che tiene conto delle motivazioni che sostengono la tesi della separabilità, a seguito di molteplici discussioni col Professor Dworkin. Gli sono particolarmente grato per le osservazioni, ma è probabile che io non sia stato in grado di presentare i diversi aspetti della caratterizzazione altrettanto bene di come avrebbe fatto lui.

Una volta che il positivismo giuridico è caratterizzato come la prospettiva secondo la quale il diritto è costituito da fatti bruti, l'attribuzione ad esso, da parte di Dworkin, di alcune tesi fondamentali diviene plausibile; e convincenti appaiono anche le critiche che Dworkin gli muove. In primo luogo, per il giuspositivismo il diritto è composto da regole e non da principi, in quanto la validità di una regola dipende dalle sue caratteristiche formali – il modo e la forma della sua promulgazione – mentre la validità di un principio morale dipenderà dal suo contenuto. La validità delle regole, dunque, sarà essenzialmente non controversa; la validità dei principi sarà essenzialmente controversa. In secondo luogo, le decisioni giudiziali (*adjudication*) riguardano sia i casi difficili sia i casi semplici. I casi paradigmatici o semplici non sono controversi. La loro soluzione, dal punto di vista del diritto, è chiara, ed il giudice è obbligato a pervenire a tale soluzione. I casi che ricadono nella zona di penombra di una regola generale, tuttavia, sono incerti. Riguardo a questi ultimi, non c'è, dal punto di vista del diritto, una soluzione non controversa, ed i giudici, per risolvere tali casi, debbono andare al di là del diritto ed esercitare la loro discrezionalità. La controversia implica l'assenza di un dovere giuridico e, nella misura in cui le regole giuridiche presentano istanze controverse, il giuspositivismo è compromesso con una teoria della discrezionalità nella risoluzione delle dispute che coinvolgono tali istanze. In terzo luogo, il giuspositivismo deve accettare la regola di riconoscimento sia nell'accezione epistemica sia in quella semantica: la regola di riconoscimento non esprime soltanto le condizioni di validità, ma dispone anche il meccanismo mediante il quale dirimere le dispute riguardo a ciò che, relativamente ad una questione specifica, è diritto. Per i giuspositivisti, la regola di riconoscimento è il principio attraverso il quale vengono verificate le specifiche proposizioni normative. Di conseguenza, le condizioni di validità previste dalla regola di riconoscimento debbono riguardare il *pedigree* o la forma; in caso contrario, la norma di riconoscimento non sarebbe in grado di offrire un principio attendibile attraverso il quale verificare le, e decidere sulle, affermazioni contrastanti circa il diritto. Infine, il diritto e la morale sono distinti (tesi della separabilità) perché il diritto, a differenza della morale, è costituito da fatti bruti.

Sfortunatamente per il positivismo giuridico, se la distinzione tra il diritto e la morale è motivata dall'accoglimento della tesi secondo la quale il diritto non è controverso ed è un insieme di fatti bruti, allora bisogna rinunciarvi in quanto, come sostiene correttamente Dworkin, il diritto è controverso, ed anche qualora lo sia, può riguardare questioni di obblighi e diritti piuttosto che di discrezionalità.

Non c'è modo più convincente di interpretare la ricostruzione dworkiniana del positivismo giuridico e di rendere persuasivi i suoi argomenti contro di esso (almeno quelli avanzati in MR I). L'esito è una forma di positivismo giuridico "positivo" che sostiene una tesi interessante sull'essenza del diritto – la tesi cioè secondo cui il diritto, nel complesso, è costituito da fatti bruti, reali – tesi che Dworkin ha chiaramente mostrato essere errata. L'intera linea argomentativa si fonda, tuttavia, sull'attribuzione al positivismo giuridico di una tesi, programmatica o metafisica, sul diritto. È la tesi secondo la quale il diritto è costituito da fatti bruti – sia essa motivata da argomenti semantici, epistemici o normativi – a giustificare l'accoglimento, da parte del giuspositivismo, non soltanto della tesi della separabilità, ma anche la sua adesione ad altre tesi sul diritto, quali la tesi della discrezionalità, del modello delle regole, del criterio non contenutistico di validità.

L'argomento che, sulla scorta del programma giuspositivista di un diritto conoscibile ed accertabile, sostiene la tesi secondo cui il diritto è costituito da fatti bruti è francamente problematico. Il positivismo giuridico avanza una tesi concettuale o analitica sul diritto, e questa tesi non va confusa con gli interessi programmatici o normativi che potrebbero avere avuto determinati giuspositivisti tra i quali, in particolare, Bentham. Paradossalmente, sostenere il contrario significherebbe incorporare in un'analisi concettuale del diritto una determinata teoria del diritto; significherebbe infondere la morale, o il modo in cui il diritto dovrebbe essere, nel concetto di diritto (ovvero nell'analisi del modo in cui il diritto è). In altre parole, l'argomento che consente di ascrivere determinate tesi al giuspositivismo in virtù dell'ideale normativo giuspositivista del diritto è viziato proprio da quell'errore su cui il positivismo giuridico è così attento a richiamare l'attenzione e altrettanto attento a rettificare.

L'argomento che sostiene la tesi secondo cui il diritto è costituito da fatti bruti, non sulla scorta degli interessi programmatici di alcuni giuspositivisti, ma sulla scorta della epistemologia e della semantica del positivismo logico, è più plausibile ed interessante. Il fatto che Hart caratterizzi la sua indagine come un'analisi sia del concetto di diritto sia del modo in cui è possibile determinare se una norma costituisca diritto valido e consideri tali questioni come se fossero la stessa e medesima cosa, suggerisce una fusione di indagini semantiche ed epistemiche del tipo di quelle che si suole associare al positivismo logico. Si pensi, a questo proposito, alla disamina hartiana del passaggio dal "prelegale" al "legale". Il passaggio dal prelegale al legale è realizzato attraverso l'aggiunta di regole secondarie alle regole sociali primarie che impongono obblighi: in particolare, attraverso l'introduzione di una regola di riconoscimento che risolve il problema dell'incertezza, vale a dire il problema epistemico di determinare quali norme sono diritto. Inoltre, l'argomento di Hart secondo cui la discrezionalità giudiziale – cioè l'assenza di un dovere giuridico – insorge quando l'applicazione di un termine generale contenuto in una regola giuridica è controversa, sottintende ulteriormente l'identificazione, almeno per Hart, del diritto con un fatto accertabile attraverso l'uso di un metodo affidabile di verificazione. Ancora, al fine di giustificare l'attribuzione al giuspositivismo della tesi secondo cui il diritto è composto da fatti bruti, abbiamo bisogno di un argomento che ci consenta di affermare che parte di ciò che significa essere un positivista giuridico comporta l'accoglimento di qualche forma di verificazionismo.

Il problema che si pone in relazione a qualsivoglia argomento di questo tipo è che la tesi della separabilità può reggersi da sola, e senza bisogno di ulteriori motivazioni, come principio fondamentale del giuspositivismo. Dopotutto, il verificazionismo può essere errato e la tesi della separabilità corretta; si può sostenere, senza timore di contraddirsi, sia una posizione di realismo (metafisico) relativamente ai fatti giuridici, sia la tesi della separabilità. Incidentalmente, questo semplice fatto dovrebbe assicurare che si usi una certa prudenza nell'imputare il positivismo logico al positivismo giuridico in base al fatto che entrambi sono forme di positivismo; altrimenti, si potrebbe essere tentati di imputare, su basi analoghe, il realismo metafisico o scientifico al realismo giuridico, il che sarebbe a dir poco irragionevole[6]. In breve, nel sostenere di essere un giuspositivista si può abbandonare la metafisica del verificazionismo, tenersi stretta la tesi della separabilità, e sostenere il punto di vista piuttosto plausibile secondo il quale la ragione che sostiene la tesi della separabilità – se davvero ve n'è una – è semplicemente che la distinzione tra diritto e morale su cui tale tesi insiste è una distinzione valida; e, qualora ciò non sia sufficiente, il giuspositivista può far notare che esiste una scuola di pensiero giusfilosofico che nega l'esistenza della distinzione. In effetti, il giuspositivista può ripiegare sul positivismo giuridico "negativo" e giustificare questa sua scelta mostrando che la tesi della separabilità non ha bisogno di una motivazione ulteriore; certamente, non di una motivazione che finisca per compromettere il difensore di una tesi convincente sul diritto con tutta una serie di dubbie tesi metafisiche.

Per quanto io condivida questa risposta, essa non è in grado di soddisfare Dworkin. C'è qualcosa di deludente in una teoria del diritto che non avanza alcuna tesi positiva sul diritto. Invero, si potrebbe proporre una condizione di adeguatezza in base alla quale ogni teoria del diritto debba avere un punto di vista sul diritto. Il positivismo giuridico "negativo" non è in grado di soddisfare questa condizione di adeguatezza. La teoria del diritto naturale soddisfa questa condizione di adeguatezza in quanto afferma che, in ogni sistema giuridico immaginabile, la verità morale è una condizione necessaria di validità – almeno per alcune norme. Dal momento che il positivismo giuridico "negativo" si risolve nella negazione di questa tesi, non propone alcuna tesi su ciò che è vero del diritto in ogni sistema giuridico immaginabile. La tesi – che Dworkin attribuisce correttamente ad Hart, ma erroneamente al positivismo giuridico in generale – secondo la quale l'idea centrale del positivismo giuridico è che il diritto è composto da fatti bruti, soddisfa la condizione di adeguatezza e produce il tipo di affermazione su cui, per quanto possa essere sbagliata, è possibile affondare i denti.

Desidero presentare una versione alternativa del positivismo giuridico che, come la concezione "del diritto come fatto bruto", è una forma di positivismo giuridico "positivo". La forma di giuspositivismo "positivo" che intendo delineare e difendere presenta, come sua idea centrale, non quella secondo cui il diritto è fondamentalmente non controverso – non è necessario che lo sia – ma quella secondo cui il diritto è fondamentalmente convenzionale: l'idea secondo la quale l'autorità del diritto dipende dalla sua accettazione da parte dei funzionari.

[6] Infatti, il realismo giuridico è scettico circa l'esistenza di fatti giuridici. I fatti giuridici sono "creati" dall'azione dei funzionari; essi non sono "lì" in attesa di essere scoperti dai giudici. Il realismo scientifico o metafisico sostiene, sui fatti, la tesi esattamente opposta.

III. *Il positivismo giuridico "positivo": il diritto come convenzione sociale*

È ben noto che è possibile sfuggire alle obiezioni che Dworkin muove al positivismo giuridico in MR I attraverso la formulazione di una regola di riconoscimento (nell'accezione semantica) che consenta ai principi morali, così come alle regole, di essere *standard* giuridici vincolanti[7]. L'argomento, in breve, è il seguente: anche se alcuni principi morali sono vincolanti da un punto di vista giuridico, non ogni principio morale è anche un principio giuridico. Di conseguenza, ci deve essere un criterio per distinguere i principi morali che sono vincolanti da un punto di vista giuridico, da quelli che non lo sono. Il tratto distintivo che consente di distinguere i principi morali che sono vincolanti da un punto di vista giuridico dai principi morali che non sono vincolanti può essere inserito in una clausola della regola di riconoscimento pertinente. In altre parole, una regola è una regola giuridica se possiede la caratteristica C; e un principio morale è un principio giuridico se possiede la caratteristica C_1. La regola di riconoscimento stabilisce dunque che una norma è una norma giuridica se e solo se possiede la caratteristica C o C_1. Una volta che si formula questa regola di riconoscimento, tutte le tesi che Dworkin attribuisce al positivismo giuridico, tranne la tesi del modello delle regole, rimangono in piedi. La regola di riconoscimento (semantica) resta in piedi in quanto il fatto che una norma sia una norma giuridica non dipende dal fatto che essa sia una regola o un principio, ma dal fatto che essa soddisfi le condizioni di validità previste da una regola di riconoscimento. La tesi della separabilità resta in piedi nella misura in cui non ogni sistema giuridico immaginabile ha nella sua regola di riconoscimento una clausola C_1, una clausola, cioè, che prevede condizioni di validità per alcuni principi morali. Ovvero, se la regola di riconoscimento comprende una clausola di questo genere, è sufficiente che esista un sistema giuridico immaginabile nel quale nessun principio soddisfa tale clausola. Infine, resta in piedi anche un argomento a sostegno della discrezionalità giudiziale, cioè quello che non si fonda sulla controversia ma sulla esauribilità degli *standard* giuridici. In altri termini, solo un determinato numero di *standard* possiede le caratteristiche C o C_1, cosicché può darsi un caso in relazione al quale non c'è nessuno *standard* giuridico sotto la regola di riconoscimento che consenta di risolverlo in modo adeguato. In relazione a casi di questo tipo, i giudici debbono ricorrere a *standard* non giuridici per dirimere le controversie[8].

Dworkin, alla luce della sua ricostruzione del positivismo giuridico come quella concezione che riduce il diritto a fatti bruti, potrebbe replicare semplicemente a que-

---

[7] Si veda la nota 4.

[8] Il fatto che vi siano due distinti argomenti a sostegno della discrezionalità è spesso sottovalutato. Il primo argomento si fonda sulla natura controversa dei casi di penombra in cui entrano in gioco termini generali; il secondo si fonda sulla finitezza degli *standard* giuridici. Il primo argomento è effettivamente radicato in una teoria del linguaggio; il secondo, che sopravviverebbe ad un rifiuto di tale teoria, dipende dalla presenza di lacune giuridiche. Cfr. J. COLEMAN, Review, *Taking Rights Seriously*, cit.

sta linea di difesa rilevando che la "regola di riconoscimento" costituita dall'unione delle condizioni di validità sia per i principi sia per le regole non potrebbe essere una regola di riconoscimento nell'accezione giuspositivista in quanto il suo riferimento alla morale la renderebbe intrinsecamente controversa. Per dirla in altro modo, una regola di riconoscimento controversa non potrebbe essere una regola di riconoscimento nell'accezione epistemica; non potrebbe fornire un principio di verificazione affidabile. Per questa ragione, essa non potrebbe essere una regola di riconoscimento nell'accezione giuspositivista. È interessante notare che l'argomento prospettato da Dworkin non è esattamente questo. A onor del vero, egli afferma che una regola di riconoscimento di questo tipo non potrebbe rappresentare una regola di riconoscimento nell'accezione giuspositivista. Inoltre, egli sostiene che una tale regola sarebbe intrinsecamente controversa. Tuttavia, l'argomento non termina con l'accusa che questa regola sarebbe controversa. Per Dworkin, il carattere controverso della regola è importante, non perché è incompatibile con la concezione del diritto come fatto bruto o perché una regola controversa non può essere un principio di verificazione affidabile, ma in quanto una regola di riconoscimento controversa non può essere una regola sociale. Una regola di riconoscimento controversa non può essere una regola convenzionale, o una regola la cui autorità dipende dal fatto di essere accettata.

Al principio del saggio ho distinto tra due tipi di vincoli che potrebbero essere imposti sulla regola di riconoscimento: quelli che hanno a che fare con le condizioni sostanziali di validità e quelli che hanno a che fare con l'autorità della stessa regola di riconoscimento. La differenza tra gli argomenti avanzati da Dworkin contro il positivismo giuridico in MR I e quelli avanzati ne *Il modello delle regole II* (MR II) è che, nel primo saggio, la versione del giuspositivismo a cui egli si oppone presenta dei vincoli del primo tipo – la validità deve essere determinata attraverso un criterio non contenutistico (o un test di *pedigree*) – mentre la versione del giuspositivismo a cui egli si oppone in MR II presenta dei vincoli del secondo tipo – l'autorità della regola di riconoscimento deve essere una questione di convenzione.

Contro la versione del giuspositivismo che considera il diritto una convenzione, Dworkin, in effetti, avanza quattro argomenti tra loro collegati, nessuno dei quali, in definitiva, è, come cercherò di argomentare, convincente. Mi riferirò a tali argomenti come: 1) all'argomento della regola sociale; 2) all'argomento del *pedigree*; 3) all'argomento della controversia e 4) all'argomento morale[9].

A. L'argomento della regola sociale

Gli obblighi giuridici sono imposti da norme giuridiche valide. Una regola o un principio è una norma valida a condizione che soddisfi le condizioni di validità presentate nella regola di riconoscimento. La questione che Dworkin solleva in MR II riguarda la natura dei doveri che sottostanno alla regola di riconoscimento stessa. La regola di riconoscimento impone dei doveri ai giudici perché essi accettano tale rego-

[9] Dworkin non distingue esplicitamente questi diversi argomenti, né attribuisce loro un nome. Le denominazioni e le distinzioni sono mie.

la o perché essa può essere difesa a partire da una più generale teoria morale del diritto? Secondo Dworkin, questo è il problema relativo all'opportunità di caratterizzare la regola di riconoscimento come una regola sociale ovvero come una regola normativa.

Il primo argomento di Dworkin contro la versione del giuspositivismo che considera il diritto come convenzione è che la teoria della regola sociale avanza una teoria generale del dovere inadeguata. L'argomento è il seguente: secondo la teoria della regola sociale un individuo ha un obbligo di agire in un determinato modo solo se: 1) esiste una pratica generale di agire in quel modo; 2) la regola che è formulata o sviluppata a partire da tale pratica è accettata da un punto di vista interno. Accettare una regola da un punto di vista interno significa usarla normativamente come una regola che fornisce ragioni sia per agire in conformità con essa sia per criticare le deviazioni da essa. Tuttavia, come rileva correttamente Dworkin, possono esservi doveri anche dove non esiste alcuna pratica sociale, o dove è prevalente una pratica sociale contraria. Questo è semplicemente un altro modo per dire che non ogni dovere dipende dalla morale convenzionale.

Se la tesi del giuspositivismo fosse che la teoria della regola sociale fornisce una descrizione adeguata della fonte di tutti i doveri non istituzionali, o del significato di tutte le affermazioni su tali doveri, allora sarebbe sicuramente errata. Non tutti i doveri imposti da regole sono imposti da regole convenzionali. Fortunatamente, la versione del giuspositivismo che considera il diritto come convenzione non avanza questa tesi. Il problema non è se la teoria della regola sociale è una descrizione adeguata per i doveri in generale; il problema è se la teoria è adeguata in relazione al dovere dei giudici sotto la regola di riconoscimento. Una teoria generale dell'obbligo inadeguata può essere una teoria adeguata del dovere giudiziale. Se si prendesse sul serio l'argomento della regola sociale, esso corrisponderebbe alla bizzarra affermazione che una regola di riconoscimento non può essere una regola sociale e, dunque, che gli obblighi soggiacenti a tale regola non potrebbero essere ricondotti alla morale convenzionale, semplicemente perché non ogni regola che impone obblighi è una regola sociale.

B. *L'argomento del pedigree*

Il primo argomento impegnativo che Dworkin muove contro la teoria della regola sociale applicata all'obbligo giudiziale dipende, in parte, dagli argomenti avanzati in MR I. Nel replicare all'obiezione presentata in MR I, ho immaginato una regola di riconoscimento che preveda condizioni distinte di validità sia per le regole (C) che per i principi morali (C_1). Per abbreviare, chiamiamo questa regola "C e C_1". La tesi di Dworkin è che una regola di questo tipo non può essere una regola sociale.

L'argomento è il seguente: le condizioni di verità in "C + C_1" fanno riferimento tanto ai principi morali quanto alle regole giuridiche. I principi morali, a differenza delle regole giuridiche, non possono essere identificati attraverso il loro *pedigree*. A causa del fatto che per determinare quali tra i principi morali di una comunità sono anche principi giuridici bisognerà fare affidamento sul contenuto dei principi, si verificherà una qualche controversia. Tuttavia, lì dove c'è una controversia reale, non può esservi una convergenza di comportamento sufficiente a specificare una regola sociale. La teoria della regola sociale richiede la convergenza del comportamento, cioè, una pratica sociale. Uno *standard* non identificabile attraverso il *pedigree*, implica la controversia; la controversia implica l'assenza di una pratica sociale; l'assenza della necessaria pratica sociale indica che la regola non può essere una regola sociale. Una regola di riconoscimento che fa riferimento alla morale – il tipo di regola di riconoscimento che abbiamo formulato per superare le obiezioni di Dworkin in MR I – non può essere una regola sociale e, dunque, non può essere una regola di riconoscimento nell'accezione giuspositivista.

L'argomento procede troppo velocemente. Non ogni riferimento che una regola di riconoscimento potrebbe fare alla morale sarebbe intrinsecamente controverso. Dal fatto che $C + C_1$ si riferisca a principi morali non segue che questa regola non possa accertare la validità in virtù di qualche caratteristica non contenutistica dei principi morali. Ad esempio, C_1 potrebbe essere una condizione di "trinceramento" (*entrenchment requirement*) del tipo di quella proposta da Rolf Sartorius, cosicché un principio morale sarà un principio giuridico se è menzionato nei preamboli delle leggi e in altri documenti autoritativi: più sono le menzioni, maggiore sarà il peso del principio [10]. Ovvero, C_1 potrebbe stabilire che un principio morale è un principio giuridico se è ampiamente condiviso dai membri della comunità. In breve, la validità di un principio morale potrebbe dipendere da qualche sua caratteristica non contenutistica. In tali casi, accertare quali principi morali sono legalmente vincolanti non sarebbe più arduo o controverso che accertare quali regole sono regole giuridiche.

Per quanto non ogni riferimento alla morale trasformerà una regola di riconoscimento in una regola controversa, nondimeno, vi sono alcuni tra i criteri che consentono di stabilire quali tra i principi morali di una comunità sono diritto che produrranno questo effetto. Si immagini che C_1 stabilisca che la verità morale è una condizione di validità, cosicché un principio morale non potrebbe far parte del diritto di una comunità a meno di non essere un vero principio morale. Mentre il trinceramento non è una caratteristica controversa di un principio morale, la sua verità è controversa. Ogni regola di riconoscimento che stabilisse che la verità morale è una condizione di validità sarebbe controversa. Una regola di riconoscimento controversa produce divergenze di comportamento sufficienti ad indebolire la sua pretesa di essere una regola sociale. Se una regola di riconoscimento non è una regola sociale, non può essere una regola di riconoscimento nell'accezione giuspositivista.

Dunque, non ogni regola di riconoscimento possibile sarebbe una regola sociale. Ad esempio, "è diritto tutto ciò che è moralmente corretto" non potrebbe mai essere una regola di riconoscimento nell'accezione giuspositivista. Siccome il tipo di positivismo giuridico che mi propongo di difendere sostiene che il diritto è dappertutto

---

[10] Cfr. R. SARTORIUS, *Social Policy and Judicial Legislation*, cit., p. 151. Anche Dworkin discute, ma erroneamente respinge, questa possibilità. Cfr. R. DWORKIN, *Il modello delle regole*, *supra*, pp. 201-202; cfr. anche l'utile approfondimento di tale questione in C.L. TEN, *The Soundest Theory of Law*, in "Mind", 88, 1979, pp. 522 ss.

convenzionale – cioè, (nel lessico di questo dibattito) che la regola di riconoscimento è, in ogni comunità, una regola sociale – esso deve essere errato.

C. L'argomento della controversia

Secondo Dworkin, la regola di riconoscimento in ogni Stato è o una regola sociale o una regola normativa; essa impone un dovere, in altre parole, o perché è accettata o perché è vera. Il giuspositivismo che considera il diritto come convenzione si risolve nella tesi che, in ogni comunità, la regola di riconoscimento è una regola sociale. A questo livello, il positivismo giuridico "negativo" sostiene che, in almeno una comunità possibile, la regola di riconoscimento è una regola sociale. La teoria del diritto naturale sosterrebbe quindi la tesi che, in ogni sistema giuridico immaginabile, la regola di riconoscimento è una regola normativa. Dworkin sostiene che la regola di riconoscimento è una regola normativa, e qui risiede la giustificazione a sostegno della sua collocazione all'interno della tradizione del diritto naturale.

L'argomento presentato nel paragrafo precedente è compatibile con la possibilità che alcune regole di riconoscimento siano regole normative ed altre regole sociali. Ad esempio, una regola di riconoscimento che non fa riferimento alla morale o, qualora lo facesse, si riferisse soltanto agli aspetti non contenutistici dei principi morali, potrebbe, alla luce di ciò che sostiene l'argomento precedente, ancora essere una regola sociale. Se fosse così, gli argomenti di Dworkin, incentrati sulla natura controversa delle regole di riconoscimento che fanno riferimento alla morale, non sarebbero in grado di fondare la teoria normativa del diritto. Ciò di cui Dworkin ha bisogno è un argomento in base al quale nessuna regola di riconoscimento può essere una regola sociale; cioè, un argomento secondo il quale nessuna regola di riconoscimento, a prescindere dalle condizioni di validità che esprime, può dar conto di determinate caratteristiche del diritto a meno di non essere una regola normativa. Dworkin ha un argomento di questo tipo e parrebbe essere il seguente: ogni regola di riconoscimento, a prescindere dalle condizioni di validità che esprime, in qualche occasione darà luogo a controversie. Ad esempio, una regola che non facesse riferimento alla morale potrebbe nondimeno dar luogo ad una controversia relativa o al peso che deve essere attribuito ai precedenti o alla questione se – e, in caso di risposta affermativa, sino a che punto – il legislatore attuale possa vincolare un legislatore futuro. Per quanto la regola, in se stessa, non sarebbe controversa, lo sarebbero le specifiche applicazioni di essa. Se la regola di riconoscimento fosse una regola sociale, non potrebbe imporre obblighi sui giudici in questi casi controversi. L'esistenza di obblighi giudiziali nei casi controversi può essere spiegata soltanto interpretando la regola di riconoscimento come una regola normativa.

Questo argomento fa affidamento sul fatto che anche le regole di riconoscimento che, nel complesso, non sono controverse, avranno applicazioni controverse. In questi casi controversi, l'interpretazione che considera la regola di riconoscimento una regola sociale non consente di spiegare il fatto che la regola imponga un obbligo sui giudici. Ciò perché, nella teoria della regola sociale, gli obblighi hanno origine da una pratica convergente; e, sia nei casi controversi sia in quelli non ancora risolti, non esiste alcuna pratica o opinione convergente dalle quali potrebbe derivare un obbligo.

La regola di riconoscimento è o una regola sociale o una regola normativa. Se impone obblighi nei casi controversi, non può essere una regola sociale. Dunque, se la regola di riconoscimento impone un obbligo sui giudici nei casi controversi, deve essere una regola normativa. A causa del fatto che la regola di riconoscimento in ogni comunità è una regola normativa, gli obblighi dei giudici sotto di essa sono obblighi della morale critica piuttosto che della morale convenzionale; e l'autorità suprema del diritto va ricercata nella morale, non nella convenzione.

L'argomento fondato sulla controversia presuppone che i giudici, anche nei casi controversi, siano soggetti ad obblighi prodotti dalla regola di riconoscimento. Sembra che, in relazione a questi casi, il positivismo giuridico accolga la tesi della discrezionalità giudiziale e, dunque, non sia in grado di spiegare quale sia la fonte o la natura di tali obblighi. Visto che la teoria della regola sociale applicata all'obbligo giudiziale è incapace di spiegare il fatto dell'obbligo giudiziale nei casi controversi, deve essere falsa e, di conseguenza, la teoria ad essa alternativa, cioè la teoria della regola normativa, vera.

Una replica che un giuspositivista potrebbe avanzare contro l'argomento di Dworkin consiste nel negare che in tali casi i giudici siano soggetti ad obblighi, e così l'incapacità della teoria della regola sociale di render conto dell'obbligo giudiziale non costituirebbe un problema. Dworkin respinge velocemente la plausibilità di questa replica attraverso la sbrigativa osservazione che una prospettiva di questo tipo accosta il diritto ad un gioco in cui i partecipanti sono d'accordo in partenza che, lì dove sussiste una controversia o un dubbio adeguati circa ciò che una regola richiede, non vi sono risposte corrette o obblighi. Si potrebbe pensare che l'analogia con un gioco metta in difficoltà il positivismo giuridico, ma non è detto che sia così. Chiunque conosca anche superficialmente l'opera di Hart sa che la maggior parte degli esempi che egli formula per illustrare le sue tesi sulle regole, sul diritto e sulla natura dell'attività decisionale dei giudici sono tratti da giochi come il *baseball* e gli scacchi. Di conseguenza, il giuspositivista potrebbe gradire, anziché rifuggire, l'analogia con i giochi.

L'analogia con i giochi non è convincente, sia che venga utilizzata per difendere il giuspositivismo, sia per criticarlo. Il percorso più interessante è quello di supporre, con Dworkin, che, anche nelle applicazioni controverse di una regola di riconoscimento, i giudici possano essere soggetti ad obblighi da essa prodotti, e quindi di domandarsi se, a dispetto degli argomenti di Dworkin che sostengono il contrario, la teoria della regola sociale sia in grado di render conto di questa caratteristica del diritto.

D. L'argomento morale

La convinzione di Dworkin secondo la quale, nei casi di applicazioni controverse della regola di riconoscimento, gli obblighi giudiziali dipendono dalla morale critica piuttosto che da una pratica convenzionale è sostenuta dall'argomento morale. A differenza degli argomenti che ho delineato in precedenza, l'argomento morale è diretto e positivo, nel senso che, piuttosto che tentare di rilevare le inadeguatezze della teoria della regola sociale, si propone di dotare l'interpretazione normativa della regola di riconoscimento di un sostegno diretto. L'argomento è semplicemente il seguente: i giudici, quando sono chiamati a risolvere i casi difficili o controversi che insorgono in vigenza di una regola di riconoscimento, solitamente non citano la pratica o le opinioni di altri giudici. Siccome si tratta di casi controversi, non esiste una pratica convergente tra i giudici a cui appigliarsi. Piuttosto, i giudici, per risolvere queste controversie, di regola si affidano ai principi della moralità politica. Ad esempio, i giudici, per stabilire quale peso attribuire al precedente, possono utilizzare concezioni alternative dell'equità. Se, come sostiene la teoria della regola sociale, la fonte di un obbligo di un giudice dipende dalla regola o dal principio che egli cita come fondamento del suo obbligo, le fonti dell'obbligo giudiziale in questi casi controversi sono i principi della moralità politica che i giudici citano come elementi essenziali per la risoluzione della controversia. L'obbligo dei giudici nei casi controversi può essere spiegato soltanto se la regola di riconoscimento è una regola normativa la cui autorità dipende dai suoi meriti morali; la cui normatività, in altre parole, dipende proprio dagli argomenti morali che sembrano impegnare i giudici.

E. Sommario

Dworkin avanza tre diversi ed efficaci argomenti contro il giuspositivismo che considera il diritto come convenzione. Ogni argomento ha natura e forza lievemente differenti. Il punto essenziale dell'argomento del *pedigree* è che una regola di riconoscimento che considera il contenuto dei principi morali come una condizione della loro validità stimolerà l'insorgere di controversie e, a causa di ciò, non può essere una regola sociale, e, di conseguenza, non può essere una regola di riconoscimento nell'accezione giuspositivista. L'argomento è debole nel senso che, pur essendo ben costruito, non è in grado di fondare la spiegazione in chiave normativa della regola di riconoscimento. Solo le regole di riconoscimento controverse sono inidonee ad essere regole sociali; alla luce di questo argomento, le regole di riconoscimento non controverse possono essere regole sociali.

L'argomento di più ampio respiro incentrato sulla controversia sembra colmare la lacuna lasciata dall'argomento del *pedigree*. In questo caso, l'argomento non è che ogni regola di riconoscimento sarà sistematicamente controversa. Piuttosto, l'argomento si fonda sul semplice fatto che anche le regole di riconoscimento essenzialmente non controverse avranno applicazioni controverse. La teoria della regola sociale non è in grado, in caso di controversia, di render conto dell'obbligo giudiziale. Se la regola di riconoscimento impone un obbligo sui giudici nei casi controversi, così come sostiene Dworkin, l'obbligo può essere spiegato solo se la regola è una regola normativa la cui capacità di imporre un obbligo non dipende dalla convergenza diffusa della condotta o delle opinioni. Il punto essenziale dell'argomento può essere espresso in termini più o meno forti. Si può dire semplicemente che nei casi controversi gli obblighi esistono ed il giuspositivismo non è in grado di renderne conto; ovvero si può presentare il punto essenziale nei termini della teoria del diritto naturale come la tesi secondo la quale gli obblighi esistenti sono riconducibili alla moralità critica piuttosto che ad una pratica convenzionale.

Il punto essenziale dell'argomento morale è che i giudici, quando sono chiamati a risolvere i casi difficili, sembrano fare affidamento su principi della moralità politica piuttosto che su una pratica sociale convergente. Sembra che i giudici credano di avere l'obbligo di risolvere tali controversie e, cosa più importante, che il loro dovere di risolverle in un modo piuttosto che in un altro dipenda dai principi della morale cui essi si appellano.

IV. *Convenzione e controversia*

È possibile replicare a ciascuna delle obiezioni alla teoria della regola sociale[11]. Si consideri in prima istanza l'argomento del *pedigree*, cioè la tesi secondo la quale una regola di riconoscimento che fa riferimento alla morale – che presenta una clausola C_1 soddisfatta da qualche norma – sarà controversa e, dunque, non può essere una regola sociale di riconoscimento. Si immagini, che la clausola contenuta nella regola

[11] Vi sono due modi in cui è possibile interpretare la nozione di regola sociale. Secondo una interpretazione, non ogni regola di riconoscimento sarebbe una regola sociale; secondo un'altra, ogni regola di riconoscimento lo sarebbe. Seguendo l'uso di questa nozione accolto sia da Hart sia da Dworkin, una regola sociale è determinata dal comportamento. Essa non può essere formulata in assenza di una pratica, e la natura della pratica determina l'ambito di applicazione della regola e l'ampiezza dei doveri che essa impone. La regola che gli uomini devono togliersi il cappello quando entrano in chiesa è una regola sociale in questa accezione. Tuttavia, non ogni regola di riconoscimento è una regola sociale in questa accezione per due ragioni. In primo luogo, almeno in alcuni sistemi giuridici, il contenuto della regola può essere determinato prima che esista una pratica appropriata. Ad esempio, la formulazione della Costituzione degli Stati Uniti non presupponeva l'esistenza dell'appropriata pratica giudiziale: essa ha preceduto la pratica. Senza dubbio, le ambiguità e le altre incertezze presenti nella regola vengono eliminate attraverso la pratica giudiziale; nondimeno, la forma generale e la natura della regola sono state determinate senza prendere in considerazione la pratica. In secondo luogo, laddove la contrapposizione rilevata da Dworkin tra teoria della regola sociale e teoria della regola normativa è imperniata sul modo in cui le regole giuridiche producono obblighi, la regola di riconoscimento non è in se stessa una regola che impone obblighi. Possiamo formulare una nozione più ampia di regola sociale. In questa seconda accezione, una regola sarà una regola sociale se la sua esistenza o la sua autorità dipende, in parte, dall'esistenza di una pratica sociale. In questo caso, la condizione non è che la corretta formulazione della regola sia determinata dalla pratica. Piuttosto, la tesi è che l'autorità della regola dipende dall'esistenza di una pratica. La regola in se stessa può essere determinabile, almeno in termini generali ed in alcuni momenti storici, senza prendere in considerazione la pratica. Tuttavia, in assenza della pratica, la regola è vuota in quanto non è in grado di fornire giustificazioni per l'azione. In breve, la sua normatività dipende dalla pratica, sebbene non è necessario che il suo contenuto sia da questa determinato. Per il giuspositivismo, ogni regola di riconoscimento è una regola sociale in questa accezione.

di riconoscimento stabilisca che "è diritto tutto ciò che è moralmente corretto". La controversia tra i giudici non riguarda il contenuto della regola di riconoscimento in se stessa. La controversia verte su quali sono le norme che soddisfano i criteri previsti dalla regola di riconoscimento. La divergenza nel comportamento dei funzionari, esemplificato dal fatto che essi identificano *standard* differenti come *standard* giuridici, non determina il loro fallimento nell'accettare la medesima regola di riconoscimento. Al contrario, i giudici accettano le medesime condizioni di verità per le proposizioni normative, vale a dire che il diritto si fonda sulla verità morale. Essi sono in disaccordo su quali proposizioni soddisfano queste condizioni. Sebbene possa non esservi alcun tipo di accordo su quali *standard* sono *standard* giuridici – dal momento che non c'è un criterio condiviso per determinare la verità di un principio morale – c'è un accordo assoluto tra i giudici circa il criterio di validità. Il fatto che i giudici pervengano a conclusioni differenti su qual è il diritto di una comunità non significa che essi stanno utilizzando criteri di validità differenti. Dal momento che il disaccordo su quali principi soddisfino la regola di riconoscimento presuppone che i giudici accettino la stessa regola di riconoscimento, il tipo di controversia prospettato dall'argomento del *pedigree* è compatibile con la spiegazione convenzionalista dell'autorità della regola di riconoscimento.

Si osservi, tuttavia, che qualora intendessimo la regola di riconoscimento nell'accezione epistemica, come una regola che fornisce un test affidabile per identificare il diritto, piuttosto che come una regola che determina le condizioni di verità per gli enunciati normativi, il tipo di controversia generato da una regola di riconoscimento come "è diritto tutto ciò che è moralmente corretto" sarebbe problematico, dal momento che la regola di riconoscimento in questione non sarebbe in grado di fornire un test affidabile per identificare le norme giuridiche. Ciò richiama proprio la nostra attenzione, una volta ancora, sia sull'importanza di distinguere tra le interpretazioni epistemica e semantica della regola di riconoscimento, sia sulla necessità di optare per l'interpretazione semantica di tale regola.

Anche in relazione all'interpretazione semantica, l'espressione "controversie concernenti la regola di riconoscimento" è ambigua. La controversia può vertere, come nel caso precedente, su quali norme soddisfano le condizioni di validità presentate nella regola di riconoscimento; ovvero può vertere sulle condizioni di validità presentate nella regola di riconoscimento. I casi del primo tipo sono quelli che Dworkin prevede possano sorgere da una regola di riconoscimento che include una clausola che specifica le condizioni di validità per i principi morali. Questi casi non creano problemi perché la controversia presuppone l'accordo sulla regola di riconoscimento e la sua accettazione. Al contrario, la tesi secondo la quale la regola di riconoscimento sarà controversa in alcune delle sue applicazioni particolari è esattamente la tesi secondo la quale, in alcuni casi, si manifesterà un disaccordo sul contenuto o sulla corretta formulazione della stessa regola di riconoscimento. Il problema sollevato da questi casi non è se i giudici siano d'accordo su quali norme soddisfino le condizioni previste dalla medesima regola di riconoscimento; piuttosto, il problema è se è possibile affermare che i giudici stiano applicando la medesima regola. Dal momento che la teoria della regola sociale richiede che la formulazione della regola di riconoscimento sia determinata dalla convergenza del comportamento o delle credenze, la controversia relativa alla corretta formulazione della regola comporta che la regola non possa essere una regola sociale e, dunque, non possa essere una regola di riconoscimento nell'accezione giuspositivista.

Un modo di interpretare la tesi di Dworkin è il seguente: ovunque c'è disaccordo sulla corretta formulazione di una regola, la regola non può essere una regola convenzionale o sociale. Ciò è contro-intuitivo, dal momento che tutte le regole – siano esse convenzionali o riconducibili alla morale critica – sono vaghe in certi punti e, dunque, in alcuni contesti la loro applicazione sarà controversa. Se assumiamo che Dworkin stia avanzando l'argomento che l'esistenza di una controversia è chiaramente incompatibile con l'idea di regola sociale, allora nessuna regola potrebbe essere una regola sociale. A dispetto della natura controversa di tutte le regole che dirigono il comportamento, noi siamo indubbiamente in grado di distinguere (almeno in linea di massima) le regole convenzionali da quelle la cui autorità dipende dalla loro verità.

Una lettura più benevola e plausibile di Dworkin è che egli non intende contestare l'esistenza di regole sociali. Piuttosto, la sua tesi è che le regole sociali non sono in grado di spiegare l'esistenza di obblighi che travalicano l'ambito della pratica convergente. Le regole sociali non possono render conto degli obblighi nei casi controversi. Con riferimento alla regola di riconoscimento, la teoria della regola sociale non è in grado di spiegare l'esistenza di un obbligo dei giudici di pervenire alla formulazione corretta della regola di riconoscimento in questi casi controversi. Sulla base dell'assunto che i giudici sono soggetti ad un obbligo di questo tipo, la teoria della regola sociale deve essere abbandonata. Solo un'interpretazione normativa della regola di riconoscimento può render conto dell'esistenza di un obbligo nei casi in cui le opinioni o la condotta sono divergenti; infatti, secondo la teoria normativa, l'esistenza di un obbligo non dipende dall'esistenza di una pratica convergente ma dall'esistenza di un argomento morale valido.

L'argomento di Dworkin è, schematicamente, il seguente:

1. Ogni regola di riconoscimento sarà controversa relativamente alla sua estensione e, di conseguenza, relativamente alla natura ed alla estensione degli obblighi che impone.

2. Ciononostante, i giudici, quando sono chiamati a risolvere dispute che coinvolgono aspetti controversi della regola, hanno l'obbligo, così come nei casi non controversi, di dare la risposta giusta.

3. La teoria della regola sociale, che richiede come condizione per l'esistenza di un obbligo la convergenza del comportamento, non può spiegare l'obbligo giudiziale in 2.

4. Dunque, il positivismo giuridico non può spiegare l'obbligo giudiziale in 2.

5. Dunque, solo una teoria normativa del diritto, in cui l'obbligo dei giudici dipende da argomenti morali piuttosto che dalla pratica convergente, può spiegare l'obbligo giudiziale in 2.

Come ho suggerito in precedenza, un giuspositivista potrebbe replicare negando la verità di 2, cioè negando che i giudici sono sottoposti ad un obbligo nei casi controversi in cui i comportamenti e le opinioni divergono. Hart, dal canto suo, nega 2, e sembra pervenire a questa risoluzione perché accetta 3. Che Hart neghi 2 è reso evidente dal fatto che egli caratterizza i casi di questo tipo come casi che implicano "incertezza nella regola di riconoscimento" in relazione ai quali "quello che conta è la riuscita" *. Se un giuspositivista negasse 2 per replicare alle obiezioni di Dworkin tenendo in considerazione il fatto che egli (il giuspositivista) accetta 3, sarebbe lecito accusarlo di aggirare la questione. Egli negherebbe l'esistenza di un obbligo giudiziale semplicemente perché la sua teoria non è in grado di spiegarla. Inoltre, da un punto di vista strategico, sarebbe meglio lasciare aperta la questione relativa all'esistenza di tali obblighi, piuttosto che precludere la possibilità stessa della loro esistenza come conseguenza della teoria; altrimenti, qualsiasi argomento che fosse in grado di giustificare gli obblighi di questo tipo produrrebbe l'effetto di compromettere irrimediabilmente la teoria. Si noti, tuttavia, che Dworkin si trova in una posizione analoga, dal momento che il suo argomento a favore della teoria normativa del diritto (cioè, 5) esige che i giudici siano soggetti ad obblighi in ogni possibile caso controverso (cioè, 2). La teoria della regola sociale preclude la possibilità, da un punto di vista logico, che in tali casi vi sia un obbligo giudiziale; la teoria normativa esige che tale obbligo vi sia. Entrambe queste teorie del diritto cadrebbero, qualora l'esistenza di un obbligo giudiziale nei casi controversi che coinvolgono la regola di riconoscimento fosse una caratteristica contingente del diritto. In altre parole, se si riscontra che in alcuni sistemi giuridici i giudici hanno l'obbligo di pervenire ad una determinata formulazione della regola di riconoscimento quando insorge una controversia su quale sia la sua formulazione corretta, mentre in altri sistemi giuridici non esiste alcun obbligo del genere ed i giudici sono liberi di esercitare la loro discrezionalità – almeno sino a quando l'una o l'altra formulazione non prende il sopravvento – cadrebbero tanto la teoria che preclude la possibilità dell'esistenza di obblighi giudiziali in tutti i casi controversi, quanto quella che implica logicamente tali obblighi.

Negare l'esistenza degli obblighi sui quali Dworkin richiama l'attenzione è una strategia che non paga per il giuspositivista. Una alternativa potrebbe essere quella di riconoscere che l'obbligo c'è in alcuni casi, e allo stesso tempo abbandonare la teoria della regola sociale – secondo la quale la natura e l'estensione di un obbligo sono completamente determinate dalla pratica convergente – in favore di qualche altra teoria relativa al modo in cui le regole convenzionali o sociali producono obblighi. Questa è una linea argomentativa promettente che non sono pronto a discutere in questa sede. Tuttavia, ritengo che la riflessione sulle convenzioni presentata nel brillante libro di David Lewis, *Convention*[12], potrebbe fornire le fondamenta teoriche

* N.d.t. Traduco così, seguendo la traduzione italiana di *The Concept of Law*, l'espressione inglese "*all that succeeds is success*" che, per l'appunto, Coleman riprende da Hart. Ciò che Hart intende dire è che, nel caso di controversie che riguardano la regola di riconoscimento, quello che conta è che i giudici ottengano "che la loro autorità di deciderle sia accettata dopo che le questioni sono sorte e che la decisione è stata presa". Cfr. H.L.A. HART, *The Concept of Law*, Oxford University Press, London, 1961, trad. di M. Cattaneo, *Il concetto di diritto*, Einaudi, Torino, 1965, p. 180.

[12] D. LEWIS, *Convention. A Philosophical Study*, Basil Blackwell, Oxford, 1969.

per un'alternativa alla teoria corrente della regola sociale. In breve, l'idea è che gli obblighi imposti dalle regole sociali o dalle convenzioni sono il risultato di aspettative che derivano dagli sforzi di coordinare il comportamento. Le aspettative protette e garantite possono estendersi oltre l'area della pratica convergente e, in questo caso, gli obblighi prodotti da una regola sociale potrebbero coprire i casi controversi così come i casi non controversi[13].

Un'altra strategia alternativa, quella che ho tentato di percorrere io, segue la teoria della regola sociale nel restringere l'obbligo imposto da una regola convenzionale all'area della pratica convergente. Secondo questa prospettiva, se si manifesta una controversia relativa alla stessa regola di riconoscimento, non segue che i giudici sono liberi di esercitare discrezionalità quando propongono una formulazione della regola. Ciò che rileva non è se sussiste una controversia, ma se esiste una pratica condivisa dai giudici per risolvere la controversia in un determinato modo. E per stabilire se una pratica di questo genere esiste, non guardiamo alla regola di riconoscimento – le cui condizioni di validità si presume essere controverse – ma alla regola sociale istituita dal comportamento dei giudici quando applicano la regola di riconoscimento. L'esistenza di un obbligo dipenderà, in parte, dal fatto che i giudici abbiano o meno sviluppato una pratica sociale accettata che impone di risolvere queste controversie in un certo modo.

Supponiamo che i giudici, nell'applicare la regola di riconoscimento, abbiano sviluppato una pratica per risolvere i casi di applicazione controversa di tale regola. Supponiamo inoltre che in alcuni sistemi giuridici – ad esempio negli Stati Uniti ed in Inghilterra – i giudici risolvano nel complesso tali controversie, come Dworkin ritiene che essi facciano, avanzando argomenti di principio; così che i giudici, per decidere, ad esempio, se, e sino a che punto, la *Supreme Court* può controllare la costituzionalità della legislazione federale, avanzano argomenti basati su principi della moralità politica, quali, ad esempio, la separazione dei poteri e così via. Secondo Dworkin, ci troveremmo di fronte ad una controversia relativa alla stessa regola di riconoscimento che i giudici dovrebbero risolvere nel modo appropriato; e l'obbligo dei giudici promanerebbe dai principi della morale che esprimono l'argomento migliore. Questa è l'essenza dell'argomento che ho chiamato "argomento morale", il quale mostrerebbe che la regola di riconoscimento è una regola normativa e non una regola sociale.

Per il giuspositivista tradizionale, ci troveremmo di fronte ad un caso in relazione al quale non esisteva alcun obbligo, dove quello che conta è la riuscita. Un caso in cui il ricorso da parte dei giudici ai principi della moralità politica implica necessariamente l'esercizio di discrezionalità.

Entrambe queste posizioni sono errate. Se, come ritiene Dworkin, i giudici come regola generale guardano ai principi morali per risolvere gli aspetti controversi della regola di riconoscimento, allora esiste una pratica da loro condivisa per risolvere le

---

[13] Gerald Postema ha tentato di articolare un'alternativa alla teoria della regola sociale che è profondamente influenzata dalla teoria delle convenzioni di Lewis. Cfr. G.J. POSTEMA, *Coordination and Convention at the Foundations of Law*, in "Journal of Legal Studies", 11, 1982, pp. 165 ss.

questioni controverse inerenti alla regola di riconoscimento in questo modo; cioè nel modo indicato ai giudici statunitensi e britannici dall'argomento morale. Se questa è, di fatto, la pratica dei giudici nelle democrazie costituzionali come le nostre – come deve essere se si vuole prendere sul serio gli argomenti di Dworkin – e se la pratica è accettata criticamente dai giudici, allora c'è un dovere giuridico anche nei casi controversi: un dovere che non deriva dai principi richiamati dai giudici (come sostiene Dworkin) ma dalla accettazione, da parte di questi ultimi, della pratica di risolvere tali controversie adducendo argomenti morali sostanziali. Ciò che tutti gli argomenti di Dworkin mostrano effettivamente è che i giudici hanno accettato criticamente la pratica in base alla quale il miglior argomento morale vince; e questo spiega sia il loro ricorso ai principi morali sostanziali sia, al contrario di ciò che ritiene il giuspositivista tradizionale, il loro dovere di agire in questo modo.

Ciò che, secondo Dworkin, è un elemento di prova a sostegno della teoria normativa della regola di riconoscimento – vale a dire, il ricorso generale e diffuso ai principi morali per risolvere le controversie inerenti ad essa – è, secondo me, un elemento di prova a sostegno dell'esistenza di una pratica sociale tra i giudici per risolvere tali controversie in un modo specifico; una pratica che determina parte della regola sociale relativa al comportamento giudiziale. Pertanto, il ricorso all'argomento morale sostanziale è perfettamente compatibile con la spiegazione convenzionalista del diritto.

Sostenere che il ricorso all'argomento morale è compatibile con la spiegazione convenzionalista non è un argomento risolutivo a sostegno di questa spiegazione, dal momento che il ricorso all'argomento morale come mezzo di risoluzione delle controversie è compatibile anche con la teoria normativa del diritto. Si potrebbe sostenere, tutt'al più, che il mio argomento mostra soltanto che gli argomenti di Dworkin, che dipendono sia dalla natura controversa del diritto sia dal ricorso ai principi morali per risolvere le controversie, non sono in grado di scalzare il positivismo giuridico. Abbiamo bisogno di ragioni ulteriori per scegliere tra la teoria normativa e la teoria convenzionalista del diritto.

Dworkin ha ritenuto che la "prova del fuoco" per il giuspositivismo consistesse nell'essere o meno in grado di spiegare il comportamento giudiziale nei sistemi giuridici, quali quelli statunitense ed inglese, in cui sia i potenziali litiganti sia i giudici credono che le dispute che nascono a causa di aspetti controversi della regola di riconoscimento debbono essere risolte, non esercitando discrezionalità, ma ricorrendo ad un argomento di principio. Tutti gli argomenti di Dworkin avallano la tesi che il giuspositivismo non è in grado di render conto né delle aspettative dei litiganti né del comportamento dei giudici, in quanto il giuspositivismo ritiene che si eserciti discrezionalità ogniqualvolta insorge una controversia. Se la controversia riguarda una regola subordinata alla regola di riconoscimento, il giuspositivismo ritiene che si eserciti discrezionalità in virtù della teoria del linguaggio che adotta, teoria del linguaggio che attribuisce molta importanza alla distinzione tra gli usi dei termini generali che ricadono nel "nucleo di certezza" e quelli che ricadono nella "zona di penombra". Se la controversia riguarda la regola di riconoscimento stessa, il giuspositivismo ritiene che si eserciti discrezionalità in quanto la regola di riconoscimento è una regola sociale determinata dal comportamento dei giudici; e una regola sociale può imporre un obbligo solo nella misura in cui il comportamento converge, cioè, solo in assenza di controversia. Ho sostenuto, in contrasto con Dworkin, che il giuspositivismo è in grado, in realtà, di render conto degli obblighi dei giudici nelle applicazioni controverse della regola di riconoscimento, dal momento che l'esistenza di una controversia non preclude l'esistenza di una pratica conforme relativa alla sua risoluzione. Se ho ragione, né l'esistenza di controversie, né il ricorso, in alcuni sistemi giuridici, all'argomento morale come elemento necessario per la loro risoluzione, sono incompatibili con il giuspositivismo che considera il diritto come convenzione. Qual è dunque la prova del fuoco?

Affinché la teoria normativa del diritto sia corretta, i giudici debbono avere l'obbligo di risolvere le controversie relative ad ogni regola di riconoscimento possibile facendo affidamento su un argomento morale sostanziale. Questo perché la versione dworkiniana della teoria normativa implica l'esistenza di un obbligo giudiziale in tutti i casi, e perché la risoluzione delle dispute deve coinvolgere l'argomento morale. Dopotutto, se, come sostiene Dworkin, la regola di riconoscimento è una regola normativa, allora la sua autorità poggia su un argomento morale valido e la risoluzione delle controversie relative alla sua estensione richiede un argomento morale. Se i giudici facessero affidamento su qualcos'altro, l'autorità della regola di riconoscimento non dipenderebbe dalle sue qualità morali; ovvero, se essi non facessero affidamento su alcun tipo di argomento, allora in relazione a tali sistemi giuridici avremmo ragione di credere che i giudici non hanno alcun obbligo specifico di risolvere una controversia che riguarda la regola di riconoscimento.

Ritengo che la vera prova del fuoco non ruoti intorno alla domanda se il positivismo giuridico del tipo che sto proponendo io sia in grado di spiegare l'esistenza di obblighi giudiziali in relazione alle categorie di casi di cui stiamo discutendo, ma intorno alla domanda se questi obblighi costituiscano una caratteristica essenziale del diritto, caratteristica che, in ogni sistema giuridico, è imposta da un principio morale. Nella misura in cui l'esistenza di obblighi di questo tipo è una caratteristica contingente del diritto, come contingente è l'obbligo di risolvere le controversie ricorrendo all'argomento morale, la teoria normativa del diritto è una descrizione meno plausibile rispetto alla teoria convenzionalista. Per meglio dire, essa sembra palesemente falsa, dal momento che possiamo immaginare sistemi giuridici immaturi (che nondimeno sono sistemi giuridici) nei quali non si è ancora sviluppata alcuna pratica per risolvere le controversie relative alla regola di riconoscimento – dove quello che conta è la riuscita. Ovvero, potremmo immaginare che si sia sviluppata una pratica considerevolmente meno interessante per risolvere tali dispute, ad esempio il lancio di una moneta: testa, vince il convenuto; croce, vince l'attore. In relazione al primo tipo di sistema giuridico, sembrerebbe bizzarro affermare che i giudici erano giuridicamente vincolati a risolvere tali controversie (per quanto essi avrebbero potuto pur sempre esserlo moralmente), dal momento che non si è ancora sviluppata una pratica al riguardo. Infine, è probabile che una pratica del genere si sviluppi, e l'ampiezza della discrezionalità giudiziale si restringerà quando la pratica sarà generalizzata ed accettata criticamente. Come mostra il secondo esempio, non è necessario che la pratica che infine prende piede si conformi alla pratica giudiziale degli Stati Uniti e dell'Inghilterra. Sebbene la discrezionalità giudiziale si restringe quando l'ampiezza dell'obbligo giudiziale si espande, ciò può avvenire in un modo che è considerevolmente meno interessante di quanto immagina l'argomento morale; in un modo che è, di fatto, meno interessante di un sistema in cui quello che conta è la riuscita.

A differenza del positivismo giuridico tradizionale, che ha difficoltà a spiegare il comportamento giudiziale nei sistemi giuridici maturi, e della teoria normativa del diritto, che ha difficoltà a render conto dei sistemi giuridici in via di sviluppo e immaturi (per la ragione che la prima teoria esclude l'esistenza di obblighi nei casi controversi, mentre la seconda impone che tali obblighi vi siano), il giuspositivismo che considera il diritto come convenzione considera tali obblighi come una caratteristica contingente del diritto che può essere spiegata come l'esito dell'accettazione critica di una pratica per risolvere le controversie, piuttosto che come il prodotto dei principi della morale che potrebbero citare i giudici in vigenza di una pratica di un certo tipo.

V. *Conclusione*

Dworkin fa tre osservazioni corrette sulla natura controversa di alcuni *standard* giuridici.

1. Un sistema giuridico può riconoscere (e, di fatto, gli Stati Uniti e la Gran Bretagna riconoscono) alcuni *standard* come facenti parte del diritto anche se essi sono "essenzialmente controversi", nel senso che possono verificarsi disaccordi tra i giudici riguardo alla loro individuazione, e nel senso che non esiste alcuna procedura decisionale, neanche in linea di principio, che possa dimostrare quali siano effettivamente questi *standard*, e quindi estinguere i disaccordi.

2. Tra questi *standard* giuridici essenzialmente controversi vi sono i principi morali, che debbono il loro *status* di norme giuridiche al fatto di essere "veri" principi morali, sebbene la loro "verità" non possa essere dimostrata da alcun criterio condiviso.

3. La disponibilità di tali principi controversi colma le "lacune" lasciate dalle fonti ordinarie del diritto, che possono essere parzialmente indeterminate, vaghe, o confliggenti. Cosicché, almeno con riguardo alla risoluzione di controversie concernenti *standard* subordinati alla regola di riconoscimento, un giudice non deve mai esercitare un potere legislativo o la propria "discrezionalità" per colmare le lacune o rimuovere l'indeterminatezza se tali principi morali fanno parte del diritto.

In questo saggio ho distinto tre versioni del positivismo giuridico ed ho esaminato il loro rapporto con le tesi di Dworkin: 1) il "positivismo giuridico negativo", la concezione secondo la quale un sistema giuridico non deve necessariamente riconoscere come diritto *standard* morali "controversi"; 2) il "positivismo giuridico positivo che considera il diritto un fatto bruto", la concezione secondo la quale gli *standard* controversi non possono essere considerati diritto e che, pertanto, respinge le tre tesi di Dworkin; 3) il "positivismo giuridico positivo fondato sulla tesi della regola sociale", che insiste esclusivamente sullo *status* convenzionale della regola di riconoscimento, ma accoglie le tre tesi di Dworkin.

Dal momento che l'inclusione di principi morali controversi non è un elemento essenziale del concetto di diritto, gli argomenti di Dworkin secondo i quali tali principi figurano nella pratica giudiziale degli Stati Uniti e della Gran Bretagna, non consentono di falsificare la tesi davvero debole del positivismo giuridico "negativo". D'altro canto, se Dworkin ha ragione – e sono propenso a pensare che ce l'abbia – nel ritenere che talvolta i principi morali figurino nell'argomentazione giuridica, allora qualsiasi forma di giuspositivismo che ritiene che la natura del diritto sia essenzialmente non controversa, è errata. Infine, quello che ho cercato di fare è sviluppare una forma di giuspositivismo che accetti la natura controversa di parte del ragionamento giuridico, pur negando che ciò sia incompatibile con la tesi centrale e positiva della teoria secondo la quale il diritto ha sempre natura convenzionale. Se ho ragione, c'è una forma di positivismo giuridico che può rendere giustizia alle intuizioni di Dworkin e al tempo stesso rendere inoffensive le sue obiezioni.

JOSEPH RAZ

Autorità, diritto e morale *

Herbert L.A. Hart è l'erede ed il tedoforo di un'importante tradizione di ricerca della filosofia del diritto che si caratterizza per l'adozione di una prospettiva realista e non romantica. Tale tradizione guarda all'esistenza ed al contenuto del diritto come ad una questione di fatto, la cui connessione con la morale o con qualsiasi altro valore è contingente ed instabile. L'analisi hartiana del concetto di diritto è parte dell'impresa volta a demitizzare il diritto e ad instillare in esso atteggiamenti critico-razionali. Sin dalla sua lezione inaugurale ad Oxford [1], Hart si è preoccupato di dissipare la cortina filosofica in cui egli aveva trovato avviluppata tanto la cultura giuridica quanto la *jurisprudence*. In anni recenti egli ha confermato in più occasioni quanto il rifiuto dei miti moraleggianti che si erano accumulati intorno al diritto fosse cruciale nell'economia complessiva della sua opera. I suoi saggi su "Bentham e la demistificazione del diritto" e su "L'incubo ed il nobile sogno" [2] ci mostrano un Hart che condivide consapevolmente la preoccupazione benthamiana relativa all'eccessiva venerazione che è tributata al diritto nei paesi di *common law*, ed alle sue deleterie conseguenze morali. La sua paura che in anni recenti la teoria del diritto abbia nuovamente virato in quella direzione, e la sua convinzione che una parte preponderante del ruolo della teoria del diritto sia quello di gettare le fondamenta concettuali per una valutazione distaccata e potenzialmente critica del diritto, sono evidenti.

Questo atteggiamento insiste direttamente sull'annosa questione della relazione tra morale e diritto. In particolare, esso riguarda la questione se si dia mai il caso che una regola sia una regola giuridica in quanto moralmente obbligatoria, e se una regola possa mai essere inidonea a produrre un obbligo giuridico in quanto moralmente inaccettabile. Come accade spesso in filosofia, una parte rilevante della risposta a tale domanda consiste nel respingerla perché semplicistica e fuorviante, e nel sostituirla con domande più complesse circa la relazione tra valore morale e validità giuridica. Teniamo comunque presente la questione nella sua versione semplicistica: ci aiuta ad introdurre la nostra indagine.

In anni recenti sono state difese tre tesi che presentano evidenti implicazioni con

---

* Traduzione italiana di ALDO SCHIAVELLO.

[1] H.L.A. HART, *Definition and Theory in Jurisprudence*, Oxford University Press, Oxford, 1953.

[2] H.L.A. HART, *Essays on Bentham*, Oxford University Press, Oxford, 1982, cap. 1; ID., *Incubo o nobile sogno?*, *supra*, pp. 229-248.

la questione della relazione tra diritto e morale. Esse possono essere formulate brevemente, ed in una certa misura approssimativamente, nel modo seguente:

La tesi delle fonti (*Sources Thesis*): tutto il diritto è prodotto da qualche fonte.

La tesi della incorporazione (*Incorporation Thesis*): tutto il diritto o è prodotto da qualche fonte o è implicato dal diritto che è prodotto da una fonte.

La tesi della congruenza (*Coherence Thesis*): il diritto è composto da norme prodotte da una fonte unitamente alla giustificazione moralmente più convincente di tali norme[3].

Una norma è prodotta da una fonte se la sua esistenza ed il suo contenuto possono essere identificati attraverso il riferimento esclusivo a fatti sociali, senza il ricorso ad alcun argomento valutativo. Tutte e tre le tesi attribuiscono al diritto prodotto da fonti un ruolo preminente nell'identificazione del diritto. Tuttavia, mentre la parca tesi delle fonti ritiene che nel diritto non vi siano altro che norme prodotte da fonti, le rimanenti due concedono che il diritto possa essere arricchito in svariati modi da norme che non sono prodotte da fonti. Invero, la tesi della congruenza insiste sul fatto che ogni sistema giuridico comprende necessariamente al suo interno norme di quest'ultimo tipo.

L'obiettivo principale di questo saggio è quello di difendere la tesi delle fonti da alcuni usuali fraintendimenti[4] e di fornire una ragione per preferirla alle altre due. L'argomento vira sulla natura dell'autorità, che costituisce il tema del primo paragrafo. Nel secondo paragrafo viene esplicitata la rilevanza di alcune implicazioni di questa analisi per la nostra comprensione del diritto. A questo punto si passa all'esame della relazione tra queste implicazioni e le tre tesi. La connessione tra il diritto e l'autorità è utilizzata per criticare il sostegno assicurato da Ronald Dworkin alla tesi della congruenza, così come la tesi della incorporazione difesa da Hart e da altri. Il rifiuto di queste tesi conduce all'accoglimento della tesi delle fonti. Il saggio si conclude con alcune osservazioni concernenti le relazioni tra teoria del diritto, diritto e morale. L'argomento è, nel suo dispiegarsi, esplorativo piuttosto che conclusivo.

---

[3] Le formulazioni di queste tesi mirano a preservare la semplicità e la comparabilità, e pagano un prezzo in termini di accuratezza. La tesi della congruenza è quella maggiormente falsata. I suoi difensori possono insistere sul fatto che soltanto la teoria più convincente concepita in chiave olistica ci consente di interpretare in modo accurato molte tra le fonti del diritto, se non anche tutte, e di identificare il diritto prodotto da esse. Questo punto verrà ripreso in seguito.

[4] Ho difeso questa tesi anche in precedenza. Cfr. J. RAZ, *The Authority of Law. Essays on Law and Morality*, Clarendon Press, Oxford, 1979, cap. 3; ID., *Il concetto di sistema giuridico. Un'introduzione alla teoria del sistema giuridico* (1970, ed. riv. 1973), trad. ed introduzione all'edizione italiana P. Comanducci, Il Mulino, Bologna, 1977; ID., *The Problem about the Nature of Law*, in ID., *Ethics in the Public Domain. Essays in the Morality of Law and Politics (Revised Edition)*, Oxford University Press, Oxford, 1995.

I. *Autorità e giustificazione*

In generale, l'autorità può essere distinta in autorità legittima e *de facto*. Quest'ultima o afferma di essere legittima o è ritenuta essere tale, e riesce ad imporre la propria volontà su parecchi tra coloro nei confronti dei quali pretende di avere autorità, probabilmente perché la sua pretesa di legittimità è riconosciuta da molti tra coloro che sono ad essa soggetti. Tuttavia essa non necessariamente è legittima. L'autorità legittima è pratica o teoretica (o entrambe le cose). Le direttive di una persona o di una istituzione che esercita un'autorità pratica sono "ragioni per l'azione" per coloro che sono soggetti a tale autorità, mentre il parere di un'autorità teoretica è una "ragione per credere" per coloro che riconoscono l'autorità di quella persona o istituzione. Sebbene le osservazioni espresse in questa sede si applichino perfettamente anche alle autorità teoretiche, ove non diversamente indicato, userò "autorità" per riferirmi all'autorità pratica legittima. Dal momento che il nostro interesse verte sul diritto, ci occuperemo principalmente delle autorità politiche. Tuttavia non mi preoccuperò di individuare le caratteristiche specifiche di tali autorità rispetto alle autorità pratiche in generale o alle autorità giuridiche in particolare.

La distinzione tra ragioni per agire e ragioni per credere può essere sufficiente al fine di distinguere tra autorità pratiche e teoretiche, ma non consente di distinguere tra chi esercita un'autorità e le altre persone. Ogni affermazione sincera di qualsiasi individuo può essere una ragione per credere, ed ogni richiesta di chicchessia può essere una ragione per agire. Ciò che caratterizza le direttive autoritative è la loro peculiare natura perentoria. Si è tentati di dire che esse sono contrassegnate dalla loro autorevolezza. Questo carattere perentorio ha portato altri ad affermare che accettare l'autorità di qualcuno significa consegnare a questi il proprio giudizio, che accettare l'autorità è la negazione della propria autonomia morale, e così via. Alcuni hanno visto in queste presunte caratteristiche dell'autorità molto di ciò che spesso giustifica la sottomissione all'autorità. Molti di più ricavano da tali riflessioni la prova che accettare l'autorità è sbagliato, o addirittura incompatibile con lo *status* di agente morale di un individuo. Altrove[5] ho presentato una concezione dell'autorità che dà conto della sua forza perentoria e al tempo stesso chiarisce a quali condizioni potrebbe essere giusto accettare l'autorità. Consentitemi di riepilogare brevemente i punti principali di questa concezione dell'autorità. I dettagli e gli argomenti a sostegno di tale concezione non possono essere esaminati in questa sede.

Si consideri il caso di due persone che rimettono una lite nelle mani di un arbitro. Questi ha l'autorità di comporre la controversia in quanto le parti hanno convenuto di attenersi alla sua decisione. Due sono le caratteristiche che spiccano in modo particolare. In primo luogo, la decisione dell'arbitro è per i litiganti una ragione per l'azione. Essi dovrebbero fare quanto egli dice perché egli lo ha detto. Tuttavia questa ragione è collegata alle altre ragioni che si applicano al caso. Non è soltanto un'ulteriore ragione che va ad aggiungersi alle altre, una ragione da porre a fianco delle

---

[5] J. RAZ, *Authority and Justification*, in "Philosophy and Public Affairs", 14, 1985, pp. 3-29.

altre quando si tratti di valutare quale opzione è maggiormente sostenuta dalla ragione. La decisione di un arbitro dovrebbe fondarsi sulle altre ragioni, compendiarle e riflettere il risultato finale di queste. L'arbitro ha ragione ad agire in modo tale che la sua decisione rifletta le ragioni che si applicano ai litiganti. Chiamerò le ragioni del tipo di quelle che si applicano all'arbitro ragioni dipendenti. Mi riferirò inoltre alla sua decisione come ad una ragione dipendente per i litiganti. Si noti che in questa seconda accezione una ragione dipendente non è una ragione che di fatto riflette il bilanciamento delle ragioni sulle quali si basa. È una ragione che si presume che faccia questo, cioè una ragione che dovrebbe fare questo.

Ciò ci conduce direttamente al secondo tratto distintivo dell'esempio. Si presume anche che la decisione dell'arbitro rimpiazzi le ragioni dalle quali dipende. Nel convenire di rispettare la decisione dell'arbitro, i litiganti hanno convenuto di seguire il giudizio dell'arbitro circa il bilanciamento delle ragioni piuttosto che il proprio. Da quel momento in poi la sua decisione stabilirà che cosa essi dovranno fare. I giuristi dicono che le ragioni originarie si confondono nella decisione dell'arbitro o nella sentenza di una corte di giustizia che, se definitiva, diviene *res judicata*. Questo significa che non si può più, per nessun motivo, fare affidamento sull'originario fondamento dell'azione. Chiamerò una ragione che soppianta le altre una ragione preventiva (*pre-emptive reason*).

Non è che la parola dell'arbitro sia una ragione assoluta che debba essere ubbidita qualunque cosa accada. A determinate condizioni essa può essere contestata e legittimamente disubbidita. Se, ad esempio, l'arbitro fosse stato corrotto, o avesse valutato le circostanze del caso da ubriaco, ovvero se inaspettatamente saltasse fuori un nuovo elemento di prova di cruciale importanza, ciascuna parte può ignorare la decisione. Il punto è che le ragioni che potevano essere prese in considerazione per giustificare una determinata azione prima della decisione arbitrale non possono più essere prese in considerazione una volta che la decisione è presa. Si noti che non è richiesto a nessuno di reprimere i propri pensieri o le proprie riflessioni sulle ragioni che si applicano al caso, né è necessariamente interdetto alle parti di criticare l'arbitro per avere ignorato certe ragioni o per avere interpretato male il loro significato. Ciò che è precluso è soltanto di agire sulla base di qualcuna di queste ragioni.

Le due caratteristiche, dipendenza e natura preventiva, sono intimamente connesse. È proprio perché ci si aspetta che l'arbitro decida sulla base di determinate ragioni che ai litiganti è precluso di fare in seguito affidamento su tali ragioni. Essi gli hanno passato il compito di valutare tali ragioni. Se da quel momento in poi i litiganti non scartano quelle ragioni come possibili basi per la loro azione, vanificano l'essenza stessa e lo scopo dell'arbitrato. L'unico modo appropriato di riconoscere l'autorità dell'arbitro è quello di considerare la sua decisione come una ragione per l'azione che rimpiazza le ragioni sulla base delle quali si presume che egli abbia deciso.

La questione fondamentale è se l'arbitro sia un'autorità tipica, ovvero se le due caratteristiche considerate in precedenza siano peculiari dell'autorità arbitrale, e forse di poche altre, ma non siano proprie delle autorità in generale. Si potrebbe pensare, ad esempio, che l'arbitro sia l'espressione tipica delle autorità giurisdizionali, e che le autorità che potremmo chiamare legislative differiscano da queste proprio in relazione a tali caratteristiche. Si potrebbe dire che le autorità giurisdizionali siano precisamente quelle in cui il ruolo dell'autorità è quello di giudicare quali ragioni si applicano a coloro che sono soggetti al loro giudizio e di decidere di conseguenza; si presume cioè che le loro decisioni dichiarino semplicemente cosa debba essere fatto in ogni caso che venga loro prospettato. Dall'altro lato, un'autorità legislativa è un'autorità che ha il compito di fornire nuove ragioni a coloro che sono ad essa soggetti; ragioni cioè che sono nuove non semplicemente nel senso che rimpiazzano altre ragioni dalle quali esse dipendono ma nel senso di non pretendere affatto di rimpiazzare nessuna ragione. Se utilizziamo "legislativo" e "giurisdizionale" in senso ampio – continua l'obiezione – tutte le autorità pratiche possono essere ricondotte ad almeno uno di questi due modelli. Si concederà, ovviamente, che le autorità legislative agiscono sulla base di ragioni. Tuttavia le loro sono ragioni che si applicano ad esse soltanto e che non dipendono dalle, cioè non si propongono di riflettere le, ragioni che si applicano a coloro che sono ad esse soggetti.

Nonostante l'apparente plausibilità, la distinzione precedente è comunque errata. Si consideri una legge che imponga ai genitori l'obbligo di mantenere i propri figli piccoli. I genitori hanno un dovere di questo tipo indipendentemente dalla legge in questione, ed è soltanto perché essi hanno tale dovere che la legge è giustificata. Bisognerebbe addurre ulteriori argomenti per mostrare che le medesime caratteristiche ricorrono in tutte le autorità pratiche. Al posto di questi, consentitemi di riassumere in tre tesi la mia concezione dell'autorità:

la tesi della dipendenza: tutte le direttive autoritative debbono basarsi, tra gli altri fattori, sulle ragioni che si applicano ai soggetti di tali direttive e che riguardano le circostanze cui le direttive si riferiscono. Chiamerò tali ragioni, ragioni dipendenti [6].

La tesi della giustificazione normale: il modo normale e principale per stabilire che ad una persona debba essere riconosciuta autorità su di un'altra persona richiede che si mostri che la persona che si suppone essere soggetta all'autorità possa probabilmente conformarsi in modo migliore alle ragioni (ulteriori rispetto alle direttive della presunta autorità) che le si applicano se accetta le direttive della presunta autorità come autoritativamente vincolanti e cerca di seguirle, piuttosto che se tenta di seguire le ragioni che si applicano direttamente a lei [7].

---

[6] Le ragioni non dipendenti che possono essere prese in considerazione dalle autorità sono quelle che consentono loro di soddisfare in modo migliore la tesi della giustificazione normale, cioè le ragioni che fanno sì che le loro direttive riflettano in modo più rigoroso le ragioni dipendenti. In talune circostanze, il tentativo di seguire tutte le ragioni dipendenti e non altre potrebbe ritorcersi loro contro. Tutti i funzionari debbono adottare regole che non seguono nei dettagli le ragioni soggiacenti al fine di attenersi più fedelmente a queste ultime considerate nel complesso.

[7] La tesi della giustificazione normale indica soltanto le ragioni per riconoscere un'autorità. Nulla dice sulle ragioni per non riconoscerla. Queste ultime possono essere rinvenute a vari

La tesi della prevenzione: il fatto che un'autorità richieda che venga compiuta un'azione è una ragione per il suo compimento che non deve essere aggiunta alle altre ragioni pertinenti quando bisogna stabilire cosa fare, ma che deve rimpiazzare alcune tra queste.

La prima tesi e l'ultima sono la generalizzazione delle caratteristiche che abbiamo rilevato nell'esempio dell'arbitro. La tesi della giustificazione normale sostituisce l'accordo tra i litiganti che costituiva la base dell'autorità dell'arbitro. L'accordo o il consenso relativi all'accettazione di una autorità sono per lo più vincolanti solo se sussistono le condizioni del tipo di quelle previste dalla tesi della giustificazione normale.

Le prime due tesi esprimono quella che chiamerò la concezione dell'autorità come servizio (*service conception of authority*). Tali tesi attribuiscono alle autorità un *ruolo di mediazione* tra le persone e le rette ragioni che si applicano loro, così che l'autorità decide e dichiara cosa le persone dovrebbero fare tenendo conto della retta ragione. Le persone, dal canto loro, seguono i suggerimenti dell'autorità le cui decisioni rimpiazzano per loro la forza delle ragioni dipendenti. Quest'ultima implicazione della concezione dell'autorità come servizio è resa esplicita nella tesi della prevenzione. Il ruolo di mediazione dell'autorità non può essere portato a compimento se coloro che sono ad essa soggetti non orientano le proprie azioni sulla base delle sue istruzioni piuttosto che sulla base delle ragioni dalle quali si presume che tali istruzioni dipendano. Qui non è implicata alcuna obbedienza cieca all'autorità. L'accettazione dell'autorità deve essere giustificata, e questo di regola significa soddisfare le condizioni stabilite dalla tesi della giustificazione normale. Ciò chiama in causa le ragioni dipendenti, in quanto la pretesa di legittimità di un'autorità è giustificata soltanto se è probabile che l'osservanza da parte sua delle ragioni dipendenti sia più stretta rispetto a quella di coloro che sono ad essa soggetti. Al livello della giustificazione generale le ragioni escluse (*pre-empted reasons*) giocano un ruolo importante. Tuttavia, una volta che questo livello è stato superato e noi siamo interessati ad un'azione specifica, le ragioni dipendenti sono rimpiazzate dalle direttive autoritative. Conteggiare entrambe come ragioni indipendenti significa essere colpevoli di doppio conteggio.

Questa è l'intuizione che la metafora della rinuncia al giudizio tenta di catturare. Essa non palesa il potere immenso delle autorità. Piuttosto, riflette il loro ruolo limitato. Esse non esistono per introdurre considerazioni nuove ed indipendenti (sebbene quando commettono un errore e prendono le decisioni sbagliate fanno proprio questo). Le autorità dovrebbero riflettere le ragioni dipendenti nelle situazioni in relazione alle quali esse si trovano in una posizione migliore per svolgere questo compito. Esse mediano tra le ragioni ultime e le persone cui tali ragioni si applicano.

---

livelli, a seconda della natura del caso. Esse determinano quanto forti debbano essere le argomentazioni a favore del riconoscimento dell'autorità. Sarà sufficiente superare le ragioni che spingono verso il non riconoscimento.

II. *Autorità e diritto*

Assumerò che il diritto, ogni sistema giuridico vigente in qualsiasi luogo, esercita necessariamente un'autorità *de facto*. Ciò implica o che il diritto affermi di possedere un'autorità legittima o che si ritenga che il diritto eserciti un'autorità legittima, o entrambe le cose. Sosterrò che, sebbene un sistema giuridico possa non esercitare un'autorità legittima, o sebbene la sua autorità legittima possa non essere tanto estesa quanto esso pretende che sia, ogni sistema giuridico afferma di possedere un'autorità legittima. Se la pretesa di autorità è parte della natura del diritto, allora qualsiasi altra cosa il diritto sia, esso deve essere in grado di avere autorità. Un sistema giuridico può mancare di autorità legittima. Se è privo degli attributi morali richiesti per considerarlo un'autorità legittima, allora non ha alcuna legittimità. Tuttavia esso deve possedere tutte le altre caratteristiche dell'autorità, altrimenti sarebbe bizzarro affermare che pretende di avere autorità. Un sistema giuridico, per pretendere di avere autorità, deve essere nelle condizioni di averla, deve essere un sistema di un qualche tipo che sia capace in linea di principio di possedere le necessarie proprietà morali dell'autorità. Sosterrò che queste considerazioni generano un argomento convincente a favore della tesi delle fonti. Riconsideriamole passo per passo.

Ciò che il diritto rivendica per sé è reso palese dal linguaggio che adotta e dalle opinioni espresse dai suoi portavoce, cioè dalle istituzioni del diritto. La pretesa del diritto di avere autorità è rivelata dal fatto che le istituzioni giuridiche sono ufficialmente definite "autorità", dal fatto che esse ritengono di avere il diritto di imporre obblighi su coloro che sono ad esse soggetti, dalla loro pretesa che questi ultimi abbiano il dovere di essere fedeli nei loro confronti, e che debbano ubbidire al diritto così come il diritto esige di essere ubbidito (cioè in tutti i casi eccetto quelli in cui un qualche orientamento giurisprudenziale [*legal doctrine*] giustifichi la violazione di un obbligo giuridico). Anche una cattiva legge – sostiene l'inevitabile dottrina ufficiale – deve essere ubbidita per tutto il tempo in cui è in vigore, finché non sia condotta un'azione legittima per favorire e provocare una sua riforma o abrogazione. A questo punto è opportuno fare una precisazione. In diversi sistemi giuridici certe condotte sono tecnicamente illegali senza esserlo in concreto. È lasciata alle autorità preposte all'esecuzione la facoltà di astenersi dal perseguire tali condotte, o ai giudici di concedere un pieno proscioglimento. Ove politiche legalmente riconosciute indichino a tali autorità di evitare di perseguire o condannare una determinata condotta, quest'ultima non deve essere considerata illegittima se non in un senso tecnico, che è irrilevante per le nostre considerazioni.

Il fatto che il diritto pretenda di avere autorità ci aiuta in qualche modo a comprendere la sua natura, al di là dell'ovvia considerazione che il diritto avanza questa pretesa? Se tutti i sistemi giuridici esercitano necessariamente un'autorità legittima, allora possiamo concludere che essi possiedono le caratteristiche che costituiscono la concezione dell'autorità come servizio. Tuttavia è sin troppo evidente che in molti casi la pretesa del diritto di essere un'autorità legittima non può essere sostenuta. Esistono sistemi giuridici la cui autorità non può essere giustificata attraverso la tesi della giustificazione normale né in nessun altro modo. Dal momento che il diritto può non avere autorità, non è possibile sostenere che una concezione dell'autorità non possa contribuire alla nostra comprensione di ciò che esso è, eccetto che mostrandoci ciò che esso pretende di essere? Questa conclusione è come minimo prematura. Potrebbe darsi che il diritto, al fine di essere in grado di rivendicare per sé l'autorità, debba come minimo approssimarsi al bersaglio; debba cioè possedere alcune delle caratteristiche dell'autorità. Il diritto può non avere autorità. Tuttavia può non averla soltanto in determinati modi. Se è così, vi sono caratteristiche dell'autorità che il diritto deve possedere. Se è così, possiamo imparare dalla dottrina dell'autorità qualcosa sulla natura del diritto.

Si noti che nulla in questa intuizione suggerisce che tutte le caratteristiche essenziali del diritto siano caratteristiche essenziali di ogni autorità pratica. Il diritto può indubbiamente averne altre. Invero, io sto già assumendo che il diritto ne abbia altre, dal momento che non è necessario che ogni persona che ha un'autorità legittima pretenda di averla, mentre il diritto avanza necessariamente questa pretesa. Tutto quello che stiamo tentando di accertare è se alcune caratteristiche essenziali del diritto siano caratteristiche essenziali dell'autorità, che il diritto deve possedere al fine di essere in grado di avanzare la pretesa di avere autorità.

In precedenza ho suggerito che soltanto coloro che possono avere autorità possono sinceramente pretendere di averla, e, dunque, che il diritto deve essere in grado di avere autorità. Questa affermazione è così vaga che, anche se corretta, non può essere nulla più che una mossa in direzione di un argomento. Di quale argomento potrebbe trattarsi? Consideriamo il fatto che il diritto è un sistema normativo. Se non lo fosse, sarebbe inidoneo ad avere autorità pratica. Se ad esempio il diritto fosse un insieme di asserzioni sul comportamento dei vulcani, allora non solo non eserciterebbe autorità sull'azione, ma sarebbe inidoneo ad avere tale autorità. L'affermazione che un sistema normativo è per noi autoritativamente vincolante può essere falsa, ma almeno fa senso, mentre l'affermazione che un insieme di asserzioni sui vulcani determina autoritativamente ciò che dovremmo fare non fa neanche senso.

Tuttavia, non si può sostenere che una persona X ha un'autorità che non avrebbe senso attribuire ad X? L'affermazione fa senso perché noi comprendiamo ciò che essa intende comunicare, anche se sappiamo che essa non è semplicemente falsa, ma che è necessariamente, o concettualmente, falsa. Ad esempio, qualcosa che non è in grado di comunicare con le persone non può avere autorità su di esse. Gli alberi non possono avere autorità sulle persone. Tuttavia, qualcuno che ha una conoscenza incompleta di ciò che gli alberi sono, un bambino piccolo, ad esempio, può affermare che essi hanno autorità. Egli sta semplicemente sbagliando. Similmente, anche se egli è al corrente di quale sia la natura degli alberi, può fare un'affermazione insincera di quel tenore. Forse sta cercando di abbindolare un sociologo di Marte appena arrivato. Si osservi, tuttavia, che, se si comprende la natura della propria affermazione, e della persona a proposito della quale viene fatta, non si può sinceramente affermare che qualcuno che è concettualmente inidoneo ad avere autorità abbia autorità. Se dico che gli alberi hanno autorità sulle persone, voi sapreste o che la mia comprensione dei concetti di autorità o di albero è inadeguata, ovvero che sto cercando di ingannarvi (o, naturalmente, che non sto effettivamente sostenendo che gli alberi hanno autorità ma soltanto fingendo di farlo, o simulando, etc.).

Quanto detto è sufficiente al fine di mostrare che, dal momento che il diritto pretende di avere autorità, è nelle condizioni di averla. Dal momento che questa pretesa è avanzata dai funzionari ovunque sia in vigore un sistema giuridico, la possibilità che essa sia regolarmente insincera o fondata su un errore concettuale è esclusa. È possibile, ovviamente, che essa talvolta sia insincera o fondata su errori concettuali. Tuttavia, almeno in circostanze normali, il fatto che il diritto pretenda di avere autorità mostra che è nelle condizioni di avere autorità.

Perché i funzionari e le istituzioni giuridiche non possono essere vittime di errori concettuali? Una risposta è che per quanto essi possano essere occasionalmente confusi non possono esserlo sistematicamente. A causa della centralità delle istituzioni giuridiche nelle nostre strutture di autorità, le affermazioni e le concezioni di tali istituzioni sono fondate sul, e concorrono a costituire il, nostro concetto di autorità. Quest'ultimo è quello che è in parte come risultato delle affermazioni e delle concezioni delle istituzioni giuridiche. Questa risposta è valida nei casi in cui le istituzioni giuridiche stesse utilizzano il concetto di autorità. Tuttavia, può esservi diritto in società che non hanno il nostro concetto di autorità. Diciamo delle loro istituzioni giuridiche che pretendono di avere autorità perché pretendono di imporre obblighi, conferire diritti, etc. Non conoscendo il concetto, esse non possono essere confuse riguardo al suo significato, sebbene noi possiamo essere in errore quando attribuiamo loro la pretesa di avere autorità.

L'argomento degli ultimi quattro capoversi ha accertato, in primo luogo, che qualcuno può non avere autorità in quanto è inidoneo a sostenere l'autorità (sebbene anche coloro che sono in grado di avere autorità possono non averla), in secondo luogo, che, dal momento che il diritto pretende di avere autorità, è nelle condizioni di avere autorità. Vi sono due tipi di ragione per le quali si può non avere autorità. Il primo è che siano assenti le condizioni morali o normative affinché le direttive di qualcuno siano autoritative. Di regola, ciò può accadere o perché la giustificazione normale, illustrata in precedenza, non è disponibile, ovvero perché, pur essendo disponibile, non è in grado di superare le ragioni confliggenti che insistono su un caso specifico. Il secondo tipo di ragione per non avere autorità è che non si soddisfino alcune delle ulteriori precondizioni, non morali o non normative, dell'autorità; ad esempio, se non si è in grado di comunicare con gli altri.

È naturale ritenere che le condizioni non morali e non normative per avere autorità siano anche condizioni della capacità di avere autorità. L'autorità di una persona può essere negata sulla base del fatto che è moralmente incompetente o malvagia. Tuttavia, tali circostanze non comportano che essa sia inidonea ad avere autorità nel modo in cui gli alberi sono inidonei ad avere autorità. Le norme naziste potevano non essere autoritativamente vincolanti, ma erano quel genere di cosa che può essere autoritativamente vincolante, mentre le affermazioni sui vulcani non possono esserlo. La maggior parte degli argomenti sull'autorità dei governi e delle altre istituzioni ruotano intorno alla rivendicazione morale – avanzata da questi ultimi – dell'obbedienza da parte di coloro che sono ad essi soggetti. L'esistenza dei requisiti non morali è data per scontata. La discussione non comincia se non riguardo alle persone ed alle istituzioni che soddisfano queste ulteriori condizioni. Questa è la ragione per cui si ritiene che queste siano le condizioni che determinano la capacità di possedere l'autorità.

Se questa prospettiva è corretta, allora – dal momento che il diritto pretende inevitabilmente di avere autorità, e dunque di regola ha la capacità di essere autoritativo – segue che normalmente esso possiede tutti gli attributi non morali, o non normativi, dell'autorità. La parte restante del mio argomento, tuttavia, non si fonda su questa impegnativa conclusione. Ci concentreremo su due caratteristiche che devono essere possedute da qualsiasi cosa sia idonea ad essere autoritativamente vincolante. Queste due caratteristiche saranno poi utilizzate per difendere la tesi delle fonti.

È consigliabile appuntare l'attenzione sulle istruzioni o sulle direttive. Tali termini sono usati in un senso ampio che è in grado di coprire, proposizioni, norme, regole, criteri, principi, regole giurisprudenziali, e simili. In questo senso il diritto è un sistema di direttive, ed è autoritativo se è solo se le sue direttive sono vincolanti. Allo stesso modo, chiunque emana direttive ha autorità se e solo se le sue direttive sono autoritativamente vincolanti a causa del fatto che siano state emanate da lui, cioè (1) se tali direttive sono autoritative e (2) se parte della ragione per cui lo sono è che è stato lui ad emanarle.

Le due caratteristiche sono le seguenti. In primo luogo, una direttiva può essere vincolante soltanto se è, o almeno è presentata come, il punto di vista di qualcuno riguardo al modo in cui coloro che sono ad essa soggetti dovrebbero comportarsi. In secondo luogo, deve essere possibile identificare la direttiva emanata dalla presunta autorità senza fare affidamento sulle ragioni o sulle considerazioni in relazione alle quali la direttiva si propone di deliberare.

La prima caratteristica riflette il ruolo di mediazione dell'autorità. Essa è lì per agire in base a ragioni che ci riguardano in ogni caso, a causa del fatto che potremo attenerci più strettamente a tali ragioni se facciamo del nostro meglio per seguire le direttive dell'autorità piuttosto che se proviamo ad agire direttamente sulla base di queste ragioni. Pertanto, sebbene l'istruzione impartita dalla presunta autorità possa essere errata e malamente concepita, essa deve rappresentare il giudizio della presunta autorità sulle ragioni che si applicano a coloro che sono ad essa soggetti, o almeno deve essere presentata come il giudizio dell'autorità. Altrimenti non può essere un'istruzione autoritativa. Essa non riesce ad esserlo non perché è una cattiva istruzione, ma perché non è un'istruzione del tipo giusto. Si può trattare di un'istruzione data per qualche altra evenienza, o per scherzo, ovvero di un ordine o di una minaccia di un bandito che si cura e tiene conto soltanto del suo proprio bene. A rigor di termine, una direttiva o una regola, per avere la capacità di essere autoritativa, deve effettivamente esprimere il punto di vista del suo autore su ciò che coloro che sono ad essa soggetti dovrebbero fare. Tuttavia, dato che questo requisito è tale da consentire assai agevolmente l'inganno e la falsità, c'è ben poco di sorprendente nel fatto che qui si possa fare affidamento soltanto sulle apparenze, e che il concetto di autorità *de facto*, così come tutti gli altri che presuppongono la capacità di avere autorità, siano fondati su di esse. Se la regola è presentata come l'espressione di un giudizio su ciò che dovrebbero fare coloro che sono ad essa soggetti, allora ha la capacità di essere autoritativa.

Anche la seconda caratteristica è strettamente connessa al ruolo di mediazione dell'autorità. Supponiamo che un arbitro, chiamato a decidere cosa sia equo in relazione ad una situazione, abbia preso una decisione corretta. Si immagini, cioè, che vi sia un solo esito equo e che esso sia stato individuato dall'arbitro. Si immagini che alle parti coinvolte nella lite venga comunicato soltanto questo circa la decisione dell'arbitro, cioè che egli ha preso l'unica decisione corretta. Le parti riterranno di sapere poco di più circa la decisione rispetto a quello che sapevano prima. Viene fornita loro soltanto una descrizione per identificare la decisione e, peraltro, si tratta di una descrizione totalmente inutile[8]. Se le parti potevano accordarsi su ciò che era equo non avrebbero avuto bisogno dell'arbitro sin dall'inizio. Una decisione è utile solo se può essere identificata con mezzi diversi rispetto alle considerazioni il cui peso ed esito essa doveva determinare.

Questo vale per tutte le decisioni; tanto per quelle che una persona prende per se stessa, quanto per quelle che sono prese per lei da altri. Se decido quale sarebbe la migliore assicurazione sulla vita da sottoscrivere, non sarebbe utile cercare di ricordarmi della mia decisione dicendo che ho deciso di sottoscrivere la polizza che è la migliore da sottoscrivere. Significherebbe che devo decidere di nuovo al fine di sapere ciò che ho deciso in precedenza, e così la decisione precedente potrebbe bene non essere mai stata presa. Lo stesso vale per coloro che sono soggetti ad una autorità. Essi possono trarre vantaggio dalle sue decisioni solo se possono determinare l'esistenza ed il contenuto di queste ultime in modi che non richiedono che vengano sollevate le medesime questioni che l'autorità è chiamata a risolvere.

Non si potrebbe obiettare che il mio argomento presuppone che le persone conoscano la tesi della giustificazione normale e le altre tesi che l'accompagnano? A dire il vero, tale assunto non sarebbe giustificato. Né è da me sostenuto. Tutto quello che sto sostenendo è che la concezione dell'autorità come servizio è convincente, cioè che riproduce correttamente il nostro concetto di autorità. Ciò non significa assumere che le persone credano che sia così.

Vale la pena di rilevare che un insieme di condizioni alquanto simili alle due che ho presentato possono essere ricavate da un assunto molto più debole rispetto alla concezione dell'autorità come servizio che ho illustrato in precedenza. Chiamerò questo assunto, l'argomento alternativo. La premessa di tale argomento non è altro che l'assunzione secondo la quale fa parte della nostra nozione di autorità legittima che le autorità debbano agire sulla base di ragioni, e che la loro legittimità dipenda da un certo grado di successo nel fare ciò. Anche coloro che rifiutano la concezione dell'autorità come servizio accoglieranno delle condizioni simili alle due che ho presentato se accettano che la legittimità dipende dal successo (o da un certo grado di successo) nell'agire sulla base di ragioni. È evidente che questa debole assunzione è sufficiente a sostenere che soltanto ciò che è presentato come il punto di vista di qualcuno può essere una direttiva autoritativa.

Al posto della seconda condizione, vale a dire che le direttive siano suscettibili di una identificazione indipendente (cioè indipendente dalle ragioni su cui esse dovrebbero fondarsi), possono essere stabilite due condizioni più deboli. Assumerò che le

[8] Ignoro qui possibili complicazioni. Ad esempio, se le parti ritenevano che il loro fosse un genuino disaccordo su ciò che è equo in relazione al caso, l'informazione che viene loro fornita le lascia al punto in cui erano. Se sapevano entrambe che una di loro stava tentando di approfittarsi dell'altra, la risposta che viene data può essere per loro più utile.

autorità producono una differenza, cioè che il fatto che una autorità emani una direttiva modifica le ragioni di coloro che sono ad essa soggetti. Ne consegue che l'esistenza di ragioni affinché un'autorità emani una direttiva non produce, da sola – senza cioè che la direttiva sia stata effettivamente emanata – questo cambiamento nelle ragioni che riguardano coloro che sono soggetti all'autorità. Di conseguenza, l'esistenza di ragioni che stabiliscono che una determinata direttiva, qualora fosse emanata, sarebbe proprio quella che deve essere emanata, non è in grado di mostrare che una tale direttiva esiste ed è vincolante. In altre parole, la sua esistenza ed il suo contenuto non possono esclusivamente dipendere dalle ragioni che la sostengono. L'esistenza ed il contenuto di ogni direttiva dipende dall'esistenza di una qualche condizione che è essa stessa indipendente dalle ragioni a sostegno di quella direttiva. Inoltre, tale ulteriore condizione non può semplicemente consistere nel fatto che questa o quell'altra autorità abbia emanato un'altra direttiva. Spesso l'esistenza di una legge è una ragione per approvarne un'altra. Tuttavia abbiamo appena stabilito che l'esistenza di una legge non può dipendere unicamente dall'esistenza di ragioni in suo favore, ragioni che mostrano che sarebbe bene che le persone si comportassero nel modo in cui essa prescrive di comportarsi, o che sarebbe bene che il diritto richiedesse loro di comportarsi in questo modo. Pertanto, l'esistenza di una direttiva, sebbene possa mostrare che un'altra direttiva sarebbe auspicabile o giusta, non può, da sola, determinare la sua esistenza.

III. *La tesi della congruenza*

Nel precedente paragrafo è stato sostenuto che, sebbene il diritto possa non esercitare un'autorità legittima, si può imparare molto sul diritto dal fatto che esso affermi di possedere un'autorità legittima. Il diritto deve essere suscettibile di essere autoritativo. In particolare, deve essere, o deve essere presentato come, il punto di vista di qualcuno riguardo a ciò che coloro che sono ad esso soggetti dovrebbero fare, e deve essere identificabile con mezzi che siano indipendenti dalle considerazioni sulle quali l'autorità è chiamata a decidere.

È interessante rilevare che le fonti del diritto soddisfano entrambe le condizioni. Anticipando e semplificando, le tre usuali fonti del diritto, la legislazione, le decisioni giudiziali, e la consuetudine, sono in grado di essere fonti di direttive autoritative. Esse soddisfano le condizioni non morali sottese alla concezione dell'autorità come servizio. La legislazione può essere arbitraria, e può non riuscire ad ottemperare la tesi della dipendenza in molti modi. Tuttavia essa è l'espressione, o almeno è presentata come l'espressione, del giudizio del legislatore riguardo a ciò che coloro che sono a lui soggetti devono fare nelle situazioni in relazione alle quali si è legiferato. Pertanto, la legislazione può essere il prodotto del giudizio del legislatore sulle ragioni che si applicano a coloro che sono a lui soggetti. Lo stesso vale per le decisioni giudiziali. I giudici possono essere corrotti. Possono agire in modo arbitrario. Tuttavia una decisione giudiziale è l'espressione di un giudizio sulle conseguenze giuridiche del comportamento dei litiganti. Essa è presentata come un giudizio sul modo in cui le parti, e tutti gli altri che si trovano nelle medesime circostanze, dovrebbero comportarsi. Altrettanto si può dire della consuetudine. Essa generalmente non è prodotta da persone che si prefiggono di creare diritto. Tuttavia, difficilmente essa può evitare di riflettere il giudizio della massa della popolazione su come le persone dovrebbero agire quando si verificano le circostanze del caso. Il diritto che scaturisce da qualche fonte può essere conforme alla tesi della dipendenza. Esso dunque soddisfa la prima delle nostre condizioni che sono implicate dal fatto che il diritto pretende di avere autorità.

Le fonti del diritto soddisfano anche la seconda delle nostre due condizioni, dal momento che possono essere identificate in modi che non fanno affidamento sulle considerazioni in relazione alle quali esse devono decidere. Una legge che regola l'imposta sul reddito deve decidere qual è la contribuzione equa dei fondi pubblici che deve essere sostenuta dall'imposta. Per stabilire il contenuto della legge, tutto quello che si deve fare è accertare che la promulgazione della legge abbia avuto luogo, e che cosa la legge dica. Per fare questo non è richiesto molto di più che la conoscenza dell'inglese (compreso l'inglese tecnico-giuridico), e degli avvenimenti che hanno avuto luogo in Parlamento in alcune occasioni. Non è necessario prendere in considerazione alcun punto di vista sull'equa contribuzione ai fondi pubblici.

Come è stato rilevato in precedenza, tutte e tre le tesi rivali – la tesi della congruenza, la tesi dell'incorporazione e la tesi delle fonti – sono concordi nell'attribuire un rilievo particolare al diritto prodotto da fonti. La precedente descrizione semplificata della legge che regola l'imposta sul reddito illustra come aspetti centrali del diritto possano essere compatibili con la concezione dell'autorità come servizio e con le due necessarie caratteristiche del diritto che essa implica e come tali aspetti possano acquisire un significato peculiare dall'una e dalle altre. Da ciò non segue che queste siano le ragioni normalmente addotte a sostegno della centralità del diritto prodotto da fonti. La tesi della congruenza esprime una concezione del diritto che è quantomeno indifferente alle considerazioni abbozzate in precedenza. Ho caratterizzato tale tesi come la posizione secondo la quale il diritto è composto da norme prodotte da fonti unitamente alla migliore giustificazione morale delle norme prodotte da fonti. Ciò può apparire come un tremendo miscuglio di elementi disparati. Tuttavia non è necessariamente così. Nelle mani del suo miglior avvocato, Dworkin, questa tesi esprime una concezione del diritto autorevole ed interessante.

La concezione del diritto di Dworkin, espressa in vari articoli nel corso di molti anni, non è semplice da ricostruire. Alcuni aspetti di dettaglio, che nondimeno sono essenziali in vista della sua interpretazione, continuano ad essere poco chiari. Molti lettori del rinomato saggio di Dworkin "Casi difficili" (1975) *, hanno reputato che esso esprimesse una visione del diritto che può essere riassunta nel modo seguente:

> Per stabilire il contenuto del diritto di un determinato paese, prima si individuano quali sono le fonti valide del diritto in quel paese, e poi si esamina una que-

* N.d.t. Il riferimento è a R. Dworkin, *Hard Cases*, in "Harvard Law Review", 88, 1975, pp. 1057-1109, ripubblicato in Id., *Taking Rights Seriously*, Duckworth, London, 1977, pp. 81-130 (trad. it. di F. Oriana, *I diritti presi sul serio*, Il Mulino, Bologna, 1982, pp. 171-237).

stione fondamentale: assumendo che tutte le norme giuridiche che sono mai state prodotte attraverso queste fonti e che sono ancora in vigore siano state prodotte da un individuo determinato, in una determinata occasione, ed in conformità con una concezione completa e coerente della moralità politica (cioè di quella parte di una teoria morale che riguarda le azioni delle istituzioni politiche), qual è questa moralità?

Secondo questa lettura del pensiero di Dworkin, la risposta a questa domanda fondamentale e tutto ciò che essa implica, in combinazione con altre premesse corrette, coincide con il diritto. La domanda fondamentale può rimanere senza risposta per due opposte ragioni, e Dworkin complica il suo resoconto al fine di prenderle entrambe in considerazione. In primo luogo, possono esservi divergenze all'interno di un sistema giuridico che impediscono che esso si conformi ad una qualche concezione coerente della moralità politica. Per risolvere questo problema, Dworkin ammette che la risposta alla domanda fondamentale possa essere individuata nella concezione della moralità politica alla quale si conformano tutte le norme giuridiche con l'eccezione di un piccolo numero di norme confliggenti. In secondo luogo, ci può essere più di una concezione della moralità politica che soddisfa la condizione posta dalla domanda fondamentale (specialmente se si tiene conto della concessione fatta da Dworkin per fare fronte al primo problema). In questo caso, Dworkin assume che il diritto coincida con la concezione della moralità politica che si configura, da un punto di vista morale, come la teoria migliore. Cioè quella che si approssima di più alla concezione ideale, corretta, o vera della moralità.

Nella sua "Replica a sette critici" (1977) *, Dworkin ritorna sulla questione della natura del diritto. Ivi Dworkin avanza una risposta, che egli stesso ritiene essere eccessivamente diretta, e che può essere compendiata attraverso una differente domanda fondamentale:

> Per stabilire il contenuto del diritto di un determinato paese, prima si individuano quali sono le fonti valide del diritto in quel paese, e poi si esamina una questione fondamentale: qual è il cambiamento minore che bisogna consentire nella concezione corretta o giusta della moralità politica al fine di produrre una teoria morale, verosimilmente meno che perfetta, che spieghi in modo compiuto la storia giuridica di quel paese, a partire dall'assunto che essa sia il prodotto di un'unica concezione della moralità politica?

Questa (verosimilmente meno che perfetta) concezione della moralità politica coincide con il diritto. Entrambe le domande fondamentali dipendono da un'interazione tra due dimensioni. La prima è la conformità con la morale ideale, la seconda è la capacità di spiegare la storia giuridica del paese. La nuova domanda fondamentale si distingue dalla precedente sotto due importanti aspetti. In primo luogo, la sua

---

* N.d.t. Il riferimento è a R. DWORKIN, *Seven Critics*, in "University of Georgia Law Review", 11, 1, 1977, pp. 201-267.

condizione di adeguatezza (*fit condition*) abbraccia tutta la storia giuridica del paese. Rientrano nel quadro anche le leggi promulgate nel tredicesimo secolo ed abrogate cinquanta anni dopo. Vanno considerate anche queste leggi quando si misura il grado di adeguatezza ai fatti di una concezione della moralità politica. Il criterio precedente faceva riferimento soltanto al diritto ancora in vigore. Era rilevante soltanto l'adeguatezza rispetto a quest'ultimo. In secondo luogo, la nuova domanda fondamentale attribuisce un peso minore alla condizione di adeguatezza. Il diritto non coincide più con la concezione della moralità politica che meglio concorda con i fatti, in quanto la morale ideale interviene proprio ad interrompere questo legame. L'adeguatezza (un non meglio precisato livello di adeguatezza) adesso rappresenta una sorta di criterio limite flessibile. Tra le (verosimilmente numerose) concezioni della moralità politica che soddisfano tale criterio, soltanto quella che più si avvicina alla morale corretta è diritto.

Esito ad attribuire a Dworkin entrambe le tesi. I saggi non sono sufficientemente chiari su alcune delle questioni rilevanti; inoltre, il suo pensiero può avere imboccato una direzione alquanto diversa dopo che questi articoli furono scritti. Fortunatamente, ai nostri fini non è rilevante determinare quale sia la formulazione corretta della domanda fondamentale. Il pensiero di Dworkin è chiaro quanto basta per rivelare che le sue idee ispiratrici sono due. In primo luogo, che le decisioni dei giudici, tutte le loro decisioni, sono basate su considerazioni di moralità politica. Ciò è riconosciuto prontamente in relazione ai casi in cui le norme pertinenti prodotte da fonti sono indeterminate o confliggono tra loro. Dworkin sostiene che lo stesso vale per i casi ordinari che implicano, ad esempio, una semplice interpretazione della legge o invero la decisione se applicare o meno la legge. Ciò non significa che ogni volta che i giudici applicano le leggi tengono in considerazione e riconfermano la loro fiducia nella democrazia rappresentativa, o in qualche altra dottrina della moralità politica dalla quale segua che essi dovrebbero applicare queste leggi. Significa semplicemente che essi mostrano di credere che una tale dottrina esista. Le loro decisioni sono decisioni morali in quanto esprimono una posizione morale. Un giudice coscienzioso crede realmente nell'esistenza di una dottrina valida, di una concezione della moralità politica, che sostiene la sua azione.

Se interpreto correttamente la prima idea centrale di Dworkin, ed essa è come l'ho appena presentata, allora la condivido in pieno. Non sono altrettanto sicuro riguardo la sua seconda idea centrale. Si tratta dell'idea secondo cui i giudici hanno un dovere, che talvolta egli chiama dovere di responsabilità professionale, che richiede loro di rispettare ed estendere la moralità politica del proprio paese. Per dirla in modo diretto, Dworkin ritiene che la morale (cioè la morale corretta o ideale) richieda ai giudici di applicare le regole giuridiche del proprio paese che sono prodotte da fonti, e, ove esse confliggano o siano indeterminate, di decidere i casi attraverso quei criteri di moralità politica che permeano il diritto prodotto da fonti, criteri che "fanno senso" se il diritto è l'espressione di una prospettiva morale congruente.

Si osservi quanto questa seconda idea sia di ampia portata. Molti ritengono che il diritto del proprio paese, sebbene imperfetto, debba essere rispettato. Esso dispone di ragionevoli strumenti costituzionali per il suo sviluppo. Quando è richiesta una riforma, essa deve essere realizzata attraverso strumenti giuridici. Per i più, questa credenza dipende in larga misura dal contenuto del diritto. Essi negheranno che le leggi della Germania nazista meritassero di essere rispettate. L'obbligo, previsto da Dworkin, della responsabilità professionale è diverso. Esso si applica ad ogni sistema giuridico per il solo fatto di essere un sistema giuridico, a prescindere dal suo contenuto. Inoltre, si tratta di un obbligo di ubbidire non soltanto alla lettera della legge ma anche allo spirito. Ai giudici è richiesto di decidere i casi nei confronti dei quali il diritto prodotto da fonti è indeterminato, o include conflitti non risolti, in conformità con lo spirito prevalente che sta dietro il corpo del diritto. Ciò richiederebbe ad un giudice sudafricano di usare il suo potere per estendere l'*apartheid*.

Problemi come questi hanno portato all'indebolimento dell'elemento dell'adeguatezza nella seconda formulazione della domanda fondamentale. Ma in fin dei conti essi indeboliscono anche il dovere di responsabilità professionale. C'è un'attraente semplicità nel sostenere che la morale richieda ad ogni persona che aderisce ad un'istituzione di rispettare sia la sua lettera sia il suo spirito. Se questo semplice precetto non si applica ai giudici in questa forma, se il rispetto che essi debbono alla loro istituzione, il diritto, è indebolito nel passaggio dalla forma pura in cui tale dovere è presentato nella prima domanda fondamentale alla forma che viene adottata nella seconda, allora si smarrisce la motivazione teoretica per un tale dovere, quantomeno se esso significa qualcosa di più dell'affermazione secondo cui si devono rispettare le istituzioni giuridiche di un determinato paese in quanto la loro struttura e le loro azioni meritano un tale rispetto, o nella misura in cui lo meritino.

Queste sono alcune delle perplessità che solleva la seconda idea centrale di Dworkin. Le mie formulazioni delle due idee centrali (e delle perplessità relative alla seconda) sono semplici abbozzi. La loro funzione è quella di presentare per sommi capi una concezione del diritto che attribuisce al diritto prodotto da fonti un ruolo preminente nella descrizione del diritto su basi diverse rispetto a quelle illustrate nel paragrafo precedente. È facile notare che la concezione del diritto di Dworkin contraddice le due caratteristiche necessarie del diritto a sostegno delle quali si è argomentato in precedenza. In primo luogo, secondo Dworkin possono esistere norme giuridiche che non sono l'espressione del giudizio di nessuno su cosa devono fare coloro che sono ad esse soggetti, e che non sono neanche presentate come l'espressione di un tale giudizio. Il diritto include la giustificazione migliore delle norme prodotte da fonti, per usare di nuovo la breve descrizione avanzata in relazione alla tesi della congruenza, di cui le due domande fondamentali di Dworkin rappresentano due diverse interpretazioni. La giustificazione migliore, o alcuni suoi aspetti, possono non essere mai stati presi in considerazione da nessuno, e tantomeno approvati. Dworkin richiama la nostra attenzione su questo fatto quando dice che c'è bisogno di un Ercole per stabilire qual è il diritto. Né, secondo Dwokin, la giustificazione migliore del diritto è costituita dalle conseguenze implicite della concezione della moralità politica che ha effettivamente ispirato le attività delle istituzioni giuridiche. Egli è consapevole del fatto che molte concezioni della morale differenti e tra loro incompatibili hanno influenzato governi diversi e i loro funzionari nel corso dei secoli. La sua giustificazione migliore può ben essere una giustificazione che non è mai stata accolta, nemmeno nei suoi precetti fondamentali, da nessuno che fosse al potere. Buona parte del diritto di ogni paese può, secondo Dworkin, essere sconosciuto. Eppure esso è già vincolante, mentre è lì in attesa di essere scoperto. Pertanto, esso non è, né è presentato come, il giudizio di qualcuno su ciò che devono fare coloro che sono soggetti al diritto.

In secondo luogo, l'identificazione di buona parte del diritto dipende, seguendo l'analisi di Dworkin, proprio da quelle considerazioni su cui il diritto è chiamato a prendere posizione. Questo aspetto della sua teoria è valorizzato dalla sua seconda domanda fondamentale, ma fa una timida apparizione anche nella prima. Stabilire qual è il diritto implica un giudizio su ciò che dovrebbe essere. Si immagini una questione inerente alla materia tributaria in relazione alla quale il diritto prodotto da fonti è indeterminato. Alcuni sostengono che in una situazione di questo tipo non c'è diritto sul punto in discussione. I giudici debbono domandarsi quale dovrebbe essere la normativa e decidere di conseguenza. Se esiste una corte di grado superiore la cui decisione riveste il ruolo di precedente vincolante, attraverso la sua decisione essa avrà prodotto una nuova norma. Dworkin, dall'altro lato, sostiene che il diritto sulla questione esiste già. Esso consiste nella giustificazione migliore delle norme prodotte da fonti. Quindi, i giudici, al fine di stabilire quale sia l'obbligo contributivo previsto dal diritto, debbono approfondire la questione relativa a quale sarebbe un'equa normativa fiscale e a qual è la modifica minima in tale normativa che consentirà al diritto prodotto da fonti di conformarsi ad essa. Ciò viola la seconda caratteristica del diritto a sostegno della quale si è argomentato in precedenza.

È importante comprendere che il disaccordo che sto cercando di determinare non riguarda il modo in cui i giudici dovrebbero decidere i casi. Commentando la seconda idea centrale di Dworkin ho espresso dei dubbi in relazione alla sua posizione a questo riguardo. Tuttavia essi sono qui del tutto irrilevanti. Lasciatemi pertanto assumere che il dovere, previsto da Dworkin, di responsabilità professionale sia valido e che il suo parere rivolto ai giudici su come decidere i casi sia fondato. Permane ancora tra noi un disaccordo relativo a quello che i giudici fanno quando seguono il suo parere. Entrambi assumiamo che essi seguano la morale corretta, ma essi seguono anche il diritto o producono diritto? Qui il mio disaccordo con Dworkin è che egli, nel dire che i giudici seguono il diritto preesistente, fa sì che l'identificazione di una normativa fiscale, ad esempio, dipenda da una decisione su quale sarebbe una normativa fiscale moralmente giusta, dipenda cioè proprio da quelle considerazioni che si ritiene siano state autoritativamente composte dalla normativa fiscale.

Per ragioni similari la teoria di Dworkin viola le condizioni dell'argomento alternativo, argomento che si fonda semplicemente sul presupposto molto debole che le autorità dovrebbero agire sulla base di ragioni e che la validità delle direttive autoritative dipende da un certo grado di successo nel fare ciò. Questo presupposto conduce alla medesima prima condizione, cioè quella secondo la quale il diritto deve essere presentato come il punto di vista del legislatore su quali siano le ragioni corrette. Come abbiamo appena visto, l'argomento di Dworkin viola questa condizione. Egli viola anche l'ulteriore condizione fissata dall'argomento alternativo, secondo la quale la validità di una legge non può derivare esclusivamente dalla desiderabilità di tale legge alla luce dell'esistenza di altre leggi. La teoria di Dworkin sostiene che almeno alcune delle leggi che sono desiderabili o corrette tenuto conto del diritto prodotto da fonti sono già giuridicamente vincolanti.

Si deve concludere che la teoria di Dworkin è incompatibile con la natura autoritativa del diritto. Cioè, essa non rende conto del fatto che il diritto pretende necessariamente di avere autorità e che, quindi, deve essere nelle condizioni di possedere un'autorità legittima. Per fare questo, il diritto deve ricoprire, come tutte le autorità, un ruolo di mediazione tra i precetti morali e la loro applicazione da parte degli individui come guida della loro condotta. È questo ruolo di mediazione dell'autorità che è negato al diritto dalla concezione del diritto di Dworkin.

IV. *La tesi della incorporazione*

Il problema che abbiamo individuato in relazione alla tesi della congruenza consisteva nel fatto che, sebbene essa assegni al diritto prodotto da fonti un ruolo preminente nella sua descrizione del diritto, non riesce a cogliere la singolare connessione tra il diritto prodotto da fonti e la pretesa del diritto di avere autorità e, in definitiva, che è incompatibile con tale pretesa. Essa rescinde il legame essenziale tra il diritto e le opinioni su quale sia l'azione corretta, opinioni presentate a coloro che sono ad essi soggetti da coloro che rivendicano il diritto di guidare il loro comportamento. Sotto questo aspetto, la tesi dell'incorporazione sembra essere in vantaggio. Essa considera come diritto, il diritto prodotto da fonti e gli *standard* riconosciuti come vincolanti dal diritto prodotto da fonti. L'approvazione di coloro che rivendicano un diritto a legiferare è un prerequisito affinché una regola possa essere una regola del diritto. Pertanto, la pretesa del diritto di avere autorità sembra essere compatibile con la tesi dell'incorporazione[9].

Devo subito aggiungere che molti sostenitori della tesi dell'incorporazione non utilizzano, in sua difesa, l'argomento precedente; né interpretano in quel modo la centralità, nella loro concezione del diritto, del diritto prodotto da fonti. Essi ritengono che la tesi dell'incorporazione sia sostenuta da, e sia necessaria per, una versione della tesi sulla separabilità tra diritto e morale. Jules Coleman, ad esempio, si preoccupa di negare che vi sia "una connessione necessaria tra diritto e morale"[10]. Egli, sbagliando, identifica questa tesi con un'altra: "la tesi della separabilità si risolve nell'affermazione secondo la quale esiste almeno una regola di riconoscimento possibile (e, dunque, un sistema giuridico possibile) che non indica la 'verità come principio morale' tra le condizioni di verità per qualsivoglia proposizione giuridica"[11]. Se questa fosse

[9] I lavori che difendono la tesi dell'incorporazione comprendono: P. SOPER, *Legal Theory and the Obligation of a Judge: The Hart-Dworkin Dispute*, in "Journal of Legal Studies", 1977, 75, pp. 511-542, in particolare pp. 511-512; J.L. COLEMAN, *Positivismo giuridico "negativo" e positivismo giuridico "positivo"*, *supra*, pp. 260-285; D. LYONS, *Moral Aspects of Legal Theory*, in P.A. FRENCH et al., *Midwest Studies in Philosophy*, 7, 1982, pp. 223 ss., in particolare p. 237.

[10] J.L. COLEMAN, *op. ult. cit.*, p. 262.

[11] J.L. COLEMAN, *op. ult. cit.*, p. 262.

una interpretazione corretta della tesi della separabilità così come enunciata da Coleman nella prima citazione riportata in precedenza, allora la tesi dell'incorporazione implicherebbe la separabilità. Tuttavia, l'interpretazione di Coleman della sua stessa tesi della separabilità è erronea. L'esistenza di una connessione necessaria tra diritto e morale non richiede che "l'essere un principio morale vero" sia una condizione di validità giuridica. Tutto ciò che richiede è che i fatti sociali che identificano qualcosa come un sistema giuridico implichino che esso possieda un valore morale. Supponiamo, ad esempio, che il mantenimento di relazioni sociali ordinate sia in se stesso moralmente apprezzabile. Supponiamo inoltre che un sistema giuridico possa essere il diritto in vigore in una società soltanto se riesce a mantenere relazioni sociali ordinate. A questo punto sarebbe stata istituita una connessione necessaria tra diritto e morale, senza che la validità di nessuna regola sia fatta dipendere, attraverso la regola di riconoscimento, dalla verità di alcuna proposizione morale.

I sostenitori della tesi dell'incorporazione potrebbero riconoscere che, sebbene la tesi dell'incorporazione non sia sufficiente al fine di fondare la tesi della separabilità, essa è quantomeno necessaria per questa tesi, e, dunque, è da essa sostenuta. La tesi della separabilità è, comunque, inverosimile. Certamente, le osservazioni sulle relazioni sociali ordinate non la confutano. Esse sono troppo vaghe e confuse per farlo. Tuttavia, è molto probabile che vi sia una qualche connessione necessaria tra diritto e morale, che ogni sistema giuridico in vigore abbia qualche merito morale o faccia qualcosa di moralmente buono sebbene sia anche causa di una gran quantità di male da un punto di vista morale. È opportuno ricordare che tutte le principali tradizioni del pensiero politico occidentale, compresa sia la tradizione aristotelica sia quella hobbesiana, hanno creduto in una tale connessione[12]. Se la tesi dell'incorporazione appare molto più salda della tesi della separabilità, ciò è perché essa sembra essere implicata dal fatto che tutto il diritto si presenta con la parvenza di autorità, unitamente alle considerazioni sulla natura dell'autorità presentate nei paragrafi preceden-

---

[12] I seguenti autori sono alcuni tra quelli che hanno difeso versioni della tesi della connessione necessaria che sono tutte compatibili con la tesi dell'incorporazione: H.L.A. HART, *Il concetto di diritto* (1961), trad. di M. Cattaneo, Einaudi, Torino, 1965, cap. 9 (sul contenuto minimo del diritto naturale); L. FULLER, *La moralità del diritto* (1964, rev. ed. 1969), cura e trad. di A. Dal Brollo, Giuffrè, Milano, 1986 e ID., *Forms and Limits of Adjudication*, in "Harvard Law Review", 92, 1978, pp. 353-409; J.M. FINNIS, *Legge naturale e diritti naturali* (1992), trad. di F. Di Blasi, cura di F. VIOLA, Giappichelli, Torino, 1996. Ho discusso questa impostazione nel mio *Practical Reason and Norms (with a new postscript)*, Oxford University Press, Oxford, 1990, pp. 162-170. Essa è stata presa in considerazione da P. SOPER, *Legal Theory and the Obligation of a Judge: The Hart-Dworkin Dispute*, cit., e da D. LYONS, *Moral Aspects of Legal Theory*, cit., pp. 223 e 226 – sebbene egli imprevedibilmente avanzi la tesi, sia pure come proposta sperimentale, che i fatti che determinano l'esistenza ed il contenuto del diritto non garantiscono ad esso alcun valore morale (p. 251). Questo, come ho detto, sembra inverosimile. Ciò che appare vero è che la connessione necessaria tra diritto e morale, che è possibile determinare attraverso argomenti del tipo di quelli proposti dagli autori sopra menzionati, è una connessione debole. È insufficiente, ad esempio, a determinare un obbligo *prima facie* di ubbidire al diritto.

ti. Il diritto è il prodotto dell'attività umana perché se non lo fosse non potrebbe essere l'esito di un giudizio fondato sulle ragioni dipendenti, cioè, non potrebbe fornire ragioni stabilite da un'autorità.

Vi possono certamente essere altre valide ragioni per privilegiare la tesi dell'incorporazione. Esse non saranno qui prese in considerazione. Piuttosto, sosterrò che tale tesi deve essere respinta e che il favore che a tale tesi sembra derivare dall'argomento sulla natura dell'autorità è illusorio. Infatti, la tesi dell'incorporazione è incompatibile con la natura autoritativa del diritto. Per chiarire questo punto, torniamo per un attimo ad osservare l'autorità teoretica.

Supponiamo che un brillante matematico, Andrew, provi che l'ipotesi di Goldbach, secondo cui ogni numero intero superiore a due è la somma di due numeri primi, sia vera se e solo se la soluzione di una certa equazione è positiva. Né lui né nessun altro conosce la soluzione dell'equazione. Cinquant'anni dopo l'equazione è risolta da un altro matematico e la verità dell'ipotesi di Goldbach è accertata. Chiaramente non diremmo che Andrew ha provato l'ipotesi, anche se egli ha compiuto il primo significativo passo in avanti ed anche se la verità dell'ipotesi è una conseguenza logica della sua scoperta. Ovvero supponiamo che Betty sia un'astrofisica che dimostra che la teoria del *big bang* sull'origine dell'universo è vera se e solo se certe equazioni hanno una determinata soluzione. Di nuovo, la loro soluzione a quel tempo non è conosciuta, e sarà scoperta soltanto dopo. Sembra chiaro che a Betty, così come nel caso precedente ad Andrew, non può essere attribuito il merito di avere provato (o negato) la teoria del *big bang*, anche se la verità (o falsità) della teoria è implicata dalla sua scoperta. Adesso immaginiamo che Alice vi riferisca della scoperta di Andrew, o che Bernard vi riferisca di quella di Betty. Alice e Bernard sono esperti nei loro rispettivi campi. Essi vi forniscono una consulenza autoritativa (*authoritative advice*). Tuttavia Alice non vi raccomanda di accettare l'ipotesi di Goldbach. Ella vi consiglia soltanto di credere in tale ipotesi se l'equazione del caso ha una soluzione positiva. Il fatto che la verità dell'ipotesi è implicata dalla sua informazione non c'entra. Lo stesso vale per la consulenza di Bernard basata sul lavoro di Betty.

Tutto ciò è banale. Né è difficile comprendere perché non si può dire che qualcuno abbia consigliato di accettare una determinata proposizione semplicemente sulla base del fatto che è implicata da un'altra proposizione la cui accettazione è stata da questi raccomandata. Le persone non credono in tutto ciò che è implicato dalle loro credenze. Le credenze giocano un certo ruolo nelle nostre vite nel sostenere altre credenze, nel fornire premesse per le nostre deliberazioni pratiche. Esse colorano la nostra vita emotiva ed immaginativa. Più in generale, esse sono punti fissi che determinano il nostro senso di orientamento nel mondo. Molte delle proposizioni implicate dalle nostre credenze non ricoprono questo ruolo nelle nostre vite. Dunque non vanno annoverate tra le nostre credenze. Un segno di ciò è il fatto che una volta che le persone siano state informate di alcune delle conseguenze delle loro credenze, piuttosto che accettarle, potrebbero aver preferito abbandonare le credenze che le implicano (o anche mantenerle temporaneamente e rifiutare le loro conseguenze, cioè accettare le incoerenze finché non individuino una via d'uscita soddisfacente). Questa riflessione spiega perché non possiamo attribuire alle persone la credenza in tutte le conseguenze logiche delle loro credenze. Essa spiega anche perché non si può dire che una persona abbia consigliato di credere in una proposizione in cui egli stesso non crede. (Sebbene sia possibile raccomandare ad altri di assumersi il rischio e di agire come se certe proposizioni fossero vere anche se non lo si crede, ed egualmente possibile raccomandare di credere in una proposizione se essa è vera).

Una consulenza condivide il ruolo di mediazione delle direttive autoritative. Anche in questo caso si tratta di un giudizio sulle ragioni che si applicano al destinatario della consulenza. Siccome la consulenza riveste questo ruolo di mediazione, può riguardare soltanto questioni sulle quali il consulente ha un'idea, o fa mostra di averne una (per coprire i casi delle consulenze insincere). Dal momento che una persona non crede in tutte le conseguenze delle sue credenze, non raccomanda neppure agli altri, tranne che in circostanze particolari, di credere in tali conseguenze.

L'analogia con l'autorità è chiara e certamente non richiede un approfondimento ulteriore. Il ruolo di mediazione dell'autorità implica che il contenuto di una direttiva autoritativa sia circoscritto a ciò che si può dire che l'autorità che conferisce alla direttiva la sua forza vincolante abbia sostenuto o abbia fatto mostra di sostenere. Non si estende a ciò che l'autorità avrebbe ordinato, qualora avesse avuto l'opportunità di farlo, né a tutto ciò che è implicato da ciò che essa ha ordinato. Risulterà ormai chiaro perché bisogna respingere la tesi dell'incorporazione se il diritto avanza necessariamente la pretesa di avere autorità. Il nucleo centrale della tesi dell'incorporazione è che tutto ciò che può essere ricavato dal diritto (con l'aiuto di altre premesse vere) è diritto. Ciò fa sì che il diritto includa *standard* che sono incompatibili con il suo ruolo di mediazione, in quanto non sono mai stati avallati dalle istituzioni legislative sulla cui autorità si presume che essi si fondino. L'errore della tesi dell'incorporazione è quello di identificare "l'essere implicato dal diritto prodotto da fonti" con "l'essere avallato dalle fonti del diritto".

Il diritto è un'istituzione sociale complessa, ed alcune delle sue complessità contribuiscono a mascherare l'errore della tesi dell'incorporazione. Quando pensiamo ad una consulenza o ad una direttiva autoritativa siamo portati a pensare che esse abbiano un unico autore. Nel diritto, come in altre istituzioni gerarchiche, le questioni sono complicate sotto due aspetti. In primo luogo, le direttive autoritative sono in genere promulgate da istituzioni attraverso un processo complesso di redazione e valutazione. In secondo luogo, esse sono spesso emendate, modificate, ed il loro contenuto potenziato e trasformato attraverso una successione di azioni legislative, amministrative e giudiziali. Esiste talvolta una convenzione di riferimento che consente di riferirsi ad una legge, o alla decisione giudiziale originaria, quando si cita una regola giuridica, anche se l'una e l'altra non sono nulla più che il punto di avvio nello sviluppo della regola, la quale è, in senso proprio, il prodotto delle attività di diversi organismi per un periodo di tempo.

Queste complicazioni implicano, ovviamente, che la regola come è adesso possa comprendere dei profili che non possono essere attribuiti al suo creatore originario. Essi fanno parte della regola perché possono essere attribuiti all'autore di un intervento successivo. Ad esempio, in genere le interpretazioni giudiziali successive modificano o integrano il significato delle leggi. Parimenti, sebbene noi attribuiamo credenze ed intenzioni alle istituzioni ed alle persone giuridiche sulla base delle credenze e delle intenzioni dei loro funzionari, le regole di attribuzione possono talvolta autorizzare ad attribuire ad una persona giuridica una credenza o una intenzione che non può essere ricondotta a nessuno dei suoi rappresentanti. Questo non è il luogo ove indagare sulle regole di attribuzione che sono chiamate in causa quando si parla delle intenzioni o delle credenze degli Stati, dei governi, delle persone giuridiche, delle organizzazioni sindacali, delle università e così via. Ai nostri fini attuali, tutto ciò che è richiesto è che l'attribuzione avvenga in un modo restrittivo, tale da non consentire di attribuire agli organismi di questo tipo tutte le conseguenze logiche delle loro credenze ed intenzioni. Le restrizioni inerenti alla possibilità di considerare tutte le conseguenze previste o prevedibili sono le più comuni tra le restrizioni contemplate dal diritto. Ciò è sufficiente a mostrare che la tesi dell'incorporazione non è sostenuta dalle complessità istituzionali del diritto, dal momento che essa insiste sul fatto che il diritto include tutte le conseguenze logiche del diritto prodotto da fonti.

Nel criticare la tesi dell'incorporazione non ho inteso negare due tesi ulteriori che sono avanzate da David Lyons nella più accurata difesa di questa posizione. In primo luogo, sono d'accordo con lui che i giudici che stabiliscono ciò che è richiesto, ad esempio, dalle norme sul *due process* contenute nella costituzione americana, stanno interpretando la costituzione. Lyons sbaglia, tuttavia, nel pensare che da ciò segua che essi stiano semplicemente applicando il diritto qual è (almeno qualora essi riescano ad individuare la risposta giusta). Un'interpretazione giudiziale può essere tanto creativa quanto un'interpretazione di Glen Gould di una sonata per pianoforte di Beethoven. È un errore confondere l'interpretazione con la parafrasi o con una mera resa di ciò che l'oggetto interpretato è in ogni caso. In secondo luogo, Lyons ha completamente ragione a ritenere che il diritto è qualcosa di più di quello che è esplicitamente statuito nei testi autoritativi. Le autorità possono indirizzare e guidare – e, di fatto, indirizzano e guidano – per implicazione. Da ciò non segue, tuttavia, che esse sottintendono tutto quello che è implicato da quello che dicono, per non parlare di tutto quello che è implicato da quello che dicono più l'aggiunta di premesse vere. Come ho sostenuto in precedenza, i limiti della imputazione giustificabile di direttive non sono più ampi dei limiti della imputazione di una credenza.

V. *La tesi delle fonti*

L'ultimo paragrafo ha chiarito che non tutte le conseguenze morali di una regola giuridica sono parte del diritto[13]. Tuttavia esso lascia aperta la possibilità che alcune lo siano; lascia aperta, cioè, la possibilità che alcune conseguenze morali di una regola giuridica possano essere attribuite all'autore di quella regola giuridica in quanto rappresentino l'intenzione ed il significato di tale regola e dunque siano parte del diritto.

[13] Attraverso lo stesso argomento si è altresì precisato che non tutte le conseguenze fattuali di una regola del diritto fanno parte del diritto.

Non prospetterò una confutazione di questa possibilità. Lo scopo del presente paragrafo è più modesto. Esso si propone di mostrare che la natura autoritativa del diritto fornisce una ragione per preferire la tesi delle fonti. Rimane aperta la possibilità che considerazioni ulteriori conducano ad una concezione complessa del diritto, situata tra la tesi della incorporazione e quella delle fonti.

Distinguiamo tra ciò che il diritto prodotto da fonti dichiara esplicitamente e ciò che stabilisce per implicazione. Se una legge, in un paese A, dice che il reddito guadagnato all'estero da un cittadino di A è soggetto all'imposta sul reddito in A, allora tale legge stabilisce solo implicitamente che io sono soggetto a tale imposta. Infatti, il mio obbligo contributivo non è stabilito dalla legge, ma è inferito da essa (e da alcune altre premesse). Similmente, se i redditi prodotti all'estero sono tassati con un'aliquota differente rispetto ai redditi prodotti in patria, il fatto che i ricavi del fatturato delle esportazioni siano soggetti alla aliquota che si applica ai redditi prodotti in patria è implicato piuttosto che dichiarato esplicitamente. È inferito da questa legge e da altre regole giuridiche sulla localizzazione di operazioni commerciali di vario tipo.

I due esempi differiscono nel fatto che l'affermazione che io sono soggetto al pagamento dell'imposta in base ad una certa aliquota è un enunciato giuridico applicato (*applied legal statement*), la cui verità dipende sia dal diritto sia dal fatto. L'affermazione che le entrate delle esportazioni sono tassate ad una determinata aliquota è un enunciato giuridico puro (*pure legal statement*), la cui verità dipende soltanto dal diritto (cioè, da atti legislativi e da altri fatti inerenti al processo normativo). La tesi delle fonti, così come presentata all'inizio di questo saggio, ammette una interpretazione ristretta (*narrow*) ed una ampia (*wide*). La tesi ristretta riguarda esclusivamente le condizioni di verità delle affermazioni giuridiche pure. Le affermazioni giuridiche pure sono quelle che enunciano il contenuto del diritto, cioè delle regole giuridiche, dei principi, delle regole giurisprudenziali, ecc. La tesi ampia riguarda le condizioni di verità di tutte le affermazioni giuridiche, comprese quelle applicate. Essa sostiene che la verità o la falsità delle affermazioni giuridiche dipende da fatti sociali che possono essere accertati senza fare ricorso ad un argomento morale.

Il fatto che il diritto pretende di avere autorità sostiene la tesi delle fonti ristretta, in quanto spinge verso una concezione del diritto che assegna al diritto un ruolo di mediazione tra le ragioni ultime e le decisioni e le azioni delle persone. Per ricoprire questo ruolo, il diritto deve essere, o almeno deve essere presentato come, un'espressione del giudizio di qualche persona o di qualche istituzione sui meriti delle azioni che esso richiede. Pertanto, l'identificazione di una regola come regola del diritto richiede che essa sia attribuita alla persona o alla istituzione competente in quanto prodotto delle loro decisioni ed espressione dei loro giudizi. Tale attribuzione non deve necessariamente basarsi su quello che la persona o l'istituzione ha detto esplicitamente. Essa può basarsi su una implicazione. Tuttavia l'attribuzione deve stabilire che il punto di vista espresso nella presunta affermazione sia il punto di vista della istituzione giuridica competente. Tali attribuzioni possono basarsi soltanto su considerazioni fattuali. Un argomento morale può stabilire quello che le istituzioni giuridiche avrebbero dovuto dire o sostenere, ma non ciò che hanno detto o sostenuto. Abbiamo già individuato una fonte di resistenza a questa conclusione nell'assunto che se l'attribuzione avviene su basi fattuali piuttosto che morali, allora deve trattarsi di una questione non controversa, accertabile facilmente, che al più richiede l'utilizzazione di una procedura di ragionamento che abbia il carattere di un algoritmo su alcuni fatti evidenti non controversi. L'assunto che soltanto le questioni morali possano opporre resistenza ad un facile accordo o ad una soluzione attraverso procedure algoritmiche non è sostenuto da nulla, ed io non lo condivido in alcun modo. L'argomento che spinge a sostenere che l'attribuzione di credenze ed intenzioni al loro autore si basa soltanto su criteri fattuali non poggia sulla falsa asserzione che tali attribuzioni siano semplici e non controverse. Una seconda fonte di resistenza, già rilevata in precedenza, dipende dalla sottovalutazione della maggiore complessità implicata nell'attribuzione di punti di vista ed intenzioni ad istituzioni complesse le cui attività sono distribuite in lunghi archi di tempo, e dalla tendenza a pensare che in questi casi non sia richiesto nulla più di quanto è richiesto nell'attribuzione di credenze ed intenzioni agli individui.

C'è tuttavia una terza difficoltà connessa con la prospettiva che sto difendendo di cui dobbiamo occuparci adesso. Si potrebbe domandare: se, ad esempio, un'autorità proibisce esplicitamente le discriminazioni inique, il fatto che determinati casi palesino una discriminazione iniqua non è un elemento di prova sufficiente per attribuire la loro proibizione all'autorità? Vengono di solito avanzate due considerazioni a sostegno della tesi che tali ragioni sono sufficienti al fine di determinare il contenuto del diritto su tali materie. Cercherò di respingere questa tesi mostrando che le considerazioni che la sostengono sono erronee. La prima considerazione si risolve nell'affermazione che l'unica tesi alternativa ritiene che il diritto sia determinato solo in relazione ai casi che il legislatore ha effettivamente considerato, o che aveva in mente, quando ha prodotto il diritto. Si può convenire immediatamente che quest'ultima tesi non soltanto è falsa, ma molto probabilmente anche incoerente. La seconda considerazione (e non importa che questo punto possa essere incompatibile con il punto precedente) è – come viene talvolta sostenuto – che l'unica tesi alternativa ritiene che i legislatori si prefiggono che il loro particolare punto di vista su ciò che è una discriminazione iniqua sia considerato diritto anche qualora essi sbaglino.

Immaginiamo che i Padri della Costituzione abbiano proibito le pene crudeli. Immaginiamo inoltre che sia fuor di dubbio che essi ritenessero che la flagellazione non fosse crudele e, infine, che essa di fatto (o da un punto di vista morale) sia crudele. Dobbiamo ritenere che l'intenzione dei legislatori fosse quella di escludere la flagellazione dall'ambito della proibizione costituzionale di infliggere pene crudeli? Non è forse corretto ritenere che i legislatori, nel fare della crudeltà un banco di prova della legalità, abbiano inteso sottomettere il loro stesso giudizio a tale criterio, così che, pur credendo che la flagellazione non fosse crudele, abbiano espresso l'opinione che se essa è crudele, è illegale?

Entrambi i punti di vista presentano un aspetto *déjà vu*. Essi dipendono dall'assunto, frutto di scarsa immaginazione, secondo cui o il diritto è determinato dai pensieri effettivamente intercorsi nella mente del legislatore quando ha prodotto il diritto ovvero deve includere tutte le implicazioni di questo pensiero. Dal momento che bisogna riconoscere, ed io personalmente lo riconosco, che le cose non stanno come indicato nella prima opzione, si presume che l'opzione corretta sia la seconda. Questa era la struttura dell'argomento di Lyons relativo alla tesi del contenuto esplicito. Dal suo punto di vista, o il diritto è circoscritto al suo contenuto esplicito o contiene tutte le sue implicazioni. Dal momento che Hart rifiuta la seconda alternativa, gli è stata attribuita da Lyons la prima. Dal momento che Lyons si rende conto, così come chiunque non può non rendersi conto, che la prima alternativa è sbagliata, accoglie la seconda. Le due considerazioni presentate in precedenza sono le varianti in chiave psicologica della dicotomia linguistica di Lyons. Esse non contrappongono il linguaggio effettivo alle sue implicazioni, ma i pensieri effettivi alle loro implicazioni.

La risposta ad entrambi gli argomenti è la medesima: la dicotomia è falsa. Vi sono altre possibilità. Talvolta sappiamo, riguardo ad una persona, che, ad esempio, se solo avesse compreso che determinate forme di abuso psicologico sono crudeli, non sarebbe così indifferente rispetto ad esse. Talaltra, sappiamo che se si fosse convinta che tali forme di abuso sono crudeli avrebbe trovato qualche altro modo per giustificarle. Sarebbe giunta alla conclusione che talvolta la crudeltà è giustificabile. Nell'attribuire tali punti di vista alle persone non si accoglie nessuna delle due inaccettabili alternative menzionate in precedenza. Ovviamente, spesso è impossibile imputare alcun punto di vista di tal genere ad una persona. La domanda se una persona avrebbe mantenuto la sua intenzione di proibire le pene crudeli qualora avesse saputo che la pena di morte è crudele (assumiamo per un momento che lo sia) può non ammettere risposta.

Inoltre, e questo è spesso trascurato, la tesi delle fonti in quanto tale non prescrive alcuna regola di interpretazione. Essa è compatibile con diverse regole. È ad esempio compatibile con l'affermazione secondo la quale se si sa che i legislatori hanno proibito le pene crudeli soltanto perché consideravano non crudele la flagellazione, allora il diritto non proibisce la flagellazione. È anche compatibile con la regola secondo la quale, in tali casi, il diritto è circoscritto alla intenzione espressa dal legislatore. Cioè quella di proibire le pene crudeli. Dal momento che attraverso questa regola dell'interpretazione non è possibile attribuire al legislatore un'intenzione più specifica, il diritto attribuisce ai giudici la discrezionalità di proibire le pene che essi considerano crudeli (ciò riflette la mancanza di specificità del diritto) e prescrive ai giudici di proibire le pene che sono crudeli [14]. Quale tra queste, o tra una serie di interpretazioni alternative, sia quella corretta varia da un sistema giuridico all'altro. Dipende dalle loro proprie regole dell'interpretazione. Una possibilità è che non vi sia alcuna regola che risolva questa disputa, cioè che in alcuni sistemi giuridici la questione sia aperta (*unsettled*). L'unico punto essenziale per la tesi delle fonti è che il carattere delle regole interpretative prevalenti in un sistema giuridico, cioè il carattere delle regole che consentono di imputare intenzioni e direttive alle autorità giuridiche, sia una questione di fatto e non una questione morale. È una questione di fatto perché deve sostenere conclusioni del tipo: "questo è, di fatto, il punto di vista di queste istituzioni sulle questioni morali in discussione".

---

[14] Per un'analisi dettagliata, cfr. J. RAZ, *The Inner Logic of the Law*, in ID., *Ethics in the Public Domain. Essays in the Morality of Law and Politics (Revised Edition)*, cit., pp. 238-253.

Al fine di evitare fraintendimenti, bisogna precisare due punti ulteriori. In primo luogo, nulla di quanto è stato detto in precedenza riguarda ciò che i giudici devono fare, come essi devono decidere i casi. La questione che è stata affrontata è quella della natura e dei limiti del diritto. Se l'argomento presentato qui è convincente, segue che la funzione dei giudici di applicare e di far rispettare il diritto coesiste con altre. Una è quella di dirimere le controversie, sia nel caso in cui la loro soluzione sia determinata dal diritto sia nel caso in cui non lo sia. Un'altra funzione addizionale dei giudici è quella di supervisionare il funzionamento del diritto e di modificarlo in modo interstiziale ove necessario. In alcuni sistemi giuridici ai giudici sono assegnati compiti ulteriori che possono essere di grande importanza. Ad esempio, i giudici possono essere chiamati a ricoprire il ruolo di custodi della libertà di espressione, costituendo un organo supervisore responsabile sia di formulare criteri per la protezione della libertà di espressione sia di dirimere le controversie relative alla loro applicazione.

In secondo luogo, si può obiettare che fare affidamento sul ruolo di mediazione dell'autorità divenga un vuoto modo di dire in relazione a regole giuridiche che si sono sviluppate attraverso le attività di molte mani nel corso di un lungo periodo di tempo. Il fatto che noi avalliamo implicitamente o esplicitamente regole di attribuzione che sanciscono il riferimento alla intenzione del diritto ove tale intenzione non è mai appartenuta a nessuna persona, non sostiene l'argomento del ruolo di mediazione ricoperto dal diritto. Esso mostra semplicemente che si tratta di un argomento formalistico, di un guscio vuoto. Questa obiezione, come alcune tra quelle precedenti, sembra tradire una qualche insofferenza nei confronti delle complessità, e dei punti deboli, del mondo. Ogni attribuzione di un'intenzione al diritto si basa su un'attribuzione di un'intenzione reale ad una persona reale che ha autorità o che esercita un'influenza sull'autorità. Questa intenzione può certamente riferirsi ad un piccolo aspetto o ad una modifica della regola. Se l'intenzione del diritto relativa alla regola nel suo complesso è diversa da quella di ogni individuo singolo, ciò accade perché tale intenzione è una funzione delle intenzioni di molti. Talvolta, ma non certo sempre, ciò produce risultati riprovevoli. Nondimeno, in tali circostanze la prospettiva difesa in questa sede evidenzierà il modo indiretto e complesso in cui il diritto ha svolto il suo compito di mediazione.

Tutti gli argomenti avanzati sino ad ora riguardano esclusivamente la tesi delle fonti ristretta. Nulla è stato detto circa la sua validità in relazione alle affermazioni giuridiche applicate. Sono incline a credere che essa valga anche per queste ultime, dal momento che esse sono affermazioni giuridiche il cui valore di verità dipende tanto da fatti contingenti quanto dal diritto. Se si assume che i fatti contingenti non possono essere fatti morali, allora la tesi delle fonti vale anche in questo caso. In altre parole, quello che si richiede è che si assuma che ciò che rende contingentemente vero che una persona ha agito correttamente in una situazione determinata non è il criterio della correttezza, che non è contingente, ma il "fatto bruto" che tale persona ha compiuto una certa azione descrivibile in modo avalutativo. Se tale assunzione è sostenibile in relazione a tutti i casi, allora la tesi delle fonti è valida anche riguardo alle affermazioni giuridiche applicate.

Le considerazioni abbozzate in precedenza dissipano alcuni dei fraintendimenti che accompagnano la tesi delle fonti. In primo luogo, essa non impone di sostenere la tesi che tutto il diritto è diritto esplicito[15]. Molto di ciò che non è espressamente statuito nelle fonti del diritto è tuttavia giuridicamente vincolante. In secondo luogo, la tesi delle fonti non poggia sull'assunzione che il diritto non può essere controverso. E neppure implica questa conclusione. La sua pretesa che l'esistenza ed il contenuto del diritto sia una questione di fatto che può essere determinata senza fare ricorso ad argomenti morali, non presuppone né implica la falsa affermazione che tutte le questioni fattuali non sono controverse, e neppure la tesi, egualmente falsa, che tutte le affermazioni morali sono controverse. La tesi delle fonti si fonda sul ruolo di mediazione del diritto. È vero che il diritto non può ricoprire questo ruolo se, in generale, non è più facile da determinare e meno controverso rispetto alle considerazioni soggiacenti che esso riflette. Tuttavia, questa generalizzazione risulta essere una esagerazione ed una distorsione quando si trasforma nei dogmi concettuali universali delle tesi del contenuto esplicito e della natura non controversa del diritto.

La tesi delle fonti conduce alla conclusione che i giudici esercitano spesso discrezionalità e partecipano al processo di creazione del diritto. Essi fanno ciò quando le loro decisioni sono vincolanti per i giudici chiamati a decidere sulla stessa materia in futuro (anche qualora le decisioni possano essere modificate o riformate sulla base di condizioni restrittive) e dove le loro decisioni non si limitano a riflettere precedenti autoritativi. Dire questo non significa, tuttavia, che i giudici, esercitando la loro discrezionalità, agiscano, o debbano agire, sulla base delle loro convinzioni personali circa il modo in cui, idealmente, il mondo dovrebbe girare. Questa sarebbe pura follia. Naturalmente i giudici agiscono sulla base delle loro convinzioni personali, altrimenti non sarebbero sinceri. Per quanto il fatto che quelle siano le loro convinzioni non è la ragione per cui essi vi fanno affidamento. Le loro ragioni sono che quelle affermazioni sono vere o valide, per qualsiasi ragione essi ritengano che siano tali. Tuttavia ai giudici non è consentito di dimenticare di non essere dei dittatori che possono modellare il mondo secondo il proprio progetto di società ideale. Essi devono tenere a mente che le loro decisioni avranno effetto nella società così com'è, e che le ragioni morali ed economiche da loro accolte debbono determinare qual è la decisione migliore o corretta alla luce di come le cose sono di fatto, piuttosto che di come essi vorrebbero che fossero in un mondo ideale.

Infine, la tesi delle fonti non presuppone una prospettiva etica non-naturalista. Anche se un determinato fatto sociale implica determinate conseguenze morali, può ancora essere una fonte del diritto. È una fonte del diritto in quanto fatto sociale, e non in quanto fonte di diritti ed obblighi morali. È una fonte del diritto in virtù della sua descrizione naturalistica piuttosto che di quella morale[16].

---

[15] Si veda l'analisi di questa distinzione in D. LYONS, *Moral Aspects of Legal Theory*, cit., pp. 238 ss. Lyons, sbagliando, attribuisce ad Hart e a me l'accoglimento di quella che egli chiama "la tesi del contenuto esplicito". Per un approfondimento, si vedano i miei lavori citati alla n. 4.

[16] Questa è la ragione per cui la tesi delle fonti fa riferimento a fatti sociali che possono essere descritti senza ricorrere ad argomenti morali, e non a "fatti sociali che non implicano conseguenze morali". Questo punto è frainteso in D. LYONS, *op. ult. cit.*

VI. *Il ruolo dei valori nella teoria del diritto*

Secondo Dworkin, i giuspositivisti sostengono il modello delle regole a partire da una teoria politica circa la funzione del diritto, che essi ritengono essere quella di fornire "un insieme di norme stabilite, conoscibili e sicure che regolano i comportamenti privati e pubblici; norme la cui autorità non può essere messa in questione dal modo in cui un singolo funzionario percepisce i problemi di politica o di morale" [17]. L'argomento di questo articolo rivela che qualcosa di simile alla descrizione di Dworkin riguarda anche il mio argomento. Va precisato, tuttavia, che la considerazione di Dworkin suggerisce che i giuspositivisti accolgano le tesi della natura non controversa del diritto e dei contenuti espliciti, tesi che io non condivido. Inoltre, è fuorviante presentare la tesi e l'argomento illustrati in questa sede come morali. L'argomento è certamente valutativo, ma nel senso che ogni buona teoria della società si basa su considerazioni valutative in quanto il suo successo dipende dalla sua capacità di evidenziare strutture e processi sociali importanti, ed ogni giudizio di importanza è valutativo [18].

Consentitemi di esemplificare la differenza tra la mia concezione del ruolo della valutazione nello spiegare la natura del diritto e quella di Dworkin attraverso l'esame di un'obiezione centrale alla tesi delle fonti. Alcuni si oppongono non all'attribuzione in se stessa di un'intenzione ai legislatori ed agli interpreti del diritto, ma alla presupposizione della tesi delle fonti secondo la quale ogni volta che si ha di fronte una legge valida è anche possibile individuare un'intenzione alle sue spalle. È sempre così? Per una risposta adeguata a questa e ad altre domande collegate a questa bisogna rinviare ad una articolata trattazione del tema dell'interpretazione e del ruolo dell'intenzione all'interno del suo contesto. Una sintetica indicazione della direzione in cui bisogna cercare una risposta dovrà comunque essere data.

Cominciamo col considerare il punto di vista di chi nega l'importanza dell'intenzione dei legislatori per la nostra comprensione del diritto. Alla domanda: "perché si dovrebbe attribuire una qualche rilevanza ad un determinato testo per il fatto di essere legalmente vincolante?", chi accoglie questo punto di vista risponderà: "perché è stato approvato seguendo l'appropriata procedura costituzionale". Alla domanda: "come si dovrebbe interpretare il testo in questione se non facendo riferimento alle intenzioni del suo autore o di coloro la cui azione lo mantiene in vigore come diritto?", si risponderebbe rinviando alle convenzioni interpretative vigenti che non ri-

---

[17] R. DWORKIN, *I diritti presi sul serio*, cit., pp. 422-423.

[18] D. LYONS, *Moral Aspects of Legal Theory*, cit., p. 245, senza indicare alcun riferimento puntuale al mio lavoro a sostegno di questa interpretazione dello stesso, mi attribuisce il seguente argomento: "L'ordine sociale è soggetto alla dissoluzione qualora si ritenga che gli argomenti morali sostanziali utilizzati nell'attività decisionale possano contribuire all'interpretazione del diritto; ciò infatti incoraggerebbe i membri della società ad infrangere il diritto, con la speranza di sfuggire alle conseguenze giuridiche grazie alla contestazione della giustificazione della norma». Sono lieto di comunicare che nulla di vagamente simile a questo pensiero ha mai sfiorato la mia mente o la mia penna.

chiedono di fare riferimento all'intenzione di nessuno. Non c'è niente di sbagliato in queste risposte. Esse semplicemente sollevano ulteriori questioni. Perché l'approvazione di un certo testo in accordo con queste procedure dota tale testo di uno *status* speciale? Si tratta una qualche forma di magia o di feticismo?

Questa procedura è un modo per attribuire ad un testo forza giuridica in quanto si tratta di una procedura progettata per consentire a coloro che hanno autorità di esprimere un'opinione su come dovrebbero comportarsi le persone, in un modo tale che renderà tale opinione vincolante. Il fatto che si tratti di una procedura di questo tipo, e non di un semplice rituale scelto arbitrariamente, è parte di ciò che la trasforma in una procedura giuridica. La procedura legislativa include le convenzioni interpretative. Un cambiamento nelle convenzioni interpretative di un sistema giuridico modifica il suo diritto. Si consideri il semplice esempio di un cambiamento da una interpretazione di "persona" che includa soltanto i nati, ad una interpretazione di tale nozione che comprenda anche i feti. Ai legislatori non è richiesto di avere altra intenzione se non quella che il disegno di legge divenga diritto con il significato che deriva dalle convenzioni interpretative del loro paese. Negare loro questa intenzione significa negare che essi sappiano cosa stanno facendo quando producono diritto.

Come è possibile difendere questa risposta sommaria alla obiezione? Essa è imperniata sulle concezioni valutative circa quello che è significativo ed importante relativamente alle istituzioni sociali principali, cioè alle istituzioni giuridiche. Tuttavia, quando si sostiene che queste caratteristiche sono importanti non le si sta approvando come buone. La loro importanza può essere riconosciuta anche dagli anarchici che respingono ogni possibilità di legittimità per tali istituzioni. Tutto quello che si sostiene è la centralità per la nostra esperienza sociale di istituzioni che esprimono ciò che esse ritengono essere il giudizio collettivo e vincolante della loro società riguardo a come le persone dovrebbero comportarsi.

Alla luce della centralità di questa caratteristica, è giustificato interpretare nel modo descritto l'azione dei legislatori che hanno fretta di tornare a casa, che votano senza prestare attenzione a ciò per cui stanno votando. Due sono le caratteristiche che spiccano. In primo luogo, sebbene questo sia un giudizio valutativo, non si tratta di un giudizio sul merito morale di alcunché. In secondo luogo, l'utilizzazione di tale giudizio dipende dal fatto che la percezione dell'importanza della caratteristica evidenziata è condivisa nella nostra società, e che è condivisa, tra gli altri, dagli stessi legislatori.

Il concetto di diritto è parte della nostra cultura e delle nostre tradizioni culturali. Esso ricopre un ruolo nel modo in cui tanto le persone comuni quanto i giuristi interpretano le proprie azioni e quelle altrui. Tale concetto è parte del modo in cui essi "concettualizzano" la realtà sociale. Tuttavia, la cultura e la tradizione di cui questo concetto rappresenta una parte non lo dota né di contorni delineati in modo preciso né di un nucleo centrale chiaramente identificabile. Nella cultura e nella tradizione convivono idee diverse e talvolta confliggenti. Spetta alla teoria del diritto individuare, elaborare e spiegare le idee centrali e rilevanti inerenti al modo in cui il concetto ricopre il suo ruolo nella comprensione della società da parte degli individui.

La teoria del diritto contribuisce sotto questo aspetto ad una comprensione migliore della società. Sarebbe tuttavia un errore concludere, come ha fatto Lyons [19], che il successo di una analisi del concetto di diritto si giudica dalla sua fecondità teoretica e sociologica. Affermare questo significa non comprendere che, a differenza dei concetti quali "massa" o "elettrone", "diritto" è un concetto utilizzato dalle persone per comprendere loro stessi. Non siamo liberi di scegliere qualsivoglia concetto fecondo. Uno dei compiti principali della teoria del diritto è quello di fare progredire la nostra comprensione della società aiutandoci a comprendere come le persone comprendono loro stesse.

Per fare questo, la teoria si impegna in un giudizio valutativo, in quanto tale giudizio è inevitabile qualora si cerchi di selezionare ciò che è centrale e significativo nella comprensione comune del concetto di diritto. In questo saggio ho sostenuto che una tra queste caratteristiche è la pretesa del diritto di avere autorità ed il ruolo di mediazione che tale pretesa porta con sé. Il rilievo di questa caratteristica consiste sia nel suo carattere distintivo come metodo di organizzazione sociale sia nel suo particolare profilo morale, che porta con sé considerazioni peculiari che esercitano la loro influenza sulla determinazione del corretto atteggiamento morale delle istituzioni autoritative. Questo aspetto non è colto né da coloro che assimilano in tutto e per tutto il diritto alla situazione del bandito, né da coloro che, nel sottolineare la stretta connessione tra diritto e morale, presuppongono un legame che non è coerente con tale aspetto.

---

[19] D. LYONS, *Ethics and the Rule of Law*, Cambridge University Press, Cambridge, 1983, pp. 57-59.

Indice delle fonti

(in ordine alfabetico)

COLEMAN J.L., *Negative and Positive Positivism*, in M. COHEN (ed. by), *Ronald Dworkin and Contemporary Jurisprudence*, Duckworth, London, 1983, pp. 28-49; ripubblicato in "The Journal of Legal Studies", 1, 1982, pp. 139-164.

DWORKIN R.M., *The Model of Rules*, in "University of Chicago Law Review", 35, 1967, pp. 14-46; con il titolo *Is Law a System of Rules?*, in R. SUMMERS (ed. by), *Essays in Legal Philosophy*, Blackwell, Oxford, 1968, pp. 25-60; in G. HUGHES (ed. by), *Law, Reason and Justice. Essays in Legal Philosophy*, New York University Press, New York, 1969, pp. 3-43, in R. DWORKIN (ed. by), *The Philosophy of Law*, Oxford University Press, Oxford, 1977, pp. 38-65; con il titolo *The Model of Rules I*, in R. DWORKIN, *Taking Rights Seriously*, Duckworth, London, 1977, pp. 14-45. Del saggio esistono due traduzioni: la prima di F. ORIANA, *Il modello delle regole (I)*, in R. DWORKIN, *I diritti presi sul serio*, Il Mulino, Bologna, 1978, pp. 79-121; la seconda (parziale) di R. GUASTINI, *È il diritto un sistema di regole?*, in R. GUASTINI (a cura di), *Problemi di teoria del diritto*, Il Mulino, Bologna, 1980, pp. 57-74.

FULLER L.L., *Positivism and Fidelity to Law. A Reply to Professor Hart*, in "Harvard Law Review", 1958, 71, pp. 630-672.

HART H.L.A., *American Jurisprudence through English Eyes: The Nightmare and the Noble Dream*, in "Georgia Law Review", 1977, pp. 969-989; ripubblicato in H.L.A. HART, *Essays in Jurisprudence and Philosophy*, Clarendon Press, Oxford, 1983, pp. 123-144.

HART H.L.A., *Positivism and the Separation of Law and Morals*, in "Harvard Law Review", 1958, 71, pp. 593-629. Ripubblicato in H.L.A. HART, *Essays in Jurisprudence and Philosophy*, Clarendon Press, Oxford, 1983, pp. 49-87. Dell'articolo esiste già una traduzione italiana realizzata da Vittorio FROSINI, *Il positivismo e la separazione tra diritto e morale*, in H.L.A. HART, *Contributi all'analisi del diritto,* a cura di V. FROSINI, Giuffrè, Milano, 1964, pp. 49-87.

KELSEN H., *La dottrina pura del diritto. Metodo e concetti fondamentali*, in "Archivio giuridico", 1933, CX, pp. 121-154 (l'intero saggio termina a p. 171), traduzione di Renato Treves. Pubblicato anche come volume autonomo nella stessa traduzione e col medesimo titolo presso la Società tipografica modenese, nel 1933.

MACKIE J.L., *The Third Theory of Law*, in "Philosophy and Public Affairs", 7, 1, 1977, pp. 132-144; ristampato in M. COHEN (ed. by), *Ronald Dworkin and Contemporary Jurisprudence*, Duckworth, London, 1983, pp. 161-170; riprodotto anche in Joan and Penelope MACKIE (ed. by), *Persons and values-Selected Papers*, II, Clarendon Press, Oxford, 1985, pp. 132-144.

RAZ J., *Authority, Law and Morality*, in J. RAZ, *Ethics in the Public Domain, Essays in the Morality of Law and Politics*, Oxford University Press, Oxford, 1994 (rist. 1996), pp. 210-238.

ROSS A., *Validity and the Conflict between Legal Positivism and Natural Law*, in "Revista Juridica de Buenos Aires", 1961, pp. 46-93, traduzione di Augusto Pessina e Alberto Febbrajo *Il concetto di validità e il conflitto tra positivismo giuridico e giusnaturalismo*, in A. ROSS, *Critica del diritto e analisi del linguaggio*, a cura di R. GUASTINI, A. FEBBRAJO, Il Mulino, Bologna, 1982, pp. 137-158. Ringraziamo la casa editrice "Il Mulino" ed il Prof. Riccardo Guastini per averci consentito di ripubblicare il saggio.

SCARPELLI U., *Dalla legge al codice, dal codice ai princìpi*, in "Rivista di filosofia", 1987, pp. 3-15.

SCARPELLI U., *Il positivismo giuridico rivisitato*, in "Rivista di filosofia", 1989, pp. 461-475.

Notizie bio-bibliografiche

COLEMAN JULES LESLIE (n. 1947) insegna Filosofia del diritto e Filosofia nella *Yale Law School*. Le sue linee di ricerca principali riguardano, oltre al positivismo giuridico, la responsabilità civile e l'analisi concettuale. Gli esiti più avanzati delle sue ricerche sono stati di recente raccolti in *La pratica dei principi. In difesa di un approccio pragmatico alla teoria del diritto* (2001), trad. it. di V. Alabiso, cura di G. Pino, Il Mulino, Bologna, 2005. Merita un cenno qui anche il seguente volume curato da Coleman: *Hart's Postscript. Essays on the Postscript to* The Concept of Law, Oxford University Press, Oxford, 2001. Il suo saggio *Positivismo giuridico "negativo" e positivismo giuridico "positivo"*, contenuto in questa antologia, è degno di nota principalmente perché può essere considerato una sorta di manifesto del c.d. positivismo giuridico inclusivo.

DWORKIN RONALD MYLES (n. 1931) dal 1969 al 1998 ha insegnato nell'Università di Oxford, dove ha sostituito Hart come professore di *jurisprudence*. Attualmente è professore presso la *New York University*. Nei suoi primi scritti sviluppa una aspra critica nei confronti del positivismo giuridico e, in particolare, della versione del positivismo giuridico difesa da Herbert Hart. Nei suoi scritti più maturi, Dworkin si impegna a delineare una teoria del diritto maggiormente strutturata, che definisce "diritto come integrità". Sono importanti anche i suoi studi sull'eguaglianza, i suoi lavori dedicati a questioni di etica applicata e, infine, i suoi contributi al dibattito, specificamente statunitense, circa i criteri che devono orientare l'interpretazione della costituzione. Tra i suoi lavori, quelli più rilevanti per la teoria e la filosofia del diritto sono: *I diritti presi sul serio* (1978), trad. it. par. di F. Oriana, Il Mulino, Bologna, 1982]; *Questioni di principio* (1985), trad. it. di E. D'Orazio, il Saggiatore, Milano, 1990; *L'impero del diritto* (1986), trad. it. di L. Caracciolo di San Vito, Il Saggiatore, Milano, 1989.

FULLER LON LUVOIS (n. 1902-m. 1978) ha insegnato nelle Università dell'Oregon, dell'Illinois, alla *Duke University* e, dal 1940 sino al 1972, nell'università di Harvard. Egli difende una originale concezione "procedurale" del diritto di matrice giusnaturalista. Il principale bersaglio critico delle sue riflessioni giusfilosofiche è, così come per Dworkin, la versione del positivismo giuridico proposta da Hart. Fuller afferma che il diritto ha una sua morale interna. Tale morale interna si distingue dalla morale esterna in quanto essa non individua contenuti giuridici determinati, ma indica soltanto le forme o le procedure che il diritto deve rispettare per raggiungere il suo fine. È opportuno segnalare che Fuller, oltre ad essere un filosofo del diritto, è anche un giurista in senso stretto e, in particolare, uno studioso di diritto contrattuale. L'opera giustamente più nota di Fuller è: *La moralità del diritto* (1964; 1969^2), ed. italiana a cura di A. Dal Brollo, Giuffrè, Milano, 1986. Importanti sono anche i suoi studi sulle finzioni giuridiche. Al riguardo si veda *Legal Fictions*, Stanford University Press, Stanford, 1967.

HART HERBERT LIONEL ADOLPHUS (n. 1907-m. 1993), dopo avere svolto per qualche tempo la professione forense ed avere fatto parte del contro-spionaggio inglese durante la seconda guerra mondiale, è stato *Reader in Philosophy* nell'Università di Oxford e, dal 1953, ha insegnato come *Regius Professor of Jurisprudence* nella stessa Università. Hart elabora una versione sofisticata del positivismo giuridico che, utilizzando gli strumenti dell'*analytical jurisprudence* e della filosofia analitica, si propone di sfuggire agli opposti riduzionismi dell'imperativismo e del giusnaturalismo. Hart è celebre anche per la sua teoria "mista" dell'interpretazione giuridica che si colloca a metà strada tra formalismo ed anti-formalismo interpretativo. Meritano qui almeno una menzione anche gli scritti di Hart riconducibili a diverso titolo all'ambito dell'etica pubblica normativa ed i suoi studi sul pensiero di Jeremy Bentham e John Austin. Tra i suoi lavori si ricordano: *Causation in the Law*, Clarendon Press, Oxford, 1959 (con A. M. Honoré); *Il concetto di diritto* (1961), trad. it. di M. Cattaneo, Einaudi, Torino, 1965 (II. ed. con l'aggiunta di un *Poscritto* 1994, trad. it. 2002*); Diritto, morale e libertà* (1963), trad. it. di G. Gavazzi, Bonanno, Acireale, 1965; *Responsabilità e pena* (1968), trad. it. di M. Jori, edizioni di Comunità, Milano, 1981; *Essays on Bentham. Studies in Jurisprudence and Political Theory*, Clarendon Press, Oxford, 1982; *Essays in Jurisprudence and Philosophy*, Clarendon Press, Oxford, 1983.

KELSEN HANS (n. 1881-m. 1973), è stato l'estensore della Costituzione austriaca in vigore ancora oggi e, dal 1921 al 1930, è stato giudice costituzionale nonché professore nell'Università di Vienna. In seguito ha insegnato nell'Università di Colonia sino al 1933, anno in cui fu cacciato per le sue origini ebraiche ed il suo anti-nazismo. Da Colonia, si trasferì prima a Ginevra ed infine a Berkeley. Kelsen è il giurista e filosofo del diritto che, prima da solo e, da un certo punto in poi, insieme ad Hart, ha maggiormente influenzato il pensiero giuridico del ventesimo secolo. La sua versione del positivismo giuridico è una forma di normativismo sofisticato che, nel solco del positivismo giuridico tradizionale, difende la possibilità di distinguere il diritto dalla morale; a differenza del giuspositivismo tradizionale (e del realismo giuridico) Kelsen opera anche una cesura netta tra il "mondo dell'essere" (il mondo della realtà empirica) ed il "mondo del dover essere" (il mondo del diritto, della morale, etc.). A dispetto di queste semplificazioni, è bene ricordare che la complessità della teoria del diritto di questo autore è tale da consentire di suddividere la sua vasta produzione bibliografica in almeno tre diversi periodi: il primo – quello austro-tedesco sino alla pubblicazione della prima versione della *Reine Rechtslehre* nel 1934 – influenzato dalla filosofia neo-kantiana; il secondo ed il terzo periodo – quello "americano" e quello detto dell'"ultimo Kelsen" – nei quali l'influenza del neokantismo è via via sostituita da quella del neopositivismo. Per le indicazioni bibliografiche, si rimanda a V. Velluzzi, *Percorsi del positivismo giuridico*, *infra*, par. 2.

MACKIE JOHN LESLIE (n. 1917-m. 1981) ha insegnato in alcune Università in Australia, suo paese d'origine, per poi stabilirsi, dal 1967, ad Oxford. Egli, pur manifestando attraverso i suoi scritti uno spiccato interesse per il diritto, non può essere considerato un filosofo del diritto in senso stretto ma, piuttosto, un filosofo morale. Gli interessi di Mackie sono comunque molteplici. Nei suoi libri ed articoli egli si occupa di logica filosofica, del problema della causalità a partire dal pensiero di Hume, dell'empirismo lockeiano e, ovviamente, di etica. Il suo libro più noto è *Etica: inventare il giusto e l'ingiusto* (1977), trad. e introduzione di B. de Mori, Giappichelli, Torino, 2001. In questo libro, egli difende una interessante versione di anti-oggettivismo ed anti-realismo etico.

RAZ JOSEPH (n. 1939) è professore di Filosofia del diritto ad Oxford, nella cattedra che fu di Hart e successivamente di Dworkin. È uno tra i più importanti filosofi del diritto e della politica di area anglosassone. Egli difende una prospettiva morale di ispirazione aristotelica ed una originale concezione del liberalismo. La sua versione del positivismo giuridico si fonda su una specifica nozione di autorità e si propone di difendere, senza nulla concedere al fronte anti-giuspositivista, la tesi della rigida separazione tra diritto e morale. Per una serie di ragioni, è un autore poco noto e poco studiato in Italia. Di Raz, autore peraltro assai prolifico, esistono soltanto le seguenti due opere in traduzione italiana: *Il concetto di sistema giuridico. Un'introduzione alla teoria del sistema giuridico* (1970, ed. riv. 1973), trad. ed introduzione all'edizione italiana di P. Comanducci, Il Mulino, Bologna, 1977 e *I valori fra attaccamento e rispetto* (2001), a cura di F. Belvisi, trad. di M. Goldoni, Diabasis, Reggio Emilia, 2003. Circoscrivendo l'ambito alla filosofia del diritto, si segnalano qui anche le seguenti opere di Raz: *The Authority of Law. Essays on Law and Morality*, Clarendon Press, Oxford, 1979; *Practical Reason and Norms (with a new postscript)*, Oxford University Press, Oxford, 1990; *Ethics in the Public Domain. Essays in the Morality of Law and Politics (Revised Edition)*, Oxford University Press, Oxford, 1995.

ROSS ALF NIELS CHRISTIAN (n. 1899-m. 1979) è il più importante tra i giusrealisti scandinavi. Tra i suoi maestri vi sono Kelsen, di cui seguì i seminari a Vienna nell'anno accademico 1924-1925 e che divenne uno dei suoi principali bersagli critici, ed Axel Hägerström, fondatore della scuola giusrealista scandinava. Egli fu un feroce critico sia del giusnaturalismo sia, come accennato, del normativismo kelseniano. Rispetto a questo ultimo punto, ciò che Ross massimamente rimprovera a Kelsen è la dicotomia tra il mondo dell'essere ed il mondo del dover essere. Inoltre, egli sostiene che il fatto che Kelsen definisca la validità delle norme giuridiche (anche) come obbligatorietà riveli una certa vicinanza di Kelsen al giusnaturalismo. Il realismo giuridico difeso da Ross si propone di tracciare una via intermedia tra realismo comportamentista e realismo psicologico. È proprio questa ricerca di una sintesi tra le due versioni estreme del realismo a consentire di definire il giusrealismo rossiano come non del tutto antinormativista. Per Ross, infatti, è possibile predicare l'esistenza delle norme giuridiche a condizione che esse siano osservate e considerate vincolanti dai loro destinatari. Degni di nota sono anche i suoi studi sul linguaggio normativo. Tra i suoi scritti, qui si segnalano *Diritto e giustizia* (1958), trad. e introduzione di G. Gavazzi, Einaudi, Torino, 1964; *Direttive e norme* (1968), trad. e introduzione di M. Jori, Edizioni di Comunità, Milano, 1978; *Critica del diritto e analisi del linguaggio*, a cura di R. Guastini e A. Febbrajo, Bologna, Il Mulino, 1982.

SCARPELLI UBERTO (n. 1924-m. 1993) ha insegnato Filosofia del diritto nelle Università di Perugia, Torino, Pavia e Milano, è allievo diretto di Bobbio ed è uno tra i padri fondatori della scuola analitica italiana di filosofia del diritto. I suoi studi degli anni '50 del secolo scorso sulla definizione del concetto di diritto e dei concetti giuridici e sulla semiotica del linguaggio giuridico hanno esercitato un'influenza facilmente riconoscibile su alcuni giuristi italiani. In *Cos'è il positivismo giuridico*, pubblicato, come *Giusnaturalismo e positivismo giuridico* di Bobbio, nel 1965, egli difende, contrapponendosi consapevolmente alla tendenza all'epoca dominante, un "giuspositivismo politico" che ha il merito di individuare con un certo anticipo i problemi connessi all'idea di neutralità che caratterizza il giuspositivismo ortodosso. Dalla metà degli anni '80 del Novecento si è occupato di etica e bioetica, divenendo uno tra i principali punti di riferimento del fronte laico e liberale. Tra le sue opere segnaliamo: *Contributo alla semantica del linguaggio normativo* (1959), seconda edizione a cura di A. Pintore, Giuffrè, Milano, 1985; *Cos'è il positivismo giuridico*, Edizioni di Comunità, Milano, 1965, ripubblicato nel 1997 per i tipi della ESI, Napoli, con introduzione e cura di A. Catania e M. Jori; *L'etica senza verità*, Il Mulino, Bologna, 1982; *Bioetica laica*, Baldini e Castoldi, Milano, 1998.

Bibliografia

(dei testi citati nelle introduzioni *)

ALEXY R., *Teoria dell'argomentazione giuridica* (1978), trad. e cura di M. LA TORRE, Giuffrè, Milano, 1998.

AUSTIN J., *The Province of Jurisprudence Determined*, (1832), Weidenfeld and Nicolson, London, 1954, trad. it. di G. Gjylapian, a cura di M. BARBERIS, *Delimitazione del campo della giurisprudenza*, Il Mulino, Bologna, 1995.

BARBERIS M., *Filosofia del diritto. Un'introduzione storica*, Il Mulino, Bologna, 2000.

BARBERIS M., *Filosofia del diritto. Un'introduzione teorica*, Giappichelli, Torino, 2003.

BARBERIS M., *Breve storia della filosofia del diritto*, Il Mulino, Bologna, 2004.

BARBERIS M., *L'eterogeneità del bene. Giuspositivismo, giusnaturalismo e pluralismo etico*, in P. COMANDUCCI, R. GUASTINI (a cura di), *Analisi e diritto 2002-2003. Ricerche di giurisprudenza analitica*, Giappichelli, Torino, 2004, pp. 1-20.

BAYÓN J.C., *El contenido mínimo del positivismo jurídico*, in V. ZAPATERO (ed.), *Horizontes de la Filosofía del Derecho: Homenaje a Luis García San Miguel*, vol. II, Servicio de Publicaciones de la Universidad de Alcalá, Alcalá de Henares, 2002, pp. 33-54.

BERSIER LADAVAC N. (a cura di), *Con esattezza kelseniana*, Giuffrè, Milano, 2003.

BOBBIO N., *Aspetti del positivismo giuridico*, in ID., *Giusnaturalismo e positivismo giuridico*, Edizioni di Comunità, Milano, 1965, 2ª ed., 1972, pp. 101-126.

BOBBIO N., *Giusnaturalismo e positivismo giuridico*, in ID., *Giusnaturalismo e positivismo giuridico*, Edizioni di Comunità, Milano, 1965, 2ª ed., 1972, pp. 127-142.

BOBBIO N., *Il positivismo giuridico. Lezioni di filosofia del diritto*, Giappichelli, Torino, 1961, rist. 1996.

CARACCIOLO R., *Realismo moral vs. positivismo jurídico*, in P. COMANDUCCI, R. GUASTINI (a cura di), *Analisi e diritto 2000. Ricerche di giurisprudenza analitica*, Giappichelli, Torino, 2001, pp. 37-44.

CARRIÓ G.R., *Le opinioni del prof. Dworkin sul positivismo giuridico*, in "Materiali per una storia della cultura giuridica", 1, 1980, pp. 143-180.

---

* Dei testi citati nelle introduzioni non sono riportati quelli riprodotti nell'antologia e le introduzioni stesse.

CASTIGNONE S., *La macchina del diritto: il realismo giuridico in Svezia*, Edizioni di Comunità, Milano, 1974.

CATANIA A., *Definizione del diritto e positivismo giuridico nel pensiero di Uberto Scarpelli*, *Introduzione* a U. SCARPELLI, *Cos'è il positivismo giuridico*, Edizioni Comunità, Milano, 1965, rist. a cura di A. CATANIA, M. JORI, Esi, Napoli, 1997, pp. 7-21.

CELANO B., *La teoria del diritto di Hans Kelsen. Un'introduzione critica*, Il Mulino, Bologna, 1999.

CELANO B., *Giustizia procedurale pura e teoria del diritto*, in "Quaderni della Rivista internazionale di filosofia del diritto", 3. *Giustizia e procedure. Dinamiche di legittimazione tra stato e società internazionale* (a cura di M. BASCIU), Atti del XXII Congresso nazionale della Società Italiana di Filosofia Giuridica e Politica (Trieste, 27-30 settembre 2000), Milano, Giuffrè, 2002, pp. 101-142.

CHIASSONI P., *L'utopia della ragione analitica*, Giappichelli, Torino, 2005.

COLEMAN J.L. (ed. by), *Hart's Postscript. Essays on the Postscript to* The Concept of Law, Oxford University Press, Oxford, 2001.

COMANDUCCI P., *Il positivismo giuridico: un tentativo di bilancio*, in M. BIANCHINI, G. VIARENGO (a cura di), *Studi in onore di Franca Marini Avonzo*, Giappichelli, Torino, 1999, pp. 125-134.

CONTE A.G., FERRAJOLI L., JORI M., DI LUCIA P. (a cura di), *Filosofia del diritto*, Cortina, Milano, 2002.

D'AGOSTINO F., *Filosofia del diritto*, Giappichelli, Torino, 2000.

DICIOTTI E., *Verità e certezza nell'interpretazione della legge*, Giappichelli, Torino, 1999.

DWORKIN R., *Philosophy, Morality, and Law – Observations Prompted by Professor's Fuller's Novel Claim*, in "University of Pennsylvania Law Review", Vol. 113, 1964-1965, pp. 668-690.

DWORKIN R., *Taking Rights Seriously*, Harvard University Press, Cambridge (Mass.), 1977, trad. par. di F. Oriana, *I diritti presi sul serio*, Il Mulino, Bologna, 1982.

DWORKIN R., *L'impero del diritto* (1986), trad. di L. Caracciolo di San Vito, Il Saggiatore, Milano, 1989.

DWORKIN R., *Objectivity and Truth: You'd Better Believe It*, in "Philosophy & Public Affairs", 25, 1996, pp. 87-139.

DWORKIN R., *Thirty Years On* (*The Practice of Principle. In Defense of a Pragmatist Approach to Legal Theory, by J. Coleman, reviewed by R. Dworkin*), in "Harvard Law Review", 115, 2002, pp. 1655-1687.

ENDICOTT T., *Raz sulle lacune: una tesi sorprendente*, in "Ars Interpretandi", 6, 2001, pp. 367-393.

FERRAJOLI L., *La sovranità nel mondo moderno*, Laterza, Roma-Bari, 1997.

FINNIS J., *Legge naturale e diritti naturali* (1992), trad. di F. Di Blasi, cura di F. VIOLA, Giappichelli, Torino, 1996.

FINNIS J., *The Truth in Legal Positivism*, in R.P. GEORGE (ed. by), *The Autonomy of Law. Essays on Legal Positivism*, Clarendon Press, Oxford, 1996, pp. 195-214.
FIORAVANTI M., (a cura di) *Lo Stato moderno in Europa. Istituzioni e diritto*, Laterza, Roma-Bari, 2002.
FIORAVANTI M., *Stato e costituzione*, in ID. (a cura di), *Lo Stato moderno in Europa. Istituzioni e diritto*, Laterza, Roma-Bari, 2002, pp. 3-36.
FIORAVANTI M., *Appunti di storia delle costituzioni moderne. Le libertà fondamentali*, Giappichelli, Torino, 1995.
FULLER L.L., *La moralità del diritto* (1964; 1969 2ª ed.), ed. italiana a cura di A. DAL BROLLO, Giuffrè, Milano, 1986.

GEORGE R.P. (ed. by), *The Autonomy of Law. Essays on Legal Positivism*, Clarendon Press, Oxford, 1996.
GIANFORMAGGIO L. (a cura di), *Sistemi normativi statici e dinamici. Analisi di una tipologia kelseniana*, Giappichelli, Torino, 1991.
GUASTINI R. (a cura di), *Problemi di teoria del diritto*, Il Mulino, Bologna, 1980.
GUASTINI R., *La "costituzionalizzazione" dell'ordinamento italiano*, in "Ragion Pratica", 11, 1998, pp. 185-206.

HART H.L.A., *Book Reviews – The Morality of Law. By Lon L. Fuller*, in "Harvard Law Review", 78, 1964-1965, pp. 1281-1296.
HART H.L.A., *Il concetto di diritto* (1961), trad. e cura di M.A. Cattaneo, Einaudi, Torino, 1965.
HUTCHINSON A.C., *Indiana Dworkin and Law's Empire*, in "The Yale Law Yournal", 96, 1987, pp. 637-665.

JORI M., *Il giuspositivismo analitico italiano prima e dopo la crisi*, Giuffrè, Milano, 1987.
JORI M., *Legal Positivism*, in "Diritto e cultura", 1991, pp. 111-142.
JORI M., PINTORE A., *Manuale di teoria generale del diritto*, Giappichelli, Torino, 1995.
JORI M., *Uberto Scarpelli e il giuspositivismo*, *Introduzione* a U. SCARPELLI, *Cos'è il positivismo giuridico*, Edizioni Comunità, Milano, 1965, rist. a cura di A. CATANIA, M. JORI, Esi, Napoli, 1997, pp. 23-43.
JORI M., *Legal Positivism*, in E. CRAIG (General Editor), *Routledge Enciclopedia of Philosophy*, Routledge, London & New York, 1998, vol. 5.
JORI M., *L'ultimo Hart e la teoria dionisiaca del diritto: una discussione mancata*, in "Ragion Pratica", 21, 2003, pp. 405-434.

KELSEN H., *La dottrina pura del diritto e la giurisprudenza analitica* (1941), trad. it. di R. Treves, in *Appendice* ai *Lineamenti di dottrina pura del diritto*, Einaudi, Torino, 1952, pp. 173-206.
KELSEN H., *Lineamenti di dottrina pura del diritto* (1934), trad. it. di R. Treves, Einaudi, Torino, 1952.
KELSEN H., *La dottrina pura del diritto* (1960), trad. it. di M.G. Losano, Einaudi, Torino, 1966.

KELSEN H., *Teoria generale delle norme* (1979), trad. it. di M. Torre, a cura di M.G. LOSANO, Einaudi, Torino, 1985.
KELSEN H., *Teoria generale del diritto e dello stato* (1945), trad. it. di S. Cotta e G. Treves, Edizioni di Comunità, Milano, 1952, rist., Etas Kompass, Milano, 1994.
KELSEN H., *Problemi fondamentali del diritto pubblico* (1911), trad. it. di A. Carrino, Esi, Napoli, 1997.
KRESS K., *The Interpretive Turn*, in "Ethics", 97, 1987, pp. 834-860.

LOSANO M.G., *Forma e realtà in Kelsen*, Edizioni di Comunità, Milano, 1981.
LOSANO M.G., *Il testo fondamentale della dottrina pura del diritto*, in N. BERSIER LADAVAC (a cura di), *Con esattezza kelseniana*, Giuffrè, Milano, 2003, pp. 3-31.

MACCORMICK N., *Diritto, morale e positivismo giuridico*, ora in N. MACCORMICK, O. WEINBERGER, *Il diritto come istituzione* (1986), trad. e cura di M. LA TORRE, Giuffrè, Milano, 1990, pp. 157-179.
MACCORMICK N., *Ragionamento giuridico e teoria del diritto* (1978, II ed. 1994), trad. e introduzione di A. Schiavello, ed. italiana a cura di V. VILLA, Giappichelli, Torino, 2001.
MACCORMICK N., WEINBERGER O., *Il diritto come istituzione* (1986), trad. e cura di M. LA TORRE, Giuffrè, Milano, 1990.

NINO C.S., *Introduzione all'analisi del diritto*, Giappichelli, Torino, 1996.

PASTORE B., *Dworkin giusnaturalista?*, in "Rivista internazionale di filosofia del diritto", IV serie, 61, 1984, pp. 66-82.
PATTARO E., *Il positivismo giuridico italiano dalla rinascita alla crisi*, in U. SCARPELLI (a cura di), *Diritto e analisi del linguaggio*, Edizioni di Comunità, Milano, 1976, pp. 451-487.
PATTARO E., *Per una critica della dottrina pura*, in ID. (a cura di), *Contributi al realismo giuridico*, I, Milano, Giuffrè, 1982, pp. XII-LXXXVI.
PINO G., *The Place of Legal Positivism in Contemporary Constitutional States*, in "Law and Philosophy", 18, 1999, pp. 513-536.
PINTORE A., *Norme e principi. Una critica a Dworkin*, Giuffrè, Milano, 1982.
PINTORE A., *Scarpelli e l'aristocrazia giuridica*, in "Notizie di Politeia", 73, 2004, pp. 125-136.
PRIETO SANCHÍS L., *Costituzionalismo e positivismo*, in P. COMANDUCCI, R. GUASTINI (a cura di), *Analisi e diritto 1996. Ricerche di giurisprudenza analitica*, Giappichelli, Torino, 1996, pp. 207-226.

QUENEAU R., *Exercices de style* (1947), Éditions Gallimard, Paris, 1976.

RADBRUCH G., *Ingiustizia legale e giustizia sovralegale* (1946), trad. it. di E. Fittipaldi, in A.G. CONTE, L. FERRAJOLI, M. JORI, P. DI LUCIA (a cura di), *Filosofia del diritto*, Cortina, Milano, 2002, pp. 152-163.

RAWLS J., *Liberalismo Politico* (1993), trad. di G. Rigamonti, Edizioni di Comunità, Milano, 1994.

RAZ J., *Postema on Law's Autonomy and Public Practical Reasons: A Critical Comment*, in "Legal Theory", 4, 1998, pp. 1-20.

SCARPELLI U. (a cura di), *Diritto e analisi del linguaggio*, Edizioni di Comunità, Milano, 1976.

SCARPELLI U., *Cos'è il positivismo giuridico*, Edizioni Comunità, Milano, 1965, rist. a cura di A. CATANIA, M. JORI, Esi, Napoli, 1997.

SCHIAVELLO A., *Diritto come integrità: incubo o nobile sogno? Saggio su Ronald Dworkin*, Giappichelli, Torino, 1998.

SCHIAVELLO A, *Ragione pubblica o ragione senza aggettivi? Riflessioni critiche sulla nozione rawlsiana di ragione pubblica*, in G.L. BRENA (a cura di), *Etica pubblica e pluralismo*, Edizioni Messaggero, Padova, 2001, pp. 103-136.

SCHIAVELLO A., *Autorità legittima e diritto nel pensiero di Joseph Raz*, in "Materiali per una storia della cultura giuridica.

SCHIAVELLO A., *Il positivismo giuridico dopo Herbert L.A. Hart: un'introduzione critica*, Giappichelli, Torino, 2004.

SCHIAVELLO A., *La lungimirante "eterodossia" di Uberto Scarpelli*, in "Notizie di Politeia", 73, 2004, pp. 77-89.

SHAPIRO S.J., *On Hart's Way Out*, in "Legal Theory", 4, 1998, pp. 469-507.

SIMMONDS N.E., *Central Issues in Jurisprudence*, Sweet & Maxwell, London, 2nd ed., 2002.

TARELLO G., *Storia della cultura giuridica moderna*, Il Mulino, Bologna, 1976.

VILLA V., *"Inclusive legal positivism" e neo-giusnaturalismo: lineamenti di un'analisi comparativa*, in "Persona y Derecho. Revista de fundamentación de las Instituciones Jurídicas y de Derechos Humanos", 43, 2000, pp. 33-97.

VILLA V., *Il positivismo giuridico: metodi, teorie e giudizi di valore*, Giappichelli, Torino, 2004.

VIOLA F., *Autorità e ordine del diritto*, Giappichelli, Torino, 1984.

VIOLA F., *Ragion Pratica e diritto naturale: una difesa analitica del giusnaturalismo*, in "Ragion Pratica", 1, 1993, pp. 61-81.

VIOLA F., ZACCARIA G., *Diritto e interpretazione. Lineamenti di teoria ermeneutica del diritto*, Laterza, Roma-Bari, 1999.

VIOLA F., ZACCARIA G., *Le ragioni del diritto*, Il Mulino, Bologna, 2003.

WALDRON J., *Religious Contributions in Public Deliberation*, in "San Diego Law Review", 30, 1993, pp. 817-848.

WALUCHOW W., *Inclusive Legal Positivism*, Clarendon Press, Oxford, 1994.

WALUCHOW W., *Authority and the Practical Difference Thesis: A Defense of Inclusive Legal Positivism*, in "Legal Theory", 6, 2000, pp. 45-81.

WINTGENS L.J., *A Plausibile Story and a Plausibile Way of Telling it. Some Comments on Dworkin's Philosophy of Law*, in "Rechtstheorie", 23, 1992, pp. 429-444.

Finito di stampare nel mese di novembre 2005
nella Stampatre s.r.l. di Torino
Via Bologna, 220